权威·前沿·原创

皮书系列为
"十二五""十三五"国家重点图书出版规划项目

财政绩效蓝皮书

BLUE BOOK OF
BUDGET PERFORMANCE

中国财政绩效研究报告
——浙江篇（2019）

REPORT ON BUDGET PERFORMANCE IN CHINA
ZHEJIANG CHAPTER (2019)

主　编／李金珊
副主编／方红生　吴　超

社会科学文献出版社
SOCIAL SCIENCES ACADEMIC PRESS（CHINA）

图书在版编目（CIP）数据

中国财政绩效研究报告. 浙江篇. 2019 / 李金珊主
编. -- 北京：社会科学文献出版社，2020.10
（财政绩效蓝皮书）
ISBN 978 - 7 - 5201 - 6076 - 6

Ⅰ.①中… Ⅱ.①李… Ⅲ.①财政管理 - 经济绩效 -
研究报告 - 浙江 - 2019 Ⅳ.①F812.3

中国版本图书馆 CIP 数据核字（2020）第 026349 号

财政绩效蓝皮书
中国财政绩效研究报告——浙江篇（2019）

主　　编／李金珊
副 主 编／方红生　吴　超

出 版 人／谢寿光
责任编辑／赵慧英

出　　版／社会科学文献出版社·政法传媒分社（010）59367156
　　　　　地址：北京市北三环中路甲 29 号院华龙大厦　邮编：100029
　　　　　网址：www.ssap.com.cn
发　　行／市场营销中心（010）59367081　59367083
印　　装／三河市东方印刷有限公司

规　　格／开　本：787mm × 1092mm　1/16
　　　　　印　张：26.25　字　数：394 千字
版　　次／2020 年 10 月第 1 版　2020 年 10 月第 1 次印刷
书　　号／ISBN 978 - 7 - 5201 - 6076 - 6
定　　价／178.00 元

本书如有印装质量问题，请与读者服务中心（010 - 59367028）联系

主要编撰者简介

李金珊 女，浙江苍南人。浙江大学公共管理学院/经济学院教授、博士生导师，浙江大学财税大数据与政策研究中心主任，浙江省人大常委会立法咨询委员会成员，浙江省公共政策研究院副院长，中国财政学会理事，中国审计学会理事。主要研究方向为公共政策、公共预算管理、财政制度。在财政预算绩效领域出版和发表了一系列著作与论文，已出版《繁花似锦，中看又中用？——公共文化专项资金政策绩效研究》（合著）、《多管齐下，水到渠就成？——水稻生产补贴政策绩效研究》、《预算项目支出政策绩效评价研究》等多部著作。已发表了《关注公共资金政策绩效 努力提高财政资金的政策效益》、《基层公共文化基础设施政策绩效及其制度因素探究》、《从农民增收视角探究农业补贴政策的效率损失》、《财政支出绩效评价刍议：3E 维度的引入与改进》、《财政专项政策绩效评价的逻辑与方法》、《国家治理体系下绩效预算改革的路径选择》、《当代财政政治学的新知识与新实践》（合著）等主题论文。主持有关财政预算绩效领域的国家和省级课题项目 10 余项。

方红生 男，安徽枞阳人。浙江大学经济学院财政学系财政学教授，博士生导师，教育部青年长江学者，浙江大学经济学院副院长，浙江大学不动产投资研究中心主任，浙江大学财税大数据与政策研究中心副主任，教育部新一届（2018～2022）财政学类专业教学指导委员会委员，浙江省财政学会第八届理事会常务理事、副秘书长，杭州市人民代表大会常务委员会咨询专家，杭州市人大常委会财经工委财经专家咨询委员会组长。主要研究方向为财税理论与政策、政府间财政关系、中国公共经济问题、中国资本市场和公司金融问题、宏观经济中的政治经济学。主要代表作是《中国式分权、内生的财政政策与宏观经济稳定：理论与实证》（专著），此外还在《经济研究》（3 篇）、《管理世界》（4 篇）等中文权威期刊和 *The World Economy*（2 篇）、*China Economic Review*（3 篇）、*Emerging Markets Finance and Trade*、*Pacific Economic Review* 等英文著名 SSCI 期刊上发表 14 篇学术论文。

吴　超　男，浙江开化人。浙江大学公共管理学院在读博士研究生，浙江大学财税大数据与政策研究中心兼职研究人员。主要研究方向为公共财政政策。代表著作有《浙江省公共文化服务支出报告》（合著）、《繁花似锦，中看又中用？——公共文化专项资金政策绩效研究》（合著）。代表性论文有《财政专项政策绩效评价的逻辑与方法》（合著）、《当代财政政治学的新知识与新实践》（合著）等。

前　言

　　什么是财政绩效？尽管中外学界对此有琳琅满目的定义，但在我们看来，政府"用好钱、做好事、做好应该做的事"才是其核心要义。

　　撰写此书的决定来自一次与中国社会科学院政治学研究所房宁所长的茶聊。我们向他报告我们曾经做的、正在做的以及想要做的一些研究，这些年来的一些研究心得，和对财政支出绩效的看法。房所长建议可以做个蓝皮书系列，因为他觉得似乎这个方面并没有成系统的研究成果，甚至还给出了我们这本书的题目。我们用了十天时间讨论出本书的提纲，实际上也就是这本书的体例，希望这是一个系列，之后的各个报告基本上按照这个体例去做。在作者们的共同努力下，三个月时间完成了初稿，因为每一章的作者都是其领域的专家，原本就有很多研究成果，因此对他们来说，按照本书的同一要求三个月完成初稿并非难事。

　　写这本书的过程实际上是整理以往研究心得的过程，新的所得也很多，尤其是我们越加深刻地认为，于财政而言，无论研究还是实践，都不能就财政论财政，财与政是一体两面，手掌手背都是手。于是房所长建议我们做个财与政的对话的论坛，该论坛最终名为"国家治理与财政绩效"。由写书而产生的论坛，书还没有出来，论坛已经在2019年的2月底举办，并取得了很大成功——说明研究者需要经常喝茶神聊。

　　本皮书系列定位于中国财政绩效研究，首篇报告将浙江财政预算的实践创新作为研究对象。报告分四个部分，总报告对全国、浙江省级和浙江各地市的财政收支结构做了整体性分析。分报告聚焦财政在不同领域的财政资金的投入产出，客观的投入产出分析是绩效评价的前提，也是财政透明度的需要，可以以此向公众交代财政资金如何使用及其结果。分报告主要关注的是卫生、科技两个领域（未来可以增加对其他领域的财政绩效分析），并分析了第二、第三产业的投入产出成效。专题报告有两篇，一是对当前大数据应用于财政领域创新做法的归纳总结，二是对公共财政中的转移支付绩效进行研究。附录列出了浙江省"乡镇公共财政平台"一些补助项目的具体情况。

本书总报告由方红生、胡稳权、徐唱、郭林、张旭飞完成；"浙江省2005～2017年财政与医疗卫生健康事业的发展"由顾昕完成；"浙江省财政科技投入产出成效的实证分析"由姜胜建完成；"浙江省2013～2017年第二产业投入产出成效分析"由徐唱、胡稳权完成；"浙江省2013～2017年第三产业投入产出成效分析"由郭林、张旭飞完成；"大数据优化财政绩效"以及本书其余部分由李金珊、吴超完成。

本书得以完成，感谢社会科学文献出版社、浙江省财政厅、中科天翔（杭州）科技有限公司的鼎力支持；也特别感谢政治学所房宁所长的关心和支持；感谢在获取研究资料与数据过程中给予支持、配合的相关领导和部门；感谢对本书提供过帮助与关心的朋友们。

《财政绩效蓝皮书》编写委员会

2019年8月

摘　要

《中国财政绩效研究报告——浙江篇（2019）》由总报告、分报告、专题报告和附录四个部分共八章组成。

总报告通过对全国层面、浙江省以及省内各地市的一般公共预算、政府性基金预算、国有资本经营预算、社会保险基金预算"四本预算"进行深入细致的收支结构分析，从中央、省级和地方层面定位当前我国财政预算的总体情况，为后续开展研究分析打好基础。

分报告聚焦浙江省在医疗领域的财政创新与做法，重点分析浙江财政在卫生筹资方面的实践以及财政如何推进省域医疗共同体建设，进而推动公共治理领域转型；通过对浙江省财政科技投入产出成效的实证分析，剖析浙江财政科技投入的"新昌现象"，并对比了浙粤两省的"科技新政"；此外，还分析了浙江省财政支持第二产业和第三产业的投入产出成效。

专题报告则围绕浙江"数字财政"建设最新进展，以大数据优化财政绩效为落脚点，总结归纳浙江财政绩效管理在大数据背景下的探索、意义与展望。同时，以民生财政中的个人转移支付绩效为主线的专题研究，从转移支付理论分析中提出了"个人转移支付"的概念与当前趋势，通过对浙江省"乡镇公共财政服务平台"中"家庭账户"和相关政策与项目的分类介绍，结合浙江省城乡居民最低生活保障补助的个人转移支付项目政策绩效评价，发现了乡镇公共财政平台对个人转移支付的现实意义。

附录是2018年浙江省"乡镇公共财政平台"相关补助项目。

关键词：财政绩效　数字财政　个人转移支付

Abstract

Report on Budget Performance in China—Zhejiang Chapter (2019) is composed of 4 chapters, including general report, sub-report, special report and the appendix.

The general report is designed as a summary of current budget at central, provincial and local levels, presents an in-depth structural analysis of the revenue and expenditure of the "four budgets" including general public budget, budget for government-managed funds, budget for state capital operations, and budget for social security funds.

The sub-reports offer a look into the innovation of budgeting practices in financing and reforming that Zhejiang implemented in fields of medical care particularly. Moreover, the empirical analysis is conducted to prove the effectiveness and efficiency of the financial input-output in technology department, to explain the "Phenomenon of Xinchang", and to compare "Science and Technology's New Deal" in Zhejiang and Guangdong.

The special reports summarize the Zhejiang's exploration and innovations with the application of "Big Data" and "Digital Finance". At the same time this part focuses on the special topic on individual transfer payment performance. This part starts with the explanation of the concept and trend of "individual transfer payment", which derives from the theoretical analysis of transfer payment. Then, this part demonstrates the value of the application of "Township Public Finance Service Platform" by introducing "Family Accounts" and the performance evaluation of individual transfer payment project-the minimum living allowance for low-income groups in Zhejiang.

The appendixes show a part of allowance projects about "Township Public Finance Service Platform" of Zhejiang in 2018.

Keywords: Budget Performance; Digital Finance; Individual Transfer Payment

目 录

皮书数据库阅读使用指南

CONTENTS

I General Report

II Sub–Reports

III Special Reports

IV Appendixes

总 报 告

General Report

B.1

浙江省2013~2017年财政绩效概况

方红生 胡稳权 徐唱 郭林 张旭飞*

摘 要： 本报告从"四本预算"的角度分析了2013~2017年全国和浙江省、各市的财政收支情况。从全国和浙江全省来看，一般公共预算收入和政府性基金收入呈逐年上升趋势，拉动了财政总收支的增长，但增长率有所下降；一般公共预算支出规模稳步增加，但增长率波动幅度较大，政府性基金支出规模则呈现出"U"形变化规律。从浙江省各市情况来看，杭州、宁波和温州市对全省财政收入贡献度较大，杭州、宁波和嘉兴市财政总支出占比较高。就各本预算而言，一般公共预算

---

    * 方红生，浙江大学经济学院教授，博士生导师，研究方向为中国公共经济问题；胡稳权，浙江大学经济学院2018级西方经济学硕士研究生；徐唱，浙江大学经济学院2018级税务硕士研究生；郭林，浙江大学经济学院2018级财政学博士研究生；张旭飞，浙江大学经济学院2018级政治经济学硕士研究生。

收入中，税收收入占比在 80% 以上，但所占比重有所下降，结构性减税效果明显。一般公共预算支出中，民生支出不断增加，支出结构进一步完善。政府性基金收入中土地出让金占比较重，土地财政问题依然严峻。各市政府性基金支出规模相差较大，且有八个市完成或超出预算支出，应进一步做好预算和规划。社会保险基金收入和支出都在不断提升，但随着社保缴费比率的下降及加大养老金支出水平等改革措施的推进，仍需进一步做好社会保险基金收支统筹工作。

关键词： 一般公共预算　政府性基金　社会保险基金　国有资本经营预算

　　党的十八届三中全会明确提出，财政是国家治理的基础和重要支柱，揭示了财政新的历史使命。作为政府的"理财之政"，财政之于社会主义现代化的重要性不言而喻，党的十九大报告中也明确提出加快建立现代财政制度的重要指示。近些年来，各级财政部门深入学习贯彻习近平新时代中国特色社会主义思想，全面贯彻落实党的十九大精神，牢固树立新发展理念，坚持稳中求进工作总基调，以供给侧结构性改革为主线，以"八八战略"为总纲，严格遵守预算法，按照"划清边界、厘清事权、做好'蛋糕'、集中财力办大事"的理财思路和"保基本、守底线、促均衡、提质量"的理财要求，扎实做好财政工作，加大财政收支结构调整力度，财政收支情况较好，"四本预算"实现收支决算平衡，有力促进了经济社会平稳健康发展。

　　但也必须清醒地认识到，无论全国层面还是浙江省及其所辖各市层面的财政收支，仍然存在一些亟待优化的问题。本报告基于现实财政数据，密切联系当前社会实际，充分结合未来战略规划，通过对全国、浙江省及其所辖11市三个层面分别从"四本预算"角度进行横纵向比较分析，找出目前全国、浙江省及浙江省11市的财政收支所存在的一些主要问题，并提出一些可行的政策建议，以提供参考。

一　全国财政收支分析

（一）全国一般公共预算收支分析

2013年以来，全国一般公共预算收入规模虽不断加大，但在经济下行压力较大、工业生产者出厂价格指数持续下降且消费者价格指数一直在低位徘徊、房地产市场调整、中央不断强调并推动实施结构性减税政策等多重压力下，增长率却不断下降（见图1），全国一般公共预算收入的增长率由2013年的10.2%一路下降到2016年的4.8%。而在2017年，全国一般公共预算收入达172566.57亿元，增速为8.2%，较2016年提升3.4个百分点，反映出我国一般公共预算收入增速下降的势头已有转折点出现，扭转了近年来增速逐年放缓的态势。

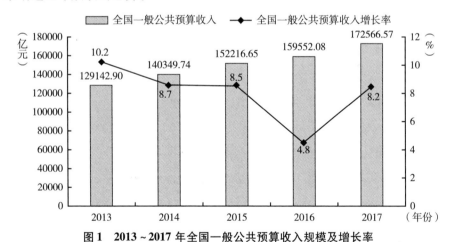

图1　2013~2017年全国一般公共预算收入规模及增长率

资料来源：国家统计局网站。

这得益于一些收入项目超出预算较多，其中，国内增值税超出2677.56亿元，企业所得税超出1875.61亿元，进口货物增值税、消费税和关税超出3086.25亿元。主要是供给侧结构性改革深入推进，经济发展的质量和效益提升，税源相应增加；工业生产者价格指数回升超出预期（全年工业生产者出厂价格比上年上涨 6.30%，结束自 2012 年以来连续 5 年下降的态势），直接带动以现价计算的相关税收快速增长；国内外需求回暖，进口商品量价齐增，进口税收增加较多（关税同比增长 15.10%）。①

2017 年，全国一般公共预算收入中税收收入为 14.4 万亿元，同比增长 10.7%。其中，国内增值税、企业所得税、个人所得税分别实现收入 5.6 万亿元、3.2 万亿元、1.2 万亿元，分别同比增长 8.0%、11.3%、18.6%，国内增值税和所得税是最主要的财政收入来源，占比分别为 32.7% 和 25.6%。

税收收入能够实现快速增加，原因不外乎前文已提到过的几点，加上"双创"② 和 "放管服"③ 等改革措施效应开始显现，激发中小企业活力，带动了税收增长。相比税收收入的较快增长，2017 年非税收入为 2.8 万亿元，同比下降 6.9%，主要受全面清理涉企收费、取消或减免部分行政事业性收费等因素的影响。

税收收入增速的上升及非税收入增速的下降，使 2017 年税收收入占全国一般公共预算收入的比重达到 83.66%，较 2016 年提高近 2 个百分点，财政收入结构得到优化。同时，受益于"营改增"后国内增值税和企业所得税的活跃，主体税种占比也有所提高，税收质量得到提升。

税收收入是一般公共预算收入最主要的来源，也是评价财政收入质量高低的关键维度。从图 2 可以看出，五年来税收收入呈现出明显的波动趋势，整体上呈下降趋势，在一般公共预算收入中的占比从 85.59% 下降至 83.66%，这也印证了我国近年来大力推行的结构性减税政策效果显著。结构性减税对于减小企业的税费压力、改善企业融资难、优化税制结构、促进产业结构转型升级具有十分重要的意义。然而，随着社会基本公共服务的普

---

① 来源于中华人民共和国财政部官网《关于 2017 年中央和地方预算执行情况与 2018 年中央和地方预算草案的报告》。
② 2014 年天津夏季达沃斯论坛上，李克强总理首次提出"双创"，即大众创业、万众创新。
③ 2016 年李克强总理在《政府工作报告》中提出，持续推进简政放权、放管结合、优化服务，不断提高政府效能。

及、政府职能的进一步优化，财政支出的压力将进一步扩大；但新常态背景下我国宏观经济下行压力大，财政收入增速放缓甚至减少，因此结构性减税应与降低成本、优化支出和提高征管水平相结合。

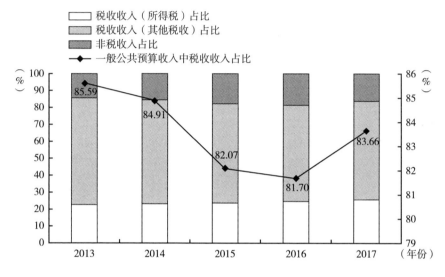

图2　2013～2017年一般公共预算收入中税收和非税收入占比

资料来源：国家统计局网站。

注：由于"营改增"的实施，2013～2016年还有营业税，2016年后仅有增值税，口径不一致，因此未展示增值税占比。

在2018（第十六届）中国企业竞争力年会上，中国社科院副院长高培勇指出，在过去所有的政策目标条件下，减税降费往往以增加赤字为来源。但在当前背景下，降低政府支出更能实现减税效果，即把政府支出节约的资金用于补贴企业，降低其成本，让企业有减税降费的获得感。2018年，我国继续实施积极的财政政策。中央强调财政政策要更加积极有效，因此，当前的减税降费必须是结构性的"减"和"降"，而不是总量的"减"和"降"。通过结构性的减税降费，可使企业特别是实体经济的生产经营成本得以下降，进而改善供给结构和供给质量。只有减税与降支出结合，财政收支才能实现可持续的均衡。

在中央和地方本级一般公共预算收入占比上，如图3所示，近五年来地

方一般公共预算收入占比均维持了一个相对稳定的比率，在53.0%～
54.5%上下波动，2017年为53.0%，为近五年最低占比，这是由于地方本
级一般公共预算收入的增速虽在2015年后摆脱了逐渐放缓态势（2016年达
最低增速4.8%），但仍无法与先前年均10%的快速增长相比。与此同时，
中央一般公共预算收入除了2016年的1.2%外，在近几年均维持着约7%的
均衡增长速度（见图4），2017年全国一般公共预算收入中中央收入占比为
47.01%，较上年提升1.66个百分点，扭转了近年来中央收入占比持续下滑
的趋势，与2013年基本持平。

图3　2013～2017年中央和地方本级一般公共预算收入占比

资料来源：国家统计局网站。

与一般公共预算收入相同的是，2013～2017年全国一般公共预算支出规
模也呈逐步增长趋势。具体来讲：2013年全国一般公共预算支出规模为
140212.1亿元，预算完成度为101.42%；到2014年增长至151785.56亿元，预
算完成度为99.18%；2015年增量较高，达到175877.77亿元，预算完成度为
102.55%；2016年继续增长至187755.21亿元，预算完成度为103.9%；到2017
年突破20万亿元大关，达到203085.49亿元，预算完成度为104.22%（见图5）。

从增长率角度来看，全国一般公共预算支出增长率波动幅度较大。具体
来讲，2013年全国一般公共预算支出增长率为11.32%；到2014年略微下降

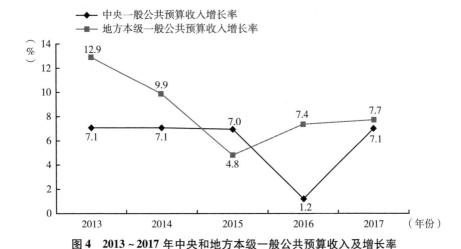

图4 2013～2017年中央和地方本级一般公共预算收入及增长率

资料来源：财政部官网公布的《关于2017年中央和地方预算执行情况与2018年中央和地方预算草案的报告》《关于2016年中央和地方预算执行情况与2017年中央和地方预算草案的报告》等历年报告。

注：由于口径问题，增长率与直接用财政收入数据所计算的有所不同，故采用了报告中的官方数据。

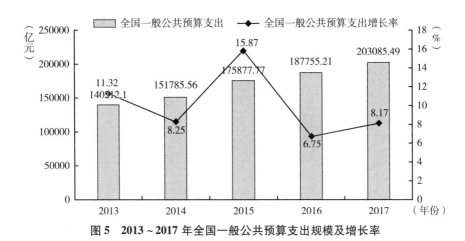

图5 2013～2017年全国一般公共预算支出规模及增长率

资料来源：财政部历年"全国财政决算"。

至8.25%，增速有所放缓；2015年增速最高，达到15.87%，直接原因在于外交支出决算数是上年决算数的132.9%，社会保障和就业支出决算数是上年决算数的117%，医疗卫生与计划生育支出决算数为上年的117.5%，节能环保支出决算为上年的 125.9%，农林水支出决算与交通运输支出决算一样，为上年决算的 117.8%，资源勘探信息等支出决算为上年的 120.2%，商业服务业支出决算为上年的 130%，粮油物资储备支出决算为上年的 134.7%；2016 年又突然下降至 6.75%，直接原因在于文化体育与传媒支出 3165 亿元，仅仅增长 2.9%，农林水支出 18442 亿元，仅仅增长 5.9%，住房保障支出 6682 亿元，仅仅增长 4.3%；到 2017 年全国一般公共预算增长率有所升高，为 8.17%。

关于全国一般公共预算支出结构的分析，我们主要分为"财政八项"和其他。所谓"财政八项"，指一般公共服务支出、公共安全支出，教育支出、科学技术支出、社会保障和就业支出、医疗卫生与计划生育支出，节能环保支出、城乡社区支出（见图 6）。本书用"财政八项"① 衡量民生支出。

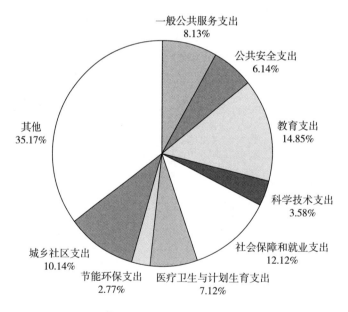

图 6 2017 年全国一般公共预算支出结构

资料来源：财政部历年"全国财政决算"。

---

① 关于"财政八项"具体内容，在下文浙江省一般公共预算支出结构分析中会有较为详细的阐述。

根据财政部发布的决算公告，在2017年全国一般公共预算支出结构中，一般公共服务支出规模为16510.36亿元，公共安全支出规模为12461.27亿元，教育支出规模为30153.18亿元，科学技术支出规模为7266.98亿元，社会保障和就业支出规模为24611.68亿元，医疗卫生与计划生育支出规模为14450.63亿元，节能环保支出规模为5617.33亿元，城乡社区支出规模为20585亿元，其他支出规模为71429.06亿元。如图6所示，反映民生支出的"财政八项"占比高达64.83%，充分体现了中央对民生的关注，其他一般公共预算支出占比仅为35.17%。在"财政八项"中，具体来讲，教育支出占比最高，为14.85%，接下来是社会保障和就业支出占比，达到12.12%，排名第三的是城乡社区支出，占比为10.14%，剩下的支出项目占比为：一般公共服务支出占比为8.13%，医疗卫生与计划生育支出占比为7.12%，公共安全支出占比为6.14%，科学技术支出占比为3.58%，节能环保支出占比为2.77%。

（二）全国政府性基金预算收支分析

2017年，全国政府性基金预算收入为6.15万亿元，同比增长31.84%，较2016年增速提高21.71个百分点（见图7），全国政府性基金预算收入增速自2015年首次降为负值后，2016年及2017年都维持着较为快速的增长。就中央和地方看，中央政府性基金预算收入为0.38万亿元，同比增长6.4%；而地方本级政府性基金预算收入为5.76万亿元，同比增长37.3%。中央政府性基金预算收入在全国政府性基金预算收入中的占比近三年来逐年下降，2017年中央和地方本级政府性基金预算收入占比分别为6.22%和93.78%（见图8）。

另从图8可看出，地方本级政府性基金预算收入增长率五年间波动较大，2013～2015年增速遭遇滑铁卢式下降，2015年增速甚至降至－17.7%，而在2015～2017年又迅猛提高，这与地方本级政府性基金收入过多依赖国有土地使用权出让收入是密切相关的，这也是地方政府性基金收入占比远高于中央的原因。2014年财政部发布的《关于完善政府预算体系有关问题的通知》（国发〔2014〕45号）明确，从2015年1月1日起，加大政府性基金预算与一般公共预算的统筹力度，将政府性基金预算中用于提供基本

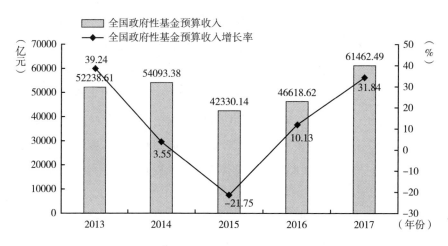

图7 2013~2017年全国政府性基金预算收入规模及增长率

资料来源：1.财政部官网公布的《关于2017年中央和地方预算执行情况与2018年中央和地方预算草案的报告》《关于2016年中央和地方预算执行情况与2017年中央和地方预算草案的报告》等历年报告；2.2016年、2017年全国政府性基金收入增长率由官方报告给出，2013~2015年的增长率则由官方数据计算得出。

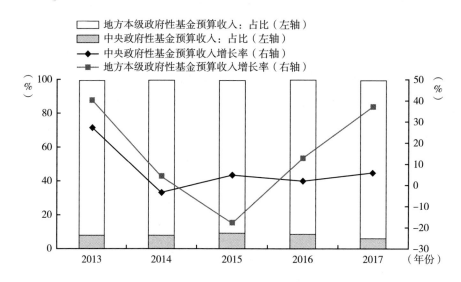

图8 2013~2017年中央和地方本级政府性基金预算收入占比及增长率

资料来源：财政部官网公布的《关于2017年中央和地方预算执行情况与2018年中央和地方预算草案的报告》《关于2016年中央和地方预算执行情况与2017年中央和地方预算草案的报告》等历年报告。

公共服务以及主要用于人员和机构运转等方面的项目收支转列为一般公共预算。2014 年，我国经济进入新常态，固定资产投资增速放缓，土地市场呈现低迷状态，而 2015 年，我国供给侧结构性改革加快推进，固定资产投资特别是房地产投资增速大幅回落，经济增速进一步放缓，土地市场需求不足。土地出让金的大幅下降以及预算体系的调整，使这两年地方本级政府性基金预算收入和全国政府性基金预算收入下降乃至下跌。2017 年，国有土地使用权出让收入为 5.21 万亿元，同比增长 40.7%，较 2016 年增加 23.95 个百分点，主要是受益于 2017 年土地市场的大幅回暖（见图 9）。

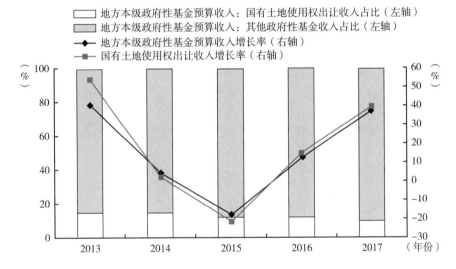

图9 地方本级政府性基金预算收入中土地出让金收入占比及两者增长率

资料来源：财政部官网公布的《关于 2017 年中央和地方预算执行情况与 2018 年中央和地方预算草案的报告》《关于 2016 年中央和地方预算执行情况与 2017 年中央和地方预算草案的报告》等历年报告，以及《2015 年全国土地出让收支情况》《2014 年全国土地出让收支情况》等。

与收入情况类似（见图 10），全国政府性基金支出规模基本呈现出"U"形变化规律。具体来讲：2013 年全国政府性基金支出规模为 50500.86 亿元；到 2014 年略微有所增长，达到 51463.83 亿元；2015 年大幅度下降至 42347.11 亿元，主要原因是国有土地使用权出让收入相关支出大幅度下跌，仅完成预算书的 81.8%；2016 年全国政府性基金预算支出开始提升，达到 46878.32 亿元；2017 年持续强势增长，达到 60968.59 亿元。

全国政府性基金支出增长率也呈现"U"形变化规律，具体来讲：2013 年全国政府性基金支出增长率为 39.00%；到 2014 年增长率开始下降至 1.91%；2015 年增长率达到最低点，变为 −17.71%，主要原因在于占比最高的国有土地使用权出让收入相关支出大幅度下跌；2016 年增长率开始提升，变为 10.70%，2017 年增长率进一步提升至 30.06%，主要原因在于国有土地使用权出让金收入相关支出大幅增长，完成预算的 112.3%，决算数为上年决算数的 137.8%。

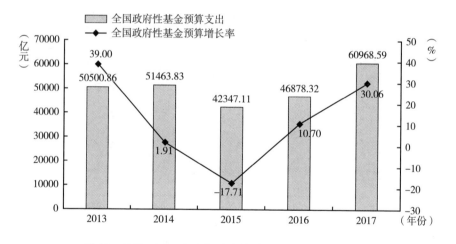

图 10　2013～2017 年全国政府性基金支出规模及增长率

资料来源：财政部历年"全国财政决算"。

根据财政部 2017 年决算公告，全国政府性基金支出中国有土地使用权出让金支出为 50609.83 亿元，如图 11 所示，国有土地使用权出让金支出占比高达 83.01%，由于土地使用权出让金支出大幅度增长，带来高占比，预计以后几年国有土地使用权出让金支出占比仍然保持较高比例，因为对土地财政的依赖性依然较高。

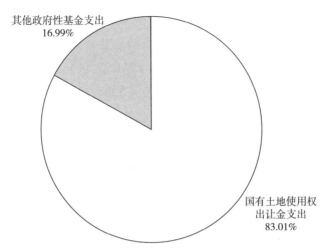

图11 2017年全国政府性基金支出结构

资料来源：财政部历年"全国财政决算"。

（三）全国国有资本经营预算收支分析

近五年来，除2014年、2015年全国国有资本经营预算收入均达到20%以上的增速外，2016年该增速骤降至1.63%，而2017年，全国国有资本经营预算收入为2578.69亿元，较2016年下降0.89%（如图12所示）。国有

图12 2013～2017年全国国有资本经营预算收入规模及增长率

资料来源：财政部官网公布的《关于2017年中央和地方预算执行情况与2018年中央和地方预算草案的报告》等历年报告。

资本经营预算收入主要根据国有企业上年实现净利润的一定比例收取，近两年增速大幅下降乃至下跌，主要是由于石油、电力等行业企业 2016 年经济效益下滑。中央国有资本经营预算收入 1244.27 亿元，为预算的 96.5%，下降 13%。地方国有资本经营预算本级收入 1334.42 亿元，增长 13.2%。

与收入变动趋势大致相似，图 13 展示了 2013～2017 年全国国有资本经营预算支出规模及增长率变化情况。从图中看，2013～2016 年支出规模在不断增加，从 2013 年的 1561.52 亿元增加到 2016 年的 2155.49 亿元，但 2017 年发生了一个小幅度的下降，降至 2015.31 亿元，这主要是由国有资本经营预算补充社保基金支出降低所导致的，2017 年该项决算 34.86 亿元，仅为上年度支出决算的 58.5%，下降了 41.5%，其他国有资本经营预算支出为上年度支出的 67.0%，下降了 33%，国有企业资本金注入也有 10% 的降幅，国有企业政策性补贴为上年度支出的 92.4%。

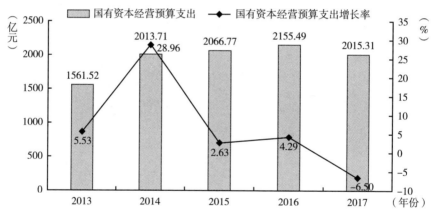

图13 2013～2017 年全国国有资本经营预算支出规模及增长率

资料来源：财政部公开数据。

从增长率的角度来看，2013～2014 年增幅较大，由 1561.52 亿元增加到 2013.71 亿元，增长率高达 28.96%，2015 年增幅变小为 2.63%，2016 年略有上涨为 4.29%，但是在 2017 年却发生了负增长，为 - 6.50%，有关 2017 年下降的原因之前已经介绍，2014 年出现了一个大幅的增长主要是因为在十二项支出项目中有七项支出增长且部分增幅很大，其中转移性支出较上年增长 187.3%，交通运输支出较上年增长 142.1%，另外，文化体育与传媒支出决算数为上一年的 181.4%，社会保障和就业支出为上年的 111.9%，城乡社区支出为上年的 112.5%，资源勘探信息等支出为上年的 101.8%，商业服务业等支出为上年 152.0%。

图 14 是 2017 年全国国有资本经营预算支出项目的占比，其中解决历史遗留问题及改革成本支出和国有企业资本金注入两项占比较高，前者为 823.62 亿元，占比达 41.99%，后者为 736.3 亿元，占比为 37.54%，其他国有资本经营预算支出占比为第三，为 13.72%，国有资本经营预算补充社保基金支出和国有企业政策性补贴占比较低，为 1.50% 和 5.25%，解决历史遗留问题及改革成本支出和国有企业资本金注入两部分总共占到了约 80%，是国有资本经营预算支出的最主要构成部分。

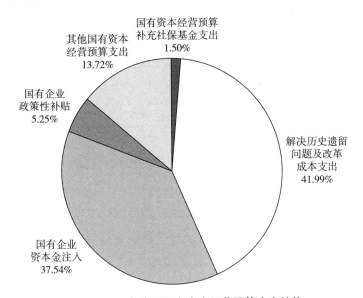

图 14　2017 年全国国有资本经营预算支出结构

资料来源：财政部公开数据。

（四）全国社会保险基金预算收支分析

2017 年，全国社会保险基金收入 55380.16 亿元，为预算的 106.9%，增长 14.72%（见图 15）。其中，保险费收入 39563.61 亿元，财政补贴收入 12264.49 亿元，这两项收入的占比分别为 71.44%、22.15%，两项相加已达全国社会保险基金预算收入的 93.59%。

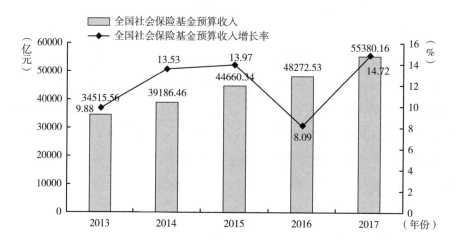

图 15　2013～2017 年全国社会保险基金预算收入规模及增长率

资料来源：1. 财政部官网公布的《关于 2017 年中央和地方预算执行情况与 2018 年中央和地方预算草案的报告》等历年报告；2. 2013～2015 年的增长率由全国社会保险基金预算收入数据计算得出，2016 年、2017 年数据则由报告给出。

图 16 是全国社会保险基金预算支出规模及增长率的五年趋势图，从图上看，五年间社保基金支出规模不断增加，2013 年为 28744.00 亿元，2014 年为 33681.00 亿元，2015 年为 39118.00 亿元，2016 年为 43605.00 亿元，2017 年为 48652.99 亿元。另外，社会保险基金预算支出几乎以递减的速度增长，2013 年增幅达 20.11%，2014 年为 17.18%，2015 年为 16.14%，2016 年为 11.47%，2017 年为 11.58%。可以看到 2013～2016 年增长率不断降低，而 2016 年与 2017 年的水平就基本一致了。2013 年增幅较大主要是因为各大保险基金项目都有增长且幅度不小，其中企业职工基本养老保险基金增长了 20%，居民社会养老保险基金增长了 18%，城镇职工基本医疗保险基金增长了 20%，居民基本医疗保险基金增长了 23%，工伤保险基金增长了 19%，失业保险支出增长了 16%，生育保险基金增长了 31%。另外

以2017年为例，各项保险基金增长态势向好，企业职工基本养老保险基金比上年增长了10.8%，城乡居民基本养老保险基金增长了10.2%，职工基本医疗保险基金增长了15%，居民基本医疗保险基金增长了11.9%，工伤保险基金增长了9.1%，生育保险基金增长了40%。总体而言，全国社保基金支出变化较为平稳，没有发生大的波动，未来预期良好。

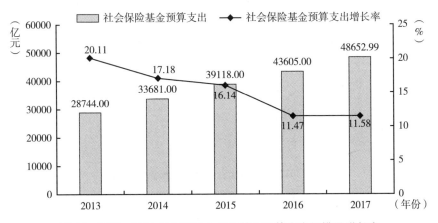

图16　2013~2017年全国社会保险基金预算支出规模及增长率

资料来源：财政部社保司。

图17是2017年全国社会保险基金预算支出下各大项目的占比，很明显的是企业职工基本养老保险基金占比最高，为59%，其次是职工基本医疗保险基金，占比为19%，居民基本医疗保险基金占比为13%，剩下的城乡居民基本养老保险基金、失业保险基金、工伤保险基金、生育保险基金的占比分别为5%、2%、1%、1%，四者相加才占9%，仅为饼图中的很小一部分。由此可见，养老保险基金（包括城乡居民基本养老保险基金和企业职工基本养老保险基金）成为社会保险基金预算支出最主要的构成部分，而医疗保险基金（包括职工基本医疗保险基金和居民基本医疗保险基金）成为第二大组成部分，余下的几项保险基金占比较小。

（五）结论性评论

（1）收入部分：2017年全国一般公共预算收入增长较快，增速升为

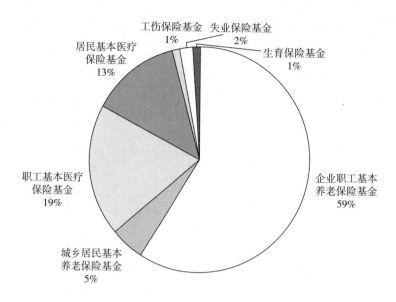

图 17　2017 年全国社会保险基金预算支出结构

资料来源：财政部社保司。

8.2%，较 2016 年提升 3.4 个百分点，一改近年来下降势头。税收收入方面，2017 年税收收入 14.4 万亿元，同比增长 10.7%，占全国一般公共预算收入的比重达 83.66%，占比较上年提升近 2 个百分点，收入结构得到优化。其中，主要税种收入占比达 75.1%，主体税种多数增长较快，占比回升，税收质量有所提高，这受益于"营改增"后国内增值税和企业所得税的活跃。2017 年全国政府性基金预算收入增速也有所回升，基本与 2013 年持平。全国社会保险基金预算收入则呈现逐年增长态势，除 2016 年增速有所下滑外，其余四年均维持着接近或高于 10% 的增速。总体来说，2017 年全国财政收入有稳中向好的趋势。

但同时也存在一些问题：第一，2017 年中央一般公共预算收入占比一改前几年的缓降趋势，占比上升至 47.01%，这主要是由于地方本级一般公共预算收入增速近年来整体呈下滑趋势；第二，全国政府性基金收入年度波动巨大，主要是地方本级政府性基金收入占比高，且在很大程度上依赖土地出让金，这使全国政府性基金收入与房地产市场高度关联。由于近年来房价变动幅度大，全国政府性基金收入增速也呈现过山车趋势，"土地财政"的不可持续性与波动性给地方乃至国家财政运行带来了风险；第三，全国国有资本经营预算收入年度波动也较大，2014年、2015年增速处于高位，2016年、2017年处于低位，2017年增速甚至为－0.89%，这主要是由于石油、电力等行业企业2016年经济效益下滑导致了中央国有资本经营预算收入的下降。

对此，提出以下三点建议：第一，加快财税体制改革，培育地方主体税种，在确保中央财政收入增速不下滑的基础上保证地方财政收入的稳定可持续增长；第二，减少地方财政收入对土地财政的依赖程度，确保地方乃至全国政府性基金预算收入的可持续性，同时在房价的宏观调控上做文章，以"预期管理""限购"等政策手段有针对性地合理调控房价，维持房价的平稳波动；第三，进一步加快推进国企改革，尤其是中央所有的国有资本，在国有资本保值增值的前提下提高国有经济竞争力，放大国有资本功能，以此实现全国国有资本经营预算收入的稳步增长。

（2）支出部分：全国一般公共预算支出稳定增长，虽然增长率有所波动，但近两年稳定在6%~9%，符合稳中求进的工作总基调。从一般公共预算支出结构来看，有保有压、节用裕民的特点也很显著，支出结构不断优化，但是仍然存在一些问题：第一，反映民生的"财政八项"占比虽然达到64.83%，但是仍然有进一步的上升空间，因为未来脱贫攻坚战略、科教兴国战略及推动健康中国建设、推动高质量经济发展仍然是重点发展方向；第二，一般公共服务支出（包括"三公"经费）占比达8.13%，依然保持较高比例，高于科学技术支出（3.58%）、节能环保支出（2.77%）、医疗卫生与计划生育支出（7.12%）、公共安全支出（6.14%）等。全国政府性基金支出在经历一个短暂的下降后又持续强势高速增长，增速超过30%，主要原因在于，占比高达83.01%的国有土地使用权出让金相关支出增速达到37.1%，根据财政部2017年全国政府性基金支出决算表，财政资金结余多达8800亿元，故主要问题在于盈余过多，资金闲置浪费，没有精确投放，背后深层次原因在于政府性基金预算编制过程不规范、不科学，基金预算编制管理约束力不强。全国国有资本经营预算支出在2013~2014年增幅较大，

2015～2016 年增幅变小，但是 2017 年出现了负增长，这主要是因为国有资本经营预算补充社会保险基金支出和国有企业政策性补贴占比比较低，趋势略欠平稳。另外，与其他几本预算相比，国有资本经营预算支出规模相对较小，应当进一步做好预算统筹工作。全国社会保险基金支出变化较为平稳，呈现不断增长的趋势，五年的增长率水平变化不大，近两年（2016 年和 2017 年）稳定在 11%～12%。从支出构成的角度来看，基本养老保险占比最高，基本医疗保险次之，这两大险种构成社会保险基金支出中的主要部分。做好民生工作是维持社会稳定的关键，应当继续保持趋势，健全社会保障系统。

根据上述问题，提出以下五点建议：第一，应进一步加大"财政八项"的支出力度和精度，提高"财政八项"支出占比，兜牢基本民生底线；第二，进一步压减一般性支出，大力推动预算绩效改革，继续实行"三公"经费只减不增，避免铺张浪费；第三，加强政府性基金预算编制的科学性，严格遵循"以收定支、专款专用"的原则，此外还应统一管理、规范职责，加强政府性基金制度的严肃性；第四，做好国有资本预算工作，减轻该预算财政赤字负担，发挥好政府的调节职能；第五，要适当调整财政支出结构，增加社会保障的财政支出，减少一般公共预算支出，社会保障是人民群众的安全网，是调节宏观经济的稳定器，做好社会保障建设工作具有重要且深刻的意义。

二 浙江省财政收支分析

（一）浙江省财政总收支分析

近五年来，浙江省财政总收入①逐年上升（见图 18），2013 年全省财政总收入为 6908.41 亿元，2014 年增长至 7522.55 亿元，增长率达 8.89%；

---

① 地方财政总收入 = 地方一般公共预算收入 + 上划中央收入。

2015 年继续保持高速增长趋势，财政总收入规模达 8549.47 亿元，增长率为 13.65%；2016 年全省财政总收入以 7.90% 的增长率增长至 9225.07 亿元，2017 年浙江省财政总收入突破万亿大关，达 10301.16 亿元，较 2013 年增长了 49.11%。

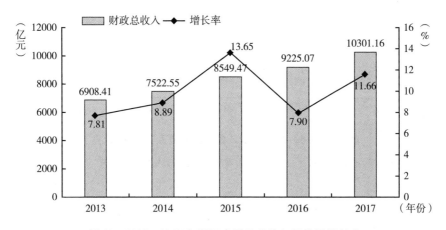

图 18　2013~2017 年浙江省财政总收入规模及增长率

资料来源：1. 浙江省财政厅公布报告，宏观经济与地产数据库；2. 增长率由历年浙江省财政总收入的数据计算得出。

2013~2017 年全省财政总收入占全省地区生产总值（GDP）的比例逐年升高（见图 19 和图 20）：2013 年浙江省财政总收入占 GDP 的比重为 18.30%；至 2014 年，该比重增长至 18.73%，且财政总收入增长率超过 GDP 增长率；2015 年财政总收入占比达 19.94%，主要是因为这一年财政总收入增长率极高；2016 年该比重稍有回落，为 19.52%，2017 年增长率再一次突破 10%，将财政总收入占 GDP 的比重提高至 19.90%。

浙江省财政支出规模与收入规模变动趋势相似，如图 21 所示，浙江省财政总支出决算规模在 2013~2015 年平稳发展，由 2013 年的 10471.52 亿元增长至 2014 年的 11002.60 亿元，然后在 2015 年进一步增长至 11453.68 亿元。到 2016 年迅速增长至 14066.57 亿元，2017 年继续增长达到 18101.26 亿元。与之形成鲜明对比的是，财政总支出的增长率出现了大幅

图19　2013～2017年浙江省财政总收入占GDP比重

资料来源：浙江省财政厅公布报告，宏观经济与地产数据库。

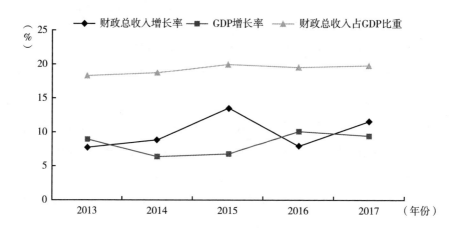

图20　财政总收入增长率、GDP增长率、财政总收入占GDP比重趋势

资料来源：1. 浙江省财政厅公布报告，宏观经济与地产数据库；2. 图中的增长率数据由历年的浙江省财政总收入与浙江省GDP数据计算得到。

波动，2013年增长率为33.36%，到了2014年突然断崖式下跌至5.07%，2015年进一步下跌至4.10%，然后开始大幅攀升，2016年达到22.81%，到2017年进一步攀升至28.68%。

　　具体来讲，2014年财政总支出增长率大幅度下跌，直接原因在于省级

图21　2013～2017年浙江省财政总支出规模及增长率

资料来源：历年《浙江财政年鉴》、浙江省财政厅发布的公告。

注：上图中浙江省财政总支出数据，为四本预算数据的加总。

一般公共预算支出下降0.2%，政府性基金支出下降6.8%（其中省级政府性基金支出下降高达30.6%）。根据浙江省财政厅发布的公告，更深层次的原因在于：第一，浙江省认真贯彻中央和省委关于厉行节约的各项规定，直接导致一般公共预算支出中的三公经费比上年下降36.1%；第二，中央补助节能重点工程资金减少，导致节能环保支出下降9.5%；第三，一次性安排规划经费减少，导致城乡社区支出下降10.6%；第四，关停小火电资金减少，导致资源勘探电力信息等支出下降10.2%；第五，一次性安排省级单位职工住房补贴减少，导致住房保障支出下降7.7%；第六，中央补助应急煤炭资金减少，导致粮油物资储备事务支出下降2.8%；第七，其他方面的中央补助减少和利用上年结余。2016年财政总支出增长率大幅度攀升，直接原因在于全省政府性基金支出增长率为45.9%，全省社保基金支出增长率为39.2%，省级一般公共预算支出中科技支出增长率为22.1%，强力拉动了财政总支出的增长。根据浙江省财政厅发布的公告，深层次原因在于：第一，支持实施"拆治归"转型升级组合拳，省财政安排治水资金112.9亿元，重点用于水利及城乡污水处理基础设施建设；第二，全省财政安排工业与信息化发展资金152亿元，深入实施"四换三名"工程，推进

"机器人+""互联网+""标准化+",促进传统产业改造升级;第三,安排353亿元支持实施"万亿综合交通工程";第四,深化政府购买服务改革,选择16项公共民生热点项目开展改革试点,全省政府购买服务预算金额达到159.5亿元。

(二)浙江省一般公共预算收支分析

地方一般公共预算收入是指地方政府通过一定的形式和程序,有计划有组织并由国家支配的纳入预算管理的资金。包括税收收入(增值税、营业税[①]、企业所得税、个人所得税、资源税、城市维护建设税、房产税、印花税、城镇土地使用税、土地增值税、车船税、耕地占用税、契税、烟叶税、其他税收收入)与非税收入(专项收入、行政事业性收费收入、罚没收入、国有资本经营收入、国有资源有偿使用收入及其他收入)两部分。狭义的地方财政收入通常就是指一般公共预算收入。

2013~2017年浙江全省一般公共预算收入逐年增加(见图22),2013年全省一般公共预算收入为3796.92亿元,2014年增加至4122.02亿元,增

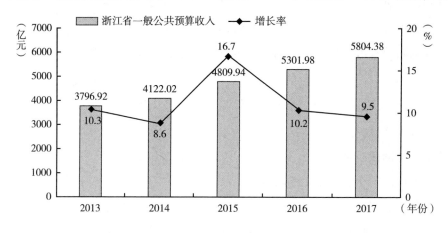

图22 2013~2017年浙江省一般公共预算收入规模及增长率

资料来源:1.历年《浙江财政年鉴》;2.增长率数据来自浙江省财政厅公布的历年浙江省预算执行情况报告。

---

① 2016年5月1日实施全面营改增政策后,不再有营业税。

长率为 8.6%；2015 年一般公共预算收入较 2014 年增长 16.7%；2016 年浙江省一般公共预算收入首次超过 5000 亿元；至 2017 年，一般公共预算收入增长至 5804.38 亿元，较上年增长 9.5%。

2013~2017 年，浙江省一般公共预算收入结构不断调整（见图 23）：总体而言，税收收入占一般公共预算收入的比重一直保持在较高水平，收入质量保持较好，但税收收入所占比重不断降低，非税收入的占比有所增加。这与我国近几年实行的结构性减税密切相关，由此可见，浙江省减税成果显著。2013~2014 年，浙江省公共财政预算中税收收入占比约 93%，2015 年时，尽管税收收入总量大幅增加，但税收收入占比下降至 86.66%；2016 年全面营改增后，税收收入占一般公共预算收入的比重又有了明显下降，2017 年时税收收入占比下降至 85.12%。

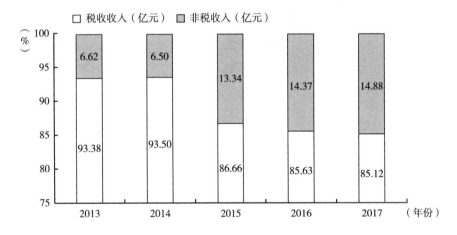

图 23　2013~2017 年浙江省一般公共预算收入结构比较

资料来源：历年《浙江财政年鉴》。

2017 年全省一般公共预算收入为 5804.38 亿元，其中，税收收入为 4940.75 亿元（增值税为 2201.37 亿元，企业所得税为 822.19 亿元，个人所得税为 395.24 亿元，城市维护建设税为 329.09 亿元，房产税为 195.35 亿元，资源税为 12.58 亿元，印花税为 81.57 亿元，城镇土地使用税为 116.29 亿元，土地增值税为 288.90 亿元，车船税为 51.59 亿元，耕地占用税为 64.97 亿元，契税为 381.59 亿元，烟叶税为 0.02 亿元），非税收入为 863.64 亿元 [专项收入为 467.56 亿元，行政事业性收费收入为 68.99 亿元，罚没收入为 123.66 亿元，国有资本经营亏损为 43.96 亿元，国有资源（资产）有偿使用收入为 211.04 亿元，其他非税收入为 36.35 亿元]。

图 24 与表 1 分别是 2017 年浙江省税收收入的各税种占比与详细收入决算数，由图表可知，主体税种支撑有力，2017 年全省增值税、企业所得税和个人所得税三大税种对税收收入的贡献度最大，总计 3418.80 亿元，合计占比为 69.20%。

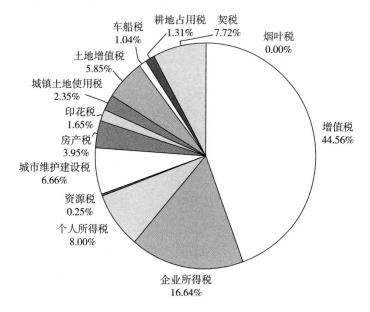

图 24 2017 年浙江省一般公共预算收入中税收收入各税种占比

资料来源：《2018 浙江财政年鉴》。

表 1 2017 年浙江省一般公共预算收入中税收收入明细

项目	2017 年决算数（亿元）
增值税	2201.37
企业所得税	822.19
个人所得税	395.24

续表

项目	2017 年决算数（亿元）
资源税	12.58
城市维护建设税	329.09
房产税	195.35
印花税	81.57
城镇土地使用税	116.29
土地增值税	288.90
车船税	51.59
耕地占用税	64.97
契税	381.59
烟叶税	0.02

资料来源：《2018 浙江财政年鉴》。

从全省国、地税部门征收的税收看，第三产业对税收收入的贡献度最大，且第三产业税收占比总体呈增长趋势；第二产业次之，第一产业贡献度较小，且呈下降趋势。与 2015 年相比，2016 年第三产业税收收入占比显著增加，主要是因为 2016 年全面推行"营改增"后，金融、房地产等服务业税负增加。具体的三大产业税收贡献度如图 25 所示。

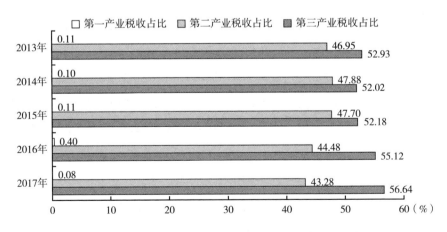

图 25 2013～2017 年浙江省三大产业税收收入贡献度

资料来源：Wind 数据库。

从产业结构的角度看,如图 26 所示,2017 年第二产业税收收入为 3390.51 亿元,较 2016 年的 3103.46 亿元增长了 9.25%;第三产业税收收入为 4436.76 亿元,比 2016 年的 3845.26 亿元增长了 15.38%,第三产业的税收收入增长速度显著高于第二产业。

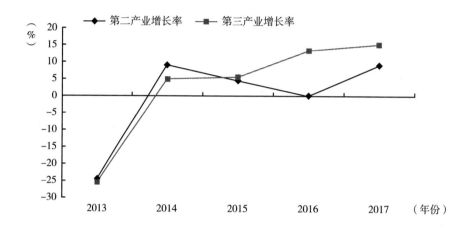

图 26　2013～2017 年浙江省第二、第三产业税收增长率

资料来源:浙江省第二、第三产业税收增长率由 Wind 数据库中相应产业的税收收入数据计算得出。

就全省一般公共预算支出而言,如图 27 所示,从一般公共预算支出规模来看,五年间浙江省一般公共预算支出规模一直稳步增长。具体来讲,在 2013 年,一般公共预算支出规模为 4730.47 亿元,完成预算的 108.3%;到 2014 年增长至 5159.57 亿元,完成预算的 101.2%;2015 年增长较为显著,达到 6645.98 亿元,完成预算的 107.3%;2016 年增长幅度较小,仅仅为 6974.25 亿元,完成预算的 105.4%;2017 年增长幅度依然不高,为 7530.32 亿元,完成调整后预算的 107%。

从增长率的变化来看,浙江省一般公共预算支出增长率波动较大。根据省财政厅发布的公告,具体来分析背后深层次原因:2013 年增长率为 13.66%,到 2014 年下降至 9.07%,主要原因在于:第一,省级科学技术支出仅完成预算的 74.2%,比上年支出减少 21.6%,科学技术支出下

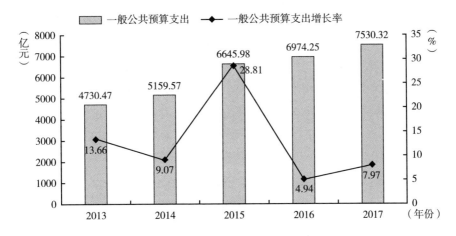

图 27　2013~2017年一般公共预算支出规模及增长率

资料来源：历年《浙江财政年鉴》和浙江省财政厅发布的公告。

降主要是规范预算级次管理，用于市县的科技资金改列市县支出；第二，节能环保支出仅完成预算的90.4%，比上年支出减少9.5%，主要是中央对节能重点工程补助资金减少；第三，资源勘探电力信息等支出仅完成预算的87.6%，比上年支出减少10.2%，主要是关停小火电资金减少；2015年又猛增至28.81%，主要原因是文化体育与传媒支出165.38亿元，增长34.2%，浙江省为加强文化遗产保护传承利用，推进农村文化礼堂、农村应急广播体系建设，支持农村电影放映体制改革和欠发达地区多厅影院建设，支撑浙江自然博物园等省重大文化设施建设等；2016年突然又下降至4.94%，主要原因在于省级一般公共预算安排的"三公"经费支出比上年决算数下降15.8%；2017年增长率略有增长，为7.97%，仍然保持较低水平，增长主要原因在于清理期宁海县一般公共服务支出数据调整。

最后来分析一下浙江省一般公共预算支出占比的趋势图（见图28），2013年一般公共预算支出占比为45.17%，到2014年略有增长为46.89%，2015年一般公共预算支出占比达到最高值，为58.02%，主要原因在于全省一般公共预算支出增长21.1%，其中省级一般公共预算支出增长70.8%，而政府性基金支出下降 31.1%，导致一般公共预算支出占比升高；2016 年一般公共预算支出占比开始下降至 49.58%，到 2017 年占比进一步下降至 41.60%，具体原因在于 2017 年全省政府性基金预算支出增长 78%，主要是国有土地使用权出让收入较多，全省社保基金支出增长 20.2%，主要是多地开展机关事业单位参保，而同期全省一般公共预算支出仅增长 8.6%，所以一般公共预算支出占比下降。

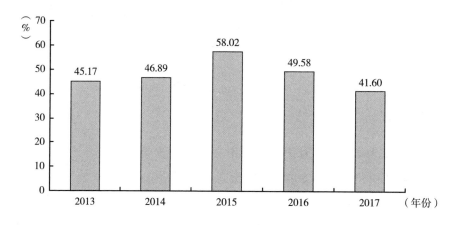

图 28　2013～2017 年浙江省一般公共预算支出占比

资料来源：历年《浙江财政年鉴》和浙江省财政厅发布的公告。

所谓民生支出，指各级财政部门用于建立覆盖城乡居民的社会保障体系，增加扩大就业、义务教育投入，提高城乡居民收入，建立基本医疗卫生制度等直接涉及群众利益方面的支出（摘自抚顺市财政局）。关于具体民生支出统计口径，中央暂无明确统一规定，这表明各地区有各自的统计口径，因而测算出来的民生支出科目不同。为了保持统一，本书使用公认的"财政八项"作为统计民生支出的口径范围。九三学社社员、安徽省政协特邀信息员、安徽审计学院教授池峰说，2015 年以来，财政"八项支出"已经成为财政支出管理工作中的高频词汇，地方政府纷纷将财政"八项支出"增幅作为财政支出管理的一项重要指标进行考核。"财政八项"支出，包括一般公共服务支出、公共安全支出、教育支出、科学技术支出、社会保障和就业支出、医疗卫生与计划生育支出，节能环保支出、城乡社区支出。

如图29所示，总体来看，2017年"财政八项"和其他的整体规模都比2013年有所上升，背后反映浙江在经济不断增长的同时，财政支出也不断增长。具体来讲，一般公共服务支出在2013年为538.88亿元，到了2017年增长至765.03亿元；公共安全支出在2013年为347.78亿元，到2017年为548.44亿元；教育支出为八项支出中占比最大的部分，2013年为950.07亿元，2017年升至1430.15亿元；科学技术支出在2013年为191.87亿元，到2017年升至303.50亿元；社会保障和就业支出2013年为397.06亿元，2017年升至801.78亿元；医疗卫生与计划生育支出2013年为350.73亿元，到2017年升至584.17亿元；节能环保支出2013仅为98.14亿元，2017年升至190.15亿元；城乡社区支出2013年为332.93亿元，到2017年变为910.17亿元。

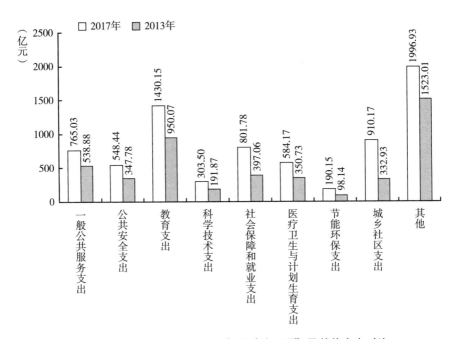

图29　2013年与2017年浙江省"财政八项"及其他支出对比

资料来源：相关年份《浙江财政年鉴》和浙江省财政厅发布的公告。

图 30 所示的两个饼图，对比分析了"财政八项"和其他支出科目在 2013 年和 2017 年的占比情况（相对规模）。整体来看，2013 年"财政八项"民生支出占比为 67.79%，到 2017 年"财政八项"民生支出占比提升至 73.48%，这充分表明近年来浙江财政对民生领域的重视和投入的逐渐加大。具体来讲，一般公共服务支出占比由 2013 年的 11.39% 降至 2017 年的 10.16%，主要体现了浙江省响应和积极贯彻中央提出的削减"三公经费"厉行节俭号召；公共安全支出占比变化不大，由 2013 年的 7.35% 降为 7.28%；教育支出下降约为 1 个百分点，由 2013 年的 20.08% 降为 18.99%；科学技术支出占比基本保持不变，由 4.06% 变为 4.03%；社会保障和就业支出占比提升较多，由 8.39% 升至 10.65%，医疗卫生与计划生育支出占比变化也不大，由 2013 年的 7.41% 变为 2017 年的 7.76%；节能环保支出占比略微上升，由 2.07% 上升到 2.53%，体现了当前浙江省对生态环保的重视和投入力度的逐渐加大，实施"两山"建设财政专项激励政策；城乡社区支出占比变化最大，由 2013 年的 7.04% 升为 12.09%，说明了浙江省当前对新城区、新社区和新农村改造的持续投入。

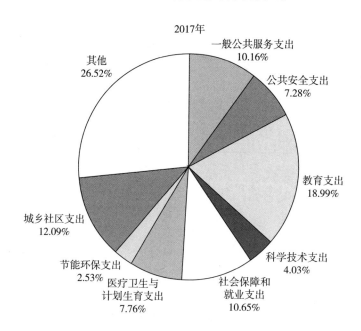

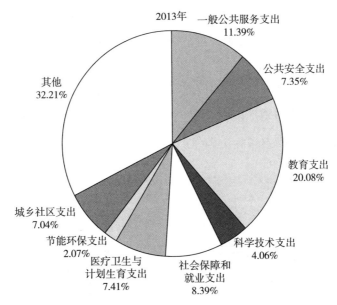

图30 2013年与2017年浙江省"财政八项"及其他支出占比

资料来源：相关年份《浙江财政年鉴》。

（三）浙江省政府性基金预算收支分析

政府性基金预算（以下简称基金预算）是国家通过向社会征收以及出让土地、发行彩票等方式取得收入，专项用于支持特定基础设施建设和社会事业发展而发生的收支预算，按照《政府收支分类科目》确定的政府性基金收支范围，2013年纳入基金预算的资金共45项。基金预算编制遵循"以收定支、专款专用、收支平衡、结余结转下年安排使用"的基本原则。基金支出根据基金收入情况安排，自求平衡，不编制赤字预算。各项基金按规定用途安排，不调剂使用。当年基金收入不足的，可使用以前年度结余安排当年支出；当年基金收入超过支出的，结余资金可结转下年安排使用。基金预算的基本政策目标是为特定公共事业发展提供稳定的资金来源，提高预算保障程度和管理透明度，支持重大基础设施建设，加强经济社会发展的薄弱环节和促进战略性新兴产业发展。

2013年政府性基金收入为4440.64亿元，2014年有所下降，为4272.02

亿元，下降 3.8%；2015 年政府性基金大幅减少，降低至 2574.92 亿元，下降 39.73%，主要受全省土地市场行情低迷、土地出让业务下降幅度较大影响；2016 年全省政府性基金收入略有反弹，增加至 3930.06 亿元，省级政府性基金收入 102.29 亿元；2017 年全省政府性基金收入大幅增加至 6593 亿元，主要得益于房地产市场升温，国有土地出让权收入增长较快。各年度政府性基金收入规模及增长率见图 31。

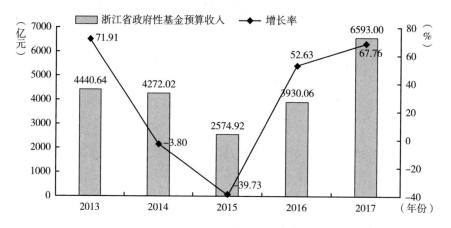

图 31　2013～2017 年浙江省政府性基金预算收入规模及增长率

资料来源：1. 历年《浙江财政年鉴》与浙江省财政厅公布的历年浙江省预算执行情况报告；2. 2014～2017 年增长率数据来自上述报告，2013 年增长率由 2012 年、2013 年两年浙江省政府性基金预算收入的数据计算得到。

　　而 2017 年全省政府性基金收入中各项收入占比见图 32，各项收入具体情况如下：国有土地使用权出让收入为 5717.92 亿元，城市公用事业附加收入为 6.55 亿元，国有土地收益基金收入为 210.01 亿元，农业土地开发资金收入为 8.28 亿元，城市基础设施配套费收入为 51.65 亿元，车辆通行费收入为 22.62 亿元，彩票公益金收入为 41.78 亿元，其他政府性基金收入为 534.19 亿元。

　　在政府性基金收入中，国有土地使用权出让收入占比最大（见图 33），这与我国地方政府普遍存在的"土地财政"问题有关。通过比较浙江省 2013～2017 年政府性基金与国有土地使用权出让收入增长趋势，能够有力地证明土地出让收入是政府性基金收入变动的主要推动力这一结论。

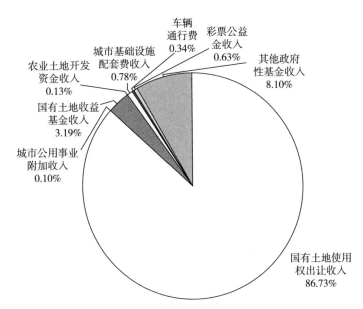

图32　2017年全省政府性基金收入中各项收入占比

资料来源：《2018浙江财政年鉴》。

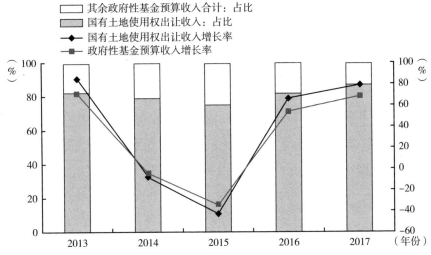

图33　2013~2017年政府性基金预算收入中土地出让金收入占比及两者增长率

资料来源：1. 历年《浙江财政年鉴》与浙江省财政厅公布的浙江省预算执行情况报告；
2. 政府性基金预算收入增长率2014~2017年数据来自上述报告，2013年数据由收入数据计算得到；3. 国有土地使用权出让收入增长率由历年收入数据计算得到。

图 34 所示是浙江省 2013~2017 年五年的政府性基金预算支出趋势图，在 2013~2015 年，该支出规模呈下降趋势，从 2013 年的 4381.19 亿元下降到 2015 年的 2583.82 亿元，其中从 2014 年到 2015 年下降幅度较大，从 2015 年之后开始回升，到 2017 年支出规模达 6617.46 亿元，远超之前支出水平。

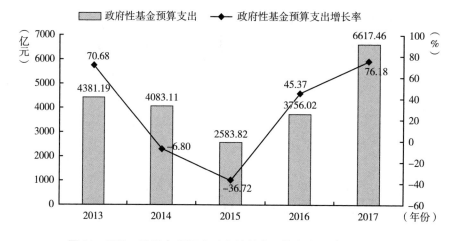

图 34　2013~2017 年浙江省政府性基金预算支出规模及增长率

资料来源：历年《浙江财政年鉴》。

政府性基金预算是四本预算中的第二大预算，其趋势变动对整体财政收支影响较大。从图中看出政府性基金预算的支出规模年际波动较大，其中 2015 年出现了较大幅度的减少，这一谷底出现的深层次原因在于，与其他年份相比，这一年的国有土地使用权出让收入等土地类收入大幅减少，导致其相应支出减少；而 2017 年该支出规模达到新的高度，比上一年增长 172.5% 之多，主要是由于新增债务支出使城乡社区基金支出 5.5 亿元，增长了 113.1 倍，交通运输基金支出 86.51 亿元，增长了 14 倍。

政府性基金预算呈现出灵活的特点，从增长率角度来看，依据不同年份的特点和需要，有较大的波动性，甚至部分年份出现了负增长。以 2015 年为例，在五年的支出增长率趋势图中，2015 年是最低点，这一年很多项目中的支出大幅缩减，例如中央补助减少导致国家电影事业发展专项资金下降

30.8%，转移支付市县支出增加导致大中型水库移民后期扶持基金下降37%，耕地质量测评试点工作结束导致新增建设用地土地有偿使用费安排的支出下降42.5%等。政府性基金预算全面反映了纳入预算管理的政府性基金收支活动，财政部门专门设置基金预算，专款专用，自求平衡，上述支出规模及增长率变化趋势正体现了这一特点。

由于在2015年财政预算支出的计算口径发生了变化，不能对预算下项目进行比较，故而以2017年为例，对预算的结构状况展开分析（见图35）。政府性基金预算支出下项目有国有土地使用权出让相关支出、国有土地收益基金相关支出、车辆通行费相关支出、城市基础设施配套费相关支出、彩票公益金相关支出、其他各项政府性基金相关支出等。其中最主要的组成部分是国有土地使用权出让相关支出，占比高达86.94%，主要是新增债务支出较多。

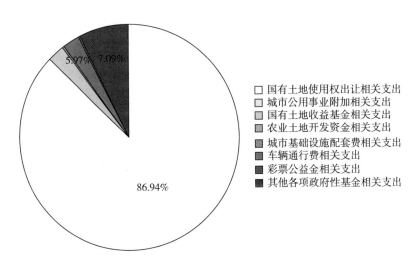

图35　2017年浙江省政府性基金预算支出项目构成

资料来源：《2018浙江财政年鉴》。

（四）浙江省国有资本经营预算收支分析

国有资本经营预算收入是指各级人民政府及其部门、机构履行出资人职责的企业（即一级企业，下同）上交的国有资本收益，主要包括：国有独资企业按规定上交国家的利润；国有控股、参股企业国有股权（股份）获得的股利、股息；企业国有产权（含国有股份）转让收入；国有独资企业清算收入（扣除清算费用），以及国有控股、参股企业国有股权（股份）分享的公司清算收入（扣除清算费用）；其他收入。

2013～2017年浙江省国有资本经营预算收入规模呈现"先上升、后下降"的趋势（见图36）。2013年全省国有资本经营预算收入为19.06亿元，2014年增加至25.59亿元，增长率为34.26%；2015年国有资本经营预算收入大幅提升，增长率达95.51%；2016年国有资本经营预算收入最高，为74.38亿元；2017年国有资本经营收入下降至65.50亿元，下降了11.94%。

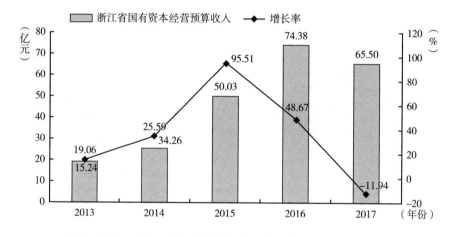

图36 2013～2017年浙江省国有资本经营预算收入规模及增长率

资料来源：1. 历年《浙江财政年鉴》与浙江省财政厅公布的历年浙江省预算执行情况报告；2. 国有资本经营预算收入增长率2014～2017年数据来自上述报告，2013年数据由收入数据计算得到。

2017年全省国有资本经营收入为65.50亿元，其中，利润收入为45.78亿元，股利、股息收入为2.76亿元，产权转让收入为4.86亿元，清算收入为0.30亿元，其他国有资本经营预算收入为11.81亿元，各项收入占比情况如图37所示。

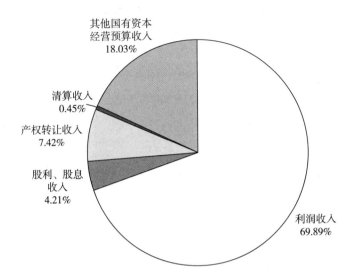

图37 2017年浙江省国有资本经营预算收入各项收入占比

资料来源:《2018浙江财政年鉴》。

与国有资本收入不同,国有资本经营预算支出主要包括资本性支出、弥补国企改制成本等费用性支出和其他支出。从绝对规模来看,在四本预算中国有资本经营预算支出规模最小且相差甚多,甚至社会保险基金支出规模都是其百倍的水平。图38所示是2013~2017年国有资本经营支出情况,整体呈现倒U形结构,在2015年出现了一个短期峰值,主要是因为从该年开始省级国有资本经营预算编制企业范围扩大,导致出现了一个突然的增加,也正是因为计算口径的变化,2016年、2017年的支出规模均高于2015年之前。

从五年趋势图中可看到2013~2015年国有资本经营预算支出的增长率在不断增加,规模以递增的速度扩张,但是在2015年之后不断下降。2015年增加较多的主要原因是省级国有资本经营预算编制企业范围扩大,国有经济结构调整支出增长104.9%,主要是安排支持国有企业战略性重组整合、推动国有企业资本投向重点行业和关键领域等方面。2017年的增长率之所以极低是因为受到了上年结转项目的影响,用于解决历史遗留问题和改革成本的支出下降了53.1%，其中国有企业改革成本支出比上年下降了97.9%，其他国有企业资本注入也下降了53.9%。

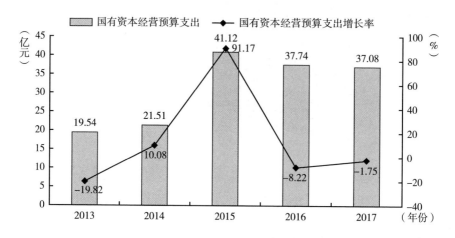

图38　2013~2017年浙江省国有资本经营预算支出规模及增长率

资料来源：历年《浙江财政年鉴》。

　　近五年来，伴随着全国范围内的经济结构调整，浙江省也坚决落实中央相关政策指示，致力于国有经济、国有企业的相关调整，挖掘新动能，促进经济更好更快发展，故而在这一方面支出较大，到2017年系列改革取得一定成果，改革支出出现较大幅度下降。

　　根据财政统计年鉴，国有资本经营预算项下主要有五个项目，分别是国有企业资本金注入、金融国有资本经营预算支出、国有企业政策性补贴、解决历史遗留问题及改革成本支出，以及其他国有资金经营预算支出，其中国有企业资本金注入占比最高，达到69.00%，成为构成国有资本经营预算的主要组成部分，其他国有资本经营预算支出占到17%，占据第二位，剩下的解决历史遗留问题及改革成本支出、国有企业政策性补贴和金融国有资本经营预算支出占比相当，但是绝对规模均不大（见图39）。可见国有资本经营预算开支主要用于具有公共服务功能的国有企业建设，例如2017年主要安排浙江广播电视集团浙江卫视节目省外落地覆盖、浙江新远文化产业集团有限公司杭州剧院改扩建等项目。

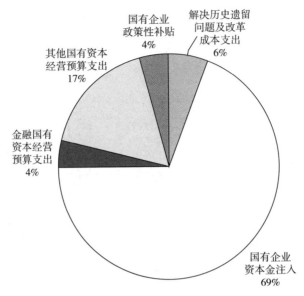

图39　2017年浙江省国有资本经营预算支出项目构成

资料来源：《2018浙江财政年鉴》。

（五）浙江省社会保险基金预算收支分析

社会保险基金预算收入是一种强制性的专款专用的财政收入形式，其收入要专项用于政府社会保险计划的开支。目前我国的社会保险基金收入按项目划分可分为基本养老保险基金收入、失业保险基金收入、基本医疗保险基金收入、工伤保险基金收入和生育保险基金收入。2013年社会保险部门第一次向全国人大正式报送了全国社会保险基金预算，社会保险基金预算迈入制度化、规范化、科学化管理的新阶段。

2013～2017年浙江省社会保险基金预算收入呈波动增长趋势。如图40所示，① 2013年全省社会保险基金预算收入1849.87亿元，2014年增长至2360.17亿元，增长率为25.80%；2015年社会保险基金预算收入大幅增长，达

---

① 图40中的增长率数据采用的是官方公布数据，与根据图中的收入数据计算的结果不太一致，特此说明。

3232.07 亿元，增长率为 18.50%；2016 年增长幅度下降，但整体收入仍在增加；2017 年收入增加至 4595.16 亿元，增长率较上年略有回升，达到 22.27%。

图 40 2013～2017 年浙江省社会保险基金预算收入规模及增长率

资料来源：1. 历年《浙江财政年鉴》与浙江省财政厅公布的历年浙江省预算执行情况报告；2. 2014～2017 年增长率数据来自上述报告，而 2013 年增长率由 2012 年、2013 年两年收入数据计算得到。

2017 年浙江省社会保险基金收入中，企业职工基本养老保险为 2429.95 亿元，占比 51.97%，城乡居民基本养老保险收入为 158.52 亿元，占比 3.39%；机关事业单位基本养老保险为 663.78 亿元，占比 14.20%；城镇职工基本医疗保险收入为 902 亿元，占比 19.29%；城乡居民基本医疗保险收入 339.08 亿元，占比 7.25%；工伤保险、失业保险和生育保险分别为 58.75 亿元、77.91 亿元和 45.46 亿元，占比分别为 1.26%、1.67% 和 0.97%。具体占比情况见图 41。

就支出来看，社会保险基金预算支出规模在四大预算支出规模中位居第三，图 42 是浙江省 2013～2017 年社会保险基金预算支出规模及支出增长率五年趋势图，与政府性基金预算支出相比，社会保险基金预算支出变化趋势较为平稳，呈现逐年上升的特点，从 2013 年的 1340.32 亿元增长到 2017 年的 4021.57 亿元，短短五年之内增长了两倍之多。

虽然社会保险基金预算支出绝对规模数量一直上升，但是其增长率却有一定的波动，其中比较特殊的一年是 2016 年，增长率高达 51.12%，比余下四年的最高增长率 29.70% 高出了 21.42 个百分点，这其中最直接的原因

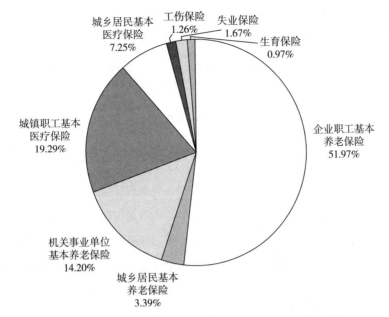

图41　2017年浙江省社会保险基金预算收入各项收入占比

资料来源：《2018浙江财政年鉴》。

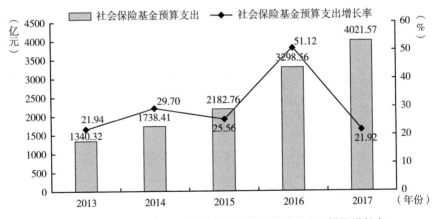

图42　2013～2017年浙江省社会保险基金预算支出规模及增长率

资料来源：历年《浙江财政年鉴》。

在于2016年社保基金支出141.84亿元，增长了24.5%，更深层次原因是新增了机关事业单位基本养老保险基金支出。

社会保险基金预算是指社会保险经办机构根据社会保险制度的实施计划和任务编制的、经规定程序审批的年度基金财务收支计划。近年来，从中央到地方都在强调追求民生，保障人民权益，切实发挥社保基金在社会保障方面的重要作用，社会保险基金支出的逐年增加体现了财政支出结构的调整，预期未来财政支出仍将按照这一发展趋势开展。

　　社会保险基金支出主要分为企业职工基本养老保险支出、城乡居民基本养老保险支出、机关事业单位基本养老保险支出、城镇职工基本医疗保险支出、城乡居民基本医疗保险支出、工伤保险支出、失业保险支出、生育保险支出等，主要为城乡居民提供基本的医疗保障。其中各项养老保险支出占到69.56%，企业职工基本养老保险占比最高，为51.97%，养老保险占比较大与我国人口结构相匹配，伴随着人口老龄化，养老保险支出也随之增加。各项医疗保险支出占到26%，这是覆盖全社会范围的基本保险，是社会保障体系的重要组成部分，而工伤、失业、生育保险三项支出加总占到3.9%，相对较少（见图43）。

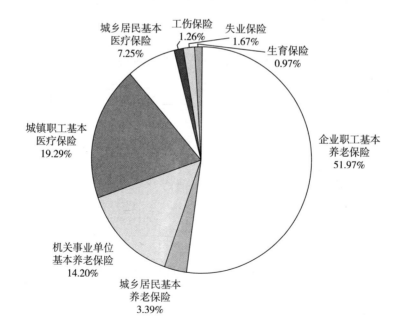

图43　2017年浙江省社会保险基金预算支出项目构成

资料来源：《2018浙江财政年鉴》。

（六）结论性评论

（1）收入部分：从全省来看，2013~2017年全省财政总收入逐年提高且在GDP中的占比也逐步升高；从收入结构来看，近年来受结构性减税政策、中央和地方分成比例调整的影响，税收收入所占比重逐年下降。四本预算中，除国有资产经营收入在五年中略有波动外，一般公共预算收入、政府性基金收入、社会保险基金收入整体上呈上升趋势，但增速波动均较大。从财政总收入和四本预算收入的增长情况和变动趋势来看，浙江省财政收入情况存在以下问题：第一，税收收入在一般公共预算收入中的占比逐渐下降，收入质量有所下降，未来财政收入持续增长动力不足；第二，政府性基金收入中国有土地出让权收入占比较重，土地使用权出让收入与房地产市场密切相关，受房价波动影响大。然而房地产市场受政策因素、供求关系等的影响，房价的变动极不稳定，政府性基金收入对土地出让金依赖过重，不利于财政收入的稳定。

对此，提出以下两点建议：第一，加快财税体制改革，培育地方主体税种，保证财政收入实现稳定可持续增长。坚持顶层设计与分步实施相结合的原则，在研究深化财税体制改革总体思路的同时，不失时机地提出一系列配套改革措施。在营改增改革下，浙江省服务业税收收入有所提升，制造业税负有所下降，且近年来浙江省不断深化放管服改革，逐步减少行政审批事项，大力推进"只跑一次"等改革措施，减税降费成果显著。但在支出压力不断扩大的情况下，未来还需进一步涵养税源，培育新的财政收入增长点，提高个人所得税征管水平，促进全省收入的稳步增长。第二，减少土地财政依赖度，确保财政收入可持续。土地财政问题普遍存在于地方政府，土地出让金与房价"一荣俱荣、一损俱损"，因而房价的波动应该保证在可控范围内，既不可大肆削减，这会对财政收入带来重大影响；也不可放任房价骤然攀升，这对于房地产市场的发展和地方政府财源的增长十分不利。应密切关注房价变动，制定有效的房价监控政策，同时中央应尽快出台房地产税，为地方政府培育新的主体税种提供契机。

（2）支出部分：浙江省财政总支出稳定增长，增长率有所波动，类似于全国财政总支出，但近两年保持了较高的增长势头，依然符合稳中求进的工作总基调。浙江省一般公共预算支出规模持续增长，增长率先升后降，符合稳的特点。一般公共预算支出结构中，"财政八项"增长率大部分远高于一般公共预算支出增长率7.97%，符合有保有压的特点。主要问题在于，科技支出（7.0%）、社会保障和就业支出（7.4%）均低于一般公共预算支出的平均增长率，这显然不利于创新驱动战略和其他民生事业的发展。全省政府性基金近五年支出规模呈现先下降后上升的U形结构，年际波动较大，从增长率的角度来看，同样呈现出较大的波动性，这一方面是因为2015年支出的计算口径发生了变化，另一方面也体现出政府性基金专款专用、自求平衡的特点。与政府性基金不同，国有资本经营预算近五年的支出呈现出先上升后下降的倒U形结构，但在近两年支出规模基本稳定。全省社会保险基金支出呈现逐年上升的趋势，短短五年增长了两倍之多，这体现了政府财政支出结构的变化调整，应当继续保持这一趋势，为人民群众提供切实保障。

根据上述问题，提出以下三点建议：第一，进一步加强"财政八项"的支出规模，践行以人民为中心的发展思想，统筹安排财力；第二，年际财政支出波动较大，要做好年际财政预算，稳定各项财政预算支出规模及增长率；第三，四本预算支出结构仍需调整，应做好民生工作，增加社会保险基金预算支出，做好养老、看病等基本民生保障，建立更大范围、更深层次的多元化保障体系。

三 浙江省各市财政收支分析

（一）各市财政总收支分析

2013～2017年浙江省各市财政总收入呈逐年增长趋势。各市增长具体情况如下：杭州市从2013年的1734.98亿元增长至2017年的2921.30亿元，增长率为68.38%；宁波市从2013年的1651.18亿元增长至2017年的2415.83亿元，增长率为46.31%；温州市从2013年的565.63亿元增长至2017年的

778.26亿元,增长率为37.59%;嘉兴市从2013年的517.49亿元增长至2017年的769.31亿元,增长率为48.66%;湖州市从2013年的271.66亿元增长至2017年的408.89亿元,增长率为50.52%;绍兴市从2013年的502.15亿元增长至2017年的705.53亿元,增长率为40.50%;金华市从2013年的415.96亿元增长至2017年的601.18亿元,增长率为44.53%;衢州市从2013年的118.21亿元增长至2017年的174.48亿元,增长率为47.60%;舟山市从2013年的137.42亿元增长至2017年的187.22亿元,增长率为36.24%;台州市从2013年的448.47亿元增长至2017年的656.97亿元,增长率为46.49%;丽水市从2013年的124.22亿元增长至2017年的180.46亿元,增长率为45.27%。

各市2013～2017年财政总收入情况如表2、图44所示。

表2　2013～2017年浙江省各市财政总收入

单位:亿元

2013～2017浙江省各市财政总收入(亿元)					
城市	2013年	2014年	2015年	2016年	2017年
杭州市	1734.98	1920.11	2238.75	2558.41	2921.30
宁波市	1651.18	1790.89	2072.63	2145.72	2415.83
温州市	565.63	612.44	677.92	723.96	778.26
嘉兴市	517.49	568.09	638.80	673.37	769.31
湖州市	271.66	295.71	327.82	360.89	408.89
绍兴市	502.15	546.34	602.19	630.08	705.53
金华市	415.96	461.40	516.96	555.19	601.18
衢州市	118.21	126.82	143.99	155.03	174.48
舟山市	137.42	148.93	159.59	173.29	187.22
台州市	448.47	485.29	539.78	583.83	656.97
丽水市	124.22	135.02	151.66	164.87	180.46

资料来源:宏观经济与地产数据库。

结合上述图表,2013～2017年,浙江省11市中杭州、宁波两市对全省财政收入贡献度最大,两个城市的财政收入都突破千亿元大关,并在2015～2017年超过2000亿元,一直保持稳步增长趋势。五年间,杭州、宁波两市

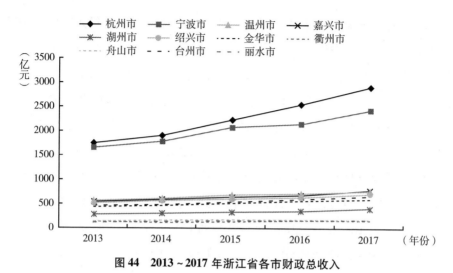

图44 2013～2017年浙江省各市财政总收入

资料来源：宏观经济与地产数据库。

的财政收入占全省财政总收入的比重分别为25.11%、25.52%、26.19%、27.73%、28.36%和23.90%、23.81%、24.24%、23.26%、23.45%，合计占比在50%左右，对全省财政总收入贡献较大，尤其是省会杭州的财政收入贡献度还在不断攀升（见图45）。

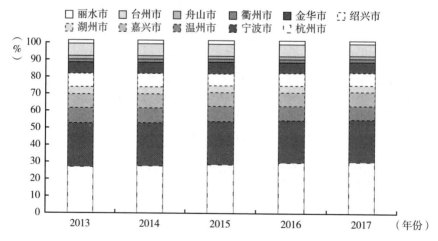

图45 2013～2017浙江省各市财政收入占全省比例

资料来源：宏观经济与地产数据库。

　　除了关注财政收入总量，由于各地人口数量的差异，关注人均财政收入也是必要的。人均财政收入较好地反映了各城市每个居民所能分配到的财政收入，更能反映地方政府的真实财政实力。从全省来看，温州市人口数量最多，约800万人，杭州人口数在700万人以上，台州、宁波人口数约为600万人。图46反映了2013～2017年浙江省各市人均财政收入及其增长趋势，从图中来看，财政总收入最高的杭州市人均财政收入略低于宁波市，但增长趋势更猛；舟山市财政总收入不高，但人均财政收入较高，显著高于人口众多的温州市。

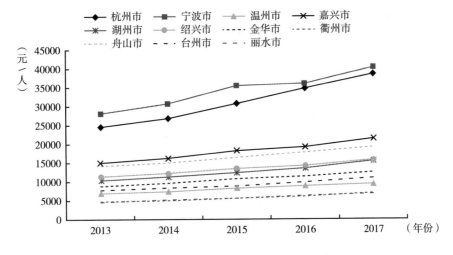

图46　2013～2017浙江省各市人均财政收入

资料来源：宏观经济与地产数据库、历年《浙江财政年鉴》。
注：人均财政收入＝财政总收入/人口数量。

　　对于浙江省11市财政总支出数据，具体测算方法为利用各市财政局历年的财政预算决算报告中四本预算支出的数据进行加总，但是很多市只统计了1～3年的数据，故我们只测算了浙江省11市2017年一年的财政总支出规模，见图47。不难发现，杭州财政总支出最高，为4876.03亿元；宁波市财政总支出为2774.04亿元；温州市财政总支出为2110.91亿元；嘉兴市为1525.27亿元；金华市、台州市和绍兴市财政总支出比较接近，分别为1230.13亿元亿元、1229.55亿元和1225.90亿元；湖州市财政总支出为

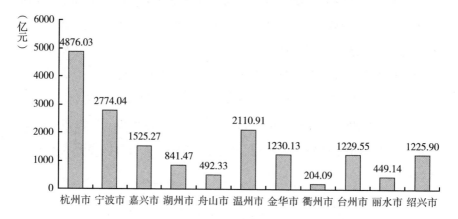

图47　2017年浙江省11市财政总支出

资料来源：各市财政局2017年财政预算决算报告。

注：总支出＝四本预算支出加总。

841.47亿元；舟山市和丽水市财政总支出比较接近，分别为492.33亿元和449.14亿元；最后是衢州市，财政总支出为204.09亿元。值得一提的是，一般公共预算支出中，杭州市和宁波市非常接近，但财政总支出差距十分巨大，主要原因在于杭州市2017年政府性基金支出为2216亿元，而宁波市2017年政府性基金支出仅仅为700亿元。

（二）各市一般公共预算收支分析

2013～2017年浙江省各市一般公共预算收入呈逐年增长趋势。具体情况如下：杭州市从2013年的945.20亿元增长至2017年的1567.42亿元，增长率为65.83%；宁波市从2013年的792.81亿元增长至2017年的1245.29亿元，增长率为57.07%；温州市从2013年的323.98亿元增长至2017年的465.35亿元，增长率为43.64%；嘉兴市从2013年的282.31亿元增长至2017年的443.79亿元，增长率为57.2%；湖州市从2013年的154.66亿元增长至2017年的237.43亿元，增长率为53.52%；绍兴市从2013年的293.07亿元增长至2017年的431.36亿元，增长率为47.19%；

金华市从 2013 年的 242.47 亿元增长至 2017 年的 357.71 亿元,增长率为 47.53%;衢州市从 2013 年的 72.75 亿元增长至 2017 年的 111.28 亿元,增长率为 52.96%;舟山市从 2013 年的 92.63 亿元增长至 2017 年的 125.76 亿元,增长率为 35.77%;台州市从 2013 年的 247.73 亿元增长至 2017 年的 382.25 亿元,增长率为 54.30%;丽水市从 2013 年的 73.70 亿元增长至 2017 年的 112.91 亿元,增长率为 53.20%。2013~2017 年各市一般公共预算收入增长趋势如图 48 所示。

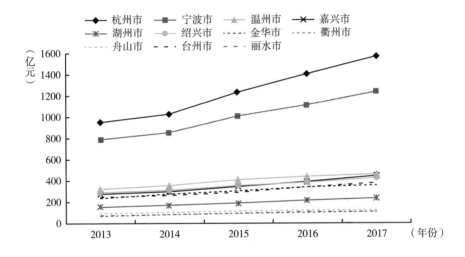

图 48 2013~2017 年浙江省各市一般公共预算收入

资料来源:历年《浙江财政年鉴》。

在 2013~2017 年,全省 11 市中杭州市一般公共预算收入的总量最大,整体增幅最大,对全省一般公共预算收入的贡献度也最大;宁波市略次之,规模总量在全省位列第二,在 5 年中也保持较高的增长速度,贡献度仅次于杭州;温州、嘉兴和绍兴三市对全省一般公共预算收入贡献度大体相当,台州、金华两市的贡献度则更次之,约在 6% 左右;湖州、舟山、衢州和丽水位列后四位,一般公共预算收入在全省占比较低,增长率较小。

从图 49 来看,2017 年全省各市一般公共预算收入情况如下:从总量上看，杭州市一般公共预算收入 1567.42 亿元，占全省①的比重（以下简称"占比"）为 27.00%；宁波市一般公共预算收入 1245.29 亿元，占比 21.45%；温州市一般公共预算收入 465.35 亿元，占比 8.02%；嘉兴市一般公共预算收入 443.79 亿元，占比 7.65%；绍兴市一般公共预算收入 431.36 亿元，占比 7.43%；台州市一般公共预算收入 382.25 亿元，占比 6.59%；金华市一般公共预算收入 357.71 亿元，占比 6.16%；湖州市一般公共预算收入 237.43 亿元，占比 4.09%；舟山市一般公共预算收入 125.76 亿元，占比 2.17%；丽水市一般公共预算收入 112.91 亿元，占比 1.95%；衢州市一般公共预算收入 111.28 亿元，占比 1.92%。

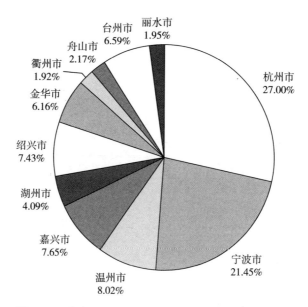

图 49　2017 年浙江省各市一般公共预算收入全省占比

资料来源：《2018 浙江财政年鉴》。

注：图中已略去省本级占比，因而总和小于 100%。

从结构上看，一般公共预算收入由税收收入和非税收入构成。一般而言，税收收入在一般公共预算收入中占比越高，则表明收入的质量越好。图

---

①　此处全省包括了省本级，但在图 37 占比图中则省略了省本级，下同。

50 是 2013～2017 年全省 11 市一般公共预算收入的构成情况，由图中可知，每个市的一般公共预算收入中占比最大的均是税收收入。其中，嘉兴市的税收收入在其一般公共预算收入中占比最高，杭州次之；舟山、衢州和丽水的税收占各自一般公共预算收入的比重最低，整体来看，经济发展水平、财政收入较高的城市，其税收在一般公共预算收入中的占比也高。

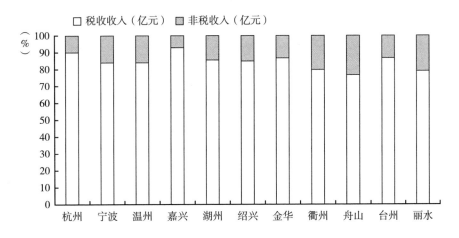

图 50　2017 年浙江省各市税收收入与非税收入占比

资料来源：《2018 浙江财政年鉴》。

图 51 是 2017 年浙江省 11 市按税种划分的税收收入。从图中看，各市的税收收入中，主体税种（增值税、企业所得税、个人所得税）占比较高，其中又以增值税占比为最高。从各市比较来看，宁波、杭州主体税种在税收收入中的占比最高，舟山和衢州主体税种在税收收入中的占比最低。综合上述分析，经济发展水平、财政收入较高的城市，其税收收入在一般公共预算收入中的占比较高，主体税种在税收收入中的占比也较高。因此，对于经济较落后的城市而言，培育主体税种、涵养税源对于提升财政收入质量和经济发展水平具有重要意义。

对于一般公共预算支出，整体来看，浙江省 11 市 2013～2017 年，各自的一般公共预算支出都是逐渐递增的（见图 52）。具体来讲，杭州市由2013 年的 855.74 亿元增长至 1540.92 亿元，增长率为 80.07%；宁波市由

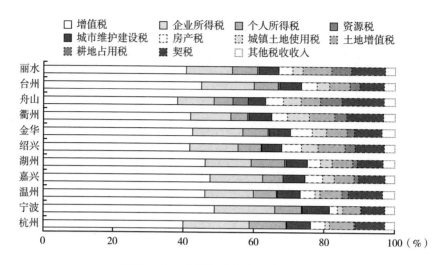

图 51　2017 年浙江省各市税收收入结构

资料来源：《2018 浙江财政年鉴》。

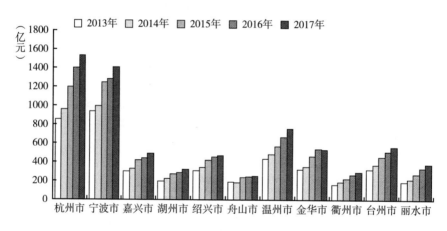

图 52　2013～2017 年浙江省 11 市一般公共预算支出

资料来源：《历年浙江财政年鉴》。

2013 年的 939.89 亿元增长至 1410.60 亿元，增长率为 50.08%；嘉兴市由
2013 年的 303.36 亿元增长至 2017 年的 494.70 亿元，增长率为 63.07%；
湖州市由 2013 年的 197.61 亿元增长至 2017 年的 325.02 亿元，增长率为
64.48%；绍兴市由 2013 年的 312.11 亿元增长至 2017 年的 469.83 亿元，
增长率为 50.53%；舟山市由 2013 年的 189.83 亿元增长至 2017 年的 258.60

亿元，增长率为 36.23%；温州市由 2013 年的 437.96 亿元增长至 2017 年的 761.61 亿元，增长率为 73.9%；金华市由 2013 年的 322.25 亿元增长至 2017 年的 536.69 亿元，增长率为 66.54%；衢州市由 2013 年的 165.51 亿元增长至 2017 年的 300.47 亿元，增长率为 81.54%；台州市由 2013 年的 329.03 亿元增长至 2017 年的 563.10 亿元，增长率为 71.14%；丽水市由 2013 年的 195.38 亿元增长至 2017 年的 378.64 亿元，增长率为 93.8%。

从上述分析中不难看出，杭州市和宁波市一般公共预算支出在全省一般公共预算支出中占比接近且占比最高，远远领先其他市，两者一般公共预算支出占比约为全省的 40%。具体来讲，杭州市一般公共预算支出占比在 2013～2015 年平均为 18.29%，进入 2016 年后占比增长至 20.14%，2017 年进一步上升至 20.46%；宁波市一般公共预算支出占比在 2013～2014 年平均为 19.63%，进入 2015 年后至 2017 年三年期间，一般公共预算支出占比略微下降，平均约为 18.69%。

（三）各市政府性基金预算收支分析

2017 年，浙江省各市政府性基金预算收入情况如下：杭州市政府性基金预算收入 2158.81 亿元，在全省收入中占比（以下简称"占比"）32.74%；温州市 940.4 亿元，占比 14.26%；宁波市 748.31 亿元，占比 11.35%；嘉兴市 693.76 亿元，占比 10.52%；金华市 395.89 亿元，占比 6.00%；湖州市 385.35 亿元，占比 5.84%；台州市 341.91 亿元，占比 5.19%；绍兴市 319.90 亿元，占比 4.85%；丽水市 223.91 亿元，占比 3.40%；衢州市 190.77 亿元，占比 2.89%；舟山市 129.44 亿元，占比 1.96%。占比情况见图 53。

从图 53 可以看出，在全省政府性基金收入中，杭州、宁波、温州和嘉兴四个城市的政府性基金收入对全省的贡献度最高。从各市来看，政府性基金收入的主要来源是国有土地使用权出让收入，对土地出让收入的高度依赖一定程度上不利于财政收入的可持续增长。因为土地出让金收入的跨年份波动较大，与房地产市场波动高度相关，易给地方财政运行带来隐患。以温州

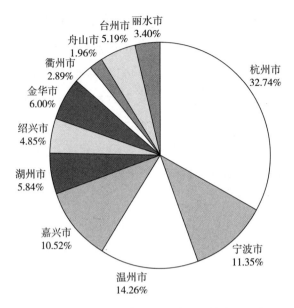

图53　2017年浙江省各市政府性基金预算收入全省占比

资料来源：《2018浙江财政年鉴》。

注：图中已略去省本级占比，因而总和小于100%。

为例，2017年温州市政府性基金收入为940.37亿元，其中，国有土地使用权出让收入为820.23亿元，占比87.22%（见表3）。

表3　温州市2017年政府性基金收入明细

项目	2017年收入额（万元）	占比（%）
港口建设费收入	645	0.01
国有土地收益基金收入	305717	3.25
农业土地开发资金收入	5997	0.06
国有土地使用权出让收入	8202327	87.22
彩票公益金收入	33996	0.36
城市基础设施配套费收入	84400	0.90
污水处理费收入	53431	0.57
彩票发行机构和彩票销售机构的业务费用	6027	0.06
其他政府性基金	711196	7.56
政府性基金收入合计	9403736	100

资料来源：《温州市2017年全市和市级政府性基金预算执行情况及2018年全市和市级政府性基金预算（草案）》。

图54所示是浙江省10个市（由于数据缺失，暂不分析绍兴市）政府
性基金支出数据，不同市的支出水平参差不齐，最高规模与最低规模相差很
大。其中杭州市支出规模最大，达2216.41亿元，丽水市支出规模最小，为
46.96亿元，杭州市是丽水市的47倍，可见政府间财政规模仍旧相差较大。
温州市支出规模位于第二位，达到944.20亿元，不及杭州市支出规模的一
半，宁波市、嘉兴市该预算支出规模相当，湖州市、舟山市、台州市的支出
规模类似，而舟山市和衢州市分别位列倒数第三、第二位，甚至衢州市的支
出规模都是丽水市的两倍。

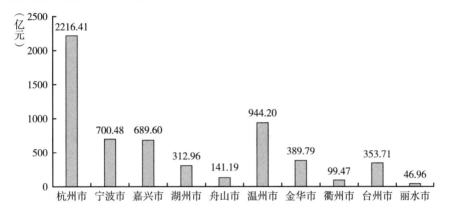

图54　2017年浙江省各市政府性基金预算支出

资料来源：《2018浙江财政年鉴》。

由此可见，就政府性基金支出而言，各市支出规模相差较大，最高的很
高，最低的很低，杭州市非常突出，而丽水市则规模很小。政府性基金下的
最大项目是国有土地使用权出让支出，杭州市作为省会城市，土地交易成本
较高，进而支出较高。

从预算执行角度来看，图55是政府性基金支出决算占调整后预算的比
例，可以看出10个市中有两个市（嘉兴市和丽水市）没有完成预算，剩下
的8个市不仅完成预算甚至有的远远超出预算情况，比如温州市这一比例达
到182.80%，舟山市这一比例为176.07%，对于政府而言，应当进一步做
好预算和规划，避免出现政府负担过大、出现赤字等情况。

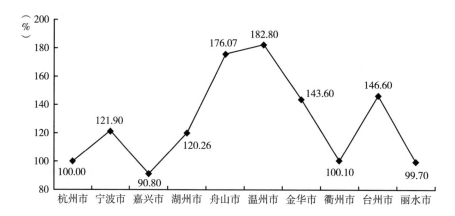

图55　2017年浙江省各市政府性基金预算支出执行情况

资料来源：《2018浙江财政年鉴》。

（四）各市国有资本经营预算收支分析

在收入方面，2017年浙江省各市国有资本经营预算收入情况如下：杭州市国有资本经营预算收入14.91亿元，在全省中占比（以下简称"占比"）为22.76%；温州市国有资本经营收入1.40亿元，占比2.14%；宁波市5.01亿元，占比7.65%；嘉兴市5.88亿元，占比8.98%；金华市1.19亿元，占比1.82%；湖州市0.57亿元，占比0.87%；台州市5.34亿元，占比8.15%；绍兴市2.30亿元，占比3.51%；丽水市0.29亿元，占比0.44%；衢州市0.71亿元，占比1.08%；舟山市0.23亿元，占比0.35%。占比情况见图56。

从全省来看，2017年国有资本经营预算收入中省本级贡献最大，占比接近一半；杭州市次之，二者合计占比达65%；台州、宁波和嘉兴三个城市的国有资本经营预算收入在全省中占比均在8%左右；舟山、湖州和丽水三市对全省的贡献度则最小，均不足1%。

在支出方面，总体来看，不论是省级层面还是市级层面，国有资本经营预算支出都是规模最小的，从绝对数目来看与其他预算相差甚多。相对而言，浙江省11个市的支出情况也存在较大差异（见图57），当然，杭州市仍旧以8.15亿元的规模位居第一，嘉兴市和台州市相差不多，分列第二和

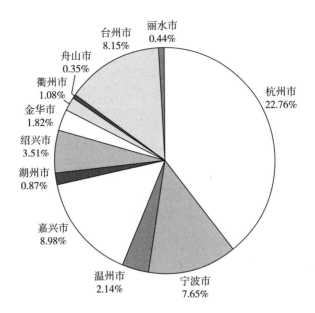

图56　2017年浙江省各市国有资本经营预算收入全省占比

资料来源：《2018浙江财政年鉴》。

注：图中已略去省本级占比，因而总和小于100%。

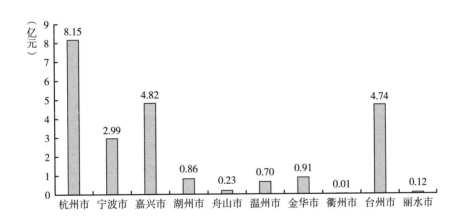

图57　2017年浙江省各市国有资本经营预算支出

资料来源：《浙江财政年鉴》。

第三，规模约为杭州市的一半，宁波市国有资本经营支出近3亿元，与前面3个城市相比仍存在一定差距。余下的6个市规模相对较小，没有突破亿元水平，衢州市最少，只有100万元，金华市和湖州市则接近亿元。

国有资本经营支出的主要构成部分是国有资本金注入，由于不同城市的规模、经济发展水平、人民物质文化需求等有所不同，对国有企业建设的需求也自然有所不同，各市市政府财政预算支出也自然存在差异。

图58是国有资本经营支出执行情况分析图，与之前类似，用支出决算占调整后预算的比重表示，与政府性基金形成鲜明对比的是，国有资本经营支出完成情况比较差，10个市中有5个市都没有完成预算支出，宁波市只完成了58.51%，这种情况也要求政府做好财政安排，才能促使财政预算的顺畅开展。

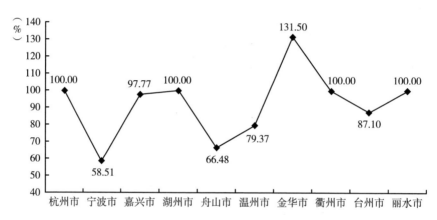

图58　2017年浙江省各市国有资本经营预算支出执行情况

资料来源：《2018浙江财政年鉴》。

（五）各市社会保险基金预算收支分析

2017年浙江省各市社会保险基金预算收入情况如下：杭州市社会保险基金收入1032.05亿元，在全省中占比（以下简称"占比"）22.46%；温州市社会保险基金收入459.20亿元，占比9.99%；宁波市744.84亿元，占比16.21%；嘉兴市367.27亿元，占比7.99%；金华市348.38亿元，占比7.58%；湖州市224.55亿元，占比4.89%；台州市430.64亿元，占比9.37%；绍兴市400.90亿元，占比8.72%；丽水市119.12亿元，占比2.59%；衢州市139.70亿元，占比3.04%；舟山市87.73亿元，占比1.91%。

从全省社会保险基金预算总收入来看，杭州市社会保险基金预算收入对全省社会保险基金预算收入的贡献度（以下简称"贡献度"）最高；宁波、温州次之；舟山、衢州和丽水的贡献度最低。具体各市占比情况见图59。

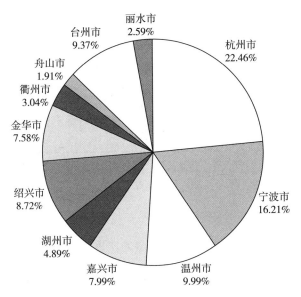

图59　2017年浙江省各市社会保险基金预算收入全省占比

资料来源：《2018浙江财政年鉴》。

注：图中已略去省本级占比，因而总和小于100%。

有关2017年浙江省市级层面的社会保险基金支出情况展示在图60中，与其他"三本"预算情况相同，杭州市仍然以1110.55亿元的支出成为10个市中社保基金支出规模最大的城市，这当然与杭州市职工人数、杭州市城乡居民人数较多有直接关系，另外由于杭州在各方面发展都比较快，社会保险系统比较完善，相对社保水平较高。宁波市的社保基金财政支出为660.01亿元，但是与杭州市相比相差还是比较大的。温州市社会保险基金支出为404.40亿元，处于中等水平，台州市、嘉兴市和金华市都是300亿元级别的支出规模，湖州是225.03亿元，舟山市、衢州市和丽水市三个市都不够100亿元，三者加总也不及湖州市的支出规模，当然与杭州、宁波相比就相差更多了，其中规模最小的是丽水市，仅为23.42亿元。综合来看，丽水市、衢州市的"三本"预算的支出规模都最少，省级政府应当综合考虑各市发展情况，促进全面均衡发展。

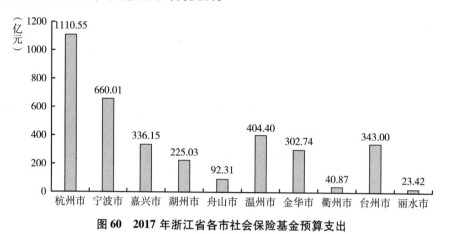

图60　2017年浙江省各市社会保险基金预算支出

资料来源：《浙江财政年鉴》。

用社会保险基金支出决算数占预算数的比重来表示其执行情况并绘制图61，从图中看出几乎所有城市都完成了预算，衢州市虽为98.80%，但与100.00%相差不多，与政府性基金的执行情况相比，社保基金虽然也存在决算超过预算的情况，但是超出的幅度没有政府性基金大，最高的也只是超出了10%左右，是"四本"预算中执行情况比较乐观的，应当进一步做好预算规划。

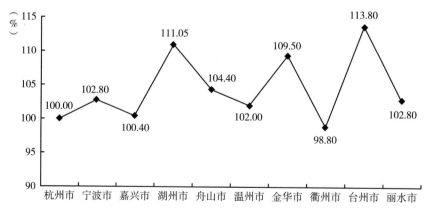

图61　2017年浙江省各市社会保险基金预算支出执行情况

资料来源：《2018浙江财政年鉴》。

（六）结论性评论

（1）收入部分：从各市来看，杭州市和宁波市对全省财政收入和"四本"预算收入的贡献最大，前者位列第一，后者次之。丽水市、衢州市两市在全省的财政收入中贡献较小。总体来看，各个市的财政收入状况与全省多有相似之处：例如政府性基金收入中国有土地使用权出让收入占比过高，表明各市财政收入的可持续增长存在不利隐患。此外，地区间的均衡性发展也是十分必要的，杭州和宁波两市贡献突出，其他市的财政收入则显著偏低。

对此，提出以下两点建议：第一，大力发展民营经济，增强内生动力。浙江省靠的是"内涵式"发展，发挥民间力量，注重资本的积累和内在规模的扩大，最大的亮点就是做大交易市场和发展民营经济。浙江专业批发市场有规模、上档次，尤以义乌小商品城最为耀眼。县级市的义乌地处浙江中部，没有地域优势和自然资源，改革开放初期较为落后，但现在已形成"小商品、大产业、小企业、大集群"格局。民营经济是促进社会经济发展的兴奋剂，推动机制体制改革的催化剂，对推进市场化进程、转变社会意识形态和促进经济政治机制体制改革发挥了积极的作用。未来浙江省必须继续大力扶持民营经济，各市应积极培育本地经济支撑产业的发展模式，增强内生发展动力。第二，努力克服地区经济发展不平衡问题，促进全省各市实现共赢。坚持把握从县域经济向都市区经济转变的大趋势，全力推进四大都市区、海洋经济区、生态功能区建设；大力实施"山海协作""欠发达乡镇奔小康""百亿帮扶致富""低收入农户奔小康"等重大工程。坚持城乡并重、区域协同，加快推进城乡发展一体化，努力缩小城乡区域发展差距，切实提高发展的协同性和整体性。

（2）支出部分：从浙江省 11 市 2017 年财政总支出来看，杭州市以4876.03 亿元遥遥领先第二名的宁波市 2774.04 亿元。从浙江省 11 市 2017年一般公共预算支出来看，杭州市与宁波市差距却不大，分别为 1540.92 亿元和 1410.60 亿元（主要是由政府性基金支出差异导致），接下来是温州市的 761.61 亿元。根据《浙江省城镇体系规划（2011~2020）》，浙江省城镇格局为"三群四区七核五级"，其中"四区"指杭州、宁波、温州、金华－义乌四个都市区，"七核"为嘉兴、湖州、绍兴、衢州、舟山、台州、丽水。同时，根据浙江省《十三五规划草案》，未来浙江省将逐步构建以四大都市区为主体、海洋经济区和生态功能区为两翼的"一体两翼"区域发展新格局。从浙江省 11 市的财政支出格局与浙江省未来战略规划格局的对比来看，存在两个问题：第一，作为"四区"之一的金华市财政总支出与"七核"之一的台州市基本一致，而在一般公共预算支出方面，金华市却不如台州市，显然金华市的财政支出水平与当前的"四区"定位还有一定差距；第二，舟山市聚焦国家海洋战略，作为浙江省海洋经济区唯一城市，当前的财政支出水平处于倒数水平，与其重要的战略功能定位还存在巨大差距。就政府性基金支出、国有资本预算支出、社会保险基金预算支出"三本"预算而言，各市的支出规模不一，杭州市规模最大，丽水市、衢州市支出最少，而且杭州市的支出远远超过其他各市，比如政府性基金预算和社会保险基金预算，杭州市的支出规模均为丽水市的 47 倍，相差巨大，而政府性基金预算支出规模第二大的温州市都不及杭州市的一半，体现出杭州市"一家独大"的特点。

根据上述问题，提出以下四点建议：第一，金华市应进一步加强财政支出水平，遵循有保有压的财政支出原则，严格遵循《浙江省城镇体系规划（2011~2020）》，尽快使财政支出水平向温州市看齐；第二，舟山市应进一步加强财政支出水平，作为浙江省贯彻执行"海洋强国"战略的关键棋子及承担浙江省海洋经济区功能的唯一城市，舟山市应努力将财政支出向关键领域（海洋、民生）靠拢，才能促进海洋经济区功能的实现，保障民生；第三，致力于全省各市稳定均衡发展，当前各项预算均存在市间差距过大的问题，应当对各市财政规模进行调整控制，缩小城市间支出规模差距；第四，就预算执行情况而言，各市普遍存在的现象是不仅完成预算，而且远超预算，这也给政府带来不小的压力，应当构建完备的预算体系，追求灵活性和规范性。

分 报 告

Sub – Reports

B.2
浙江省财政与医疗卫生健康事业的发展

顾 昕[*]

摘　要：　公共财政转型对中国医疗卫生健康事业公共治理创新的贡献
功不可没。通过增加财政投入和推进全民医保，政府重新承
担了主要的筹资职能。中国卫生总费用绝对和相对规模大幅
度提升，公共支出占比大幅度提升，已经接近发达国家的水
平。政府投入方式正在从行政拨款向政府购买转型。公共财
政转型为基层医疗卫生机构的整合与发展铺平了道路。行政
机制已经不再具有排他的主导性，市场机制和社群机制开始
在资源配置和行动协调方面发挥积极作用。在政府转型、增
进市场、激活社会方面，浙江省走在了全国的前列。

* 顾昕，浙江大学公共管理学院教授，社会治理研究院首席专家，民生保障与公共治理研究中
心高级研究员，北京大学国家治理研究院高级研究员。主要研究方向为医疗卫生政策、社会
政策、治理理论。

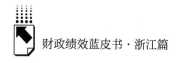

关键词： 公共财政转型　政府购买服务　公共治理创新　新医改
县域医共体

一　中国新医改中的公共财政转型

自2009年启动以来，新一轮医药卫生体制改革（以下简称"新医改"）
经历了10年的努力，取得了巨大的成就，但也依然存在许多问题。尤其是一
些老大难的问题，如公立医疗机构当中并非罕见的过度医疗行为，常常会引
起公众的广泛关注和诟病。一种极为流行的见解是把弊端的根源归结为政府
财政对于医疗卫生事业的投入太少。无论是卫生行政部门，还是各类公立医
疗机构管理层，都在大力呼吁政府增加对医疗的财政投入。在每年的"两会"
期间，医疗卫生界代表对于"政府增加投入"的呼吁更是不绝于耳。在很多
人看来，政府财政投入不足似乎就是公立医疗机构"社会公益性淡化"的根
源；而只要政府增加财政拨款，公立医疗机构自然就会"回归社会公益性"。
政府投入不足导致公立医院公益性淡化，已经成为医改领域中的一句套话。

但是，财政部门倾向于认为政府投入多寡并不是主要的问题，真正的问题
是有限的财政投入如何使用。换言之，并非投入水平，而是投入机制与社会公
益性的关系，更值得关注。早在2007年的"两会"上，时任财政部副部长王军
曾经表示，医疗领域中的问题绝不是仅仅花钱就能解决的，"没钱是万万不能，
但钱也不是万能的。只有把政府投入和体制改革结合起来，才能够发挥每一分
钱的作用"。当然，卫生部门对此也"深有同感"。在同样的场合，时任卫生部
部长高强批驳了"医改很简单，财政部拿钱就行"的说法，他表示"在这个问
题上，卫生部与财政部观点一致，就是政府增加投入必须与转变医院运行机制
相结合。光增加投入，不转变机制，是达不到医改预期目标的"。①

---

① 参见董伟、王亦君《医改草案有望在年内出台　国家财政将加大投入》，《中国青年报》
2007年3月8日，第1版。

尽管如此，"政府投入不足"时至今日依然是医疗供给侧改革进展不利的一种托词，其中不断包含有政府应该对公立医疗机构实施全额拨款的呼吁。卫生部门在2010年推出的"子长模式"，将公立医院改革的核心概括为："政府全额拨款，公立医院回归公益"。[①] 2018年3月，在"两会"召开期间，一位拥有政协委员身份的医界人士建议：把独立非营利的卫生行业单位从差额拨款事业单位变成全额拨款的事业单位。这一建议赢得一些媒体的喝彩。[②] 这一托词或呼吁貌似理据十足，乃至医疗界发出这种声音的时候常常是不假思索的，而广大听者（尤其是新闻媒体）也都应声附和。然而，中国政府对医疗事业的投入究竟足不足？医疗事业的政府投入究竟由哪些部分组成？政府主办的社会医疗保险对医疗机构的支付究竟是不是政府投入的一部分？政府对医疗机构的投入究竟应该通过何种机制加以实施？这些问题，都亟待系统性的分析。

毋庸多言，财政投入的多寡以及投入机制关涉到新一轮医疗改革的走向，具有重大的战略性意义。而且，政府如何通过追加财政投入来推动医疗体制改革，对于我国整个公共财政体系的建立和政府职能的转变，也具有标杆性的意义。因此，通过系统性分析直面上述问题，对于推进医疗事业公共治理体系的现代化来说，是十分重要的。根据公共管理的基本原理、公共治理理论的前沿发展以及中国医疗事业治理体系现代化的需要，可以断定，公共财政在新时代医疗事业中的投入必须遵循如下三大原则，而这三项原则也在很大程度上适用于医疗卫生健康事业的发展。

第一，政府主导不等于政府包办。医疗事业的发展离不开政府的投入，但由此认为医疗事业应该由政府包办，那就大错特错了。医疗事业的投入来

---

① 参见《人民日报》2010年11月4日第16版的报道，题为"子长医改纪实：政府全额拨款 公立医院回归公益"。该报道更名为"公立医院回归公益——陕西省子长县医改纪实"，于2010年11月14日上载中华人民共和国国家和计划生育委员会网站：http://www.nhfpc.gov.cn/fzs/s9665/201011/c764e3ca67e240b6af932fdc0a6b4a31.shtml。

② 如渐水，"医务人员工资由财政全部拨款！这个政协委员的建议太给力了！"，《三甲传真》，参见基层医生网：http://www.jcys.com/jjlh/mtbd/108369.html。该建议由北京政协委员、北京中医药大学第三附属医院院长王成祥提出。

源应该多样化,有来自政府的,也有来自市场的,还有来自社会的。政府投入的目的,其一是要弥补市场失灵和社会失灵(慈善失灵),也就是在市场和社会资金不愿意投入,而民众又需要的地方和领域加强投入;其二是要引导市场和社会资金的流向,从而使医疗事业的宏观发展格局更好地符合公众利益。

第二,政府投入不只是财政预算投入。在国际上,医疗政府投入的增加意味着公共财政支出的增加,而公共财政支出既包括财政预算支出,也包括社会保险基金支出。换言之,医疗公共投入并不仅仅意味着财政预算投入,而公立医疗保险支出也是公共投入的重要组成部分。这一点举世皆然。① 增加政府投入,必须一方面强化财政预算直接投入的力度,另一方面提高社会医疗保险的筹资和支付水平。这是全球的通行惯例,中国只能并且应该同国际接轨。在中国,有关加强政府投入的呼吁,都不自觉地把政府投入简单地等同于财政预算投入,这是大错而特错的,也深具误导性。这种观点忽略了公立医疗保险在公共财政尤其是政府医疗投入中的重要地位。随着全民医保的巩固与发展,公立医疗保险筹资和支出的总量会逐年攀升,其在政府医疗投入中的比重会有所提高。

第三,增加政府投入不等于排斥市场机制和社群机制。政府投入的增加需要增进市场,通过引入市场机制将行政行为转化为市场行为,充分发挥政府购买对于市场的引导作用;同时,政府投入更要致力于激活社会,让社群机制在治理创新上发挥应有的作用。这正是全球性公共管理和福利国家改革浪潮的主线。② 公共治理现代化从国家大包大揽公共服务的所有责任向"公共支持私人责任"(public support for private responsibility)的理念转型,也就是政府通过各种方式来支持社会,即家庭、社区和非营利性组织,以承担更多的社会责任。③ 将政府主导等同于行政机制的主导,并采用回归计划体

---

① 关于这一点,不必给出更多证据,只需参考任何一本英文公共财政教科书的中译本即可。
② 顾昕:《中国福利国家的重建:增进市场、激活社会、创新政府》,《中国公共政策评论》2017 年第 1 期。
③ Neil Gilbert, *Transformation of the Welfare State: The Silent Surrender of Public Responsibility*. New York: Oxford University Press, 2002, pp. 163 – 189.

制的做法，或者将行政主导与市场机制进行板块式组合，不仅是无效的，而且是有害的；而忽视社群机制的作用，致使本应基于社群机制的法人治理和协会治理名不副实，更是中国医疗事业公共治理体系中长期存在的短板。[①]

具体而言，全民医疗保险体系扮演着医疗筹资和付费的重要角色。但是，医疗保险体系存在严重的市场失灵和社会失灵，单靠商业性医疗保险和慈善性医疗保险，不可能实现医保的全民覆盖。因此，没有政府主导，单靠市场机制和社会力量，全民医保根本不能实现。没有全民医保，医疗事业的社会公益性也就无从谈起。[②] 既然如此，政府就应该责无旁贷，在这一领域扮演其应有的角色，以保险者、推动者和付费者的身份，推进全民医疗保障事业的改革与发展。[③]

医疗服务领域尽管也存在市场失灵和社会失灵，但在医保体系覆盖全民的情况下，社会公益性中所有人有病能医的目标可以实现，医疗服务机构是完全可以市场化运作的，而营利性医疗机构、非营利性医疗机构和公立医疗机构实际上是在同一个医疗服务市场中展开竞争，只不过其各自的市场细分有所不同而已。政府需要做的，就是在市场和社会投入都不足的地方，即在基层（社区）、农村和偏远地区，加强投入，以确保民众（尤其是弱势群体）对于基本医疗服务的可及性。同时，政府的另一个角色是设立特别的公立机构，对医疗全行业实施一视同仁的监管（或规制）。

因此，公共财政在医疗事业中的投入重点，在于医保体系，在于特定的医疗服务地域（如社区、农村和偏远地区）和领域（公共卫生、基本卫生保健以及其他具有正外部性的特殊医疗服务），在于特定的服务事项（如监管）。事实上，自新医改启动以来，公共财政转型在推动中国医疗卫生健康

---

① 顾昕：《新时代新医改公共治理的范式转型——从政府与市场的二元对立到政府－市场－社会的互动协同》，《武汉科技大学学报》（社会科学版）2018 年第 6 期。

② Edward Gu, "Towards Universal Coverage: China's New Healthcare Insurance Reforms," in Daly L. Yang and Litao Zhao (eds.), *China's Reforms at 30: Challenges and Prospects.* Singapore: World Scientific Publishing Co., 2009, pp. 117 - 136.

③ 顾昕：《走向全民医保：中国医疗体制改革的战略选择》，《中国公共政策评论》2008 年第 2 期。

事业的公共治理创新上，贡献良多。首先，通过增加财政投入，医疗筹资的政府职能回归，其结果是，中国卫生总费用大幅度提升，卫生公共支出占比也已经接近发达国家的水平；其次，政府财政预算支出"补需方"的强化及其制度化，不仅使医疗保险体系得以实现全民覆盖，而且还为新医改新时代全面推进医保支付制度改革，进而重构医疗供给侧的激励机制奠定了基础；最后，医疗领域公共财政转型的方兴未艾之举，在于推动"补供方"或"投供方"的治理变革，即改变以往按编制拨款的行政化旧模式，代之以政府购买的市场化新方法。这些改革之举，对于国家治理体系的现代化，对于公共服务的改革与发展，都具有重要的战略意义。

在世界各国，医疗保障体系和医疗服务体系都是公共服务的重要组成部分，也是福利国家的重要组成部分。与福利国家的转型同步，医疗卫生体制的改革也是一个全球性的现象。虽然各国的改革存在诸多差异，但两大共同趋势依然可辨：（1）医疗保障体系走向全民覆盖，亦即走向全民医保，其中政府在医疗保障筹资中扮演积极而有效的角色，即医疗卫生领域中公共支出占国内生产总值（GDP）的比重在 20 世纪持续稳步提高，即便是在福利国家收缩的大背景下这一趋势也没有遭到逆转；[①]（2）医疗服务递送体系走向"有管理的市场化"，其中政府以购买者（通过公立医保机构）、监管者和推动者的角色参与到医疗服务的市场之中。[②] 在过去的若干年，中国医疗保障领域以及公共财政在医疗卫生领域的变化，恰恰同全球性医疗卫生体制改革的大趋势相吻合。在很大程度上，2009 年 3 月 17 日，中共中央和国务院颁布的《关于深化医药卫生体制改革的意见》（即通称的"新医改方案"）在医疗保障和卫生公共财政的改革上，指出了与全球性大趋势趋同的新方向。[③]

然而，公共财政转型对医疗卫生健康事业治理变革所产生的战略意义，在既有的文献之中，无论是智库报告还是学术论著，都有所低估。本报告首

---

① 〔美〕维托·坦齐、〔德〕卢德格尔·舒克内希特：《20 世纪的公共支出》，胡家勇译，商务印书馆，2005，第 45~50 页。
② 顾昕：《全球性医疗体制改革的大趋势》，《中国社会科学》2005 年第 6 期。
③ 《中共中央　国务院关于深化医药卫生体制改革的意见》，人民出版社，2009。

先考察中国公共财政对于医疗事业的投入现状，其次探讨新增财政投入的流向问题，最后讨论公共财政在推进中国医疗事业公共治理现代化上可能发挥的作用。

（一）全社会对于医疗卫生事业的投入：中国卫生总费用分析

在考察公共财政对于医疗的投入之前，我们首先需要把握全社会医疗卫生资源的总体状况，对此，最常用的度量指标就是卫生总费用（Total Health Expenditure，THE）及其占国内生产总值（GDP）的比重。

卫生总费用在很大程度上以货币量的形式反映了一个国家用于医疗卫生健康领域的资源总量，其中既包括公共部门动员的资源，也包括民营部门（或私人）在医疗卫生健康领域的支出，其总水平在一定程度上反映了一个国家的政府、社会和民众对卫生、健康和医疗的关注程度。世界卫生组织（WHO）、世界银行、经济合作与发展组织（OECD）、欧盟以及各国的社会政策专家，均通过对卫生总费用的分析，揭示各国卫生资源的总量和配置，从而透视公共财政支出的变化以及社会政策的总体变化。当然，应该注意的是，卫生总费用并不代表医疗卫生健康资源总量的货币值，另一些政府与社会的投入，例如在全民健身运动领域的投入，在官方统计上并未被纳入卫生总费用。但无论如何，卫生总费用这一指标足以代表医疗卫生健康资源总量的绝大部分。

很显然，在任何一个国家中，卫生总费用的来源都是多元的，支出流向也是多元的。为了推进国际卫生政策的比较及改善，一些国际组织尤其是WHO 和 OECD 发展了国家卫生账户（national health accounts）数据收集和核算的办法，向会员国推荐。[①] 我国从 20 世纪 90 年代初开始，卫生部委托

---

① 针对低收入和中低收入国家，世界卫生组织在 2003 年出版了一份长达 330 页的国家卫生账户核算指南，这份指南可以在 WHO 的官方网站上免费下载，参见 WHO, *Guide to Producing National Health Accounts*, Geneva：World Health Organization, 2003。OECD 的指南也可免费下载，参见 OECD, *A System of Health Accounts*, Paris：Organisation of Economic Cooperation and Development, 2000。

卫生部卫生经济研究所承担卫生费用核算研究工作，到 2003 年建立了中国国家卫生账户的核算体系。该体系采用了三种核算卫生总费用的方法，即来源法（筹资法）、机构法和功能法。第一种方法从筹资来源汇总卫生总费用，第二种方法根据所有卫生服务机构的支出汇总卫生总费用，第三种方法根据所有卫生功能（如医疗、公共卫生、卫生发展、卫生管理，等等）的支出汇总卫生总费用。[1] 可是，令人遗憾的是，卫生总费用的信息披露情况很不平衡。有关卫生筹资的数据（根据来源法核定）在历年《中国卫生统计年鉴》中有所披露，而有关卫生支出的数据（无论是按照机构法还是功能法核定）则很少有详细的、系统性的披露。[2] 信息公开是一个政府走向服务型政府的重要一环，也是促进公共管理变革的重要手段。如果有关卫生总费用筹资和支出的数据能够全部公开，这对于卫生政策的研究和改善无疑会有巨大的推进作用。

基于数据可获得性，本报告只能对依据来源法测算的卫生总费用进行分析。在图 1 中，我们展示了卫生总费用（THE）及其在 GDP 中的比重这两个指标的历年数据及其变化情况。可以看出，在新医改启动之后，也就是自 2010 年以来，中国 THE 的绝对和相对水平都呈现逐年递增之势，到 2017 年底，中国 THE 占 GDP 的比重达到 6.4% 的水平。

卫生总费用这一指标所涵盖的内容比较广泛，既包括本文重点关注的医疗费用（即民众看病吃药的花费），也包括全社会用于预防保健、公共卫生、医药卫生科学技术研究等所有同人民健康有关的支出。值得注意的是，自 2001 年起，高等医学教育经费不再被列入卫生总费用的计算之中，因此在此之后有关卫生总费用的数字与国际标准相比有所低估；自 2012 年起，有关计划生育的政府支出也被计入了卫生总费用，这一部分的政府支出固然

---

[1] 关于中国卫生总费用核算的组织历史、沿革与现状，参见张振忠主编《中国卫生费用核算研究报告》，社会科学文献出版社，2009，第 11~32 页。

[2] 卫生部卫生发展研究中心（原名为卫生部卫生经济研究所）每年发布一份《中国卫生总费用研究报告》，其中对于依据机构法测算的中国卫生总费用，在 2010 年给出了历年全国性数据。但是，对于依据功能法测算的中国卫生总费用，却没有系统性的公布。

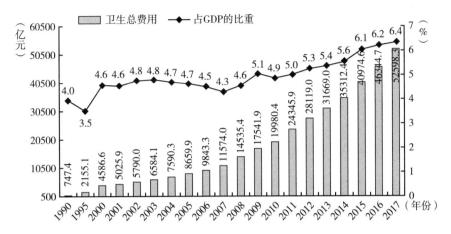

图 1　中国卫生总费用的增长及其占 GDP 的比重（1990～2017）

资料来源：国家卫生健康委员会编《2018 中国卫生健康统计年鉴》，中国协和医科大学出版社，2018，第 93、355 页。

属于卫生支出，但与医疗服务的关系不大。

　　从国际比较的视角来看，中国 THE 占 GDP 的比重一向偏低，只是近年来才接近全球平均水平。2000 年，THE 占 GDP 的比重全球平均为 8.0%，这主要是高收入国家 THE 在 GDP 中的比重居高不下所产生的结果。中国在 2000 年属于中低收入国家，其 THE 占 GDP 的比重恰好等于这一类别国家的平均值，为 4.6%。到了 2010 年，全球 THE 占 GDP 的比重提高到 9.2% 的水平。中国在这一年已经进入了中高收入国家行列，这类国家这一指标的平均值为 6.0%，但中国仅为 4.9%。由此可见，在新医改启动之初，中国全社会投入医疗卫生事业的总资源水平，低于国际可比较的水平。这一方面说明中国全社会的健康意识还有待提高，另一方面也说明医疗卫生健康产业在中国尚处于低度发展的阶段。

　　如前所述，随着新医改的推进，中国 THE 占 GDP 的比重自 2010 年起逐年提高，到了 2015 年，这一指标的全球平均值由于种种原因（其中包括统计口径的改变）下降到 6.3%，而中国则达到了 6.1%，首次接近了全球平均水平。由于这一年有关国家类别平均值的统计尚不可获得，因此我们暂时无法将中国与同类国家相比较。但地区类别平均值统计依然是可以获得的，由此我们可以看到，尽管中国在这一指标上的表现优于南亚—东亚地区和东地中海地区（亦即西亚地区）的平均水平，但低于非洲地区和美洲地区，更无法与欧洲地区相比。如果在"金砖五国"中进行比较，我们可以看到，中国在 2000 年的表现与印度相当，名列最低档；2010 年，中国有所上升并与印度拉开了一定的距离，但名次没有变化；但到了 2015 年，中国在这一指标上超越了俄罗斯，在金砖五国中居于中游（参见表 1）。

表 1 世界各国卫生总费用（THE）占国内生产总值（GDP）的比重

单位：%

	2000 年	2010 年	2015 年
全球平均	8.0	9.2	6.3
高收入国家平均	10.0	12.4	NA*
中高收入国家平均	6.2	6.0	NA*
中低收入国家平均	4.6	4.3	NA*
低收入国家平均	4.2	5.3	NA*
非洲地区	5.8	6.2	6.2
美洲地区	11.3	14.3	6.9
南亚—东亚地区	3.5	3.6	4.6
欧洲地区	8.0	9.3	7.9
东地中海地区	4.5	4.5	5.3
西太平洋地区	5.7	6.4	7.0
巴西	7.2	8.4	8.9
南非	8.5	8.6	8.2
中国	4.6	4.9	6.1
俄罗斯	5.4	5.4	5.8
印度	4.4	4.1	3.9

资料来源：WHO, *World Health Statistics* 2008. Geneva：World Health Organization，2008，pp. 86 - 90；*World Health Statistics* 2013，pp. 132 - 141；*World Health Statistics* 2018，pp. 60 - 66.

注：*NA（not available）意指数据"不可获得"。

总体来说，尽管新医改的推进有效地提高了全社会在医疗卫生领域的总投入水平，但中国卫生总费用的水平依然不算高，近年来也仅仅是接近世界平均水平，尚未超越世界平均水平，而且在同类国家中也居于中游。在金砖五国中，中国在这一指标上的表现也远远落后于巴西和南非。然而，国际比较给我们提供的另一个视角是，中国卫生总费用的水平还有很大的提升空间。随着医疗卫生健康产业愈加成为新时代产业发展的新增长点，中国THE 占 GDP 的比重在可预期的未来还有望攀升。

（二）公共支出 vs. 私人支出：卫生总费用构成分析

卫生总费用的分析让我们了解到了全社会对医疗卫生事业的投入，但我们依然无法从中透视公共财政在其中发挥的作用。为此，我们需要对卫生总费用的来源（即筹资水平）进行构成分析。

同国际惯例有所不同，中国官方卫生统计把卫生总费用的筹资构成分成三类：（1）政府卫生支出，即"各级政府用于医疗卫生服务、医疗保障补助、卫生和医疗保障行政管理、人口与计划生育事务性支出等各项事业的经费"；（2）社会卫生支出，即"政府支出外的社会各界对卫生事业的资金投入"，"包括社会医疗保障支出、商业健康保险费、社会办医支出、社会捐赠支出、行政事业性收费收入"；（3）个人卫生支出，即"城乡居民在接受各类医疗卫生服务时的现金支付，包括享受各种医疗保险制度的居民就医时自付的费用"。[1] 从图 2 可以看出，自 1990 年以来，政府卫生支出和社会卫生支出的占比都逐年递减，直到 2003 年才有所回升，其中"社会卫生支出"部分的升势较猛；与此同时，个人卫生支出的占比曾从 1990 年的 35.7% 攀升到 2001 年的 60.0% 的高位，此后随着政府投入和社会支出的增加，个人支出的占比逐年下降，到 2017 年降到 28.8% 的水平。

依照国际惯例，卫生总费用一般分为公共支出（public expenditure or public spending）与私人支出（private expenditure or private spending）或者公共筹资（public financing）与私人筹资（private financing）两类，其中公立医疗保险基金收入被列入公共支出或公共筹资，[2] 而中国，如前所述，则把

---

[1] 国家卫生健康委员会编《2018 中国卫生健康统计年鉴》，中国协和医科大学出版社，2018，第 91 页。

[2] 例如，World Health Organization，*The World Health Report* 2000：*Health Systems，Improving Performance*，Geneva：World Health Organization，2000，pp. 192 - 195。

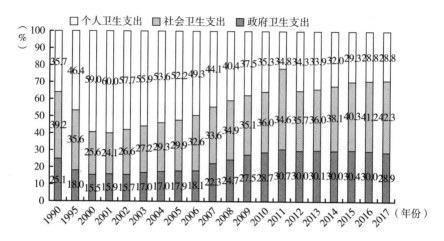

图2 中国卫生总费用筹资来源构成（1990～2017）

资料来源：国家卫生健康委员会编《2018中国卫生健康统计年鉴》，中国协和医科大学出版社，2018，第94页。

公立医疗保险基金收入列入所谓"社会卫生费用"之中。自2002年起，世界卫生组织（WHO）在其每年一度发表的《世界卫生报告》中，把"公共支出"的提法改为"广义政府卫生支出"（general government expenditure on health），而"私人支出"的提法依然如故。[①] 中国卫生部卫生经济研究所（2010年后更名为卫生部卫生发展研究中心）在发布有关卫生总费用的数据时，也采用了"广义政府卫生支出"与"私人支出"这一组概念。[②]

在我国，公立医疗保险主要有四项：（1）城镇职工基本医疗保险；（2）城镇居民基本医疗保险；（3）农村新型合作医疗；（4）生育保险。自2016年起，城镇居民基本医疗保险和农村新型合作医疗被合并为城乡一体化的居民基本医疗保险，但城乡一体化的进程直到统计数据可获得的2017

---

① World Health Organization, *The World Health Report* 2002: *Reducing Risks*, *Promoting Healthy Life*, Geneva: World Health Organization, 2002, pp. 202 – 209.

② 卫生部卫生经济研究所编《中国卫生总费用研究报告2007》，非出版物，2007。该报告为非正式出版物，但在卫生行政、财政、政策研究等部门广泛传播，也在该研究所更名后的中国卫生发展研究中心有所收藏，可供查阅。

年底尚未完成。为了进行国际比较，我们把上述四项公立医疗保险的基金收入（参保费）和政府预算卫生开支两项加总，得出卫生总费用中公共支出（公共筹资）的金额，然后从卫生总费用中减去公共支出总量就得出私人支出（私人筹资）金额。[1]

从图3可以看出，公共支出在中国卫生总费用中的占比在1995年前后处于谷底，仅有18.0%的水平，2000年回升到20.0%左右。这一水平与同期印度的水平相近，在2000年，印度公共支出在卫生总费用中的占比为18.4%。[2] 事实上，由于在1997年公共支出的占比过低，在世界卫生组织《2000世界卫生报告——卫生系统：改善业绩》中，中国在"卫生系统资金提供公平性"（也就是卫生筹资公平性）这一指标上名列191个会员国的倒数第四位。[3] 中国政府在20世纪90年代在医疗卫生筹资上未能履行应尽的责任，在国际文献中被描绘为在卫生领域的"国家撤出"。[4] 自2000年以来，主要由于公立医疗保险覆盖面的扩大和筹资水平的提高，中国公共支出的占比开始逐年攀升，在2013年曾达到58.4%的高水平。从2014年到2017年，这一占比基本维持在57%上下的水平。

中国公共支出在卫生总费用中占比达到57%的水平，这究竟是高还是低呢？对此，我们有必要进行一番国际比较。由于世界卫生组织发布的世界卫生统计在这一指标上2012年以后没有更新，且限于篇幅，表2只能选择性地挑选一些国家和国家组别就两个年份加以展示。从表2可以看出，

---

① 值得注意的是，如此计算得出的公共开支水平有低估的情况，国家统计口径中原来列入"社会卫生支出"一栏中的非卫生部门的所有行政事业单位的卫生支出理应也被列入"公共支出"，但由于相关的具体数据没有公布，我们无法重新调整。此外，自2001年起，卫生总费用中不包括"高等医学教育经费"，但这一类别经费的大部分也理应被列入"公共支出"。但总体来说，这些出入不影响宏观判断。

② 世界银行编著《2004年世界发展报告：让服务惠及穷人》，中国财政经济出版社，2003，第256～257页。

③ 世界卫生组织：《2000年世界卫生报告——卫生系统：改进业绩》，人民卫生出版社，2000，第191页。

④ Jane Duckett, *The Chinese State's Retreat from Health：Policy and the Politics of Retrenchment.* London and New York：Routledge，2011.

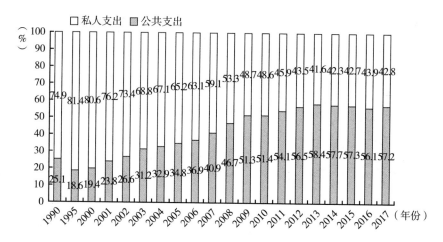

图3　卫生总费用中公共支出与私人支出之比（1990～2017）

资料来源：《中国卫生健康统计年鉴》，2018，第94～95页；《中国统计年鉴》，2018，第523页。

在2000年，中国公共支出在卫生总费用中的占比仅为19.4%，不仅远低于当时全球的平均水平（55.5%），而且还低于各种国家组别的平均水平，甚至远低于印度、越南、泰国等亚洲发展中国家。这也印证了2000年《世界卫生报告》将中国在医疗卫生筹资公平性排在会员国的倒数第四，的确是有依据的。但是，到了2012年，中国的这一指标猛升到56.5%的水平，不仅超过了印度和越南，而且在金砖五国中也名列榜首，同时还超过了韩国和美国（其商业医疗保险支出的占比相对较高），并超过了中国所属的"中高收入国家"的平均水平，仅稍微低于全球平均水平。这一变化显示，通过财政预算支出和公立医疗保险支出的大幅度增加，中国政府强化了公共财政在卫生筹资中的责任。由此，中国的医疗体制已经发生了巨大变化。世界卫生组织早在2008年就已预示，这一变化显示中国正从国家撤出（withdrawal of the state）转变为国家再介入（reengagement of the state）。①

---

① World Health Organization, *The World Health Report* 2008: *Primary Health Care Now More than Ever*. Geneva: World Health Organization, 2008, p. 84.

表 2　公共支出在卫生总费用中占比的国际比较

单位：%

国家或国家组别	2000 年	2012 年
美国	43.0	47.0
德国	79.5	76.7
英国	79.1	84.0
巴西	40.3	47.5
南非	41.3	48.4
俄国	59.1	51.1
中国 *	19.4	56.5
印度	27.0	30.5
日本	80.8	80.1
韩国	49.0	54.5
泰国	56.1	79.5
越南	30.9	42.6
低收入国家	37.6	38.8
中低收入国家	34.0	36.4
中等收入国家	46.7	56.2
高收入国家	59.3	60.0
全球平均	55.5	57.6

资料来源：WHO，*World Health Statistics* 2015. Geneva：World Health Organization，2015，pp. 126 – 134。

注：* 中国的数据基于本报告的计算，即采用图 3 中的计算结果。

中国的医疗公共支出比重大幅度提升了，但政府财政预算支出到底做出了多大贡献？或者换一种视角，政府财政预算在卫生支出中的占比究竟有多高？图 4 显示了中国政府卫生预算支出占财政总支出的比重，在 1990 年还处在 6.1% 的较高水平，但是后来一路下滑，到 2002 年达到历史低点 4.1%。这一比重虽然在 2003 ~ 2006 年有所回升，但力度有限且有所波动。从 2007 年开始，卫生支出在财政预算支出中的占比开始大幅度攀升，到 2017 年达到 7.5% 的高水平，比 2006 年的 4.4% 提高了 3.1 个百分点。

尽管如此，从国际比较的视角来看，中国政府财政预算对于医疗卫生事

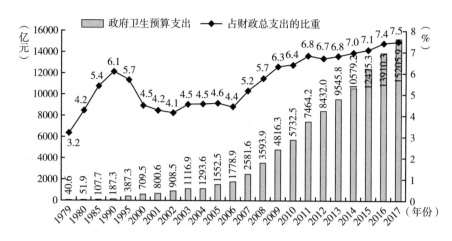

图4 政府卫生预算支出及其占财政总支出的比重（1979～2017）

资料来源：《中国卫生和健康统计年鉴》，2018，第95、355页。

业的投入水平依然比较低。图5显示，就国际可比较数据可获得的2015年而言，在一些国民所熟悉的国家当中，中国在这一指标上的表现仅高于印度，与全球平均水平相比，也有2.8个百分点的差距。由此可见，自2000年以来，中国公共开支占卫生总费用比重的增加，主要贡献因素是社会保险覆盖面的扩大和缴费水平的提高，而政府预算卫生支出占财政预算总支出的比重却是另外一种情形。

从发展研究和社会政策的视角来看，医疗卫生事业是一个国家的社会性基础设施（social infrastructure）之一，同诸如交通、通信、公用事业等所谓"物质性基础设施"（physical infrastructure）一样，均对国家的社会经济发展具有举足轻重的作用。[①] 更为重要的是，社会性基础设施还能起到维护民众基本权益、推动社会公平、促进社会和谐发展等多方面功效。可以说，投资于社会性基础设施，是促进社会和谐的战略性选择。根据经济合作与开发组织的一份研究报告，长期以来，我国各级政府，尤其是地方政府，特别关注看得见、摸得着的物质性基础设施的建

---

① 〔英〕安东尼·吉登斯：《第三条道路——社会民主主义的复兴》，郑戈译，北京大学出版社，2000。

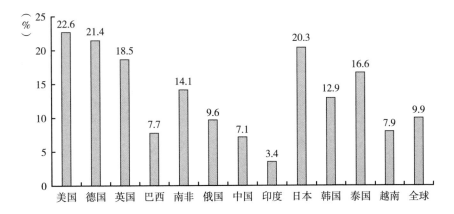

图5　政府财政卫生支出在财政总支出中的占比：国际比较（2015）

资料来源：WHO, *World Health Statistics* 2018. Geneva：World Health Organization，2018，pp. 76 - 82。

注：其中日本是 2014 年的数据。

设，对于无形的社会性基础设施的投入（即人力资本和社会发展项目）却长期不足。① 笔者在 2013 年发表的一篇论文中就主张，实施"积极的社会政策"，建设一个发展型福利国家，完善社会保护体系，使之成为市场机制运行的社会性基础设施，是中国经济发展模式转型的制度性基础。② 现在，可以看到，尽管自 2006 年以来，中国政府在医疗卫生事业上投入不足的欠账得到了一定程度的偿还，但总体而言，政府预算卫生支出占财政总支出的比重还有提高的空间。

众所周知，中国的改革与发展进入了新时代，新医改也随之进入了新时代，大力保障民生、促进经济社会协调发展已经成为各级政府新的施政准则。毫无疑问，政府增加在医疗卫生领域中的投入势在必行。这不仅要求进一步巩固全民医保体系，提升其筹资水平和支出水平，而且要求政府在财政预算中增加卫生支出的比重。

---

① OECD：《中国公共支出面临的挑战：通向更有效和公平之路》，清华大学出版社，2006，第 32 页。

② 顾昕：《社会政策变革与中国经济发展模式转型》，《国家行政学院学报》2013 年第 6 期。

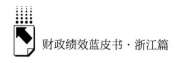

（三）财政支出流向、投入机制与公共治理创新

然而，前文提及的财政部门的关注同样重要，即政府投入的确应该也可以增加，但更为重要的问题在于投入机制的改变。如果政府一味地追加财政投入，而不注重投入机制的改变，不注重政府职能的转型，不注重推进医疗事业公共治理的创新，那么政府主导卫生筹资的结果很有可能是政府误导。

从公共管理学、公共财政学和卫生经济学的角度来看，有关政府财政预算卫生投入机制的重要战略性选择有二：其一，投供方还是投需方？其二，投供方究竟是以行政化的方式进行，还是以市场化的方式进行？

首先，我们讨论第一项选择，投供方还是投需方？如果政府要增加对医疗卫生事业的投入，那么究竟应该大量向医疗服务机构拨款（投供方），还是大量投入全民医疗保险体系的发展（投需方）？公立医疗机构当然希望看到前一种情形发生。每次在"两会"期间，我们都可以看到或听到来自医疗卫生界的代表异口同声地呼吁政府追加对公立医疗机构的投入，甚至把这一点同社会公益性的实现挂钩。卫生行政部门自然对此呼吁也全力支持。

但是，一个显而易生的疑问是，如果导致现有公立医疗机构通过供方过度医疗而追求收入最大化的激励机制不改变，那么只靠政府追加投入，就能改变既有的行为吗？在激励机制没有改变的情况下，政府财政投入增加最有可能的结果就是医疗机构一边从国家那里获取新增投入，另一边继续从病人那里寻求收入最大化。这种情况被笔者概括为"行政型市场化"。[①] 实际上，这样的事情不仅在医疗卫生领域，在教育、文化和其他各类公共服务领域也屡见不鲜。在医疗供给侧改革尚未到位的情况下，政府增加投供方的结果，只能是形成财政支出的"无底洞"，这一点无疑正是财政部门所担心的。

因此，简简单单地追加对公立医疗机构的政府投入，并不能达到推进医疗事业治理创新的目的，也无助于医疗事业社会公益性的达成。政府投入不单是投入，更为重要的也是一种推进制度变革的杠杆。政府新增投入的最优

---

① 顾昕：《行政型市场化与中国公立医院的改革》，《公共行政评论》2011 年第 3 期。

先领域，是需方而不是供方。通过投需方（或补需方）力度的提升，促进全民医保的发展，形成对医疗服务的第三方购买机制，再通过医保支付改革的实施，重构医疗供给侧的激励机制，从而间接地推进医疗供给侧的改革，实现"有管理的市场化"，这才是新医改取得成功的唯一之路。[①]

政府通过加大对医疗需方的投入而推进全民医保的重要战略意义，可以从四方面来理解：一是分散民众寻求医疗服务的财务风险，实现"人人有病能医"的公益性目标，即任何人都不会因经济因素的考量而放弃对医疗服务的利用；二是降低民众因经济因素对医疗服务供方的不信任，这对于将医疗服务作为一种信任品（credence goods）[②] 来提供是非常重要的，对于医患关系紧张的缓解也能提供助力；三是在医疗需求侧和供给侧之间建立一种新型的契约化医疗服务购买关系，即借鉴发达国家在公共部门中引入市场机制的经验，[③] 通过医保支付制度改革，在医保机构和医疗机构之间建立公共契约模式，[④] 促进医疗事业公共治理的创新；四是在市场和社会失灵的领域发挥政府的积极作用，正是新时代政府职能转型本身的应有之义。

所以说，在新医改中厉行政府主导的原则是正确的，只不过政府主导并不是一味地要求医疗服务机构免费或者廉价提供服务，而在于加强整个医疗卫生体系的社会公益性，这其中通过医疗需求侧的改革，重建医疗供给侧的激励机制，才是最为有效的、可行的方略。[⑤] 无论是中国的经验还是其他各国的实践都表明，任何一个东西如果免费或者廉价提供，表面看起来会惠及老百姓，但是最终会造成供给的严重不足。匈牙利经济学家亚诺什·科尔奈

---

① 顾昕：《走向有管理的市场化：中国医疗体制改革的战略选择》，《经济社会体制比较》2005 年第 6 期。

② Phillip Nelson, "Information and Consumer Behavior", *Journal of Political Economy*, 1970, Vol. 78 No. 2, pp. 311–329.

③ 顾昕：《全民免费医疗的市场化之路：英国经验对中国医改的启示》，《东岳论丛》2011 年第 10 期。

④ 顾昕：《走向公共契约模式——中国新医改中的医保付费改革》，《经济社会体制比较》2012 年第 4 期。

⑤ 顾昕：《新医改的公益性路径》，云南教育出版社，2013。

的《短缺经济学》不单适用于计划经济体制。①

因此，政府新增医疗卫生的投入应该用于推动所有人享有医保，这一方略又可简称为"补需方"，意指政府为老百姓参加公共医疗保险提供补贴。在有关新医改政策战略选择的争论中，被视为"市场主导派"的学者们其实也同样主张"政府主导"，只不过他们更强调政府在新医改的推进中应该正确地发挥其主导作用，即一方面推动全民医保，另一方面推动医疗供给侧走向有管理的市场化，其中核心的政策主张就是增强政府财政"补需方"的力度。② "补需方"力度的提升是否会损害医疗机构的利益呢？当然不是，政府财政补需方的钱最终还是会流向医疗机构的。

现在，幸运的是，"补需方"已经不再是"市场主导派"学者们的主张，而是活生生的现实了。自 2006 年以来，政府首先在农村新型合作医疗中加强了"补需方"的力度；继而，政府在城镇居民基本医疗保险中确立了普惠型参保补贴的制度，意味着"补需方"从农村进入了城市。③ 更为重要的是，2009 年中共中央和国务院颁布的《关于深化医药卫生体制改革的意见》（简称"新医改方案"）所明确的一大改革新方向，就是确立了公共财政"补需方"的原则。"新医改方案"提出，"中央政府和地方政府都要增加对卫生的投入，并兼顾供给方和需求方"。④ 有很多人认为，"供需兼顾"体现了中国的国情，是一大创新。其实，全世界都是如此，政府的卫生投入不可能只投向需方而不投向供方，反之亦然。"新医改方案"真正的创新之处，在于同以往相比，把"补需方"作为一种新的公共财政原则加以明确了。在医疗卫生领域，"补供方"甚至"养供方"，以及公共管理中常说的"政府直接提供"的模式，是我国长期的实践，并非新的东西，而

---

① 〔匈〕亚诺什·科尔内：《短缺经济学》，张晓光等译，经济科学出版社，1986。

② Åke Blomqvist and Jiwei Qian, "Direct Provider Subsidies vs. Social Health Insurance: A Compromise Proposal," in Litao Zhao and Lim Tin Seng (eds.), *China's New Social Policy: Initiatives for a Harmonious Society*. Singapore: World Scientific Publishing Co., 2010, pp. 41 – 71.

③ 顾昕：《公共财政转型与政府卫生筹资责任的回归》，《中国社会科学》2010 年第 2 期。

④ 《中共中央　国务院关于深化医药卫生体制改革的意见》，人民出版社，2009，第 14 页。

且会在未来很长一段时间内以某种程度延续下去；但是"补需方"却是以往政府财政政策所忽略的，明确确立"补需方"作为公共财政的原则，才是"新医改方案"的亮点之一，是公共财政转型在促进医疗公共治理创新上发挥积极作用的一种体现。[①]

在图6中，我们以不含行政管理和计划生育费用的政府财政预算卫生支出（仅含医疗保障支出和医疗卫生支出）为基数，分析了"补需方"和"补供方"的占比变化。可以看出，在20世纪90年代和21世纪最初的五年间，"补需方"的力度一直在36.0%以下；但在此之后，"补需方"的力度有了大幅度提升，并在2008~2017年一直稳定在49.0%~53.6%的区间内。这意味着，中国政府在推进新医改的过程中通过政府财政卫生支出流向的调整，极大地推进了全民医疗保险体系的建设，[②] 并通过第三方购买机制的形成，积极促进了医疗事业公共治理体系的变革。

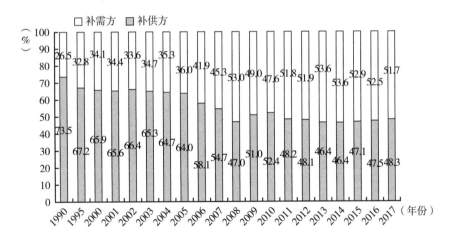

图6　政府财政医疗支出中补需方和补供方的占比（1990~2017）

资料来源：《中国卫生与计划生育统计年鉴》，2018，第95页。

---

① 顾昕：《公共财政转型与政府卫生筹资责任的回归》，《中国社会科学》2010年第2期。

② Hao Yu, "Universal health insurance coverage for 1.3 billion people：What accounts for China's success？", *Health Policy*, Vol. 119, No. 2 (2015), pp. 1145-1152.

当然，高度强调"补需方"的重要性，绝不意味着政府完全不应该对医疗服务提供方投资。换言之，政府对供方的投入，在很多情况下是必要的。在一些人看来，提出"补需方"就等于反对"补供方"，就意味着政府财政不向供方投一分钱。这种零和博弈式的理解纯属误解。

在这里，"补供方"固然重要，但投入机制问题同样存在。投入机制至少又可被分为两个子问题。

一是供方投入的流向问题。在经济发达地区，尤其是在城市地区，医疗服务完全可以市场化。民间投资于医疗服务，应该在其资质受到严格监管的前提下受到鼓励。这样一来，就可以将有限的公共资源投到市场不足和市场失灵的地方。简言之，到农村去，到基层去，到边疆去，到祖国最需要的地方，这才是政府医疗卫生财政投入流向的最基本准则。然而，众所周知，我们现在公共卫生资源的流向却恰恰相反，哪里市场拥挤就去哪里，尤其是集中在大城市（尤其是省会城市），集中在大医院（尤其是三甲医院），集中在高端服务领域，这同任何流派的公共财政理论都背道而驰。

二是供方投入的方式问题。这就回到本报告开头提出的第二项战略选择：既然投入供方是必需的，那么政府对医疗机构的投入究竟应该通过何种机制加以实施？实际上，"投供方"至少有两种不同的方式，即"养供方"还是"补供方"，分别体现了两种不同的治理模式。

绝大多数人把公共财政在供方的所有投入都笼而统之地称为"补供方"，但实际上，这一说法或认知并不贴切。同样是财政经费投向了供方，但政府为各类服务提供者提供补贴与政府建公立机构直接提供服务，在治理模式上还是大不一样的。长期以来，每当政府认定民众应该获得某类物品或者服务时，一般都会采取后一种办法，即政府拨款兴办事业单位，并在事业单位实施编制管理，政府财政拨款金额与编制挂钩。

本质上，这种"养人办机构"的做法意味着以命令与控制为特征的行政治理占据主导地位，而作为服务提供者的公立医疗机构只不过是政府的预算单位，缺乏管理自主性。这在计划体制下所有社会主义国家都是共同的特点。[①] 在经历了 40 年的改革与开放之后，尽管中国的公立医疗机构已经从作为政府部门预算单位的行政治理模式走向了拥有部分管理权的自主化模式，市场机制也开始在医疗供给侧发挥一定的作用，但在政府财政投入（或补偿）方面，行政化治理模式的主导地位始终没有动摇。[②] 实际上，行政化治理在很多公共服务领域都十分盛行，例如教育、文化、传媒等，其弊病不胜枚举。

毫无疑问，政府的确应该在公共服务（或者社会公益事业）的发展上发挥重要的主导作用，但是其具体做法并不应只有"养供方"一条老路。除了"养供方"之外，新办法之一就是政府采用新型政策工具实施"补供方"。新型政策工具的具体操作办法不一，但一言以蔽之，都可以归结为政府购买服务。因此，真正的"补供方"实际上就是政府购买，是市场体制下最为常见的一种做法，而"养供方"则是一种行政化的思路。把两者区分开来是十分重要的。鉴于中国的国情，推进市场化的政府购买，减少行政化的政府直接提供服务，恰恰是政府主导与市场机制相结合的正道。

值得注意的是，政府财政"补供方"或"投供方"方式的改变，已经在一些地方政府所推进的治理创新中有所突破。早在 2015 年秋，浙江省政府就致力于推动基层医疗卫生机构财政补偿制度的改革，并在四个县级市县开展了试点。2017 年 10 月 30 日，在总结四县市基层医疗卫生机构补偿机制改革试点经验的基础上，浙江省财政厅和卫生与计划生育委员会两部门颁发了《关于全面推进基层医疗卫生机构补偿机制改革的实施意见》（浙财社〔2017〕63 号），[③] 决定从 2017 年 12 月 1 日开始在全省全面启动基层医疗卫生机构补偿机制改革。这一改革的总体方向，可以概括为"建设发展靠财政、日常运行靠市场"，即"建设发展等非经常性支出主要由财政专项安

---

① 〔匈〕雅诺什·科尔奈:《社会主义体制:共产主义政治经济学》，张安译，中央编译出版社，2007，第 70 页。
② 顾昕:《论公立医院去行政化:治理模式创新与中国医疗供给侧改革》，《武汉科技大学学报》（社会科学版）2017 年第 5 期。
③ 参见浙江省财政厅官网，http://www.zjczt.gov.cn/art/2017/11/3/art_1164176_12490607.html。

排，日常运行等经常性支出主要通过提供基本医疗卫生服务，由政府或医保（个人）按标准付费购买"。值得注意的是，"日常运行靠市场"中的"市场"，包括政府购买，尤其是政府通过公立医疗保险体系代表参保者对医疗服务的购买。①

二 公共财政与卫生筹资转型的浙江实践

正如第一部分所述，在 20 世纪后期以及世纪之交，中国医疗卫生健康事业曾经出现了"国家撤出"的局面，公共财政投入占比过低，导致在世界卫生组织 2000 年开展的会员国医疗卫生体系绩效评价中，中国在筹资公平性这一维度上名列会员国倒数第四。自 21 世纪初酝酿并在 2009 年正式启动的中国新医改逆转了局面，中国医疗卫生领域出现了"国家再介入"的新格局，其中公共财政的转型在此过程中发挥了重要作用。一方面，公共财政在公共卫生、医疗保障和基层医疗卫生服务领域增加了支出规模，提高了支出占比，既巩固了中国在公共卫生领域取得的既有成果，又推动了全民医疗保险的实现，也在一定程度上提高了基层医疗卫生服务的能力；另一方面，公共财政通过结构调整、制度变革、工具更新等公共管理手段的改变，成为推动新医改的利器，推动了医疗卫生健康产业的发展。

浙江省政府在推动公共财政转型方面一直走在全国的前列。浙江省在卫生公共财政上多年探索的新举措，对于推动新医改的前行，对于改变医疗卫生健康资源配置机制和结构，对于改变医疗卫生健康事业的公共治理，都发挥了积极的作用。

（一）浙江省卫生总费用：总量与构成

本部分基于卫生总费用指标，对以货币计算出来的浙江省医疗卫生资源年度总量，进行纵向和横向分析。在既有的各种统计年鉴中，对浙江省卫生

---

① 顾昕：《财政制度改革与浙江省县域医共体的推进》，《治理研究》2019 年第 1 期。

总费用最早进行发布的年份为 2009 年，也就是新医改启动的元年。同全国的情形一样，省级卫生总费用的发布一般都要滞后两年。由于本报告在 2018 年底撰就，因此这里的有关统计数据分析截止到 2016 年底。

同全国的平均水平一样，浙江省卫生总费用（THE）一直在稳步增加，其在 GDP 中的比重也在小幅波动中逐年小幅提升。可是，从表 3 的统计分析结果可以看出，浙江省 THE 在 GDP 中的比重，常年低于全国平均水平，而且其差距并没有随时间而收窄。从 THE 占 GDP 的比重这一指标来看，浙江省全渠道投入医疗卫生健康领域中的资源总量并不很高，即尚未达到全国平均水平。这说明，医疗卫生健康产业在浙江省国民经济社会生活中的位置还有待提升，大健康的理念在浙江省经济社会生活中增加分量的空间是巨大的。可以预见，随着社会经济发展水平的进一步提高以及全社会健康促进意识的提升，浙江省有望将更多的资源投入医疗卫生健康领域，一方面提升民众的健康水平，另一方面也能进一步将医疗卫生健康服务产业打造为省域之内新的经济增长点。

表 3　浙江省卫生总费用（THE）及其在 GDP 中的比重
与全国平均水平比较（2009～2016）

年份	浙江 THE（亿元）	浙江 GDP（亿元）*	浙江 THE/GDP*（%）	全国 THE/GDP（%）	浙江与全国之差（%）
2009	997.02	22998.58	4.34	5.08	-0.74
2010	1143.30	27747.65	4.12	4.89	-0.77
2011	1419.41	32363.38	4.39	5.03	-0.64
2012	1543.70	34739.13	4.44	5.26	-0.82
2013	1712.33	37756.58	4.54	5.39	-0.85
2014	1976.99	40173.03	4.92	5.55	-0.63
2015	2250.21	42886.49	5.25	6.05	-0.81
2016	2573.55	47251.36	5.45	6.23	-0.79

资料来源：《2011 中国卫生统计年鉴》，第 86 页；《2012 中国卫生统计年鉴》，第 86 页；《2013 中国卫生与计划生育统计年鉴》，第 92 页；《2014 中国卫生与计划生育统计年鉴》，第 92 页；《2015 中国卫生与计划生育统计年鉴》，第 92 页；《2016 中国卫生与计划生育统计年鉴》，第 92 页；《2017 中国卫生与计划生育统计年鉴》，第 92 页；《2018 中国卫生健康统计年鉴》，第 94 页。

注：*浙江省 GDP 数据采自历年《中国统计年鉴》，因此第三栏的数据经过了重新计算，与历年卫生统计年鉴公布的数字不同。

然而，卫生总费用占国内生产总值的比重这一指标仅能显示资源总量的绝对维度，而人均卫生总费用更能显示资源量的相对水平。从图7可以看出，浙江省人均卫生总费用自有官方统计数据公布以来，始终处在全国平均水平之上；而且，基于对此图无法展示的各省份统计数据的考察，可以发现，浙江省人均卫生总费用始终在北京、上海、天津这三个直辖市之外名列全国其他省份的最高水平。由此可以看出，浙江省投入医疗卫生健康领域的资源并不少。当然，如果与最高值北京的水平相比，浙江省又有相当大的差距，而且这一差距有拉大的趋势。随着民众健康意识的提升，人均收入水平在全国名列前茅的浙江省，完全有可能未来在人均卫生总费用这一指标上缩小与三大直辖市的差距。

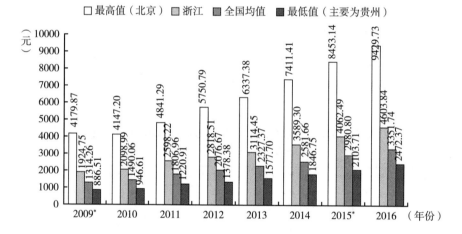

图7　浙江省人均卫生总费用及与相关数据对比（2009～2016）

资料来源：《2011 中国卫生统计年鉴》，第 86 页；《2012 中国卫生统计年鉴》，第 86 页；《2013 中国卫生与计划生育统计年鉴》，第 92 页；《2014 中国卫生与计划生育统计年鉴》，第 92 页；《2015 中国卫生与计划生育统计年鉴》，第 92 页；《2016 中国卫生与计划生育统计年鉴》，第 92 页；《2017 中国卫生与计划生育统计年鉴》，第 92 页；《2018 中国卫生健康统计年鉴》，第 94 页。

注：2009 年，最低值出现在江西，但此年贵州和广西的相关数据没有发布；2015 年，最低值出现在广西，而这一年所有省份这项指标的数据均已发布。

如前文所论述，卫生总费用中公共支出和私人支出的占比体现了政府在医疗卫生健康资源动员上的投入程度，也在一定程度上折射出医疗卫生筹资的公平性。依据与全国同样的计算口径，表4给出了2009~2016年浙江省卫生总费用中公共支出和私人支出的金额与占比，并将这一占比指标与全国平均水平相比较。从中可以看出，浙江省卫生总费用中公共支出的比重，自新医改实施以来，多年低于全国平均水平，仅在2013~2014年略高。这在一定程度上显示出浙江省由于民众收入较高，因此私人投入医疗领域的资金水平较高，但也在另一方面显示，政府在医疗卫生健康筹资领域的积极作用尚有不小的加强空间。

表4　浙江省卫生总费用中公共支出与私人支出的比重
与全国平均水平比较（2009~2016）

年份	浙江省					全国	
	卫生总费用（亿元）	公共支出（亿元）	私人支出（亿元）	公共支出占比（%）	私人支出占比（%）	公共支出占比（%）	私人支出占比（%）
2009	997.02	389.12	607.90	39.03	60.97	51.34	48.66
2010	1143.30	518.53	624.77	45.35	54.65	51.41	48.59
2011	1419.41	660.18	759.23	46.51	53.49	54.08	45.92
2012	1543.70	846.39	697.31	54.83	45.17	56.54	43.46
2013	1712.33	1008.43	703.90	58.89	41.11	58.39	41.61
2014	1976.99	1183.77	793.22	59.88	40.12	57.70	42.30
2015	2250.21	1271.20	979.01	56.49	43.51	57.30	42.70
2016	2573.55	1419.98	1153.57	55.18	44.82	56.13	43.87

资料来源：《2011中国卫生统计年鉴》，第86页；《2012中国卫生统计年鉴》，第86页；《2013中国卫生与计划生育统计年鉴》，第92页；《2014中国卫生与计划生育统计年鉴》，第92页；《2015中国卫生与计划生育统计年鉴》，第92页；《2016中国卫生与计划生育统计年鉴》，第92页；《2017中国卫生与计划生育统计年鉴》，第92页；《2018中国卫生健康统计年鉴》，第94页；《浙江财政年鉴》，2012，第246页；《浙江财政年鉴》，2013，第230页；《浙江财政年鉴》，2014，第216页；《浙江财政年鉴》，2015，第235页；《浙江财政年鉴》，2016，第235页；《浙江财政年鉴》，2017，第223页。

（二）浙江省医疗卫生的财政预算支出：总量和构成

接下来，本报告就医疗卫生健康领域的公共财政进行分析。这一分析分为两部分：一是对卫生财政预算进行分析；二是对社会医疗保险的筹资与给付水平进行分析。正如前文所说，政府预算支出和社会保险支出，都是公共财政的内在组成部分，两者都对相关领域资源配置的治理与发展有深刻的影响。由于 2017 年的相关统计数据尚没有公布，本部分的分析截止到 2016 年。

从图 8 可以看出，浙江省政府财政预算用于卫生领域的支出，一直在稳步增长，其在一般公共预算支出中的占比，从 2005 年的 5.13% 攀升到 2016 年的 7.78%。其中，卫生支出在预算支出中的占比在 2014 年出现了一次跳跃，主要原因在于这一年计划生育事务的预算支出首次被纳入卫生支出的统计类别之中。随着计划生育事务的转型，其一部分业务的财政支出后来转入其他预算类别中，因此卫生支出在预算支出中的占比，到 2016 年又回归到平稳攀升的节奏之中。

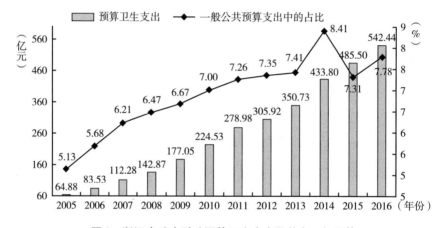

图 8 · 浙江省政府财政预算卫生支出及其占一般预算
总支出的比重（2005～2016）

资料来源:《浙江财政年鉴》，2008，第 231 页;《浙江财政年鉴》，2010，第 232 页;《浙江财政年鉴》，2011，第 240 页;《浙江财政年鉴》，2012，第 249 页;《浙江财政年鉴》，2013，第 232 页;《浙江财政年鉴》，2014，第 220 页;《浙江财政年鉴》，2015，第 237 页;《浙江财政年鉴》，2016，第 237 页;《浙江财政年鉴》，2017，第 178、225 页。

要考察浙江省政府财政预算卫生支出的水平究竟高与低，需要进行横向比较。表 5 以全国水平为基准，对浙江省政府财政预算卫生支出的相对水平进行分析。从中可以看出，浙江省预算卫生支出在一般公共预算支出中的占比常年高于全国平均水平，这表明浙江省政府将医疗卫生健康的财政投入视为民生保障的重要举措，只是在最近的两年内，优势水平有所降低。

表5 浙江省政府财政预算卫生支出与全国平均水平比较（2005～2016）

单位：亿元，%，百分点

年份	浙江省			全国			浙江省预算卫生支出占比与全国平均水平之差
	一般公共预算支出	预算卫生支出		一般公共预算支出	预算卫生支出		
		金额	占比		金额	占比	
2005	1265.53	64.88	5.13	33930.28	1552.53	4.58	0.55
2006	1471.86	83.53	5.68	40422.70	1778.86	4.40	1.27
2007	1806.79	112.28	6.21	49781.35	2581.58	5.19	1.03
2008	2208.58	142.87	6.47	62592.66	3593.94	5.74	0.73
2009	2653.35	177.05	6.67	76299.93	4816.26	6.31	0.36
2010	3207.88	224.53	7.00	89575.40	5732.49	6.40	0.60
2011	3842.59	278.98	7.26	109247.80	7464.18	6.83	0.43
2012	4161.88	305.92	7.35	125953.00	8431.98	6.69	0.66
2013	4730.47	350.73	7.41	140212.10	9545.81	6.81	0.61
2014	5159.57	433.80	8.41	151785.60	10579.23	6.97	1.44
2015	6645.98	485.50	7.31	175877.80	12475.28	7.09	0.21
2016	6974.25	542.44	7.78	187755.20	13910.31	7.41	0.37

资料来源：浙江省数据来源同表1。全国数据来源于《中国卫生和计划生育统计年鉴》，2017，第92页；《中国卫生健康统计年鉴》，2018，第95、355～356页。

接下来进一步分析浙江省2007～2016年政府预算卫生支出的构成，以透视浙江省各级政府在医疗卫生健康领域的施政重点。从表6可以看出几点变化。

第一，浙江省卫生行政管理的效率有所提升，尽管相关的管理事务有增无减，但行政管理费用在预算卫生支出中的占比呈下降之势，只是在最近两年又有所反弹。

第二，浙江省预算卫生支出中用于补偿公立医院的份额，并没有太大变化。这意味着，浙江省在公立医院改革的推进上，并未如社会众多人士所呼吁的那样，一味地增加政府投入。正如前文所述，公立医院的改革与发展并不依赖政府财政的大笔投入，而是要基于体制改革和组织创新。浙江省政府财政在涉及公立医院改革上的施政方略，既与公共治理变革的基本原理相契合，也同全国新医改的大趋势相一致。

第三，浙江省预算卫生支出中用于社区卫生服务的投入自2010年之后就有大幅度增加，并在2012~2013年达到高峰，这表明浙江省政府财政为国家新医改"强基层"战略的实施提供了高额的财力保障，这在一定程度上促成了浙江省基层医疗卫生机构的能力提升（参见下文），[①]从而为后文将要论述的县域医疗共同体的建设打下了基础。

第四，公共卫生支出在浙江省预算卫生支出中的占比下降，这在很大程度上缘于相当一部分公共卫生服务由基层医疗卫生机构而不是专业公共卫生服务机构承担，从而使一部分最终用于公共卫生服务的财政预算支出更改了统计口径。下文将要考察，公共卫生支出在统计口径上的变化，并未引致公共卫生服务行为和产出的变化。

第五，浙江省政府财政预算用于中医药的支出占比有微幅提高。

第六，特别突出的是，浙江省政府财政预算用于医疗保障的支出占比，始终保持在40%~45%的水平，仅在2014年较低，这缘于这一年其他类别预算支出的占比比较高，这其中包括统计口径调整后新进入卫生类别的计划生育事务支出。下文将要分析，浙江省社会医疗保险体系中城乡居民基本医疗保险，无论从人口覆盖面还是筹资水平来看，所占份额都较高。这引致了浙江省政府预算卫生支出中医疗保障的占比较高。

表6 浙江省政府预算卫生支出的构成（2007~2016）

单位：亿元，%

年份	行政管理		医疗服务（公立医院）		社区卫生（基层医疗卫生）		公共卫生		中医药		医疗保障		其他	
	金额	占比	金额	占比	金额	占比	金额	占比	金额	占比	金额	占比	金额	占比
2007	6.51	5.80	21.26	18.93	4.80	4.28	26.86	23.93	0.24	0.22	45.68	40.68	6.92	6.17
2008	8.23	5.76	26.30	18.41	6.72	4.71	30.35	21.24	0.32	0.22	62.68	43.88	8.27	5.79
2009	9.18	5.19	29.78	16.82	9.05	5.11	37.32	21.08	0.47	0.27	77.00	43.49	14.24	8.04

---

① 何子英、郁建兴：《提升基层医疗卫生服务能力：基于浙江省的研究》，浙江大学出版社，2017。

续表

年份	行政管理		医疗服务（公立医院）		社区卫生（基层医疗卫生）		公共卫生		中医药		医疗保障		其他	
	金额	占比	金额	占比	金额	占比	金额	占比	金额	占比	金额	占比	金额	占比
2010	9.72	4.33	34.67	15.44	22.32	9.94	35.38	15.76	0.89	0.40	99.48	44.30	22.07	9.83
2011	9.87	3.54	42.47	15.22	38.56	13.82	41.33	14.82	1.43	0.51	124.00	44.45	21.32	7.64
2012	10.42	3.41	49.68	16.24	47.34	15.48	42.67	13.95	1.34	0.44	133.50	43.64	20.96	6.85
2013	11.49	3.28	52.73	15.03	53.51	15.26	49.38	14.08	5.65	1.61	148.53	42.35	29.43	8.39
2014	11.54	2.66	68.62	15.82	56.56	13.04	57.39	13.23	2.50	0.58	166.62	38.41	70.57	16.27
2015	18.07	3.72	76.48	15.75	63.09	13.00	57.92	11.93	2.48	0.51	200.76	41.35	66.69	13.74
2016	21.33	3.93	99.13	18.27	72.46	13.36	63.08	11.63	3.44	0.63	217.78	40.15	65.21	12.02

资料来源：《浙江财政年鉴》，2008，第231页；《浙江财政年鉴》，2010，第232页；《浙江财政年鉴》，2011，第240页；《浙江财政年鉴》，2012，第249页；《浙江财政年鉴》，2013，第232页；《浙江财政年鉴》，2014，第220页；《浙江财政年鉴》，2015，第237页；《浙江财政年鉴》，2016，第237页；《浙江财政年鉴》，2017，第178~179、225页。

注：2007年以前，"预算卫生支出"被列为"社会保障"支出的一个大类，其中理应包含"行政管理""医疗服务""社区卫生""公共卫生"等细目的开支，均归在"卫生"一栏下，没有拆分数据。自2010年起，原"医疗服务"栏目更名为"公立医院"，原"社区卫生服务"更名为"基层医疗卫生服务"

前文已经阐明，财政预算支出的流向改变，预示着公共治理创新的开始。就预算卫生支出而言，其中医疗财政投入的方式至关重要，即"补供方"和"补需方"的占比变化有可能对推进医疗供给侧的改革产生深远的影响。表7对政府预算中用于医疗领域的支出单独进行了考察，其中"补供方"的支出有两项，即分别投向公立医院和基层医疗卫生服务机构的支出，"补需方"的支出有一项，即投向城乡居民基本医疗保险、城乡医疗救助以及特定时期特殊政策下对城镇职工基本医疗保险的小幅补贴。从表7可以看出，浙江省政府预算医疗支出"补供方"的占比，自2007年以来就常年低于"补需方"的占比，而就全国而言，"补需方"的占比是从2011年起才常年高于"补供方"的占比的。

表7 浙江省政府财政预算医疗支出中补需方和补供方的占比 (2007～2016)

单位：亿元，%

年份	医疗领域财政投入	补供方		补需方	浙江省		全国	
		医疗服务（公立医院）	社区卫生服务（基层医疗卫生服务）	医疗保障	补供方占比	补需方占比	补供方占比	补需方占比
2007	71.74	21.26	4.80	45.68	36.33	63.67	54.65	45.35
2008	95.71	26.30	6.72	62.68	34.50	65.50	46.98	53.02
2009	115.84	29.78	9.05	77.00	33.53	66.47	50.97	49.03
2010	156.47	34.67	22.32	99.48	36.43	63.57	52.39	47.61
2011	205.03	42.47	38.56	124.00	39.52	60.48	48.18	51.82
2012	230.53	49.68	47.34	133.50	42.09	57.91	48.06	51.94
2013	254.77	52.73	53.51	148.53	41.70	58.30	46.43	53.57
2014	291.80	68.62	56.56	166.62	42.90	57.10	46.38	53.62
2015	340.33	76.48	63.09	200.76	41.01	58.99	47.13	52.87
2016	389.37	99.13	72.46	217.78	44.07	55.93	47.45	52.55

资料来源：同表3。

以上对两组指标，即政府预算卫生支出构成和政府财政医疗支出流向，分别进行了描述性统计分析。分析结果都表明，浙江省各级政府在全国范围内较早地通过提高对医疗保障体系的财政投入，促进了医疗事业公共财政的转型，快速促进了全民医疗保险的目标在浙江省的落实，为医疗服务第三方购买的形成以及随后的医疗支付制度改革奠定了坚实的基础。

（三）浙江省社会医疗保险的筹资水平和保障水平

这一节基于人口覆盖面、筹资水平和给付水平三个指标，考察浙江省基本医疗保障体系的发展。基本医疗保障体系由三个社会医疗保险项目组成，即城镇职工基本医疗保险（简称"城镇职工医保"）、城镇居民基本医疗保险（简称"城镇居民医保"）和新型农村合作医疗（简称"新农合"）。自

2011 年开始，浙江省各地就陆续启动了居民医疗保险的城乡一体化进程，城镇居民医保与新农合合并。但是由于各地城乡一体化的进展速度不一，这对于统计数据的系统性发布产生了一定的负面影响。在 2015 年，浙江省依然有地方政府为当地农村居民参加新农合提供了 15.9 亿元的财政补贴，[①]这说明新农合当年在浙江省的一些地方依然在运作，但当年新农合省级统计数据已不再发布。在 2015 年之后，新农合实施的地区进一步缩减，但并没有完全消失，而相关的统计数据已难以获得。

在全国范围内，中国政府通过行政治理的强势介入，首先以社会医疗保险制度推动了城镇职工基本医疗保险的发展，继而以公共健康保险制度推动了新型农村合作医疗和城镇居民基本医疗保险的发展，这两个保险项目都是政府补贴的自愿性公立医疗保险。到 2012 年，以前述三个医疗保险项目为支柱的基本医疗保障体系，已经覆盖了近 97% 的人口，[②] 在 2013 年就实现了基本医疗保障体系的全民覆盖，[③] 并因此在 2016 年获得了国际社会保障协会的大奖。浙江省在全民医保的推进上走在了全国的前列。从表 8 可以看出，至少从 2007 年起，浙江省基本医疗保障体系的户籍人口覆盖率就始终高于全国覆盖率，并于 2009 年超过了 100%，这表明浙江省较早地实现了户籍人口的全民医保，比全国达成这一目标提了三年。参考上文表 7 的数据，可以断定，浙江省政府财政"补需方"的力度常年高于全国的平均水平，这对于全民医疗保险的实现是一个强有力的促进因素。正如第一部分所论述，在医疗领域，公共财政"补需方"的强化，不仅是医疗保障体系健全发展的有力保障，而且是公共财政转型并推动公共治理创新的一项重要新政。

---

① 《浙江财政年鉴》编辑委员会编《2017 浙江财政年鉴》，中华书局，2017，第 346 页。

② Winnie Chi-Man Yip, William C. Hsiao, Wen Chen, Shanlian Hu, Jin Ma, and Alan Maynard, "Early Appraisal of China's Huge and Complex Health-care Reforms." *Lancet*, 2012 (379): 833 – 42.

③ Hao Yu, "Universal Health Insurance Coverage for 1.3 Billion People: What Accounts for China's Success?". *Health Policy*, Vol. 119, No. 9 (2015), pp. 1145 – 1152.

表8 浙江省基本医疗保障体系的人口覆盖面与全国水平比较（2007~2016）

单位：万人，%

年份	城镇职工医保	城镇居民医保	新农合*	户籍人口		常住人口		全国覆盖率
				人数	覆盖率	人数	覆盖率	
2007	855.0	91.2	3000.2	4659.34	84.70	5060.0	77.99	71.83
2008	1053.9	268.7	3082.8	4687.85	93.97	5120.0	86.04	85.33
2009	1173.7	610.7	3039.6	4716.18	102.29	5276.0	91.43	92.42
2010	1344.4	619.4	2972.1	4747.96	103.96	5442.7	90.69	94.61
2011	1514.4	729.7	2883.3	4781.24	107.24	5463.0	93.86	96.89
2012	1671.0	1135.8	2876.2	4799.35	118.41	5477.0	103.76	99.07
2013	1791.1	2330.0	2228.3	4826.89	131.54	5498.0	115.49	101.07
2014	1900.0	2947.5	1374.6	4859.17	128.05	5508.0	112.96	97.49
2015	1992.7	2971.4	1050.0	4873.34	123.41	5539.0	108.58	97.17
2016	2017.5	2975.8	600.0	4910.85	113.90	5590.0	100.06	73.70

资料来源：《中国卫生统计年鉴》，2009，第347~348页；2012，第317~318、323~325页。《中国卫生与计划生育统计年鉴》，2013，第347~348页；2014，第333~334页；2015，第333~334、339、341页；2016，第329~330页。《中国卫生健康统计年鉴》，2018，第343页。《中国劳动统计年鉴》，2015，第367~374页；2017，第373~377页。《浙江统计年鉴》，2018，第45页。

注：* 2015~2016年新农合的数据系估算值。

表8中所展示的统计数据还折射出另外两个现象。其一，浙江省基本医疗保障体系户籍人口覆盖率从2009年开始就常年超过100%，且在2013年达到131.54%的高水平。造成这一局面的原因至少有两个：一是在城镇居民医保和新农合之间出现了重复参保现象，而这种重复参保现象多缘于基层政府相关部门提升政绩的考量，即相当一部分在外地务工的当地农业户籍人口（即所谓"农民工"）实际上并没有在原户籍地参保却被纳入了原户籍地新农合的参保人数之中；二是有少量外省籍人口参加了浙江省的城镇居民医保和新农合，从而在统计数据上显示出来的参保者人数高于浙江省户籍人口数。新农合人口覆盖率超过农业户籍人口数的现象，实际上早在2007年就已在上海、江苏、山东和广东等地出现，[1] 而浙江省出现此类现象只是晚了两年。

---

① 顾昕：《全民医保的新探索》，社会科学文献出版社，2010，第46页。

其二，浙江省基本医疗保障体系常住人口覆盖率自 2012 年也常年超过了 100%，这说明浙江省全民医保实现了从以户籍为基础的医疗保障向以居民为基础的医疗保障的转型。外来公务人员，甚至包括外籍人士，也被纳入了浙江省的基本医疗保障体系。

不仅人口覆盖率这一指标，浙江省基本医疗保障体系的筹资水平，也常年高于全国的平均水平。表 9 显示，浙江省基本医疗保障体系的人均筹资水平逐年稳步上升，并始终高于全国的平均水平，且浙江人均筹资水平与全国水平之差逐年拉大。人均筹资水平是考察基本医疗保障体系健全与否的重要指标，高水平的人均筹资水平显示出浙江省基本医疗保障体系在医疗筹资上发挥着重要的作用。

表 9　浙江省基本医疗保障体系的筹资水平
与全国平均水平比较（2007～2016）

年份	浙江省					全国人均筹资（元）	浙江与全国之差（元）
	总计（亿元）	城镇职工医保(亿元)	城镇居民医保(亿元)	新农合（亿元）	人均筹资（元）		
2007	158.63	129.40	1.70	27.53	313.49	202.86	110.63
2008	238.35	188.90	5.70	43.75	465.52	288.02	177.50
2009	275.43	201.70	15.90	57.82	522.04	345.85	176.19
2010	371.93	276.11	21.00	74.83	683.36	418.91	264.45
2011	489.77	336.91	35.16	117.70	896.52	563.09	333.43
2012	652.07	455.47	58.40	138.20	1190.55	695.95	494.60
2013	781.02	495.38	137.26	148.38	1420.56	824.61	595.95
2014	885.14	608.14	204.99	72.02	1607.01	929.40	677.61
2015	1002.77	692.23	255.54	55.00	1810.38	1053.35	757.03
2016	1092.52	761.99	295.53	35.00	1954.42	1057.51	896.91

资料来源：《中国劳动统计年鉴》，2008，第 515～516 页；《中国劳动统计年鉴》，2009，第 491～492 页；《浙江财政年鉴》，2012，第 246 页；《浙江财政年鉴》，2013，第 230 页；《浙江财政年鉴》，2014，第 216 页；《浙江财政年鉴》，2015，第 235 页；《浙江财政年鉴》，2016，第 235 页；《浙江财政年鉴》，2017，第 223 页。

筹资仅仅是基本医疗保障体系的职能之一，其另一个重要职能自然是给付，而社会医疗保险基金支出水平才是基本医疗保障体系给付水平的真正体现。表10给出了浙江省基本医疗保障体系支出水平的统计分析结果，并与全国平均水平进行了比较。值得一提的是，与筹资数据不同，新农合基金支出的数据在全国和浙江省统计年鉴上的发布并不系统，即所有年份都没有发布，但有些年份发布了基金使用率，因此可以推算出支出水平。基本上，新农合基金的使用率较高，对于那些没有基金使用率或数据难以获得的年份，表10只能给出估算值。无论如何，可以肯定的是，这里给出的统计数据距离真实情况并不甚远，均在统计误差范围之内。从表10可以看出，浙江省基本医疗保障体系的给付水平相当高，其支出水平与全国平均水平的差距逐年拉大。

表10　浙江省基本医疗保障体系的支出水平
与全国平均水平比较（2007~2016）

| 年份 | 浙江省 | | | | | 全国人均支出（元） | 浙江与全国之差（元） |
	总计（亿元）	城镇职工医保（亿元）	城镇居民医保（亿元）	新农合（亿元）	人均支出（元）		
2007	102.95	74.95	1.00	27.00	203.46	145.20	58.26
2008	168.67	121.67	5.00	42.00	329.44	206.77	122.67
2009	228.59	157.59	14.00	57.00	433.26	278.73	154.53
2010	313.82	219.82	20.00	74.00	576.59	352.44	224.15
2011	388.68	242.96	29.72	116.00	711.48	455.83	255.65
2012	504.06	313.08	53.98	137.00	920.32	587.25	333.07
2013	668.13	376.94	135.24	155.95	1215.22	713.61	501.61
2014	726.68	448.63	206.03	72.02	1319.32	805.95	513.37
2015	806.07	508.66	242.41	55.00	1455.26	890.83	564.43
2016	892.27	572.29	284.98	35.00	1596.18	876.01	720.17

资料来源：《中国劳动统计年鉴》，2008，第515~516页；《中国劳动统计年鉴》，2009，第491~492页；《浙江财政年鉴》，2012，第246页；《浙江财政年鉴》，2013，第230页；《浙江财政年鉴》，2014，第218页；《浙江财政年鉴》，2015，第235页；《浙江财政年鉴》，2016，第235页；《浙江财政年鉴》，2017，第223页。

浙江省基本医疗保障体系的筹资水平和支出水平都较高，这在很大程度上可归因于政府财政对城镇居民医保和新农合以及后来两者合并之后的城乡居民医保提供参保补贴。可惜的是，居民医保政府参保补贴的统计数据也没有得到完整的、系统性的发布。表11仅仅展示了2010～2015年的数据，而这一组数据是在一份调研报告中披露的，并没有在历年年鉴中给予常规性发布。实际上，城乡医保政府参保补贴由多级政府出资，如果能按照多级政府实际补贴数据每年都予以发布，一方面可以凸显公共财政在基本医疗保障体系建设上发挥的引领性作用和基础性作用，另一方面也能为研究和改善政府间财政关系提供一个中观的视角。无论数据的完整性存在多大问题，表11依然显示，在浙江省城镇居民医保与新农合筹资来源中，政府参保补贴水平除了在2013年一度跌落在50%以下外，常年保持在60%上下的水平。相应地，由参保家庭或其所在集体缴纳的参保费，大约仅占4成。换言之，作为一种政府财政承担主要筹资责任的制度，城乡居民医保实际上已经成为一种准公费医疗；如果政府财政责任上升到80%以上，那么这一制度就将变成公费医疗。

表11 浙江省城镇居民医保与新农合筹资来源构成（2010～2015）

年份	总额(亿元)	政府补贴		参保缴费	
		金额(亿元)	占比(%)	金额(亿元)	占比(%)
2010	95.83	62.89	65.63	32.94	34.37
2011	152.86	93.47	61.15	59.39	38.85
2012	196.60	116.74	59.38	79.86	40.62
2013	285.64	139.43	48.81	146.21	51.19
2014	277.01	162.83	58.78	114.18	41.22
2015	310.54	195.26	62.88	115.28	37.12

资料来源：浙江省财政厅政研室、社保处课题组：《整合背景下浙江省城乡居民基本医疗保险财政压力分析》。《浙江财政年鉴》编辑委员会编《2017浙江财政年鉴》，中华书局，2017，第347页。

无论在全国还是在浙江省，全民医疗保险的达成无疑是一个伟大的社会政策成就，但中国医保体系与运转良好的目标还有很长的距离，[1] 浙江省也不例外。尤为显著的是，中国医保体系在组织和制度上存在碎片化问题，导

---

① Winnie Chi-Man Yip, William C. Hsiao, Wen Chen, Shanlian Hu, Jin Ma, and Alan Maynard, "Early Appraisal of China's Huge and Complex Health-care Reforms." *Lancet*, 2012 (379): 833 – 42.

致了严重的制度失调和运转不良，无论从公平还是从效率的角度来衡量，都给中国社会保障事业的发展带来了深远的负面影响。医保体系本身存在的诸多老大难问题，例如城乡一体化、统筹层次提高、个人账户的使用及其存废、医保基金累计结余的最优规模及其使用、退休者免缴费规则、医保关系跨地区转移接续（即可携带性）、参保者异地就医等，均为医保碎片化所累而迟迟难以解决。① 除此之外，既有文献很少注意的是，医保碎片化也是医保支付制度改革的重要障碍之一。通过医保支付制度改革重建医疗机构的激励机制，即形成公共契约模式，是医疗供给侧改革的最重要制度性前提之一，实为中国新医改的重中之重。② 但在现实中，一方面，医保碎片化必然造成对新医保支付手段的探索呈现出五花八门的地方差异性，从而无法对医疗服务提供者的行为形成清晰的新激励机制，另一方面过于分散化的医保机构也无法形成强大的购买合力，对某些具有区域强势（甚至垄断）地位的医院（尤其是大型公立医院）难以形成有效的成本控制和费用制约机制，从而间接导致公立医院的法人化改革缺乏推动力。

中国基本医疗保障体系或社会医疗保险体系，是一个典型的渐进式制度建构与变革过程的产物，这在包括浙江省在内的全国各地都是一样的。渐进式的制度建构和变革往往会产生制度不协调（institutional incoordination）的现象，即管治具体事务的诸多制度安排会相互掣肘，③ 即改革不配套的问题。在转型国家各个社会经济领域普遍存在的这个问题，在中国基本医疗保障体系的形成和发展过程之中，有着突出的表现。三个社会医疗保险项目在不同的时期建立起来，目标定位于不同的人群，采用不同的制度和组织架构，应对当时背景下产生的不同问题。由于受特定历史背景和社会经济条件的限制，中国社会医疗保险体系自其建立之初就缺乏长远的考虑和规划，制度设计缺

---

① 顾昕：《中国医疗保障体系的碎片化及其治理之道》，《学海》2017 年第 1 期。
② 顾昕：《走向公共契约模式——中国新医改中的医保付费改革》，《经济社会体制比较》2012 年第 4 期。
③ János Kornai, "Transformational Recession: A General Phenomenon Examined through the Example of Hungary's Development," in János Kornai, *Highway and Byways: Studies on Reform and Postcommunist Transition.* Cambridge, MA., The MIT Press, 1995, pp. 161 – 208.

乏完整性，渐进式的制度微调又受到路径依赖所累，缺乏连续性，因而整个基本医疗保障体系"碎片化"，呈现出城乡分割、地区分割、人群分割和管理分割的情况。[①]

医保碎片化的根源在于制度设计的差异性与行政管理的地方化这两个因素的叠加作用。这不仅表现为三个社会医疗保险项目的制度安排不同（见表12），而且表现为每一个社会医疗保险项目在不同统筹地区的制度安排也有所不同。具体来说，表12中每一行所展示的制度安排都存在复杂的地方差异性，而地方差异性叠加起来对整个医保体系的运作带来了难以估量且难以矫正的不良影响。由于三个社会医疗保险项目，尤其是城镇居民医保和新农合以及经过城乡一体化之后的城乡居民医保，在包括浙江省在内的很多地方都实行区县一级统筹，这导致其筹资水平和给付结构都呈现出高度地方差异化的情形。

表12　中国社会医疗保险的制度结构

保险项目	城镇职工医保	城镇居民医保	新农合
保险性质	强制性社会医疗保险	自愿性社会医疗保险	自愿性社会医疗保险
目标定位	城镇就业人群＋退休者	城镇非就业人群	农村居民
统筹层次	（地级）市级＋区县级		区县级
行政管理	人力资源和社会保障部门		卫生部门
筹资模式	工资税（单位8%＋个人2%）	个人缴费＋财政补贴	个人缴费＋财政补贴
缴费年限	满15～35年后终身受保	当期缴费、当期受保	当期缴费、当期受保
基金构成	统筹账户＋个人账户	统筹账户（＋家庭账户）	统筹账户（＋家庭账户）
给付范围	从住院统筹向大病门诊和普通门诊统筹延伸		
给付水平	起付线＋个人自付比例＋封顶线		

资料来源：笔者基于官方文件和多种参考文献自制。

医保碎片化是一个多维的、多层次的现象。限于篇幅，这里不予详加分析，仅仅提及城乡分割这一点。众所周知，基本医疗保障体系的基本特征之一就是城乡分割，即城乡医保存在较大的制度差异，而制度差异正是造成医

---

① 申曙光、侯小娟：《我国社会医疗保险制度的"碎片化"与制度整合目标》，《广东社会科学》2012年第3期。

保碎片化的主要原因，城乡分割则是医保碎片化的主要表现之一。事实上，城乡一体化很早就被提上了医疗保险改革的议事日程，浙江省在此方面也走在了全国前列。表13披露了在业已完成城乡一体化和未完成一体化的地区浙江省各级政府对居民医疗保险的政府补贴水平，从公共财政的视角折射出浙江省城镇居民医保与新农合的城乡一体化过程。该表显示，浙江省居民医保的城乡一体化，早在2011年就已经起步，但直到2015年依然没有完成。2011年，在完成城乡一体化的地区，城乡居民医保财政人均补贴额高于未完成一体化地区的城镇居民医保和新农合；2012年，在完成城乡一体化的地区，城乡居民医保财政人均补贴额高于未完成一体化地区的城镇居民医保但低于新农合；自2012年开始，在完成城乡一体化的地区，城乡居民医保财政人均补贴额均低于未完成一体化地区的城镇居民医保和新农合。这显示出，省内各地政府财政对城镇居民医保和新农合的财政补贴水平，在一定程度上决定了城乡居民医疗保险一体化的进程，那些财政补贴水平高的地区，成为城乡一体化的瓶颈。据笔者实地调研的结果，居民医保的城乡一体化在2015年之后继续前行，在2016～2017年新农合还在个别地区残存，[①] 基本上到2018年底，新农合作为一个为广大农村居民提供了一定程度医疗保障的社会医疗保险制度，才在浙江省走入了历史。

表13　浙江省城乡居民基本医疗保险参保财政补贴（2010～2015）

年份	完成城乡一体化的地区		未完成城乡一体化的地区				总计	
	城乡居民医保(亿元)	人均(元)	城镇居民医保(亿元)	人均(元)	新农合(亿元)	人均(元)	总额(亿元)	人均(元)
2010	—	—	13.76	217.02	49.14	177.18	62.89	184.59
2011	48.17	302.80	8.07	269.75	37.23	252.56	93.47	277.85
2012	77.17	345.96	6.55	334.31	33.02	361.35	116.74	349.49
2013	108.78	415.45	8.63	586.85	22.02	429.37	139.43	425.31
2014	137.34	486.54	7.84	640.77	17.65	580.86	162.83	501.16
2015	169.84	594.49	9.52	844.44	15.90	686.76	195.26	609.97

资料来源：同表8。

---

① 例如，台州市黄岩区政府2016年还为新农合提供了人均450元的参保财政补贴，参见《2017浙江财政年鉴》，第159页。

此外，城镇职工医保的退休者免缴费规则不仅是造成医保体系碎片化的一个因素，而且其本身也是一个不定时炸弹，在老龄化不断加深的时代，对基本医疗保障体系的可持续性发展造成威胁。退休者免于缴纳医保费是城镇职工医保制度建立之初就已确立的一项游戏规则，后被载入了《中华人民共和国社会保险法》，成为一项法定制度。这一制度设计有其合理的历史考量，却对医疗保障体制运行的公平与效率都造成了不利影响，对其覆盖面的扩大、筹资的公平性、给付的可持续性、可携带性（即医保关系转移接续）造成了诸多阻碍。①

退休者免缴费规则带来的最直接影响是城镇职工医保基金有大量的累积结余，以便应对未来不断增多的退休参保者日益增长的医疗需求。可是，这些结余将随着医药费用不可避免的上涨而贬值，而医药费用上涨（又称"医疗通货膨胀"）幅度又远高于一般的消费物价上涨幅度。这导致作为基本医疗保障体系主干的城镇职工医保存在资金使用效率不彰的问题，② 而且随着老龄化的进展，职工医保参保者当中在职职工与退休者之比（简称"职退比"，又称"负担比""赡养比"）会降低，最终会影响到这一社会医疗保险制度的可持续性。③ 总之，退休者免缴费的游戏规则这一制度因素，加上针对住院服务的医保给付水平的提高，必定会为基金支付增添额外的负担。中国学者就人口老龄化对中国医疗保险制度的影响展开过不少研究，④ 共识性的结论是：随着参保者的老龄化，缴费人群的规模相对变小，而高给

---

① 顾昕：《退休者免缴费的问题：中国医保体系的制度设计、激励机制与可持续性发展》，《中国卫生管理研究》2016 年第 1 期（总第 1 期）。

② Junqiang Liu and T. Chen, "Sleeping money: investigating the huge surpluses of social health insurance in China." *International Journal of Health Care Finance and Economics*, Vol. 13, No. 3 – 4 (2013), pp. 319 – 331.

③ Edward Gu and Imogen Page-Jarrett, "The top-level design of social health insurance reforms in China: towards universal coverage, improved benefit design, and smart payment methods." *Journal of Chinese Governance*, Vol. 3, No. 3 (2018), pp. 331 – 350.

④ 仇雨临：《人口老龄化对医疗保险制度的挑战及对策思考》，《北京科技大学学报》（社会科学版）2005 年第 1 期；李军：《人口老龄化与我国城镇医疗保险基金收支趋势》，《国际行政学院学报》2008 年第 2 期；杨洁、王净：《人口老龄化对医疗保障的影响及对策研究述评》，《医学与哲学》2015 年第 36 卷第 1A 期。

付受益人群的规模相对增大,这极有可能会对城镇职工医保给付的可持续性造成冲击。何文炯等学者将此称为"基本医疗保险系统老龄化",① 而系统老龄化危机尽管在短期内不会爆发,却成为基本医疗保障体系长期存在的一个隐患。

表14显示了浙江省城镇职工医保基金的当年结余率和累计结余率,两者都常年高于全国平均水平,仅前者在2009年例外。从职退比这一指标来看,浙江省城镇职工医保参保者的老龄化程度明显低于全国的平均水平,这使浙江省城镇职工医保系统老龄化危机不会在不久的将来爆发,但这个问题始终存在,而这一隐患如果不在危机爆发之前加以医治,早晚会变成难以医治的重疾。

表14　浙江省城镇职工医保基金的结余和结余率与全国平均水平比较(2007~2016)

年份	浙江省					全国				
	当年结余(亿元)	当年结余率(%)	累计结余(亿元)	累计结余率(%)	职退比	当年结余(亿元)	当年结余率(%)	累计结余(亿元)	累计结余率(%)	职退比
2007	54.45	42.08	193.87	149.82	3.61	652.4	29.5	2440.8	110.2	2.92
2008	67.23	35.59	261.18	138.26	4.31	865.8	30.0	3303.6	114.5	2.99
2009	44.11	21.87	305.29	151.36	4.54	790.2	23.1	4055.2	118.6	2.96
2010	56.28	20.38	361.60	130.96	4.93	683.8	17.3	4741.2	119.9	2.99
2011	93.95	27.88	455.68	135.25	5.22	926.7	18.7	5683.2	114.9	3.02
2012	142.38	31.26	598.08	131.31	5.03	1193.4	19.7	6884.2	113.6	3.00
2013	118.44	23.91	716.52	144.64	4.98	1231.7	17.4	8129.3	115.1	2.95
2014	159.51	26.23	876.03	144.05	4.86	1341.3	16.7	9449.8	117.6	2.90
2015	183.57	26.52	1059.60	153.07	4.63	1552.0	17.1	10997.1	121.1	2.86
2016	189.70	24.90	1249.29	163.95	4.26	1606.7	15.6	12972.0	126.3	2.78

资料来源:《中国劳动统计年鉴》,2010,第441页。《中国统计年鉴》,2011,第870页;2013,第855页;2014,第791页。《中国卫生与计划生育统计年鉴》,2013,第347页;2014,第333页。《浙江财政年鉴》,2012,第246页;2013,第230页;2014,第216页;2015,第235页;2016,第235页;2017,第223页。

---

① 何文炯、徐林荣、傅可昂、刘晓婷、杨一心:《基本医疗保险"系统老龄化"及其对策研究》,《中国人口科学》2009年第2期。

城镇职工医保协调老龄化问题的解决，归根结底要靠财政投入的大幅度增加，只是早晚的问题而已。可行的改革之道，并非在于废除退休者免缴费规则以及在退休者如何缴费上就事论事，而是废止城镇职工医保，将其并入城乡居民医保，实现"三保合一"，让财政承担所有居民医疗保险筹资的主要责任，推动基本医疗保障体系走向全民健康保险[1]或准全民公费医疗体制。[2] 唯此，才能一劳永逸地解决老龄化问题给基本医疗保障体系带来的"系统性危机"，重构医疗保险的激励机制，实现可持续发展。与此同时，推动"三保合一"，让职工医保并入居民医保，意味着单位与职工在原职工医保中的筹资责任为政府财政所代替，这实际上是一项面向所有企业及其雇员的重大税费减免措施，将有力地吸引投资，极大地促进经济，反过来也必将强化税基，提高税收征收水平。可是，在既有的公共管理体制中，推动这样的改革，需要地方政府尤其是省级政府展现极大的创新魄力和努力，也需要获得来自中央政府对地方创新的鼓励。

（四）浙江省医疗卫生供给侧的结构与绩效

通过政府预算支出的增加和结构的改善以及社会医疗保险体系的健全，公共财政成为浙江省医疗卫生健康服务供给侧改革与发展的有力保障。浙江省卫生供给侧的能力建设水平得到提升，随之而来的服务产出水平或绩效水平有所提高，服务效率也有所提升。

1. 浙江省公共卫生和妇幼保健服务

公共卫生服务是一种典型的公共物品，其有效提供的主要筹资责任在世界各地一般都由政府承担，而社会慈善捐赠一般承担次要责任。[3] 至于公共

---

① 顾昕：《走向全民健康保险：论中国医疗保障制度的转型》，《中国行政管理》2012年第8期。

② 顾昕：《走向准全民公费医疗：中国基本医疗保障体系的组织和制度创新》，《社会科学研究》2017年第1期。

③ Peter Berman, "The Role of the Private Sector in Health Financing and Provision," in Katja Janovsky (ed.), *Health Policy and Systems Development: An Agenda for Research*. Geneva: World Health Organization, 1996, pp. 125 – 146; Philip Musgrove, *Public and Private Roles in Health: Theory and Financing Patterns*. Washington, DC.: Health, Nutrition and Population Discussion Paper, The World Bank, 1996.

卫生服务的提供者，在世界各地，既包括公立机构，也包括民办非营利组织、营利性组织（公司）甚至个体（即个体执业的家庭医生）。公共卫生是公私合作伙伴关系的一个重要实践领域，[1] 民营机构成为公共卫生服务的提供者是一种常态。[2] 在中国，公共卫生服务筹资和提供的责任基本上由政府或公共部门来承担。如何在公共卫生服务领域推进变革，在正确运用行政机制的同时，引入市场机制和社群机制，增进市场，激活社会，实现国家、市场与社会关系的再平衡，是中国卫生领域公共治理创新的一项重要课题。[3]

在公共治理体系创新尚未展开之时，政府财政投入基本上是公共服务筹资的唯一来源，而政府办专业卫生机构就是公共卫生服务的唯一提供者。这在全国都是一样的，浙江省也不例外。从前文表3可以看出，尽管政府在公共卫生领域中的财政投入在政府预算卫生支出中的占比在下降，但绝对水平一直在上升。公共卫生服务包括很多内容，如疾病控制、卫生监督、健康教育等，有些则包含在社区卫生服务之中。限于篇幅和统计数据可获得性，这里无法对浙江省所有公共卫生服务一一加以分析，仅报告两类疾病控制服务的绩效，即传染病控制和农村改厕。

表15显示，甲乙类法定传染病发病率，浙江省在2007~2013年一直高于全国平均水平，但从2014年开始就常年低于全国平均水平，这说明浙江省各级疾病控制机构在传染病预防上的工作近年来有了显著成效。甲乙类法定传染病死亡率，浙江省一直低于全国平均水平，而且这一指标的全国平均水平在2008年之后就呈现波动式小幅上升的情形，但在浙江省却保持了相对稳定，这显示出浙江省在传染病治疗方面保持了相对较高而稳定的水平。

① Michael R. Reich (ed.), *Public-Private Partnership for Public Health*. Cambridge, MA.: Harvard Center for Population and Development Studies, 2002.

② Gerald Rosenthal and William Newbrander, "Public Policy and Private Sector Provision of Health Services." *International Journal of Health Plann Management*. 11 (1996), pp. 203–216; Ruairí Brugha and Anthony Zwi, "Improving the Quality of Private Sector Delivery of Public Health Services: Challenges and Strategies." *Health Policy and Planning*, 13 (1998), pp. 107–120.

③ 顾昕:《中国公共卫生的治理变革：国家-市场-社会的再平衡》,《广东社会科学》2014年第6期。

农村改厕是疾病控制的一个重要举措。从表 15 可以看出，浙江省的农村卫生厕所普及率和无害化卫生厕所普及率，常年高于全国平均水平。值得一提的是，浙江省 2015 年当年在农村改厕上的投入高达 15. 73 亿元，而在 2007～2017 年的其余年份最高水平仅为 2014 年的 7. 8 亿元，其中 2015 年政府投入 9. 4 亿元。[1] 2015 年全社会的高额投入，在后续两年取得了实际的成效；到 2017 年，浙江省农村卫生厕所普及率高达 98. 6%，已经接近了全覆盖，而同年全国平均水平只有 81. 8%；浙江省无害化卫生厕所普及率也高达 96. 7% 的水平，而全国平均水平只有 62. 7%。

表 15 浙江省公共卫生服务的绩效指标，以疾病控制为中心
并与全国平均水平比较（2007～2017）

| 年份 | 甲乙类法定报告传染病发病率和死亡率 | | | | 农村改厕情况 | | | |
| | 发病率
（1/10 万） | | 死亡率
（1/10 万） | | 卫生厕所普
及率（%） | | 无害化卫生厕
所普及率（%） | |
	浙江	全国	浙江	全国	浙江	全国	浙江	全国
2007	348. 02	272. 39	0. 56	0. 99	80. 6	57. 0	63. 8	34. 8
2008	345. 01	268. 01	0. 42	0. 94	83. 8	59. 7	68. 8	37. 7
2009	324. 60	263. 52	0. 63	1. 12	86. 5	63. 2	73. 5	40. 5
2010	324. 98	238. 69	0. 63	1. 07	88. 9	67. 4	77. 2	45. 0
2011	296. 48	241. 44	0. 58	1. 14	90. 1	69. 2	78. 7	47. 3
2012	261. 76	238. 76	0. 55	1. 24	91. 5	71. 7	81. 1	49. 7
2013	209. 14	225. 80	0. 44	1. 20	93. 2	74. 1	83. 4	52. 4
2014	192. 46	226. 98	0. 47	1. 19	94. 8	76. 1	86. 5	55. 2
2015	193. 92	223. 60	0. 65	1. 22	96. 5	78. 4	91. 5	57. 5
2016	193. 24	215. 68	0. 62	1. 31	98. 3	80. 4	96. 3	60. 5
2017	195. 31	222. 06	0. 71	1. 42	98. 6	81. 8	96. 7	62. 7

资料来源：《中国卫生统计年鉴》，2008，第 251 页；2010，第 263 页；2012，第 263 页。《中国卫生和计划生育统计年鉴》，2014，第 279 页。《中国卫生健康统计年鉴》，2018，第 253、262、278 页。

妇幼保健是基本卫生保健（又称"初级卫生保健"）的一项重要内容，也常常被列入广义的公共卫生服务。妇幼保健是一种面向个体的保健服务，

---

[1] 参见浙江省卫生和计划生育委员会编《2015 年浙江省卫生计生统计资料汇编》，2016 年 5 月，第 155 页。

但具有极大的外部性，被视为"准公共物品"。妇幼保健的筹资，一方面来自政府财政支出，另一方面也可以来自社会医疗保险。随着基本医疗保障体系的健全以及生育保险制度的发展，社会保险在妇幼保健的筹资上发挥着越来越大的作用。与此同时，政府不仅在妇幼保健的筹资上承担了举足轻重的责任，而且在妇幼保健的提供和监管上也发挥着不可或缺的作用。①

　　妇幼保健服务具有多样性，限于篇幅，这里无法报告浙江省全部妇幼保健服务的绩效，只能选择一些在统计年鉴中浙江省和全国统计数据都比较一致且完整的指标加以报告。从表 16 可以看出，浙江省孕产妇系统管理率早在 2007 年就达到了 93.0% 的高水平，而同年全国平均水平仅为 77.3%。随着时间的推移，全国孕产妇系统管理率的平均水平显著提高，近几年稳定在 90% 的水平上下，而浙江省则百尺竿头更进一步，近年来达到 96% 以上的水平，接近全覆盖。浙江省孕产妇死亡率也常年远低于全国平均水平，而且近年来同样在一个很高的控制水平的基础上又有所提升。浙江省的产后访视率早在 2007 年就接近了全覆盖，近年来更加逼近全覆盖，显著高于全国平均水平。同样，在儿童保健的绩效上，以 3 岁以下和 7 岁以下儿童保健覆盖率来度量，浙江省也远高于全国平均水平。总体而言，在妇幼保健上，除了北京、上海和天津三个直辖市外，浙江省在其余省级行政区域一直同江苏省一起名列前茅。

表 16　浙江省妇幼保健服务的绩效指标（2007～2017）

年份	系统管理率（%）		孕产妇死亡率（1/10 万）		产后访视率（%）		3 岁以下儿童保健覆盖率（%）		7 岁以下儿童保健覆盖率（%）	
	浙江	全国	浙江	全国	浙江	全国	浙江	全国	浙江	全国
2007	93.0	77.3	8.08	30.25	97.0	86.7	93.64	74.4	93.96	75.9
2008	93.6	78.1	6.57	34.20	97.0	87.0	91.68	75.0	94.87	77.4
2009	94.2	80.9	9.54	31.90	97.3	88.7	92.91	77.2	95.18	80.0
2010	95.3	84.1	7.44	30.00	97.7	90.8	94.33	81.5	95.84	83.4

---

① 顾昕：《中国城市妇幼保健服务的普遍提供》，《公共行政评论》2008 年第 1 期。

年份	系统管理率(%)		孕产妇死亡率(1/10万)		产后访视率(%)		3岁以下儿童保健覆盖率(%)		7岁以下儿童保健覆盖率(%)	
	浙江	全国	浙江	全国	浙江	全国	浙江	全国	浙江	全国
2011	96.0	85.2	6.35	26.10	97.9	91.0	94.85	84.6	96.22	85.8
2012	96.6	87.6	4.01	24.50	98.2	92.6	95.67	87.0	96.67	88.9
2013	96.7	89.5	6.20	23.20	98.2	93.5	96.07	89.0	97.06	90.7
2014	96.8	90.0	5.52	21.70	98.2	93.9	96.33	89.8	97.13	91.3
2015	96.8	91.5	5.28	20.10	98.1	94.5	96.85	90.7	97.26	92.1
2016	96.3	91.6	5.73	19.90	98.1	94.6	96.71	91.1	97.14	92.4
2017	96.4	89.6	4.54	19.60	98.2	94.0	96.54	91.1	97.31	92.6

资料来源:《中国卫生统计年鉴》,2008,第251页;2012,第194、263页。《中国卫生和计划生育统计年鉴》,2014,第279页。《中国卫生健康统计年鉴》,2018,第218~221页。

2. 浙江省医疗服务体系的能力建设

本部分将基于如下指标考察浙江省医疗服务体系的能力建设情况,即(1)机构数及其密度;(2)人力资源及其密度;(3)床位及其密度;(4)固定资产及其密度。密度指标均以常住人口为基数,考察每千人相关指标的统计数据。通过密度指标,我们可以将浙江省与全国平均水平进行比较。与此同时,本小节还对医疗服务能力在不同类型组织之间的分布进行考察,而将组织类型基于数据可得性划分为两组,即公立机构和民营机构,以及非营利性机构和营利性机构。需要说明的是,有关不同类型医疗机构固定资产分布的数据,并没有系统性公布,因此下文仅能展示浙江省医疗机构固定资产的总量情况并与全国平均水平进行比较,无法分析不同类型医疗机构固定资产的配置情况。限于篇幅,这里仅仅考察了医院,对基层医疗卫生机构的分析移到下一部分,对其他类型的医疗服务机构暂且忽略,而这些机构在浙江省医疗卫生服务市场上所占份额(以医疗卫生服务业务收入占比为指标来计)是微不足道的。

表17显示,浙江省医院数量尽管在增加,但其密度却常年低于全国平均水平,只是在近年来这一差距逐年缩小。可是,浙江省医院中卫生技术人员和床位的密度,却常年高于全国平均水平,这说明浙江省医院的规模相对较大,人力资源相对充沛。浙江省有关医院固定资产的统计数据,从2012

年才可获得，自 2012 年以来，其密度常年低于全国平均水平，这与人力资源密度和床位密度的情形构成鲜明的反差。这在一定程度上说明，浙江省医院的资源配置在软件上较为突出，而在硬体设施上并不在全国范围内具有优势，仅在增设床位上投入了更多的资源。事实上，在浙江省的三甲医院，在走廊中加床是普遍现象。这些数据表明，浙江省居民（常住人口）的医疗服务需求十分旺盛，医院加床只是为了满足患者就医的最基本要求，而医院在硬体设施上的改善还大有空间。

表 17　浙江省医院的数量、卫生技术人员、床位、固定资产及其密度
与全国平均水平比较（2007~2017）

年份	机构(个、个/百万人)			卫生技术人员(万人、人/万人)			床位(万张、张/万人)			固定资产(亿元、元/人)		
	浙江		全国	浙江		全国	浙江		全国	浙江		全国
	数量	密度	密度	数量	密度	密度	数量	密度	密度	金额	密度	密度
2007	632	12.5	15.0	13.6	26.9	18.7	12.3	24.4	17.6	NA	NA	478.82
2008	635	12.4	14.8	14.5	28.3	19.1	13.0	25.4	18.2	NA	NA	525.49
2009	652	12.4	15.2	15.5	29.3	19.4	13.8	26.1	18.7	NA	NA	666.86
2010	687	12.6	15.6	17.1	31.5	20.2	15.1	27.7	19.5	NA	NA	679.00
2011	731	13.4	16.3	18.7	34.3	21.4	16.3	29.8	20.2	NA	NA	791.37
2012	782	14.3	17.1	20.3	37.0	22.5	18.1	33.0	21.7	390.18	712.40	767.06
2013	843	15.3	18.2	22.0	40.0	24.0	19.7	35.8	23.4	433.40	788.28	880.60
2014	935	17.0	18.9	23.8	43.1	25.6	21.3	38.8	25.3	466.63	847.19	1000.67
2015	1049	18.9	20.1	25.7	46.3	27.5	23.9	43.2	27.5	527.27	951.93	1124.65
2016	1131	20.2	21.1	27.3	48.9	30.0	25.5	45.7	30.7	573.28	1025.55	1231.63
2017	1204	21.3	22.3	29.2	51.6	32.5	27.8	49.1	33.6	627.77	1109.72	1366.16

资料来源：《中国卫生统计年鉴》，2008，第 4、85 页；2011，第 4、90 页；2012，第 4、90 页。《中国卫生和计划生育统计年鉴》，2013，第 96 页；2014，第 96 页；2015，第 96 页；2016，第 96 页；2017，第 96 页。《中国卫生健康统计年鉴》，2018，第 98 页。

注：本表浙江省和全国的密度，均以常住人口为计算基数。

表 18 展示了浙江省医院组织类型的分布，并与全国情况进行了比较。从表 18 可以看出，浙江省民营医院的数量从 2014 年起就超过了公立医院的

数量，而在全国范围内，这一时间点为 2015 年，晚了一年。与此同时，浙江省民营医院数量在医院总量中的占比，从统计数据可得的 2011 年计起，常年超过全国平均水平。这一点与浙江省民营经济的相对发达是相映成趣的。可是，营利性医院在浙江省医院总量中的占比，在 2010～2015 年并不高于全国平均水平，只是在最近两年才有所提高。这表明，在浙江省，民营非营利性医院曾经是社会资本办医常见的一个组织类型选择，但近年来营利性医院的兴起是一个新的发展趋势。

表18　浙江省医院的组织类型与全国平均水平比较（2007～2017）

单位：个，%

| 年份 | 公立 | | 民营 | | | 非营利性 | | 营利性 | | |
| | 浙江 | | 浙江 | | 全国 | 浙江 | | 浙江 | | 全国 |
	数量	占比	数量	占比	占比	数量	占比	数量	占比	占比
2007	NA	NA	NA	NA	24.94	487	77.06	145	23.94	20.24
2008	NA	NA	NA	NA	27.41	493	77.64	142	22.36	20.60
2009	NA	NA	NA	NA	30.75	499	76.53	152	23.31	22.41
2010	NA	NA	NA	NA	33.79	520	75.69	167	24.31	24.36
2011	417	57.05	314	42.95	38.40	544	74.42	187	25.58	26.03
2012	416	53.20	366	46.80	42.24	583	74.55	199	25.45	27.63
2013	427	50.65	416	49.35	45.78	619	73.43	224	26.57	30.11
2014	441	47.17	494	52.83	48.52	668	71.44	267	28.56	31.54
2015	441	42.04	608	57.96	52.63	726	69.21	323	30.79	32.87
2016	438	38.73	693	61.27	56.39	730	64.54	401	35.46	34.57
2017	441	36.63	763	63.37	60.40	738	61.30	466	38.70	36.40

资料来源：《中国卫生统计年鉴》，2008，第 4、11 页。

医疗服务是一种人力密集型的服务，人力资源是医疗资源中最重要的组成部分。表19 显示，在浙江省医院中，卫生技术人员在民营医院中的占比在有统计的年份常年高于全国平均水平，但高的幅度远低于民营医院机构数占比（见表18）。这说明，尽管浙江省民营医院数量较多，但是其对卫生技术人员的吸引力远未与其数量上的增加相称。然而，值得注意的是，浙江省卫生技术人员在营利性医院中的占比，在有统计的年份常年高于全国平均水平（仅 2012 年例外），而且在近年来有较大的提升。参考表18 显示的情况，在营利性医院数量和占比在全国范围内并不占多大优势的情况下，营利性医院对浙江省省内卫生技术人员显示出相对较强的吸引力。

表19　浙江省医院卫生技术人员在不同类型组织中的分布
与全国平均水平比较（2008～2017）

单位：万人，%

年份	公立		民营			非营利性		营利性		
	浙江		浙江		全国	浙江		浙江		全国
	数量	占比	数量	占比	占比	数量	占比	数量	占比	占比
2008	NA	NA	NA	NA	NA	13.8	95.38	0.7	4.62	3.38
2009	NA	NA	NA	NA	NA	14.7	94.97	0.8	4.99	3.93
2010	NA	NA	NA	NA	NA	16.3	94.90	0.9	5.10	4.51
2011	16.7	89.00	2.1	11.00	10.13	17.7	94.65	1.0	5.35	5.30
2012	17.9	88.31	2.4	11.69	11.32	19.1	94.41	1.1	5.59	5.79
2013	19.3	87.88	2.7	12.12	12.38	20.8	94.32	1.3	5.68	5.57
2014	20.7	87.03	3.1	12.97	13.25	22.1	93.23	1.6	6.77	5.96
2015	21.8	85.06	3.8	14.94	13.95	23.7	92.28	2.0	7.72	6.31
2016	22.8	83.47	4.5	16.53	0.00	24.7	90.40	2.6	9.60	6.62
2017	23.9	81.75	5.3	18.25	17.06	26.0	89.02	3.2	10.98	7.02

资料来源：《中国卫生统计年鉴》，2004，第 36 页；2005，第 37～39 页；2006，第 35～37 页；2007，第 35～37 页；2008，第 35～37 页；2009，第 35～37 页；2010，第 36 页；2011，第 41 页；2012，第 40 页。《中国卫生和计划生育统计年鉴》，2017，第 43 页。《中国卫生健康统计年鉴》，2018，第 43 页。

床位数是医疗机构规模的一种度量指标。尽管浙江省民营医院的数量如前所述早在 2014 年就超过了公立医院数量，但表20 显示，浙江省民营医院床位数占比并不高，到 2017 年仅达到 26.61% 的水平。与全国平均水平相比，浙江省民营医院床位占比在有统计的年份常年仅高出少许（仅 2012 年例外），这显示了浙江省民营医院同全国的情形相近，均存在规模较小的现象。浙江省营利性医院床位占比，在 2008～2010 年低于全国平均水平，从

2011 年起，浙江省这一指标的相对升幅较快，远高于普通民营医院这一指标的相对升幅，这表明，营利性医院在规模扩大上有了一定的成绩，但从整体占比来看，营利性医院依然处于补充性的位置。

表 20　浙江省医院的床位数与全国平均水平比较（2008～2017）

单位：张，%

年份	公立		民营			非营利性		营利性		
	浙江		浙江		全国	浙江		浙江		全国
	数量	占比	数量	占比	占比	数量	占比	数量	占比	占比
2008	NA	NA	NA	NA	9.48	123636	95.22	6208	4.78	5.36
2009	NA	NA	NA	NA	10.52	130068	94.59	7409	5.41	6.10
2010	NA	NA	NA	NA	11.03	142208	94.19	8778	5.81	6.36
2011	142555	87.51	20350	12.49	12.45	152756	93.77	10149	6.23	6.00
2012	156059	86.35	24663	13.65	13.99	168691	93.34	12031	6.66	6.26
2013	166363	84.41	30733	15.59	15.58	182684	92.69	14412	7.31	6.60
2014	176054	82.48	37397	17.52	16.84	194945	91.33	18506	8.67	7.01
2015	188170	78.59	51274	21.41	19.40	213446	89.14	25998	10.86	7.61
2016	193586	75.83	61693	24.17	21.69	220833	86.51	34446	13.49	8.57
2017	203719	73.39	73879	26.61	24.33	233240	84.02	44358	15.98	9.19

资料来源：《中国卫生统计年鉴》，2002，第 46 页；2003，第 56 页；2004，第 60 页；2005，第 63～64 页；2006，第 62～63 页；2007，第 60～61 页；2008，第 66～67 页；2009，第 66～67 页；2010，第 68～69 页。《中国卫生与计划生育统计年鉴》，2017，第 82 页。《中国卫生健康统计年鉴》，2018，第 76～77 页。

综上所述，在政府财政投入增量有限且占比基本保持不变的情况下，浙江省有限的公共医疗卫生资源主要投到了公立医院人力资源的充实上，并应对民众在公立医院就医的急需，增加了床位，但在医院硬件设施的建设上与全国平均水平相近。浙江省医院数量的增加主要拜民营医院增加所赐，尤其是近年来，这一趋势十分显著。在民营医院中，营利性医院有异军突起之象，其数量有所增加，其规模有所扩大，其所吸引的人力资源也有所增多。在民营医院中，树兰医院集团和通策医疗集团是业内的佼佼者。

3. 浙江省医疗卫生服务体系的绩效：服务量与运行效率

在考察了医院的能力建设之后，本小节将基于以下指标来考察浙江省医院的医疗服务服务量、运行效率和财务运行状况，即（1）诊疗人次；（2）入院人数；（3）病床使用率；（4）出院者平均住院日；（5）总收入和总支出；（6）门诊次均费用；（7）住院人均费用等。值得说明的是，要考察医院的补偿机制，尤其是财政补偿机制的定位，最为重要的财务指标是医保支付金额及其占医院总收入的比重。可惜的是，这一最为重要的指标在卫生财务统计和社会保险基金统计中均无发布。基于实地调研所掌握的一些医疗机构的数据，无法帮助我们透视浙江省医院补偿机制的全局。这一缺陷，在某种意义上，为医疗卫生机构补偿机制改革的政策制定和实施构成了障碍，使相关的决策没有建立在著名历史学家黄仁宇所说的"以数目字管理"的基础之上。[1]

从表21可以看出，浙江省常住人口在医院的人均就诊次数常年高于全国平均水平一倍有余，而浙江省常住人口在医院的住院率在多数年份仅稍高于全国平均水平，且有两年（2012～2013年）稍低于全国平均水平。这些数据至少可以说明两点：其一，浙江省医院门（急）诊服务的可及性较高，导致不少轻病病人就诊率较高；其二，浙江省诱导住院的情形，如果有的话，也远低于全国平均水平，因为浙江省就诊人群最终住院者远比全国平均水平要低。浙江省医院的病床使用率在所有年份都高于全国平均水平，这从另一个侧面折射出浙江省医院住院服务的资源利用率较高，而一部分三甲医院常年超过100%的病床使用率反映出医院医疗服务资源配置和服务能力的不平等格局。当然，值得注意的是，浙江省医院出院者的平均住院日在多数年份略高于全国平均水平，而这个指标同病床利用率有一定的相关性。这表明，浙江省医院的住院服务效率还有提升的空间。

---

① 黄仁宇：《万历十五年》，中华书局，2018。

表21 浙江省医院的医疗服务量利用量和效率与全国平均水平比较（2008~2017）

年份	诊疗人次			入院人数			病床使用率（%）		出院者平均住院日（天）	
	浙江		全国	浙江		全国	浙江	全国	浙江	全国
	数量（亿人次）	人均就诊次数	人均就诊次数	数量（万人次）	住院率（%）	住院率（%）				
2008	1.30	2.54	1.00	5060.0	6.46	5.57	89.8	81.5	11.3	10.7
2009	1.42	2.68	1.06	5120.0	7.01	6.36	93.5	84.7	11.5	10.5
2010	1.57	2.88	1.12	5276.0	7.32	7.10	94.4	86.7	11.3	10.5
2011	1.82	3.33	1.24	5442.7	8.00	7.98	94.6	88.5	11.0	10.3
2012	2.06	3.77	1.34	5463.0	8.97	9.40	95.4	90.1	11.2	10.0
2013	2.22	4.03	1.44	5477.0	10.25	10.29	93.2	89.0	10.4	9.8
2014	2.39	4.34	1.52	5498.0	11.32	11.24	92.4	88.0	10.0	9.6
2015	2.46	4.45	1.68	5508.0	12.39	11.70	88.9	85.4	10.1	9.6
2016	2.54	4.54	1.88	5539.0	12.94	12.68	89.1	85.3	9.9	9.4
2017	2.76	4.89	2.01	5590.0	14.02	13.61	89.3	85.0	9.8	9.3

资料来源：《中国卫生统计年鉴》，2008，第124页；2009，第124页；2010，第124页；2011，第124页；2012，第124页。《中国卫生和计划生育统计年鉴》，2013，第133页；2014，第133页；2015，第133页；2016，第133页；2017，第133页。《中国卫生健康统计年鉴》，2018，第135、139页。

　　表22展示了浙江省医院的财务运行状况。从中可以看出，在有统计数据的年份中，浙江省医院收支结余率在2008~2009年高于全国平均水平，但此后就一直低于全国平均水平，而且呈现下降之势，只是处于略有结余的境况。由于人力资源集中和规模较大的医院均为公立医院或非营利性医院（见表20和表21），浙江省所有医院的收支结余率保持在1%~2%的水平，是相当正常的现象。浙江省医院门诊次均费用在2007~2012年高于全国平均水平，而在2013~2017年则低于全国平均水平，这表明浙江省医院近年来在控制门诊费用增长方面卓有成效。但同时，浙江省医院住院人均费用却常年高于全国平均水平，而且高出的幅度较大，远高于出院者平均住院日高于全国平均水平的幅度。这固然有可能表明浙江省医院入院病人的病情可能普遍较为严重，但也有可能表明浙江省医院在控制住院费用增长上相对来说措施不大有力。

表22　浙江省医院的财务运行状况与全国平均水平比较（2007～2017）

| 年份 | 收入与支出(亿元,%) | | | | | | 门诊次均费用(元) | | 住院人均费用(元) | |
| | 浙江 | | | 全国 | | | 浙江 | 全国 | 浙江 | 全国 |
	收入	支出	结余率	收入	支出	结余率				
2007	NA	NA	NA	5657.16	5566.29	1.61	153.9	124.7	7518.9	4733.5
2008	613.40	593.84	3.19	7003.11	6797.93	2.93	163.8	138.3	7757.0	5234.1
2009	735.91	700.99	4.75	8595.15	8230.47	4.24	176.8	152.0	8528.7	5684.0
2010	854.47	820.44	3.98	10284.16	9835.49	4.36	186.8	166.8	8933.7	6193.9
2011	NA	NA	NA	12451.38	11979.74	3.79	189.9	179.8	8922.9	6632.2
2012	960.64	933.03	2.87	15287.50	14540.67	4.89	198.2	192.5	9421.7	6980.4
2013	1089.05	1058.60	2.80	17749.38	16936.54	4.58	205.9	206.4	9771.1	7442.3
2014	1267.63	1225.35	3.34	20458.47	19524.19	4.57	217.3	220.4	10317.6	7832.3
2015	1367.40	1343.36	1.76	22878.86	22127.11	3.29	222.2	233.9	10695.5	8268.1
2016	1503.94	1485.71	1.21	25784.32	24967.82	3.17	237.9	245.5	10951.3	8604.7
2017	1669.71	1650.38	1.16	28659.89	27901.31	2.65	245.0	257.0	11305.1	8890.7

资料来源：《中国卫生统计年鉴》，2005，第98页；2006，第100页；2007，第98页；2008，第92页；2009，第92页；2010，第94页；2011，第96页；2012，第94、100～101页。《中国卫生与计划生育统计年鉴》，2013，第100～101页；2014，第100页；2015，第100、107～108页；2017，第100、107～108页。《中国卫生健康统计年鉴》，2018，第102、109～110页。

表23展示了浙江省医院的收入构成，并与全国平均水平进行了比较。限于篇幅，此表没有展示浙江省医院的支出构成。从此表可以看出，浙江省医院收入中来自政府投入的占比，除2012年之外，常年高于全国平均水平，但高出的幅度常年不超过1个百分点（仅2010年稍高一些，达2.25个百分点）。这表明，就医院收入中政府投入的占比而言，浙江省与全国没有多大差别，这也能表明浙江省医院在服务能力、医疗服务可及性、医疗服务提供量以及效率方面，无论优于还是劣于全国平均水平之处，与政府投入水平的高低几乎没有关系。正如前文所述，那种将医院运营的好坏，尤其是公立医院改革的进展快慢，归结于政府财政投入水平高低的言辞，尽管盛行于世，但无论在学理上还是在实际中，都是没有根据的。

表 23 浙江省医院收入构成及占比与全国平均水平比较（2008～2017）

单位：亿元，%

年份	政府投入			其他		医疗收入（业务收入）		
	浙江		全国	浙江		浙江		全国
	金额	占比	占比	金额	占比	金额	占比	占比
2008	53.46	8.72	8.10	13.45	2.19	546.50	89.09	91.90
2009	66.62	9.05	8.42	16.87	2.29	652.42	88.65	91.58
2010	89.92	10.52	8.27	16.79	1.96	747.76	87.51	91.73
2011	NA	NA	8.66	NA	NA	NA	NA	91.34
2012	65.18	6.78	7.61	24.21	2.52	871.25	90.69	90.01
2013	80.52	7.39	7.38	29.86	2.74	978.67	89.86	90.28
2014	97.70	7.71	7.13	37.05	2.92	1132.89	89.37	90.59
2015	117.72	8.61	8.21	42.73	3.12	1206.96	88.27	89.39
2016	127.46	8.48	8.29	49.38	3.28	1327.10	88.24	89.29
2017	145.92	8.74	8.27	89.23	5.34	1464.55	87.71	89.22

资料来源：《中国卫生统计年鉴》，2005，第98页；2006，第100页；2007，第98页；2008，第92页；2009，第92页；2010，第94页；2011，第96页；2012，第94页。《中国卫生与计划生育统计年鉴》，2013，第100～101页；2014，第100页；2015，第100页；2016，第100页；2017，第100页。《中国卫生健康统计年鉴》，2018，第102页。

前文已述，对于医疗机构补偿机制的研究，如何考察其收入来源的构成至关重要。其中，重要的构成在于政府投入、医保支付和患者自付这三大类，从中可以透视出政府财政、医保体系和百姓家庭对医疗机构运营收入的贡献度。可惜的是，由于针对不同医疗机构的医保支付数据无论在全国还是在地方层面常年都没有公开，有关医疗机构补偿机制的研究缺少必不可少的数据分析基础。与之相对，一种流行的说法是将医疗机构的补偿构成分为政府投入、医疗收入和药品收入。实际上，这种三分法在逻辑上是站不住脚的，因为此处的"医疗收入"是扣除了药品收入的狭义"医疗收入"，而这种狭义的"医疗收入"和"药品收入"表征的是收费项目的两大类别，而"政府投入"表征的则是收入的一种来源。把两种不同的事项并列起来，是一种基本的逻辑错误。令人遗憾的是，这种有逻辑错误的分析方法不仅在卫生政策研究界极为流行，而且对卫生政策有极大的误导，导致有关医疗费用控制的政策焦点被放在"药品收入"的降低上，而不是重视医保收入的占比及其通过医保支付制度改革而显示的激励机制转型。由于这种认知偏误，再加上其他一些因素，近年来涉及公立医院改革以及基层医疗卫生机构发展的政策，集中于药品收支的管控上，乃至在坊间有"医改"变成"药改"的吐槽之声。然而，聚焦于药品费用的行政控费措施并不能带来医疗费用的下降，这一点在基于其他省份的研究中得到了证实，[①] 在浙江省实际上也是同样的情形。

对医疗费用上涨进行控制，尤其是对导致医疗费用不合理上涨的过度医疗加以抑制，是全球性医疗政策的重点之一。对此，最常见的管控措施包括三大类：（1）价格管控以及对某些高值物品使用的直接行政管控；（2）强化供方竞争；（3）改革医保付费模式。无论国际经验还是中国实践都显示，前两类举措的控费效果，即便有，也是短期的，不可持续的。真正具有控费效力并且能实质性改变医疗卫生健康供给侧激励机制的措施唯有医保支付制度改革。[②] 医保支付制度改革的重要意义，已经无须赘述了。[③] 鉴于公立医疗保险（或社会医疗保险）在我国的医保体系中占据主导地位，医保支付改革亦属于公共财政转型的一项具体实践，但由于这一改革具有很强的技术性，影响这一改革进程的因素具有高度的复杂性，限于篇幅，本报告难加论述。

三　浙江省县域医共体的推进

建立一个强有力的基层医疗卫生服务体系，是推进健康中国的关键，也

---

① 岳经纶、王春晓：《堵还是疏：公立医院逐利机制之破除——基于广东省县级公立医院实施药品零差率效果分析》，《武汉大学学报》（哲学社会科学版）2016 年第 2 期。

② 郭科、顾昕：《过度医疗的解决之道：管制价格、强化竞争还是改革付费?》，《广东社会科学》2017 年第 5 期。

③ 何子英、郁建兴：《走向〈全民健康覆盖〉——有效的规制与积极的战略性购买》，《浙江社会科学》2017 年第 2 期。

是新医改"强基层"战略的核心内容。[1] 强基层战略目标的实现，有赖于医疗卫生供给侧去行政化改革的全面推进，为基本卫生保健（primary care or primary health care，又译初级卫生保健）的公共治理体系创新，开辟新的道路。早在 20 世纪后期，人人享有基本卫生保健就已成为世界卫生组织强力推进、世界各国高度重视的医疗卫生改革与发展的共同目标。[2] 中国通过大力推进社区卫生服务体系的建设，对这一全球性目标做出了积极回应。然而，经过近 30 年的发展，中国的社区卫生服务尽管形成了一个完整的体系，但无论在服务能力上还是在服务的公众认可度上，都长期处于积弱不振的境况。[3]

这主要表现在基层医疗卫生机构面临着服务能力不足、[4] 服务功能弱化、[5] 优质资源配置不足、[6] 医务人员积极性不高、[7] 人才引进乏力[8]等突出问题，严重制约了基本卫生保健乃至整个健康服务业的健康发展。长期以来，中国医疗服务体系形成了以医院尤其是大医院为中心的格局，而

---

① 有关报道，参见《医改重心放在保基本、强基层上》，《瞭望》2010 年第 12 期。

② WHO, *The World Health Report* 2008: *Primary Health Care now more than ever.* Geneva: World Health Organisation, 2008.

③ 顾昕:《社区医疗保健服务体系建设中的政府角色》，《改革》2006 年第 1 期；顾昕:《政府购买服务与社区卫生服务机构的发展》，《河北学刊》2012 年第 2 期；Xi Li, Jiapeng Lu, Shuang Hu, KK Cheng, Jan De Maeseneer, Qingyue Meng, Elias Mossialos, Dong Roman Xu, Winnie Yip, Hongzhao Zhang, Harlan M Krumholz, Lixin Jiang, and Shengshou Hu, "The primary health-care system in China". *Lancet*, 390 (2017), pp. 2584–2594.

④ 何子英、郁建兴:《提升基层医疗保健服务能力：基于浙江省的研究》，浙江大学出版社，2017。

⑤ 邹厚东、张鹭鹭、马玉琴、熊林平、杨鸿洋:《影响社区卫生服务体系发展的关键问题探讨及对策研究》，《中国全科医学》2010 年第 13 期。

⑥ 王丰阁、张建华,《卫生资源向社区卫生服务中心配置的评价》，《中国卫生经济》2013 年第 4 期；何文炯:《建设更加公平可持续的医疗保障制度》，《中国行政管理》2014 年第 7 期；肖圣鹏、莫颖宁：《基层医疗机构卫生服务资源配置效率研究》，《山东社会科学》2014 年第 9 期。

⑦ 孟庆跃:《基层和公共卫生人员激励因素研究》，《中国卫生政策研究》2012 年第 3 期。

⑧ Xiaohong Li, Christopher R. Cochran, Jun Lu, and Jay J. Shen, "Understanding the shortage of village doctors in China and solutions under the policy of basic public health service equalization: evidence from Changzhou." *The International Journal of Health Planning and Management*, Vol. 30, No. 1 (2015), pp. 42–55.

社区卫生服务始终处于边缘化的位置。中国医疗供给侧的这一格局被学界描绘为医院强、基层弱的"倒三角"或"倒金字塔"。[①] 如何从"倒三角"转变为"正三角",即如何促进基层医疗卫生服务的发展,扩大并夯实中国医疗保健服务体系的基础,实现中国政府早已向世界卫生组织承诺的"人人享有基本卫生保健"的目标,无疑是中国新医改必须面对的严峻挑战。[②]

(一)"强基层"的浙江新探索

近五年来,浙江省在促进基层医疗卫生服务方面开展了卓有成效的探索,从试点医疗服务联合体(简称"医联体")起步,到推进县域医疗卫生服务共同体(简称"医共体")建设,积累了丰富经验。尤其是医共体建设从试点到推开,正逐步突破既有基层医疗卫生公共治理体系的行政化窠臼,有望在健全基本卫生保健和发展整合健康服务方面取得突破。浙江省医共体建设有其重要特色,足以形成中国医疗供给侧改革的"浙江模式"。

基本卫生保健或社区卫生服务的发展,离不开组织、制度和治理模式的创新。县域医共体建设"浙江模式"的核心,在于推进县级医院与基层的城乡社区卫生服务机构的一体化,从而让医共体内所有组成单位结成一个利益共同体。这不仅是医共体建设的一个特色,而且是基本卫生保健公共治理体系创新的一种新尝试。在创新的过程中,由于既有人事、财政、医保和价格体制所构成的制度嵌入性,医共体机构统一的目标受到多重体制的制约而难以在短期内达成,这其中基于编制的财政补偿体制尤为重要。浙江省政府启动了基层医疗卫生机构的财政改革,力推从按编制拨款到按绩效购买服务的转型。财政领域的制度变革,为医共体建设突破制度嵌入性的羁绊,为基本卫生保健体系的公共治理创新,

① 顾昕:《政府购买服务与社区卫生服务机构的发展》,《河北学刊》2012 年第 2 期。
② 何子英、郁建兴:《全民健康覆盖与基层医疗保健服务能力提升——一个新的理论分析框架》,《探索与争鸣》2017 年第 2 期。

开辟了新的空间。

浙江省医共体试点工作是在 2017 年秋季进行组织动员的，从 2018 年 1 月 1 日开始实施。2017 年 10 月 12 日，浙江省医改办颁发《关于开展县域医疗服务共同体建设试点工作的指导意见》（浙医改办〔2017〕7 号），要求 11 个地级（及以上）市各选择 1 个县（市、区）（以下简称"试点县"），开展医共体建设的试点，即"以县级医院为龙头，整合县乡医疗卫生资源，实施集团化运营管理。着力改革完善县级医院、乡镇卫生院（社区卫生服务中心）的管理体制和运行机制，形成服务共同体、责任共同体、利益共同体、管理共同体"。[①] 截止到 2018 年 6 月 30 日，浙江省 11 个试点县（杭州淳安县、衢州常山县、湖州德清县、金华东阳市、丽水缙云县、绍兴柯桥区、台州路桥区、舟山普陀区、温州瑞安市、嘉兴桐乡市、宁波余姚市）共组建了医共体 31 个。各试点县医共体的数量不一，最少者组建了 1 个医共体，最多者有 4 个医共体。绝大多数医共体有 1 家牵头单位，但也有 2 个医共体有 2 家牵头单位。2018 年 9 月 26 日，中共浙江省委办公厅、浙江省人民政府办公厅印发了《关于全面推进县域医疗卫生服务共同体建设的意见》（浙委办发〔2018〕67 号），[②] 将医共体建设从试点阶段向在全省推开阶段迈进。

浙江省政府将医共体建设的政策概括为"三统一、三统筹、三强化"，即医共体内实现机构设置、人员招聘使用、医疗卫生资源调配的"三统一"，财政财务管理、医保支付、信息共享的"三统筹"，分级诊疗、签约服务、公共卫生的"三强化"。其中，"三统一"给出了医共体建设的改革目标，"三统筹"提出了医共体建设的政策工具，"三强化"说明了医共体建设的绩效指标。

作为医共体建设的政策目标之一，机构设置统一的提出是一个具有

[①] 参见浙江省卫计委官网，http：//www.zjwjw.gov.cn/art/2017/10/12/art_1202101_11482882.html。

[②] 参见浙江省卫健委官网，http：//www.zjwjw.gov.cn/art/2018/9/26/art_1551291_21698864.html。

突破意义的创举，这意味着县级医疗机构（尤其是县医院和县中医院）将同基层城乡社区卫生服务机构（主要包括城镇社区卫生服务机构和乡镇卫生院）实现机构合并。这同全国各地都在推进的医联体建设形成了鲜明的对照。医联体建设的特征是政府推进高层级医院（尤其是三甲医院）与低层级医院（尤其是县级医院）结成联盟关系，促使高层级医院对低层级医院展开业务帮扶，从而实现让医疗服务利用率下沉的政策目标。

医共体建设与医联体建设最大的不同，在于以机构间整合代替了机构间联盟，最根本的目标是让整个医共体成为一个利益共同体。只有当组成单位在利益上形成协调一致的局面时，医共体才能真正成为一个责任共同体、管理共同体、服务共同体。唯有真正形成利益共同体，医共体牵头医院面向其他组成机构的能力建设之举，才不再是一种"帮扶"，或者不仅仅是一种"帮扶"，而是整个医共体必不可少的、可持续的、拥有内在动力的业务拓展和业务布局行动。机构设置统一这一创举，突破了医联体建设中各机构联盟关系中利益协调不力的格局。[1]

从机构间联盟到机构间整合，不仅是医疗供给侧组织模式的一次大变革，也激发了医疗供给侧诸多制度安排的再调整。公共部门中各种公立机构即事业单位之间的合并，与各种市场主体在市场力量推动下所进行的并购行为，有很大的区别。在市场并购中，参与者无论大小、无论名望、无论绩效，地位是平等的，并购行动的要件取决于管理层之间的谈判，并购决策取决于公司治理结构的设置。当然，市场并购也受到政府规制的制约，尤其是反垄断法的制约，而这一规制优势不仅在国家层面上而且还有可能在国际层面上实施。

公立机构或事业单位之间的合并则有所不同。首先，这不是市场机制运作，因此只能称之为"合并"而不能称之为"并购"；其次，这是由行政力

---

① 史明丽：《我国纵向型区域医疗联合体的进展与挑战》，《中国卫生政策研究》2013年第7期。

量所推动的组织行为，而参与者即便拥有法人身份也没有推动合并行为的自主权；最后，事业单位合并不仅受到行政法规的制约，而且受到公共部门内纵横交错的行政隶属关系和业务指导关系的制约，即政府内部的条块关系深刻影响着公共部门的组织变革。

浙江省医共体建设不仅致力于推动不同层级公立医疗卫生机构的一体化，而且开始着力推动医疗供给侧中法人制度、财政制度以及其他领域的体制改革，突破了既有高度行政化体制给基本卫生保健体系发展与改革所设置的重重藩篱，为深化医疗卫生体制改革提供了新的契机。

由于医疗供给侧的任何组织变革均涉及法人治理、财政投入、人事薪酬、价格规制、质量监管等多方面的制度调整，限于篇幅，本报告仅考察政府财政对公立医疗卫生机构的补偿（或投入）体制（以下简称"财政补偿制度"）对于医共体建设的影响。在此过程中，本报告也会兼顾与财政补偿制度密切相关的人事制度改革，尤其是编制制度改革。

（二）制度嵌入性：医共体建设中机构统一所处的制度结构

任何一种制度的改变都会影响到其他制度因素的变化，反之亦然。这种影响往往出现"牵一发而动全身"的效果，即各种制度因素相互嵌入，形成一个相互关联、相互支撑的套嵌式结构，致使其中任何一种制度的改变都会受到这一制度所在其中的制度结构的制约。对此，学术文献概称为制度嵌入性。制度嵌入性在很多情形下会使某项重要的组织和制度变革异常艰难。这一点对于浙江省医共体建设"三统一"之首要目标"机构统一"的达成，尤为真切。

在社会科学中，有两个学派高度重视对制度嵌入性的分析。一是政治科学中的历史制度主义学派。从一开始，历史制度主义就把"强调制度的关联性特征"作为其主要分析对象之一。[1] 从逻辑上看，制度之间的关联性存

---

[1]　Peter A. Hall, *Governing the Economy: The Politics of State Intervention in Britain and France*. New York: Oxford University Press, 1986, p. 19.

在四种理想类型：（1）互补性，即当一种制度的有效运作能增强另一种制度运作的效率时，那么这两种制度就具有互补性；（2）替代性，即如果一种制度运转不良甚至缺失会提升另一种制度有效运转的可能性，那么这两种制度就具有替代性；（3）互斥性，即如果一种制度的有效运转会削弱或扭曲另一种制度的运转，那么这两种制度就具有互斥性；（4）支撑性，即如果一种制度的缺失会导致另一种制度运转不良，那么这两种制度就具有支撑性（见图9）。从本质上看，互补性和支撑性是同一种关联性的两面，即互补性是正面的支撑性，支撑性是负面的互补性。

| | 对另一种制度产生的效应 | |
	增强	削弱
一种制度的运行　良好	互补性	互斥性
一种制度的运行　不良	替代性	支撑性

图9　制度关联性的四种理想类型

　　就制度关联性的这四种类型，历史制度主义学派中专门研究市场经济多样性的学者，对制度互补性所产生的深刻影响进行了深入挖掘。他们发现，在经济全球化的冲击下，发达国家中市场经济的制度结构并没有产生趋同的现象，这其中的根本性缘由正在于不同领域（例如企业组织、金融市场、就业促进、福利保障等）之间制度的互补性维持了市场经济的多样性。[①] 相对来说，对于制度替代性、互斥性和支撑性的研究，尚不充分，而这三种制度关联性在现实世界中比比皆是。在中国40年来从计划经济向市场经济转型的改革与开放伟业中，既有多种互补性制度在旧体制之外异军突起从而开辟社会经济生活新天地的成功案例（例如自发性民营企业的兴起，尤其是在新经济领域），也有一些新制度在更大的环境未加改变

---

① Peter A. Hall and David Soskice（eds.），*Varieties of Capitalism：The Institutional Foundations of Comparative Advantage.* New York：Oxford University Press，2001，pp. 17 – 21.

的情况下替代了旧体制中一些局部性的传统制度而促成了社会经济事业的转型（例如社会保险制度取代了传统的单位制劳动保险制度），还有一些制度的缺失或发育不良导致另一些制度无法发育发展的情形（例如非营利性组织制度环境不健全导致包括住房合作社在内的诸多社会企业在中国发育不良），更有一些制度的强势运行削弱并扭曲了新兴制度的正常运转（例如行政力量的全面干预导致自主化公立医院呈现出"行政型市场化"的格局）。①

高度重视制度嵌入性的第二个社会科学学派是社会新制度主义，其中一些学者致力于探究"生产的社会体系"，着重研究在市场经济中运行的生产和工作体系如何因为嵌合于更大的制度、社会、经济、政治和文化的结构中而呈现多样性。② 社会学制度主义与历史制度主义的差异在于：第一，前者偏向方法论整体主义，即强调制度所嵌入者往往是一个宏大的、多重因素交织在一起的整体，而后者偏向方法论个体主义，仅关注特定制度的组合所产生的影响；第二，前者强调制度的层次性，而不同层次的制度形成一种套嵌式的结构，相互补充，牵一发而动全身。无论有何细微的差别，社会科学业已发展成熟的制度嵌入性分析，对于我们理解医共体建设中财政补偿制度的深刻影响，无疑是有助益的。

1. 法人治理模式

如前所述，在医共体建设中，机构设置统一是首要的改革目标，这是医共体区别于医联体的首要特征。机构设置统一这一目标的落实，在医共体的不同试点县域有不同的实践。具体的实践可分为两种模式：一是单一法人—统一治理模式，又可简称为"法人机构统一"模式，即医共体成为一个单一法人，其组成机构成为新组建医共体的分支机构，简单地说就是社区卫生服务机构变成县级医院的分院；二是多元法人—统一管理模式，又可简称为"法人代表统一"模式，即医共体组成机构保留各自的法人地位，但医共体

---

① 顾昕：《行政型市场化与中国公立医院的改革》，《公共行政评论》2011 年第 3 期。

② J. Rogers Hollingsworth and Robert Boyer (eds.), *Contemporary Capitalism：The Embeddedness of Institutions*. New York：Cambridge University Press，1997.

内所有机构的法人代表均由医共体的法人代表兼任，而医共体的法人代表均为医共体牵头医院的院长。

单一法人—统一治理模式只出现在常山县，而其他 10 个试点县域都采用了多元法人—统一管理模式。法人机构统一对于医共体的健康发展是基础性的条件之一，但其真正实现，需要各级政府在人事、财政、医保和价格体制上推进配套改革，而配套改革的推进一方面需要县政府内部各政府部门的协同，另一方面需要更高层级政府大力推进诸多领域的改革，尤其是需要省政府的顶层设计。人事、财政、医保和价格体制形成的制度嵌入性，以套嵌性和多层性的形式，在医共体机构统一的推进中形成了掣肘。在人事、财政、医保和价格体制配套改革尚不能协调到位的情况下，或者在更高层级政府尚未对此给出配套改革的完整方案之前，医共体建设采取法人代表统一模式不失为一种理性的组织变革过渡方案。这一模式的实践在一定程度上推进了机构统一，但我们在实地调研中获取到的普遍反映是，在这一模式的操作下，医共体尚未成为真正的利益共同体。

2. 人事管理制度：编制与薪酬

在既有的事业单位人事管理体制中，编制制度及其改革进程对于县域医共体"三统一"中"机构设置统一"的模式选择，有相当大的约束。"三统一"要求的第二项是"人员招聘使用"的统一，这直接触及公立医疗机构人事编制和薪酬制度的改革。医共体人事编制制度的变革有两种模式，分别契合于上述法人治理的两种模式。第一种模式与法人机构统一模式相适应，即人事管理权统一到医共体，所有人员（至少是新进人员）均进入医共体的编制，取消社区编制和县域编制的差别，而财政投入将以岗位设置而非编制为基准。所有新进人员的招聘工作均以医共体的名义统一开展，而新招聘人员在医共体内统一调配使用。目前，只有常山县采用了这一模式。

第二种模式与法人代表统一模式相适应，即保留县域和社区编制的身份差别不变，同时保留基于编制的财政投入方式不变，但新进人员的招聘全部由医共体统一组织实施，并对社区服务人员给予额外补贴。除常山县之外的 10 个试点县域，均采用这一模式。在第二种模式中，由于推进人事管理一体化的进度有别，各地在新进人员的招聘上又有两种不尽相同的做法：一种是将受招人员的编制身份和岗位安排基本上明确下来，另一种则完全以医共体编制的身份进行人员招聘。前一种做法，实际上在编制改革上没有丝毫推进。

由于编制改革迟缓的掣肘，医共体在人力资源管理制度一体化上的进展必定会相当迟缓，这一点在医共体内新薪酬制度的确立上有所体现。事实上，由于原不同单位的薪酬制度大不相同，绝大多数医共体管理层都在统一化薪酬制度的建立上耗费了极大的心力。

无论在全国范围内，还是在浙江省内，对于编制改革的必要性和紧迫性，尚未形成共识。这使不少似是而非的观念束缚了各级政府内部改革者的手脚。实际上，编制改革的深远意义在于打破既有专业人员人力资源配置中行政治理的主导性，并引入市场机制，建立一个统一的专业人员劳动力市场。

县域医共体建设"三统筹"中的财政财务管理统筹并非限于财务管理的一体化，也非医共体内部所能独立完成的任务，需要政府推进医疗卫生机构财政补偿制度的改革。政府对医疗卫生机构的财政投入，还同编制制度相互嵌入。长期以来，政府财政投入的很大一部分，依照在编人数核定拨款金额。如果出现"空编"情况，那么政府财政拨款金额会少于依照核定编制核拨的金额。

3. 医保支付制度改革：激励结构的重建

随着医保支付水平的不断提高，医保支付已经成为包括医共体在内的医疗机构的重要收入来源。如果医保支付依然以按项目结算＋付费为主，医共体建设将劳而无功，所有组成机构必将陷入三个导致恶性循环的境地：一是不得不参与到"抢病人"的竞争之中；二是缺乏约束与控制过度医疗的积极性；三是缺少积极主动介入促进民众健康的激励，这使公共卫生服务在医共体的建设中有被边缘化之虞。由此，医保支付方式的改革对于医共体内组成单位的利益整合至关重要。

各试点县在推进医保支付制度改革进展方面有很大的差异。相当一部分试点只是在既有按项目结算＋付费的基础上，加上了总额控制、按人头付费、单病种付费等零星的新支付办法，但新医保支付方式所涉金额在医保总支付中的占比都不高。与此同时，即便引入了以"打包付费"为特征的新医保支付方式，如果细节性制度设计不当，正确的激励效应也不会自动产生。在按项目付费的基础上实施总额控制，在全国范围内是一种普遍的实践，在浙江省医共体试点县域内也不例外。实施总额控制或总额预算的过程中，一些细节性游戏规则设计不当的情形比比皆是。

在浙江省医共体试点县域内，不少地方都进行了多元付费组合的探索。其中，只有少数县域在住院服务的支付上引入了按疾病诊断组（diagnosis-related groups，DRGs）付费。DRGs 不仅对医保机构来说是一种医保支付的先进工具，而且是医院绩效考核（尤其是质量控制）、财务管理（尤其是预算管理）、风险控制、物流管理的管理工具。大力推进 DRGs 的应用，对于医保机构、卫生行政部门和医疗机构管理层来说，是同等重要的。[1]

为了协调医保和医疗领域的诸多事务，一些医共体试点县建立了医疗保障办公室（简称"医保办"），成为推进医保支付改革的组织保障。县级政府中的医保办，必将随着各级政府医疗保障局的组建而进行相应的机构调整，并在推进医保以及与之相关的价格改革中发挥重要的作用。

4. 价格调整与价格形成方式的转型

在医共体试点县域，很多地方通过与地级市物价局进行协调，开展了幅度不等、程度不等的医疗服务价格调整及医疗价格体制改革，短期内以调放结合之策逐步调整价格结构，长期而言则以医保机构、医疗机构和医药企业多方谈判的形式，建立新的价格形成机制。这是一条从行政治理走向市场治理的渐进主义转型之路。药品价格管制改革的根本之道在于去行政化之举，即解除既有的多重管制，转而建立药品的公共定价制度，即由作为医药付费者的公立医保机构与各类医疗机构以及相关企业展开谈判，

---

[1] 杨燕绥、胡乃军、陈少威：《中国实施 DRGs 的困境和路径》，《中国医疗保险》2013 年第 5 期。

进行定价。

所有县域的医共体都落实了药品—耗材的集中统一采购制度，并同医药企业开展了"二次议价"。没有一个试点县域的医共体联合起来开展药品—耗材的集中统一采购，也没有发现跨县域、跨地区的药招联盟。在药品集中招标采购上未能走出医共体内部统一的局限，走向全县域甚至跨地区的药品集中采购，不仅体现出药品价格管制改革的滞后，也体现出医保支付制度改革的普遍不到位。

（三）突破制度嵌入性的羁绊：财政补偿制度改革与医共体建设的推进

前文已述，财务管理统筹，是医共体试点中"三统筹"的第一项要求。实际上，几乎在所有的试点县域，医共体都大力推进财务管理的一体化。不少牵头医院管理能力较强的医共体，甚至将财务管理账号统一起来，而其基层组成单位不再设立单独的财务室，只在行政管理办公室中安排特定的岗位，招聘财务管理员，负责定期向医共体总部报账。

然而，财政财务管理统筹并非限于财务管理的一体化，也非医共体内部所能独立完成的任务，需要政府推进医疗卫生机构财政补偿制度的改革。只有系统性地推进财政补偿制度改革，医共体建设才能突破制度嵌入性的羁绊，进入一个全新制度结构的发展之中。

1. 财政体制在制度嵌入性中的核心位置

从财务的角度来看，每一个公共部门的单位都是其所隶属行政系统中的一个预算单位。因此，国际文献常常把苏联、东欧、亚洲等社会主义国家中诸如大学、医院、剧院、博物馆之类的公立机构，即中国通称的事业单位，称为"预算单位"（budgetary units）。[①] 毫无疑问，医共体的所有组成单位，原本都是卫生行政部门下属的预算单位。医共体内推进财务管理的一体化，

---

① 〔匈〕雅诺什·科尔奈：《社会主义体制：共产主义政治经济学》，张安译，中央编译出版社，2007，第70页。

与其组成单位均在财政上是独立的预算单位，有所扞格。

更有甚者，在事业单位分类改革实施之后，中国的事业单位并不像在其他社会主义或前社会主义国家那里一样是统一的"预算单位"，而是有了身份差别。基层医疗卫生机构属于"公益一类事业单位"，政府财政予以全额拨款，而县级医院则属于"公益二类事业单位"，政府财政只能差额拨款。有一些医疗服务业务量较大的基层医疗卫生机构，还处在全额拨款和差额拨款这两类事业单位的中间地带。就财政补偿而言，政府对不同医疗卫生机构实施不同的制度，对于医共体建设中实现财务管理的一体化，是不小的掣肘。

县级医院和城乡社区医疗卫生机构的主要财政投入，缘于县政府的统筹。在医共体法人机构统一之后，县政府需要在财政体制上推进配套改革，其核心是落实政府购买服务的公共财政改革原则，将政府购买款项全额拨付给医共体，由医共体统一调配使用。可是，问题在于，既有的财政投入尽管由县级政府统筹管理，但实际上由多级政府来承担，由此，与医共体统一法人改革相配套的很多财政补偿制度改革，就超出了县政府的权限。

在既有的财政体制中，各级政府对原城乡社区卫生服务机构给予一定的财政补贴，其中，这些机构所开展的公共卫生服务由政府财政全额拨款加以补偿，而这些补偿由多级政府承担。在推进医共体的法人机构统一之后，既有的多级财政补贴渠道是否能维持下去，便成为新的问题。

此外，在既有行政化的政府管理体制中，城乡社区医疗卫生机构是街道—乡镇政府推进辖区内公共卫生或健康促进项目的抓手，无论这些项目是以自上而下还是以自下而上的方式启动的。一旦城乡社区医疗卫生机构被完全并入医共体，一种担心认为，街道—乡镇政府将失去推进当地卫生健康工作的抓手。当然，这一担心对于富裕的街道—乡镇政府来说并不存在，这些政府完全可以向医共体购买服务；但是，对于不富裕的街道—乡镇政府来说，这的确是一个新的问题。在实地调研中，我们接触到的较为富裕的街道—乡镇政府，都表示尽管其辖区内的原基层医疗卫生机构现在成为医共体的一员，尤其是在形式上成为县级医院的分院，但当地基层政府还会继续给予一定程度的财政支持。但这种财政投入的有无和多寡，均基于个案性商讨，而不是制度性安排，街道—

乡镇政府是否继续给予基层医疗卫生机构财政投入，在很大程度上取决于基层政府领导的个人取向以及他们与基层医疗卫生机构管理者之间的个人关系。

当然，从根本上来说，只要财政补偿制度改革以及医保支付改革到位，县级以下财政的问题并不应该构成医共体法人统一的障碍。在新的制度安排所建立的新激励结构下，医共体的业务重心有可能从医疗服务向更加全面的健康促进转型，由此原面向社区的基层医疗卫生机构在成为医共体的分院之后，依然会有更大的积极性为其所在社区的民众提供各种健康保障和健康促进服务。街道—乡镇政府，无论穷富，都会有更有实力、更具声望的医疗卫生机构，成为其公共卫生或健康促进项目的新抓手。

2.财政补偿制度与人事编制管理的互补嵌入性

不只如此，政府对医疗卫生机构的既有财政投入制度，还同人事编制管理制度相互嵌入，构成了一对互补性制度。长期以来，政府财政投入的很大一部分，依照在编人数核定拨款金额。如果出现"空编"情况，即对于核定编制，相关单位无法招聘到符合在编人员资质要求的人选，那么政府财政拨款金额就会少于依照核定编制核拨的金额。事实上，很多医疗卫生机构，包括浙江省试点县域医共体的各组成机构，均出现过核定编制没有填满却又同时招聘编制外人员的情况。在这种情况下，这些医疗卫生机构实际上是自筹经费，使用非编制人员去完成与编制核定相关的工作。这种"一个机构、两种体制"的二元劳动力市场，不仅会在编外人员中塑造强烈的不公平感，而且会挫伤医疗卫生机构推进人力资源管理变革的积极性，也使编制制度不能达成其预期的效果。[1]

在既有的人事管理体制中，政府编办根据事业单位的性质设置编制，一部分原城乡社区卫生服务机构属于全额拨款的事业单位，而几乎所有的县级医疗机构均属于差额拨款的事业单位。随着法人机构的统一，医共体内全额拨款的医疗机构不复存在，原有的编制管理必然发生重大的变化。

在浙江省医共体试点的过程中，有些地方，如常山县，在编制改革上进行了一定的探索，并把编制改革与财政改革关联了起来。常山县破除原来基

---

[1] 刘晶霞：《医院编制管理与人力资源配置的分析讨论》，《人力资源管理》2014年第7期。

于法人性质的编制管理旧办法，推出了"基于岗位"的编制管理新办法，即政府基于公共财政购买公共服务的新原则设定一定数量的由政府财政补偿的"编制"岗位，而这类岗位的设置与事业单位的性质无关。

再如东阳市，在不触动既有编制体制的前提下，在新人新办法上做出了新的文章，设立了"医共体人才池"，实行人才"统招公用"。具体的做法是：改变以往由各基层医疗单位独立招人的策略，变为全市统一招录，新招入的专业技术人才和定向培养毕业人员，全部被纳入"医共体人才池"管理，经牵头医院共同培养后，由医共体管理中心进行统一调配，在山区、半山区、平原地区、城区进行轮转工作，且调配优先满足山区和半山区乡镇医院的工作需要。

3. 浙江省基层医疗卫生机构财政补偿制度改革的新尝试

既有多层级、套嵌式制度格局的种种不尽合理之处，尤其是财政补偿制度与人事编制制度的互补嵌入性，在显示出计划体制遗留下来的事业单位管理体制，早已不再适应民众对公共服务的需求，也不再适应公共服务机构改革与发展的需要。这一点在医共体建设的试点中突出地体现出来。很显然，针对基层医疗卫生机构的财政补偿制度以及与之互补嵌入的人事编制制度，亟待改革。

值得注意的是，在医共体试点中，衢州常山县在财政补偿制度和人事编制制度的改革上取得了一定的突破，这也促成该地初步达成了医共体建设的首要政策目标，即让县级医院与基层医疗卫生服务机构实现机构设置统一。这一突破的背景，在于浙江省在基层医疗卫生机构补偿改革上的新探索。

实际上，就基层医疗卫生机构财政补偿制度，浙江省早就开展了改革部署。早在2015年10月26日，浙江省财政厅和卫生与计划生育委员会就联合颁发了《关于开展基层医疗卫生机构补偿机制改革试点的指导意见》（浙财社〔2015〕133号），①决定于2016年选择嘉兴海盐县、金华义乌市、绍

---

① 参见浙江省财政厅官网，http://www.zjczt.gov.cn/art/2015/12/2/art_1164176_711952.html。

兴嵊州市、衢州江山市进行试点。2017 年 10 月 30 日，在总结四县市基层
医疗卫生机构补偿机制改革试点经验的基础上，两部门颁发了《关于全面
推进基层医疗卫生机构补偿机制改革的实施意见》（浙财社〔2017〕63
号），[①] 决定从 2017 年 12 月 1 日开始在全省全面启动基层医疗卫生机构补
偿机制改革。

　　浙江省基层医疗卫生机构补偿机制改革的总体方向，可以概括为"建
设发展靠财政、日常运行靠市场"，即"建设发展等非经常性支出主要由财
政专项安排，日常运行等经常性支出主要通过提供基本医疗卫生服务，由政
府或医保（个人）按标准付费购买"。值得注意的是，"日常运行靠市场"
中的"市场"，包括政府购买，尤其是政府通过公立医疗保险体系代表参保
者对医疗服务的购买。在市场经济体中，政府是一个重要的市场参与者，而
政府施政不仅要靠以命令与控制为特征的行政机制，也要靠以选择与竞争为
特征的市场机制，在可能的情况下，还要依靠以"认同与信任"为核心的
社群机制。[②] 在公共管理中引入市场机制和社群机制，增进市场，激活社
会，并与行政机制形成互补协同之格局，这才是公共治理体系创新之要
义。[③] 浙江省政府改变以往依照编制进行财政拨款的机制，改为向基层医疗
卫生机构购买基本医疗和公共卫生服务。

　　在浙江省推进的改革中，对于基层医疗卫生机构的政府财政投入，分为
两部分：一是财政专项补助；二是财政购买服务。

　　财政专项补助主要包括：（1）按规定核定的基本建设（含修缮）；
（2）设备购置（含信息化建设）；（3）人员培养培训经费；（4）基本人员
经费（含基本工资和以基本工资为基数计算的单位缴纳的社会保障费、住
房公积金、职业年金部分等）；（5）山区、海岛、人口稀少地区的特别补

[①] 参见浙江省财政厅官网，http：//www.zjczt.gov.cn/art/2017/11/3/art_1164176_12490607.
html。

[②] 顾昕：《走向协同治理：公立医院治理变革中的国家、市场与社会》，《苏州大学学报》（哲
学社会科学版）2017 年第 5 期。

[③] 顾昕：《中国福利国家的重建：增进市场、激活社会、创新政府》，《中国公共政策评论》
第 11 卷（2017 年 1 月）。

助。在其中的第四项，按编制拨款的旧体制依然在新体制中留下了一个尾巴。

财政购买服务主要包括：（1）对政府下达由基层医疗卫生机构承担的重大公共卫生服务项目、突发公共卫生事件处置和对口支援任务等指令性工作，政府采用定项定额购买的办法给予补偿；（2）对基层医疗卫生机构提供的基本公共卫生服务和部分收费价格补偿不足的基本医疗服务，由政府统筹整合基本公共卫生服务项目经费和扣除人员培养培训经费、基本人员经费后的经常性收支差额补助，作为改革后政府购买服务的可用资金，采取政府付费购买方式给予补偿；（3）政府购买计划生育技术服务；（4）政府购买责任医生（家庭医生）有效签约服务。

就财政购买服务部分，按照浙财社〔2017〕63号的要求，各地财政部门和卫生计生部门应参照《浙江省基层医疗卫生机构补偿机制改革基本服务项目标化工作当量参考标准》，结合基本公共卫生等服务开展需要与当地实际情况，合理确定购买服务项目，并根据每个服务项目的服务标准、人力成本、资源消耗、风险和难度等因素，确定本地区基本服务项目标化工作当量。对纳入购买范围的基本医疗服务项目，各地还要结合下文即将讨论的价格改革情况对标化工作当量进行适当调整。简言之，这是一种按绩效购买服务的制度安排，即政府付费购买以基于标准化工作当量确定的财政付费标准和服务数量为主要依据。

然而，在实地调研中，我们也体会到，浙江省各地在推进财政补偿制度和人事编制制度改革的进度上有相当大的差别。因此，在医共体的试点中，大多数试点由于旧财政体制的羁绊，在推进机构统一之时多有束缚。而衢州市在这两方面改革力度较大，使常山县有条件突破制度嵌入性的羁绊，在医共体试点中顺利推进了机构设置的统一。

事实上，在医共体试点之初，财政补偿或投入体制的配套改革并未受到重视。医共体试点指导文件浙医改办〔2017〕7号文就政府财政投入问题，仅有一句话的简短而且笼统的指导意见，即"医共体各成员单位的财政投入政策不变，根据医共体建设的需要，适当调整财政投入方式，加大投入力度"。然而,当医共体建设从试点向全省推开之时,情况发生了变化。医共体推开的指导文件浙委办发〔2018〕67号文,对于财政投入有了两点更加明确的指示:第一,"根据医共体建设发展的需要,加大财政投入力度,科学调整财政投入方式";第二,"县乡医疗卫生机构整合组建医共体后,要继续按照公立医院和基层医疗卫生机构补偿机制改革要求,按原渠道足额安排对医共体成员单位的财政投入资金,并将资金统一拨付医共体,由医共体结合资金性质和用途统筹使用"。这两点意见显示,医共体建设与基层医疗卫生机构的财政补偿制度改革即将开始发生全面的共振。

简而言之,浙江省政府改变以往依照编制进行财政拨款的机制,改向基层医疗卫生机构购买基本医疗和公共卫生服务,在基本卫生保健体系中引入市场机制,这正是医疗卫生健康事业公共治理体系创新的集中体现之一。随着改革的深入,政府对医疗卫生机构的财政补偿制度将实现从按编制拨款到按绩效购买服务的转型。这一转型的实质是在财政拨款或补偿制度中走向了去行政化,并引入了按绩效购买服务的新市场机制。

4. 公共财政转型与基层医疗卫生的发展

基本卫生保健或社区卫生服务的发展,离不开组织、制度和治理模式的创新。浙江省县域医共体建设就是这样一种创新,其核心是推进县级医院与基层城乡社区卫生服务机构的一体化,从而让医共体内所有组成单位结成一个利益共同体。

然而,在医共体的试点中,机构设置统一的目标并未轻易实现。绝大多数医共体内各组成单位依然保留了各自的独立法人身份,而机构统一仅仅体现在所有组成单位的法人代表由医共体牵头医院的法人代表兼任。简言之,机构设置统一变成了法人代表统一。只要机构统一未能实现,医共体就不可能成为一个真正的利益共同体。

机构统一的目标之所以难以在短期内达成,归根结底在于所有医疗卫生机构都处在一个人事、财政、医保和价格体制所构成的多层级、套嵌式的制度结构之中。多种制度相互嵌入在一起,形成了一种牵一发而动全身的格局。制度嵌入性致使原制度结构中的各个体制以及相关政策具有互补性，而新组织和制度模式在旧的制度结构之中左右扞格，难免运转不良，甚至难以维系。

在制度嵌入性所构成的羁绊当中，财政补偿体制居于核心位置。既有财政补偿体制与人事编制管理制度相互嵌入，导致多家政府对不同医疗卫生机构的财政拨款依照机构的行政类别和编制数量来实施。当这些不同类别的机构走向一体化之时，既有的财政补偿渠道无法让改变了行政类别的机构获得既有水平下的财政拨款。

浙江省政府从 2017 年秋就在全省范围内开始推进基层医疗卫生机构财政补偿制度的单项改革，其核心内容是引入公共治理的新理念，根据服务绩效的监测结果，向所有提供基本医疗和公共卫生服务的机构购买服务。由此，服务机构的行政类别和编制多寡就不再成为政府财政投入的依据。这一转型的实质是在财政拨款或补偿制度中走向了去行政化，具体而言就是去编制化，并引入了按绩效购买服务的新市场机制。这一单项改革在推进过程中与医共体的试点建设发生了共振，从而使一些地方实现了机构设置统一的政策目标。

可以预计，随着改革的深入，政府对医疗卫生机构的财政补偿制度将实现从按编制拨款到按绩效购买服务的转型。这一转型的范围将不限于基层医疗卫生机构，而是适用于各级医疗卫生机构，甚至适用于所有的事业单位。在基本卫生保健体系中引入市场机制，这正是医疗卫生健康事业公共治理体系创新的集中体现之一。如果在绩效指标标准化和政府购买付费标准的确定上引入社群机制，让医疗卫生专业组织和医药商业协会也能参与进来，形成政府、市场、社会三方协同治理的新格局，那么医疗卫生公共治理体系将出现一系列重大创新。① 一旦这一转型到位，医共体推进"三统一"目标的实现，尤其是其首要的机构设置统一，将变得简单易行。

---

① 顾昕：《新时代新医改公共治理的范式转型——从政府与市场的二元对立到政府－市场－社会的互动协同》，《武汉科技大学学报》（社会科学版）2018 年第 6 期。

四　公共财政转型推进公共治理创新

中国新医改在经历了十年的艰苦努力之后，终于在医疗事业的公共治理体系创新上取得了一定的成就。这其中，公共财政转型在推动医疗事业公共治理创新上的贡献功不可没。

首先，通过增加对医疗卫生事业的财政投入和建立政府主导的全民医疗保险体系，中国政府重新承担了在医疗卫生领域必须承担的政府职能。这一政府职能的强化，意味着中国政府向公共服务型政府目标的迈进踏出了坚实的一步。其结果，不仅中国卫生总费用的绝对和相对规模大幅度提升，更重要的是，卫生的公共支出占比大幅度提升，已经接近国际上发达国家的水平。在这一方面，浙江省走在了全国的前列，全省各级政府均把增加在医疗卫生健康领域的财政投入视为民生保障的重要举措之一。

实际上，中国在促进经济社会和谐发展的进程之中，政府财政增加"社会支出"的水平和比重，是非常必要的，也是大有可为的。其中，政府预算卫生支出是"社会支出"的一个重要组成部分。世界各国市场经济以及整体现代化的发展历史表明，社会支出的提高以及随之而来的社会保护体系的完善，是市场经济体系完善的一个内在组成部分。社会支出不是社会消费，更不是社会浪费，而是社会基础设施建设所必需的。社会基础设施与实体基础设施的同步发展，是一个国家走向社会经济和谐发展的不二法门。浙江省公共财政在医疗卫生领域中的表现，体现了各级政府对提高"社会支出"水平的高度重视。

其次，政府通过财政预算补贴城乡民众参加公立基本医疗保障体系，即所谓"补需方"，推动了医疗保险的全民覆盖。政府财政"补需方"的力度在过去的若干年中大大加强，其结果是有效地推进了全民医疗保障的进程，并且动员了社会资源投入医疗领域。从"补供方"独大到"补需方"的强化，充分体现出中国公共财政乃至整个政府转型的大思路，即从大包大揽社会事业的传统公共管理模式中走出来,国家发挥能促型政府的角色,动员社会资本进入社会事业,并且提高对需求方的补贴,从政府直接提供公共服务的体制中走出来,推动政府购买服务新体制的形成。这一转变,正是我国整个事业单位体制改革大思路的缩影。

政府财政预算支出"补需方"的强化及其制度化,不仅使公立医疗保险体系得以实现全民覆盖,而且为新医改新时代全面推进医保支付制度改革,进而重构医疗供给侧的激励机制奠定了基础。阿基米德说过,给我一个杠杆,我能撬动地球。如今实现了全面覆盖的公立医疗保险就是这样一个杠杆,有了它,就可以推动整个医疗卫生体系的改革。公共财政的功能就是促进这一杠杆的制造。

最后,中国公共财政在卫生筹资上的功能强化,另一个途径是政府财政预算直接支出,支持医疗服务机构的建设和能力改善,即所谓"补供方"。然而,"补供方"本身并非新举,亦同医疗卫生领域的公共治理创新无关。医疗领域公共财政转型的方兴未艾之举,在于推动"补供方"或"投供方"的模式转变,即改变以往养人建机构、按编制拨款的行政治理主导的旧模式,引入市场机制,更多地采用政府购买的方式,以契约治理的方式向所有合乎资质要求和保障服务品质的服务提供者购买具有社会公益性的服务。浙江省各级政府对于公立医院的财政补贴并未增加,而是致力于推进公立医院治理的变革;对于基层医疗卫生机构,浙江省各级政府大力推进了财政补偿制度的改革,改变了以往行政化的旧财政拨款模式,代之以政府购买基本保健和公共卫生服务的新模式。

公共财政在医疗领域的改革之举,对于医疗卫生健康事业治理体系的创新和国家与地方公共治理体系的现代化,都具有重要的战略意义。治理创新的核心是调整政府—市场—社会的关系并推动政府职能的转型。行政力量通过行政机制在制度建设和组织保障中发挥主导作用,并在引入市场机制、激活社群机制上发挥经济作用,对于公共治理的创新是至关重要的。中国公共财政在推进全民医疗保险的建设中所发挥的作用,正是公共治理创新的一种体现。

中国公共财政在医疗卫生健康领域创新之举的深远意义，只有置于中国社会经济发展大转型和国际福利国家转型的宏大背景下才能得到充分的理解。自 2003 年以来，中国政府确立了经济社会和谐发展的全新发展战略，公共财政的运行在结构上发生了一定的转型，其突出的表现就是公共财政在民生领域或国际上通称的"社会领域"（social sectors）中发挥积极而有效的作用。① 公共财政的转型体现了政府转型的某些新趋势，即从注重经济转向注重民生，从政府大包大揽的施政模式转向政府承担有限责任的模式，从依赖行政化等级体系转向运用市场机制和社群机制。② 具体到医疗卫生领域，公共财政转型的具体体现有三：（1）公共财政的卫生筹资功能强化，从而体现了公共服务型政府在社会领域（而不是经济领域）承担主要筹资责任的核心职能；（2）政府在增加卫生投入的同时，充分意识到责任的有限性，放弃大包大揽（即独揽卫生筹资和服务提供）的传统模式，更加注重动员非国有资本（即所谓"社会资本"）进入医疗卫生健康服务提供领域；③（3）新增政府卫生支出更多地投入医疗保障体系之中，从而形成了医疗服务第三方购买的格局，推动医疗领域形成一种新的市场机制，即公立医疗保险机构代表参保者集团购买医疗服务。④ 公立医保机构成为参保者的代理人，扮演医疗服务付费者的角色，行使为参保者集团购买医疗服务的职

---

① 详细分析我国政府预算财政支出的结构并不是本报告的目的。政府财政预算支出结构的基本情况是，在过去的十多年间，用于经济事务的支出占比大幅度下降，用于社会与公共服务的支出有所增加，用于行政管理和其他事务的支出增加较多。总体来说，中国的政府财政正在发生转型，但是距离一个以支持社会与公共服务为主的公共财政，还有一定的距离。参见吕炜《我们离公共财政有多远》，经济科学出版社，2005。

② 燕继荣：《服务型政府的研究路向——近十年来国内服务型政府研究综述》，《学海》2009年第 1 期。

③ 在中国的政府文件中，"社会资本"一词的含义实际上等同于学术文献中的"民间资本"。在学术文献中，"社会资本"（socialcapital）是一个专有术语，特指社会关系、社会信任和社会组织网络等。本报告沿用政府文件中的术语，特此说明。

④ 顾昕：《走向全民医保：中国新医改的战略与战术》，中国劳动与社会保障出版社，2008；顾昕、高梦滔、姚洋：《诊断与处方：直面中国医疗体制改革》，社会科学文献出版社，2006。

责，在国际上被称为政府对医疗服务的"战略性购买"，① 而以政府战略性购买为核心在医保机构与医疗机构之间建立公共契约关系，② 正是新医改中所谓"市场派"的核心思想。③

公共财政的转型，尤其是公共财政在诸如医疗卫生这样的社会领域中发挥积极而有效的作用，对于中国市场经济的可持续性发展，具有重大意义。20 世纪最伟大的经济史学家卡尔·波兰尼（Karl Polanyi）曾经指出，市场经济制度的构建是由两大截然相反的力量推动的：其一当然是市场力量的释放；其二则是社会保护体系的构建。④ 市场经济体系与社会保护体系的二元发展，正是西方发达国家社会经济保持可持续发展的秘密。自 1978 年以来，中国经历了翻天覆地的市场转型。在 2000 年以前，中国市场转型的主轴是市场力量的释放。正是借助市场力量的释放，中国经济取得了飞速的发展。但是，与此同时，无论城市还是农村，相当一部分民众陷入了各种社会风险（social risks）之中，亦即面临失业、疾病、伤残、退休等问题所带来的风险。⑤ 进入 21 世纪之后，中国的市场转型进程也进入了一个新的历史时期。市场转型和经济增长不再单兵突进，社会发展开始受到广泛关注。经济社会协调发展的新理念，开始成为新历史时期指导中

---

① 何子英、郁建兴：《走向"全民健康覆盖"——有效的规制与积极的战略性购买》，《浙江社会科学》2017 年第 2 期。
② 顾昕：《走向公共契约模式——中国新医改中的医保付费改革》，《经济社会体制比较》2012 年第 4 期。
③ 顾昕：《新时代新医改公共治理的范式转型——从政府与市场的二元对立到政府－市场－社会的互动协同》，《武汉科技大学学报》（社会科学版）2018 年第 6 期。
④ Karl Polanyi, *The Great Transformation*：*The Political and Economic Origins of Our Time*, Boston, MA.：Beacon Press, 1965.
⑤ 这些社会风险都是所谓的旧风险。有社会政策学者指出，很多国家在应对这些旧风险的同时，也正在遭遇层出不穷的新风险，例如双亲工作背景下的儿童照顾、全社会老龄化背景下的老人照顾、非正式就业背景下的社会保障、福利提供民营化背景下的风险控制等，因此亟须发展出新的福利体制。参见彼得·泰勒－顾柏（Peter Taylor-Gooby）编著《新风险、新福利：欧洲福利国家的转变》，马继森译，中国劳动与社会保障出版社，2010。

国发展的全新原则。①

经济社会协调发展的理念无疑包含着丰富的内容，但无论如何，社会保护体系的完善是这一新发展理念的中心内容之一。② 在经济生活日益市场化和全球化的时代，社会保护体系在帮助民众防范与应对负面的社会风险从而推进财富创造上的重要性日渐凸显。只有在完善市场运行规则的同时建立健全社会保护体系，市场经济体制才能真正构建起来。

社会保护体系的构建与发展，离不开政府责任，尤其是政府在筹资上应承担积极的责任。20 世纪以来，世界各国公共支出的绝对水平及其占 GDP 的比重都提高了，其主要根源在于社会支出（social spending）的总量及其占公共支出的比重都大幅度提高了。③ 于是，自 20 世纪 80 年代后期以来，在西方发达国家出现了一个看起来矛盾却意涵深刻的现象，即全球性的福利国家收缩（welfare state retrenchment）导致公共部门规模缩小，但是各国政府用于民生的社会支出水平却没有降低。④ 更为重要的是，同以往人们将社会支出视为纯粹消费的观念有所不同，当代社会经济史学家已经证明，一个国家中公共财政社会支出较多，尤其是其占国内生产总值（GDP）的比重较高，对该国整体的经济发展水平有

---

① 关于这一点，可参见 Edward Gu and David Kelly, "Balancing Economic and Social Development: China's New Policy Initiatives for Combating Social Injustice," in Samir Radwan and Manuel Riesco, eds. , *The Changing Role of the State*, Cairo: The Economic Research Forum, 2007, pp. 201 – 224。

② 在国际上，"社会保护"（social protection）一词已经取代了"社会保障"（social security）一词，作为各种防范社会风险举措的泛称（参见 Isabel Ortiz, "Introduction" to Isabel Ortiz, ed. , *Social Protection in Asia and the Pacific*, Manila: Asian Development Bank, 2001, p. 41）。"社会保障"一词被取代乃是因为该词在不同的国家有不同的用法。在美国，该词被用来特指"社会安全税"体系，而且在使用时第一个字母要大写。在很多其他国家，社会保障意指社会保险和社会救助的综合，基本上属于公共性社会保护项目。在中国，任何有关社会保障的教科书都会告诉读者，"社会保障"一词有广义和狭义之分：广义的"社会保障"就是一切保障民众防范社会风险的措施，而狭义的"社会保障"指的是"社会保险"，亦即由人力资源和社会保障部主管的社会保险项目。一般来说，在中国的语境中，提及"社会保障"大多会与某个特定政府部门联系起来。既然如此纠缠不清，那么我们为什么不能同国际接轨，放弃所谓的"广义社会保障"的概念，代之以国际上通行的"社会保护"这一便于沟通的词汇？

③ 〔美〕维托·坦齐、〔德〕卢德格尔·舒克内希特：《20 世纪的公共支出》，胡家勇译，商务印书馆，2005，第 24～58 页。

④ 关于这一点，参见〔英〕保罗·皮尔逊编《福利制度的新政治学》，汪淳波、苗正民译，商务印书馆，2004。

极大的促进作用。① 公共财政社会支出的扩大，或者说社会政策的发展，不再是只花钱、无效果的社会消费，而是一种"社会投资"；社会支出所投资的领域，就是"社会基础设施"（social infrastructure），其重要性不亚于实体基础设施（physical infrastructure）的建设。② 一句话，社会福利国家（the social welfare state）已经并且应该转型成为社会投资国家（the social investment state）。③

当然，政府仅在增加社会支出上有积极的表现是不够的。公共支出如何产生应有的效果，才是公共财政转型的关键。传统上，一旦政府决定增加对社会事业的投入，一般都会直接设立公立机构直接为民众提供相应的公共服务。这种"政府直接提供"的模式不仅在实施计划经济体制的国家中占据绝对主宰的地位，而且在实行市场经济体制的西方福利国家中也一度非常盛行。西方发达国家在经历了战后20多年福利国家的大扩张之后，从20世纪80年代开始改弦更张，大力裁撤提供社会福利和社会服务的公立组织。然而，正如前文所述，在福利国家收缩的大潮中，政府的社会支出并没有相应削减，而是通过各种方式流入了民营非营利性组织，少部分甚至流入了营利性组织。由此，西方的福利国家发生了深刻的转型，走上了"公私合办福利"（public-private mix of welfare provisions）的道路，④ 非营利性组织得到了迅猛的发展，⑤ 民营非营利性部门提供公共服务的全新模式应运而生并且得到了很大的发展，⑥ 从

---

① Peter H. Lindert, *Growing Public：Social Spending and Economic Growth since the Eighteenth Century*, vol. I - II, New York：Cambridge University Press, 2004. 此书曾获美国社会科学史协会（Social Science History Association）2005年最佳社会科学史的专著艾兰·沙林（Allan Sharlin）奖金，以及美国经济史协会（Economic History Association）2003~2004年欧洲经济史研究最佳专著捷尔吉·兰基（Gyorgy Ranki）奖金。
② 这是所谓"新社会民主主义"的核心理念，参见〔英〕安东尼·吉登斯《第三条道路——社会民主主义的复兴》，郑戈译，北京大学出版社，2000。这一理念影响了英国新工党的社会政策。
③ 目前，向社会投资国家转型已经成为世界各国社会政策专家们的热门话题，有关讨论的内容在互联网上可以搜索到很多。
④ Ascoli Ugo and Costanzo Ranci, eds. , *Dilemmas of the Welfare Mix：The New Structure of Welfare in an Era of Privatization*, New York：Kluwer Academic Publisher, 2002.
⑤ 〔美〕莱斯特·M. 萨拉蒙：《公共服务中的伙伴——现代福利国家中政府与非营利组织的关系》，田凯译，商务印书馆，2008。
⑥ Roger L. Kemp, ed. , *Privatization：The Provision of Public Services by the Private Sector*, 2nd edition, Jefferson：McFarland & Company, Inc. , Publishers, 2007.

而形成了各种各样的公私伙伴关系（public-private partnership，简称 PPP）。①

从更广阔的视野来看，全球性福利国家的改革是全球性公共管理变革的主战场之一。在这一改革浪潮中，社会福利或公共服务的提供者日益走向多元化，民间非营利性组织愈来愈多地参与到公共服务领域，但是国家并没有退出，而是扮演了公共服务出资者、推动者和监管者的角色。针对这一改革浪潮，美国加利福尼亚大学伯克利分校社会政策专家内尔·吉尔伯特（Neil Gilbert）教授在 20 世纪 80 年代后期提出了"能促型国家"（the enabling state）的理念。② 这一理念旨在颠覆传统的福利国家观念，具体体现为如下三大观念性变革：第一，相当一部分公共服务从政府直接提供向民间提供转型；第二，从国家直接拨款支持向国家间接支持公共服务转型；第三，从国家大包大揽公共服务的所有责任向"公共部门支持民间承担责任"的理念转型，也就是国家通过各种方式来支持民间，即个人、家庭、社区和非营利性组织，以承担更多的社会责任。③

简言之，无论在医疗卫生健康领域，还是在更广泛的公共服务领域，政府转型的核心在于设法增进市场、激活社会，通过市场化手段或民间非营利性的组织和行动来推进社会公益事业，这已经成为政治学、社会学和公共管理领域中的核心学术论题之一。④ 浙江省的地方创新，中国新医改的全国经验，都为全球性公共管理范式转型和公共治理创新提供了鲜活的案例，也为公共财政和公共管理学术研究的发展提供了全新的素材。

---

① Stephen p. Osborne, *Public-Private Partnership*: *Theory and Practice in International Perspective*, London: Routeledge, 2000.

② Neil Gilbert and Barbara Gilbert, *The Enabling State*: *Modern Welfare Capitalism in America*, New York: Oxford University Press, 1989.

③ Neil Gilbert, *Transformation of the Welfare State*: *The Silent Surrender of Public Responsibility*, New York: Oxford University Press, 2002, pp. 163 – 189.

④ Walter W. Powell and Elisabeth S. Clemens, eds., *Private Action and the Public Good*, New Haven and London: Yale University Press, 1998; Penelope J. Brook and Timothy R. Irwin, eds, *Infrastructure for Poor People*: *Public Policy for Private Provision*, Washington, D. C.: The World Bank, 2003; Daniel Béland and Brian Gran, eds., *Public and Private Social Policy*: *Health and Pension Policies in a New Era*, Basingstoke: Palgrave Macmillan, 2008.

B.3
浙江省2005~2017年财政科技
投入产出成效的实证分析

姜胜建*

摘　要： 通过对浙江省全社会财政科技投入与产出状况的实证分析，本报告聚焦专利申请量与授权量、科技研发队伍、高新技术产业发展、技术市场交易等核心内容。与江苏、广东、上海、北京等地的比较分析发现，从专利创造的总量上看，浙江财政科技投入的成效显著，但浙江的专利有效率偏低；在科技研发队伍的建设上，科技研发队伍人员增长迅速，规模居全国前列；在高新技术产业发展上，近年来相关区域产业创新活力高，但与外部产学研合作的比例不高；在技术市场供求关系上，技术市场交易额快速增长，供需两旺。最后，以"新昌现象"与浙粤两省的"科技新政"为重点，提出相关对策与建议。

关键词： 财政科技投入与产出　技术市场　"新昌现象"

一　当前科技投入产出的标准与导向

（一）问题的提出

当下，我国经济社会发展已进入全面建成小康社会，并向着现代化强国

---

* 姜胜建，浙江省知识产权研究会秘书长（中国知识产权研究会理事），研究员，主要研究方向为区域创新体系与知识产权管理体系建设。

迈进的重要转型期，创新驱动发展战略和科技强国战略已成为国家发展的重要战略。习近平总书记在中国科学院第十九次院士大会、中国工程院第十四次院士大会上的讲话中指出："科学技术从来没有像今天这样深刻影响着国家前途命运，从来没有像今天这样深刻影响着人民生活福祉。""中国要强盛、要复兴，就一定要大力发展科学技术，努力成为世界主要科学中心和创新高地。"但是，从浙江乃至全国的情况来看，长期以来"四不"问题一直是困扰科技工作的老大难问题，即"投入产出不匹配、产学研用结合不紧密、科技评价机制不合理、人才辈出机制不完善"。其中，最为突出的是"投入产出不匹配"。问题究竟出在哪里？其根源又是什么？这已成为全社会关注的焦点。创新是引领发展的第一动力！努力提高财政科技投入产出的效率，自然是财政工作应有的题中之义。

然而，科技投入不同于一般的建设项目。建设项目的投入与产出在成本核算上是直接相对应的；产出的效益如何，也直接表现为一对一的财务收支状况的盈亏。科技投入与产出，则是不完全对称的。通常，对于科技投入产出效率的评价，必须关注其两大特征：一是科技投入产出的滞后性。科技投入是"今天的付出"；科技产出是"明天的收获"。二是科技投入产出的社会性与经济性。一般来说，国家重大基础性科技研究投入，侧重于国家发展的社会效益和国家中长期发展目标；企业研发投入，更侧重于企业的经济效益和企业经营发展规划。因此，从技术创新经济学的范畴上讲，由科技投入到科技成果的产出，再到科技成果转化为现实的生产力和经济效益，其过程具有很多的不确定性和可能被人模仿或侵权等风险。由此，容易发生科技研发的市场失灵，导致企业对基础性科技研发的投资不足，乃至政府对基础研究的支持也并不自动导致企业对应用研究和开发的投入。因此，只有当知识产权（科技成果）的创造和运用，需要在政府、研究机构和企业等部门之间以一种建设性的、互动互补的交互方式作用时，其才是最有效率的。由此可见，用政府政策干预的方式来系统地推动一个地区的创新活动，是推进本地区经济社会发展的一种有效方式。从这一意义上讲，研究分析地方财政科技投入产出的效率，既是合理运用财政杠杆作用的题中之义，也对区域创新体系研究同样具有十分重要的政策意义与市场导向意义。

但是，如何客观准确地评价财政科技投入产出的效率？以怎样的标准来衡量？就成为需要人们认真思考与探索的重要课题。

（二）评价标准

1987 年，英国经济学家弗里曼（C. Freeman）在研究日本的经济发展时提出了国家创新体系（National Innovation System，NIS）的概念。此后，国家创新体系已成为研究国家创新能力、国家竞争力的重要框架，区域创新体系的研究也从 20 世纪 90 年代中期开始在国际上不断升温，并逐渐形成了各类评价科技投入产出效率或衡量区域创新能力的指标体系。通常使用的科技投入产出效率分析指标如下。

（1）科技投入指标。主要包括 R&D 经费、R&D 经费占 GDP 比重和财政科技拨款三个指标。其中：R&D 经费由于按执行主体统计，反映了一个地区的科研活动强度，因此，R&D 经费既是一个科技投入指标，也是国际上通用的衡量自主创新能力的重要指标。

（2）科技产出指标。主要包括专利授权量、有效专利存续率（国家科技奖及国家专利奖获奖情况）、高技术产业产值、新产品产值和高新技术产业产值。其中：专利授权量是创新活动的直接产出；有效专利存续率（国家科技奖及国家专利奖获奖情况）体现创新活动的质量；高技术产业产值、新产品产值体现科技创新对产业发展支撑的状况；高新技术产业产值体现科技创新对高新技术发展的支撑状况。

随着我国科技与经济的快速发展，国家有关职能部门与科研机构也先后开展了科技投入产出效率和区域创新能力的指标体系的研究与探索，中国创新创业管理研究中心于 2001 年开始正式发布《中国区域创新能力报告》。此后，国家统计局社科文司《中国创新指数研究》课题组也开展了相关研究，并发布研究成果《中国创新指数情况》报告。国家科技部在总结各部门研究与实践成果的基础上，于 2018 年 10 月发布了《区域创新能力监测指标体系》（征求意见稿）。这份《区域创新能力监测指标体系》（征求意见稿）提出，"基于区域创新能力的基本特征、指标数据的可获得性和数据质量，通过创新环境、创新资源、企业创新、创新产出和创新效果5个一级指标和53个二级指标构建区域创新能力监测指标体系"，并将财政投入作为"创新资源"纳入区域创新能力监测指标体系的主要内容之一。在一级指标"创新资源"的12个二级指标中，有4个直接与财政投入相关，即财政性教育经费支出与地区生产总值（GDP）的比值（％）、地方财政科技支出占地方财政支出比重（％）、地方财政科技支出与地区生产总值（GDP）的比值（％）、高新技术企业减免所得税占全国比重（％）；有3个间接与财政投入相关，即研究与发展（R&D）经费支出与地区生产总值（GDP）的比值（％）、国家创新基金与研究与发展（R&D）经费支出的比值（％）、国家产业化项目当年落实资金与研究与发展（R&D）经费支出的比值（％）。由此可见，财政投入是国家及地区科技创新的重要资源，如何使用好财政科技投入资金，不仅直接关系到财政科技投入产出的成效，也直接影响着国家或地区科技创新能力的提升。那么，如何充分发挥财政投入在科技创新资源配置中"四两拨千斤"的作用？这是本篇着重需要研究与探索的问题的关键所在。

（三）准确把握提高财政科技投入产出效率的市场导向——以浙江技术市场发展为例

市场经济最为本质的特征，是由市场机制对整个社会的资源配置和经济运行起基础性调节作用。党的十八届三中全会明确提出，在中国特色社会主义市场经济中，市场对资源配置起决定性作用。因此，要提高财政科技投入的效率，关键是要充分发挥市场在创新资源配置中的决定性作用。但是，在不同的发展阶段经济发展方式是有所不同的。在此，我们不妨简要地回顾一下浙江省技术市场发展的历史进程，以此探寻创新资源在浙江经济发展中的配置状况及其问题。浙江技术市场的发展历程大致可划分为四个阶段。

第一阶段：萌芽期，即1980年代，以浙江乡镇企业家为主体、以"星期天工程师"为标志的技术市场。以现在的眼光看，当年的"星期天工程师"模式，形式上可称为 EE 模式（即工程师 + 企业家 "Engineer + Entrepreneur"），类似于当下人们较为推崇的 PE 模式，即通过 "Professor + Entrepreneur"（科学家和企业家）合作，促进科技成果研发、转化的技术市场合作模式。但是，两者有着本质的区别，前者合作的主要内容与目的是：传艺（传授生产操作技术）带徒、解困解惑（解决生产过程中遇到的难点与问题），是已知技术在工程师（engineer）与企业家之间的直接合作与交易；后者的核心内涵与目的是：未知技术在科学家和企业家之间的合作创新及创新成果在科学家和企业家之间的直接对接（交易）和转化运用。所以，我把"星期天工程师"模式定位为浙江技术市场的"萌芽期"，是泥脚子办厂、解决"入门"问题的已知技术的合作交易方式。

第二阶段：探索期，即以政府为主导的技术交易市场的探索阶段。1994年，在浙江省政府主要领导的倡导下，以省科委（即现省科技厅）牵头成立"浙江省杭州技术交易中心"为标志，开始了以政府为主导的技术交易市场的探索阶段。但轰轰烈烈的开场后，这种探索很快就偃旗息鼓了。为什么会这样？留给人们的教训是什么？原因主要有四个方面：一是技术交易市场很不成熟。现在人们都明白，能够拿来交易的技术成果，产权归属必须清晰明确。而在20世纪90年代，人们的知识产权意识很薄弱，技术知识产权化的比率很低，技术交易的客体短缺。加之当时正处于经济粗放式扩张的高潮期，对企业来说，请"星期天工程师"比买技术成果更便捷、更管用。二是当时的体制机制与技术市场发展的内在要求不相适应。成立"浙江省杭州技术交易中心"完全是政府主导的行政行为，该中心是全额预算的事业单位，没有开拓技术交易市场的动力与压力。三是技术交易的服务能力不足。我国的技术（知识产权）服务业，是进入21世纪后（2003年曾被科技部作为"科技中介服务年"）逐步发展起来的。四是经济基础薄弱导致企业创新能力严重不足、创新意识落后。当时，省级领导干部中也有人认为，高新技术是"葱花"，只能当调料，不能当主菜。1999年6月，时任浙江省财政厅的主要负责人曾在全省第二次地方财政收入双亿元县（市）会议的讲话中说："我们浙江省，你说哪些是高科技？我说基本上没有什么高科技，宁波地方企业三个大公司都在鄞县（即现鄞州区），一个杉杉，一个雅戈尔，一个华茂，做西装衬衫加上简单的教具。"可以说，这就是当时浙江经济的客观实际。另据浙江省技术市场成交统计资料反映，2000年，签约技术合同成交数总计31218项，其中"技术咨询"11163项，"技术服务"15269项，两项合计占技术合同总数的84.67%；真正意义上的技术成果交易"技术转让"和"技术开发"仅占技术合同总数的15.33%。技术合同成交总额也仅有27.63亿元。实际上，浙江经济在改革开放的前20年，即20世纪八九十年代，以乡镇民营经济的全面崛起为标志，尚处于工业化经济大发展时期，企业作为市场经济的主体，获得了巨大的工业化红利，对技术需求有愿望，但还不是十分迫切，自身更缺乏创新的能力。这也正是技术交易市场有场无市的最主要原因。

第三阶段：培育期，即政府引导的技术交易市场的培育、成长阶段。以2002年中国浙江网上技术市场的开通为标志，浙江技术市场跨入了由政府引导、以市场为主体的技术市场培育发展阶段。进入21世纪以后，浙江经济经过改革开放前20多年的高速发展，特别是民营经济的风生水起，经济结构开始进入转型发展的重要节点，迫切需要注入新技术。在国家科技部的支持下，浙江省委、省政府下决心，举全省的科技资源之力创建"中国浙江网上技术市场"。结合2003年科技部推出的"科技中介服务年"活动及2004年开展的"引进大院名校"及创建"重点企业研究院"等技术合作创新举措，浙江技术市场开始迈入"由政府引导、以市场为主体""技术交易与技术合作相结合"的培育、发展阶段。然而，随着2002年我国加入WTO，"入世"红利给以外向型经济为主导的浙江民营经济带来了进一步扩张的机遇，引进新设备较之于引进技术对于提升生产效率要便捷得多，一些出口加工型的传统制造产业及企业忽视自主技术创新，陷入了"引进、落后；再引进、再落后"的"制约之痛"中。由于传统产业及企业的创新动能不足，浙江技术市场仍然处于培育发展阶段。

第四阶段：完善期，即以市场为主体的技术市场逐步发展完善的阶段。以浙江伍一技术股份有限公司（2014年6月）和浙江知识产权交易中心有限公司（2016 年 9 月）的创建为标志，浙江技术市场跨入了由政府引导、以市场为主体的技术市场发展成长阶段。2015 年 3 月，中共中央、国务院发布了《关于深化体制机制改革、加快实施创新驱动发展战略的若干意见》，提出："加快实施创新驱动发展战略，就是要使市场在资源配置中起决定性作用和更好发挥政府作用，破除一切制约创新的思想障碍和制度藩篱，激发全社会创新活力和创造潜能，……强化科技同经济对接、创新成果同产业对接、创新项目同现实生产力对接、研发人员创新劳动同其利益收入对接，增强科技进步对经济发展的贡献度，营造大众创业、万众创新的政策环境和制度环境。"提出了"到 2020 年，基本形成适应创新驱动发展要求的制度环境和政策法律体系，为进入创新型国家行列提供有力保障"的要求与目标。《意见》从宏观层面上，进一步确立了技术市场走市场化道路的发展方向。浙江技术市场的运行主体及运行机制也基本实现了规范化的市场运行，走入发展成长、不断完善的阶段。

以上概要回顾了浙江技术市场发展的四个阶段，从中不难发现，由经济发展方式所决定，浙江技术市场是伴随实体经济的发展而孕育并逐步成长起来的。值得一提的是，1996 年 4 月，浙江省委、省政府为贯彻落实党政第一把手抓第一生产力的思想，要求在全省范围内实行市县党政领导科技进步目标责任制。省委办公厅、省政府办公厅联合下发了《关于实行市县党政领导科技进步目标责任制的通知》，明确由省委组织部、省科委牵头组织实施。1998 年 9 月，省政府把实行科技进步目标责任制考核列入《浙江省科技进步条例》之中，提请省人大通过，从而使这项工作成了浙江省推进区域科技进步的一项法定的重要工作。

综合上述可见，自 20 世纪 90 年代中期起，浙江省委、省政府就高度重视科技在经济发展中的重要性，并采取了一系列积极的举措。然而，在市场以粗放型工业加工为主体的经济背景下，其直接成效并不显著。进入 21 世纪之后，浙江以民营经济为主的"低、小、散"的粗放式经济发展方式，受到的要素供给和环境承载力的瓶颈制约日益突出，对可持续发展的约束日趋明显。面对发展中的"制约之痛"，时任浙江省委书记的习近平意识到，浙江发展的"关口"已经提前来到，中国现代化建设正处于重要的历史节点上。2003年7月，习近平在浙江省委十一届四次全会上，代表省委在总结浙江发展经验的基础上，首次全面系统地概括了浙江发展的八个优势，提出了指向未来的八项举措。其中一项，就是要"进一步发挥浙江的块状特色产业优势，加快先进制造业基地建设，走新型工业化道路"。随着浙江经济转型升级发展的步伐加快，创新驱动发展的任务愈益急迫，如何破解"四不"问题，已成为浙江"干在实处、走在前列、勇立潮头"，加快实施"创新驱动发展战略"亟待解决的重要课题。

历史的脉络，记录着过去的走势，也昭示着未来的发展趋势。正反两方面的事实反复证明，凡是市场经济和技术创新的事，一定要遵循市场经济和技术创新的发展规律，在合适的时机，以合适的主体、机制和方式来做。否则，其结果往往是事倍功半的。据此，本报告期望，坚持以"充分发挥市场在创新资源配置中的决定性作用"为导向，遵循区域经济发展技术创新的客观规律，根据科技与经济发展的脉络探寻问题的结点，并以数据所展示的结果揭示科技与经济发展背后的真实情况。在此基础上，积极探索破解"四不"难题，寻求全面提升财政科技投入产出效率的路径、方式与举措。

财政投入产出的效率如何，其实主要不是体现在直接的产出成果上，而在于其撬动了多少科技资源，这才是发挥财政投入"四两拨千斤"作用的关键。因此，要着重研究财政投入影响科技创新与发展的"要素配置"及"关键节点"是什么。正如中华中医学理论中讲的"任督二脉"，任脉主血，督脉主气，任督二脉若通，则八脉通；八脉通，则百脉通；百脉通，则人体气血旺盛，身强体健。推而论之，科技创新的"任督二脉"是什么？笔者认为，科技创新的"任脉"是科技金融投资，主"血"，即为科技创新提供资本动力；科技创新的"督脉"是科技创新环境，主"气"，即为科技创新营造氛围，集聚创新人才，激发创新活力。据此，财政投入要着力于撬动科技资本市场和科技创新环境建设。因此，在实证分析中，我们将根据财政科技投入、全社会科技投入和科技产出与区域创新能力的变化等的相互关系及其影响，分析、判断浙江省财政投入产出的效率如何及其问题所在。

二 浙江省财政科技投入现状

（一）浙江省财政科技投入的状况与分析

为客观地反映浙江省财政科技投入的动态变化，我们采集了自 2005 年以来主要时间段的财政科技投入统计数据（见表 1）。

表 1　浙江省科学技术支出决算及地方财政支出数据

科目	2005 年	2010 年	2013 年	2014 年	2015 年	2016 年	2017 年
科学技术管理事务（万元）	—	—	—	—	3760	3937	4517.00
基础研究（万元）	—	—	—	10003	13620	13929	22353.00
应用研究（万元）	—	—	—	56508	65753	62096	51484.00
技术研究与开发（万元）	—	—	—	26828	29238	29592	23810.00
科技条件与服务（万元）	—	—	—	35027	35501	51139	47518.00
社会科学（万元）	—	—	—	10076	9496	8682	8879.00
科学技术普及（万元）	—	—	—	6451	8255	9726	9552.00
科技交流与合作（万元）	—	—	—	—	—	79	199.00
科技重大项目（万元）	—	—	—	—	—	—	—
其他科学技术支出（万元）	—	—	—	—	89086	64810	79355.00
省级科学技术支出合计（亿元）	—	—	29.46	23.77	25.47	24.40	24.77
全省科学技术支出合计（亿元）	50.01	121.40	191.87	207.99	250.79	269.04	303.50
省级科技支出占全省科技支出的比重（%）	—	—	15.35	11.43	10.16	9.07	8.16

科目	2005 年	2010 年	2013 年	2014 年	2015 年	2016 年	2017 年
地方财政支出（亿元）	1265.53	3207.88	4730.47	5159.57	6645.98	6974.26	7530.32
全省科技支出占财政支出的比重（%）	3.95	3.78	4.06	4.03	3.77	3.86	4.03

资料来源：浙江省财政厅，http://www.zjczt.gov.cn/col/col1416803/index.html；全省科学技术支出来源于历年《中国财政年鉴》，http://tongji.cnki.net/。

注："—"为数据缺失。

由表1可见，从总量上看，自2005年以来，浙江省财政科技支出呈快速增长态势，2017年全省科技支出较2005年增长了5.07倍。但是，全省财政科技支出占地方财政支出的比重一直在4%上下浮动。特别是，省级财政科技投入在2013～2017年总体偏低，也几乎没有太大变化，省级财政科技投入占全省科技投入的比重则呈逐年下降的态势。但通过对高新技术企业和软件企业的减免税政策扶持，近几年来浙江省对上述两类企业的减免税额呈快速增长趋势（见表2）。

表2　近年来浙江省技术企业、软件企业减免税额

单位：亿元

企业类别	2015 年	2016 年	2017 年
高新技术企业	79.85	101.01	130.29
软件企业	—	187.03	255.14
合计	79.85	288.04	385.43

资料来源：浙江省税务局。

注：软件企业减免税额含企业所得税和即征即退增值税。

由表2可见，高新技术企业和软件企业的减免税额高于同年度全省财政科技支出的总额，国家减免税政策对高新技术企业和软件企业的支持力度是很大的。由此受惠的浙江高新技术企业也由2016年的2188户增加到2018年的4455户。2018年高新技术企业减免所得税额将达到168亿元，这无疑有利于促进浙江高新技术企业的发展。企业是创新的主体，高新技术企业则是创新主体中的生力军和先锋队，大力培育和发展高新技术企业是区域经济创新发展的重中之重。

从省级财政科技支出结构上看，如表1所示，2014~2017年，财政投入总额列前3位的分别是：应用研究、科技条件与服务、技术研究与开发。另据了解，科技重大项目支出（因此项支出分别由省各职能厅局分头管理，统计口径不一而数据缺失）约占省级财政科技支出的1/3。根据《浙江省科技计划（专项、基金）与项目管理办法》，列入一级科技计划的有基础公益研究（含省自然科学基金）、重点研发、技术创新引导、创新基地和人才等4个。重点研发计划由省重大科技专项和农业新品种选育专项2个二级计划组成；技术创新引导计划由创新投入引导、科技成果转化引导和政策性引导3个二级计划组成；创新基地和人才计划由公共创新平台与载体、创新人才与团队2个二级计划组成。综合上述可见，省级财政科技支出主要用于重点项目的技术研发和创新环境（科技条件与服务）建设方面，而对于如何发挥财政投入"四两拨千斤"的功能以撬动社会资金投入科技创新，省级财政科技支出中并未直接体现。

（二）浙江省全社会科技投入状况与分析

如前所述，R&D经费由于按执行主体统计，反映了一个地区的科研活动强度，因此，既是一个科技投入指标，也是国际上通用的衡量自主创新能力的重要指标。可以说，其也是观察分析财政投入能否打通科技创新"任脉"的主要标志之一。自2005年以来，浙江省全社会科技投入的状况如表3所示。

表3　浙江省全社会科技投入状况

项目	2005年	2010年	2013年	2015年	2016年	2017年
R&D经费内部支出（亿元）	163.29	494.23	817.27	1011.18	1130.63	1266.34
GDP总值（亿元）	13418	27722	37756	42886	47251	51768
全省财政科技投入占R&D经费的比重（%）	30.63	24.56	23.48	24.79	23.80	23.97
R&D经费占GDP的比重（%）	1.22	1.78	2.16	2.36	2.39	2.45

资料来源：历年《浙江科技统计年鉴》。

由表 3 可见，浙江省 2017 年 R&D 经费总额是 2005 年的 7.76 倍，增长速度高于全省财政科技支出总额的增长；R&D 经费占 GDP 的比重也由 2005 年的 1.22% 上升到 2017 年的 2.45%，且全省财政科技投入占 R&D 经费的比重由 2005 年的 30.63% 下降到 2017 年的 23.79%。从这一组数据来看，财政科技投入在一定程度上起到了撬动社会科技投入的功效。特别是，在浙江省的一些市县区成立了以政府为主导的"科技担保公司"或"科技风险池基金"，为本地科技型企业的科技投资项目贷款提供担保或风险补贴。如杭州市就成立了"杭州市高科技担保公司"，并通过与"杭州银行科技支行"合作，为市辖各区县科技风险投资提供支持与服务。浙江省有关市县的这些做法，都较好地发挥了财政资金"四两拨千斤"、撬动社会科技投入的功效。但可以肯定地说，R&D 经费支出的快速增长，主要源于全社会创新意识的提高和企业创新创业热情的增强。当然，科技投入的最终目的，主要还是以区域创新能力和企业核心竞争力的提升为标准。这正是我们接下来要探讨的浙江省科技产出的状况。

（三）浙江省科技产出的状况与分析

一般来讲，科技产出可分为两种类型，一种是直接的科技产出，如专利授权量、有效专利存续率（国家科技奖及国家专利奖获奖情况）、高技术产业产值、新产品产值和高新技术产业产值；另一种是间接的科技产出，如区域创新能力、高新技术企业的竞争力、技术市场合同成交额、科技论文发表数量等。直接产出是显性的现实成果，而间接产出是隐性的、潜在的创新能力。对照上述指标，我们根据所采集到的数据做一梳理与分析。

1. 专利申请量和授权量的情况

专利授权量是创新活动的直接产出，而通过专利申请量与专利授权量的对比，更能进一步反映直接产出的效率。不同类型的专利及有效专利存续率（国家科技奖及国家专利奖获奖情况）能体现创新活动的质量；而不同创新

主体所拥有专利的运用及转化为现实生产力的结果是大不一样的。基于此,
我们把专利划分为两种类型进行比较分析。

由表4可见,进入21世纪以来,浙江省的专利创造进入了快速增长期,
2000~2017年,浙江省专利申请量增长了35.56倍,专利授权量增长了
27.53倍,专利申请量与专利授权量一直在全国各省区市中位列前三;2017
年每万人发明专利拥有量达到19.7件,列全国第四。从总量上看,成效显
著。但是,从质量上分析,虽然近年来逐步提高,总体上却不尽如人意。发
明专利授权量占专利授权总量的比例,从2005年的5.82%提升到2017年的
13.44%,但低于2017年全国19.0%的平均水平;发明专利授权率也从
2005年的16.38%提升到2017年的29.04%,但仍低于2017年全国30.39%
的平均水平;发明专利的有效率为75.5%,低于2017年全国78.9%的平均
水平。这种状况说明,浙江省专利创造的热情很高,然而专利创造的整体能
力相对薄弱。但是,从代表中国最高水平的"中国专利奖"获奖的情况来
看(见表5),浙江的高端专利发明呈突破性发展态势,特别是,2018年浙
江一举获得5项专利金奖,占全国总数的1/6。

表4 浙江省专利申请量及授权量（按专利类型）

单位：件

项目	2000年	2005年	2010年	2013年	2014年	2015年	2016年	2017年
专利申请量	10316	43221	120783	294014	261434	307263	393147	377115
发明	859	6776	18027	42744	52405	67674	93254	98975
实用新型	4439	12723	50249	127122	116011	150172	199244	191372
外观设计	5018	23722	52507	124148	93018	89417	100649	86768
专利授权量	7495	19056	114643	202350	188544	234983	221456	213805
发明	184	1110	6410	11139	13372	23345	26576	28742
实用新型	3439	6778	47617	106238	99508	124465	123744	114311
外观设计	3872	11168	60616	84973	75664	87173	71136	70752
有效发明专利数	—	—	17955	43275	52418	70981	91373	109952

资料来源：国家知识产权局历年专利统计年报。

注：有效发明专利数从2009年开始计。

表5 浙江省科技（专利）成果获奖情况

单位：件

项目	2005 年	2010 年	2013 年	2014 年	2015 年	2016 年	2017 年	2018 年
国家自然科学奖	3	1	4	2	1	2	0	0
国家技术发明奖	0	2	8	5	0	4	2	7
国家科技进步奖	11	15	14	27	7	6	8	18
中国专利奖	—	1 + 11	0 + 23	1 + 30	1 + 33	1 + 34	2 + 56	5 + 51
省重大科技贡献奖	3	—	3	—	3	—	3	

资料来源：历年《浙江科技统计年鉴》。

注：+前为获得中国专利金奖的项目数，+后为获得中国专利优秀奖项目数。

由表6可见，专利创新主体的结构发生了重大转变。以2010年为标志，此前浙江省专利申请量和授权量列第一位的都是个人；此后企业真正成为浙江省专利创造的主体。2017年工矿企业、个人和大专院校及科研机构等专利权人的专利授权量分别占全省授权专利总量的69.02%、23.25%和7.07%。从中不难发现，企业创新主体的地位进一步确立，但大专院校及科研机构在专利创造方面的骨干作用并不明显。当然，大专院校及科研机构在基础科技领域中的骨干地位是不容置疑的，也是企业无法替代的。从表5、表7中的科技成果获奖情况和科技论文发表情况看，获奖人员和论文作者（主要来自大专院校及科研机构）的总体水平也在稳步提升。特别是在2018年，浙江省共获得25项2018年度国家科学技术奖，其中，由浙江省主持完成的获奖项目7项，参与完成的获奖项目18项。主持完成的获奖项目包括国家技术发明奖二等奖3项，国家科学技术进步奖一等奖1项、二等奖3项；参与完成的获奖项目包括国家技术发明奖二等奖4项，国家科学技术进步奖二等奖14项。25个获奖项目，涉及生命健康、建筑工程、农业等多个领域，其中10项涉及民生领域，占浙江省获奖项目的40%。但从以往的情况来看，制约"科技投入产出不匹配"的主要问题就是高校及科研院所的科技成果转化率不高。这一问题的解决，应该从科研与创新体制的改革与创新上下功夫。

表 6   浙江省专利申请量及授权量（按单位类型）

项目	2000 年	2005 年	2010 年	2013 年	2014 年	2015 年	2016 年	2017 年
专利申请量	10316	43221	120783	294014	261434	307263	393147	377115
个　　人	7204	33926	58152	89196	70970	88405	114394	99167
大 专 院 校	139	1781	9229	19104	19147	21853	24517	23669
科 研 机 构	35	139	818	2132	2458	2398	3357	3109
工 矿 企 业	2926	7321	51532	181216	167352	192678	247259	247537
机 关 团 体	12	54	1052	2366	1507	1929	3620	3633
专利授权量	7495	19056	114643	202350	188544	234983	221456	213805
个　　人	5028	14333	63237	62456	46344	64456	53930	49702
大 专 院 校	101	728	6942	11949	12336	15656	13470	13583
科 研 机 构	22	61	446	1470	1381	1461	1649	1538
工 矿 企 业	2328	3892	43587	125772	127743	152449	151497	147561
机 关 团 体	16	42	431	703	740	961	910	1421

资料来源：国家知识产权局历年专利统计年报。

表 7   浙江省科技论文发表数

单位：篇

项目	2000 年	2005 年	2010 年	2013 年	2014 年	2015 年	2016 年
国内发表科技论文数	7207	17331	26869	24494	23063	21565	19445
国际三系统收集论文数	1596	9083	16337	20051	22408	24335	26796
SCI	867	3879	6854	10576	12599	13674	14741
CPCI-S	220	1643	3953	1972	1679	1270	2636
EI	509	3561	5530	7503	8130	9391	9419

资料来源：历年《浙江科技统计年鉴》。
注：CPCI-S 从 2009 年开始替代 ISTP。

2. 科技研发队伍的情况

创新是引领发展的第一动力，人才是第一资源。科技人才，既是科技创新与发展最为重要的因素与决定性条件，也是科技投入产出的成果，诚如资源是需要投资开发而实现其价值的。总体而言，浙江省科技研发队伍增长迅速，规模居全国前列。

由表 8 可见，2017 年浙江省科技研发人员总数达到 39.81 万人，比 2000 年增长了 12.92 倍，其中，工业企业研发人员增长了 19.59 倍，说明企业科技研发人员队伍迅猛发展，企业对研发工作是高度重视的。

表8　浙江省 R&D 人员情况（按执行部门分类）

单位：万人

执行部门	2000 年	2005 年	2010 年	2013 年	2014 年	2015 年	2016 年	2017 年
合　　计	2.86	8.01	22.35	31.10	33.84	36.47	37.66	39.81
高等院校	0.53	1.06	1.30	1.42	1.41	1.61	1.77	2.00
工业企业	1.62	6.11	18.57	26.35	29.03	31.67	32.18	33.36
其他部门	0.71	0.84	2.48	3.33	3.40	3.19	3.71	4.45

资料来源：历年《浙江科技统计年鉴》。

从研发人员的活动类型来看（见表9），科技研发人员绝大部分分布在试验发展领域，在基础研究和应用研究领域的研发人员，从 2009 年到 2017 年分别增长了 72.7% 和 83.3%，试验发展领域研发人员队伍增长幅度则达到 118.2%。结合表 8 所反映的企业研发人员发展状况，显而易见，企业增长的研发人员大多在试验发展领域，很少从事基础研究与应用研究，企业高层次科技人才依然薄弱。但是，在高校及科研机构中人才层次明显提高，如表 10 所示。

表9　浙江省 R&D 人员情况（按活动类型分类）

单位：万人

项目	2009 年	2010 年	2012 年	2013 年	2014 年	2015 年	2016 年	2017 年
合　　计	18.51	22.35	27.81	31.10	33.84	36.47	37.66	39.81
基础研究	0.55	0.59	0.64	0.71	0.72	0.81	0.89	0.95
应用研究	0.96	1.08	1.19	1.19	1.27	1.39	1.55	1.76
试验发展	17.00	20.68	25.98	29.20	31.85	34.27	35.22	37.10

资料来源：历年《浙江科技统计年鉴》。

表10　2017 年浙江省高校及科研机构研发人员学历状况

项目	总数	知识结构			
		博士	硕士	大学本科	其他
县以上自然科学研发机构科研人员	6331	1662	2421	1849	399
各层级占比（%）		26.25	38.24	29.2	6.3
高校自然科学研发机构科研人员	53653	15486	16196	19065	2906
各层级占比（%）		28.86	30.18	35.53	5.42

资料来源：《2018 浙江科技统计年鉴》。

由表 10 可见，近年来，高校及科研机构科研人员的知识结构明显提高，高校及县以上自然科学研发机构科研人员中具有硕士以上学历的高层次人才分别占总数的 59.04% 和 64.49%。企业科研人员的高层次人才相对不足（暂缺乏准确的统计数据佐证）。

值得一提的是，浙江省针对省内大院名校缺乏，特别是企业高层次人才不足的"短板"，推进了人才队伍建设，于 20 世纪 90 年代就推动实施了"151"人才工程，即"按十年一规划、五年一周期轮次开展。五年一轮的目标是培养 100 名能跟踪国际科技前沿的领军人才、500 名能支撑省内学科产业发展的学术技术带头人、1000 名后备青年人才"。经过 20 多年的持续推进，截至 2017 年，"151"人才工程为浙江省共选拔培养"151"各层次人员 8507 名，其中重点资助 203 人、第一层次 770 人、第二层次 2142 人、第三层次 5792 人。"151"各层次培养人员，当选两院院士 12 人，当选省特级专家 57 人。2017 年，为做好与国家"万人计划"对接，浙江省紧扣补齐科技创新短板和服务金融、文创等"八大万亿"产业需求导向，突出对科技创新创业人才、青年拔尖人才的支持，加大对应用型、技能型人才的支持，研究制订了省"万人计划"，即从 2017 年起，计划用 10 年左右的时间，全省有重点地遴选支持 10000 名左右自然科学、工程技术、哲学社会科学、经济金融管理等领域的高层次人才。其中省级层面计划重点支持 2000 名左右，推动各市及省属各单位重点支持 8000 名左右。具体支持对象设杰出人才、领军人才、青年拔尖人才 3 个层次，其中领军人才细分为科技创新领军人才、科技创业领军人才、人文社科领军人才、教学名师、高技能领军人才、传统工艺领军人才等 6 个类别。首批省"万人计划"申报人选整体质量较高，其中杰出人才和领军人才，大都已取得高水平创新性成果，青年拔尖人才中，近80% 分布在八大万亿产业。上述政策举措说明，浙江省对科技人才短缺的现状，特别是对于企业科技人才不足的"短板"是十分清楚的，也采取了相应的"人才工程"等政策措施。对此，浙江省财政科技投入应给予高度重视。

3. 高新技术产业发展及其贡献度情况

如前所述，高技术产业产值、新产品产值能体现科技创新对产业发展支撑的状况；高新技术产业产值可体现科技创新对高新技术发展的支撑状况。但是，由于规上企业统一口径的调整及高新技术产业缺乏国家标准，我们无法做相关的比较分析。不过，全员劳动生产率和高新技术企业的发展情况，一定程度上可反映区域科技创新的状态。在此，我们就以上述两指标做一分析。

全员劳动生产率是企业科技竞争力的直接展示。2017年，浙江省全年规模以上工业企业实现利润4570亿元，比上年增长16.6%。高新技术、装备制造和战略性新兴产业利润总额分别增长20.3%、19.5%和25.6%，高新技术产业的贡献度和盈利水平明显高于工业企业的平均水平。全员劳动生产率也由2012年的9.39万元，提高到2017年的21.6万元，是当年全国全员劳动生产率10.1万元的2.14倍。2012～2017年，浙江省的全员劳动生产率增长了130.03%。

高新技术企业是区域科技创新的主要力量。从高新技术企业的发展情况来看，全省2015～2017年分别新增高新技术企业2265家、2595家和4293家，高新技术企业和高新技术产业快速发展。但是，从高新技术企业有效数的总量上看（见表11），浙江省为9152家，与广东省的33071家、北京市的20164家和江苏省的13907家比较，尚有很大差距；从2018年的中国高新技术前100强企业分布情况看，广东和北京均为22%，江苏为11%，上海和山东均为7%，浙江为6%，上述6省市的高新技术企业入围数占前100强的75%。浙江省在6省市中垫底，居第6位。可见，从纵向比较，浙江省高新技术企业和高新技术产业快速发展；从横向比较，浙江省高新技术产业和高新技术企业在做强做大方面依然面临着巨大的挑战。

表11　浙江等6省市高新技术企业有效数状况

地区	2015年	2016年	2017年	有效数
广东	4596	11266	17214	33071
北京	5270	6166	8747	20164
江苏	4530	4762	4628	13907
浙江	2265	2595	4293	9152
上海	2089	2306	3247	7640
山东	3868	4692	6300	4247

资料来源：历年《浙江科技统计年鉴》。

4. 技术市场交易情况

技术市场的交易结构及交易金额的动态变化，既是科技成果产出的体现，也从一个侧面反映了技术供求状况的变化和技术创新的活跃度。

为了更准确地反映浙江省技术产出的交易成果，我们采用技术输出的口径，根据浙江技术市场的技术合同成交情况的统计结果做一动态分析。由表12可见，第一，技术成果交易额快速增长，2017年技术合同成交额比2000年增长了36.24倍。其中，2000～2005年增长了1.66倍；2005～2010年增长了1.30倍；2010～2015年增长了83.91%；特别是自2015年以来，技术市场的技术合同成交额迅猛增长，2017年技术合同成交额比2015年增长了2.31倍。这组数据清晰地反映了浙江技术市场的发展动态，也客观地从一个侧面反映了浙江省科技创新发展活跃度逐步增强的历史脉络。第二，技术成果输出的方式以技术开发为主。以2017年为例，技术开发合同占技术合同成交总数的66.8%和总成交金额的66.04%。这说明在技术市场交易中，技术产出方与技术需求方的合作技术开发与运用，是技术交易市场的主要业态。从2016年起，技术转让交易额度增长迅速，反映出企业通过技术转让直接提升自身竞争力的趋势增强，技术交易市场也逐渐成为一些中小企业吸纳技术的重要平台。

表12　浙江省技术市场成交情况（1）

项目	2000年	2005年	2010年	2013年	2014年	2015年	2016年	2017年
技术合同成交数(项)	4796	7604	7671	12095	11955	11283	14826	13704
技术开发	4391	6788	7135	8360	8189	8176	8191	9154
技术转让	395	816	536	312	376	530	548	625
技术合同成交额(亿元)	8.72	23.22	53.34	65.55	86.19	98.1	198.37	324.73
技术开发	7.38	19.75	45.32	55.70	61.75	73.6	132.90	214.45
技术转让	1.34	3.47	8.02	9.85	16.05	24.4	65.47	110.28

资料来源：根据历年《浙江科技统计年鉴》及浙科创提供的资料整理。

注：本表所有数据均为技术输出口径数据。

由表 13 可见，2015～2017 年，浙江省技术交易市场成交金额快速增长，技术交易总成交额由 2015 年的 242.37 亿元，增长到 2017 年的 614.76 亿元，比 2015 年增长了 153.65%，其中：2017 年输出技术合同成交额 324.73 亿元，比 2015 年的 98.1 亿元增长 231.02%；2017 年吸纳技术合同成交额 469.87 亿元，比 2015 年的 201.91 亿元增长 132.71%。从中我们不难发现：第一，近年来，浙江省技术市场交易额快速增长，供需两旺，发展势头良好；第二，浙江省技术市场是求大于供，浙江省吸纳技术远大于输出技术，是技术严重"赤字"的省份。当然，出现技术严重"赤字"的原因是多方面的。除了自身创新能力不强之外，更有体制机制上的因素。比如：有关统计显示，浙江大学 2011～2015 年的失效专利就高达 8324 件，其中很大部分属于期限届满前放弃的专利。由此可见，我们一方面讲科技投入产出率低，另一方面，却存在技术产出成果极大浪费的现象。浙江省在如何进一步提高技术创造水平、提升自主创新能力、增加技术产出的有效供给以满足省内技术需求上，面临着十分艰巨的任务。

表 13　浙江省技术市场成交情况（2）

项目	2015 年	2016 年	2017 年
吸纳技术合同成交额（亿元）	201.91	288.32	469.87
输出技术合同成交额（亿元）	98.1	198.37	324.73
技术合同总成交额（亿元）	242.37	365.62	614.76

资料来源：浙科创 www.kjkfzx.com。

注：技术合同总成交中，凡买卖两方均为本省的交易只计一笔。因此，技术合同总成交额不是吸纳技术合同成交额与输出技术合同成交额的相加之和。

（四）浙江省科技投入产出的省际比较分析

科技投入产出效率的高低，仅从本省内的纵向比较是不够的，只有通过横向的省际比较，我们才更能看到自身的不足与存在的问题。为此，我们选择同处于我国科技创新第一方阵的广东、江苏、山东等三省和北京、上海两市作为浙江省的对标省市，进行一些比较与分析。

1. 科技投入的省际比较

详情见表14。

表14　浙江等6省（市）科技投入状况

地区	项目内容	2005 年	2010 年	2015 年	2016 年	2017 年
浙江省	R&D 经费内部支出（亿元）	163.3	494.23	1011.2	1130.6	1266.3
	GDP 总值（亿元）	13418	27722	42886	47251	51768
	全省财政科技投入占 R&D 经费比重（%）	30.63	24.56	24.79	23.80	23.97
	R&D 经费占 GDP 比重（%）	1.22	1.78	2.36	2.39	2.45
江苏省	R&D 经费内部支出（亿元）	269.8	857.9	1801.3	1985	2260
	GDP 总值（亿元）	18599	41425	70116	77388	85900
	全省财政科技投入占 R&D 经费比重（%）	13.23	17.53	20.60	19.11	18.92
	R&D 经费占 GDP 比重（%）	1.45	2.07	2.57	2.62	2.70
广东省	R&D 经费内部支出（亿元）	243.8	808.8	1798.2	2035.1	2343.6
	GDP 总值（亿元）	22567	45473	72813	80855	89879
	全省财政科技投入占 R&D 经费比重（%）	34.37	26.51	31.67	36.51	35.15
	R&D 经费占 GDP 比重（%）	1.08	1.78	2.47	2.52	2.61
山东省	R&D 经费内部支出（亿元）	195.1	672.0	1427.2	1566.1	1753.0
	GDP 总值（亿元）	18366	39416	63002	68024	72678
	全省财政科技投入占 R&D 经费比重（%）	13.58	12.55	11.14	10.66	11.17
	R&D 经费占 GDP 比重（%）	1.06	1.70	2.27	2.30	2.41
上海市	R&D 经费内部支出（亿元）	208.4	481.7	926.1	1021.7	1139.1
	GDP 总值（亿元）	9248	16872	24965	27466	30134
	全市财政科技投入占 R&D 经费比重（%）	38.05	41.94	29.35	30.62	34.23
	R&D 经费占 GDP 比重（%）	2.25	2.86	3.70	3.72	3.78
北京市	R&D 经费内部支出（亿元）	382.1	821.8	1384.0	1484.6	1579.7
	GDP 总值（亿元）	6970	13778	23015	25669	28000
	全市财政科技投入占 R&D 经费比重（%）	9.84	21.77	20.79	19.25	20.50
	R&D 经费占 GDP 比重（%）	5.48	5.96	6.01	5.78	5.64

　　资料来源：1. 各省（市）科学技术支出来源于《中国财政年鉴》；2. 各省（市）GDP 总值、R&D 经费占 GDP 比重（%）来源于《中国统计年鉴》；3. 部分缺失数据由有关省市科技信息中心提供。

鉴于6省市的地域面积、人口总数和经济体量差异很大,我们取相对数做比较更为恰当。由表14可见,以2017年为例,最能反映全社会研发投入强度的 R&D 经费支出占 GDP 比重,北京和上海两市分别以 5.64% 和 3.78% 列前二位,浙江省以 2.45% 在6省市中列第五,略高于山东省的 2.41%;省市财政科技投入占 R&D 经费支出的比重,广东省以 35.15% 居第一位,上海市以 34.23% 列第二,浙江省以 23.97% 列第三,高于北京市的 20.50% 和江苏省的 18.92%,山东省则以 11.17% 列第六。综上所述,浙江省科技投入比重在6省市中居中等水平,但全社会研发投入的强度偏低。

2. 专利成果产出有效率的省际比较

根据国家知识产权局2017年专利统计年报发布的数据资料,如表15所示,浙江省的专利有效率偏低,发明专利和实用新型专利的有效率仅高于山东省,外观设计专利的有效率则低于其他5省市,且三种类型专利的有效率均低于全国平均水平。这说明浙江省的专利质量和专利管理工作亟待进一步加强,要处理好专利创造中质与量的关系,积极推动高质量专利的发明创造。

表15 浙江等6省市有效专利率情况

地区	发明(%)	实用新型(%)	外观设计(%)
全国	78.9	52.7	31.8
北京	81.0	63.2	58.6
上海	76.7	57.5	26.9
广东	84.8	66.4	41.2
江苏	87.0	55.8	16.1
山东	71.6	39.4	36.8
浙江	75.5	49.9	30.4

资料来源:国家知识产权局专利统计年报。

3. 区域创新能力的省际比较

由于我们在前述科技产出的分析中已经结合相关省市的高新技术企业状况做了一些比较与分析,在此,我们着重就6省市的区域能力做一比较与分析。

如表 16 所示，为简化表式，我们仅摘取了 4 个阶段性年度以区域创新测评的综合排名为例。从实际测评结果看，2001 年浙江省在区域创新能力测评中列第七，在 6 省市中排名最后。2002 年前进一步列第六位，2004 年再进一步列第五，2006 年下降，回落到第六位，2007 年重返第七，此后在历年的区域创新能力测评中浙江省一直处于第五位。2010～2016 年，江苏、广东、北京、上海、浙江和山东等 6 省市的区域创新能力测评综合排名一直依次分列前六位。2017 年，广东省取代江苏省列第一位，江苏省则降到第二位；山东省也由第六位降到第七位，天津市则上升到第六位。从单项排名看，以 2017 年的测评标准为例，如表 17 所示。

表 16　浙江等 6 省市区域创新能力综合排名

地区	2001 年	2005 年	2010 年	2017 年
北京	2	2	3	3
上海	1	1	4	4
广东	3	3	2	1
江苏	4	4	1	2
浙江	7	5	5	5
山东	5	6	6	7

资料来源：中国创新创业管理研究中心。

表 17　2017 年浙江等 6 省市区域创新能力单项排名

地区	知识创造	知识获取	企业创新	创新环境	创新绩效
北京	1	8	4	2	3
上海	3	1	5	4	4
广东	4	4	1	1	1
江苏	2	2	2	3	2
浙江	5	8	3	6	9
山东	9	13	6	5	10

资料来源：中国创新创业管理研究中心。

由表 17 可见，浙江省单项排名相对靠前的是"企业创新"指标，相对靠后的是"创新绩效"指标。总体而言，浙江省与所选择的其他省市相比，在大院名校等科技创新资源相对薄弱的情况下，无论综合排名还是单项排名，能获得这样的评价是来之不易的，这与浙江省的现实情况还是比较相符的。这也从一个侧面说明，浙江省在全面实施"创新驱动发展战略"、提升区域创新能力方面的工作是有成效的，特别是在推动"企业研究院"建设上成效更为显著；但是，在高校及科研院所科技成果转化上，还要进一步在体制机制上积极探索产、学、研紧密结合的方式、方法和有效的路径。

（五）综合分析：成效与不足

浙江省科技投入方面：纵向比较，总量上看，自2005年以来，浙江省财政科技支出呈快速增长状态，2017年全省科技支出比2005年增长了5.07倍。但是，全省财政科技支出占地方财政支出的比重一直在4%上下浮动。全社会R&D经费总额是2005年的7.75倍，增长速度高于全省财政科技支出总额的增长；R&D经费占GDP比重也由2005年的1.22%上升到2017年的2.45%。横向比较，浙江省与国家区域创新能力水平基本相当的江苏等6省市比较，财政科技投入比重在6省市中居中等水平，但全社会研发投入的强度偏低。

浙江省科技产出方面，从专利创造的总量上看，成效显著，但质量上却不尽如人意，特别是浙江省的专利有效率偏低。这说明浙江省专利创造的热情很高，但是专利创造的整体能力相对薄弱。浙江省的专利质量和专利管理工作亟待进一步加强，要处理好专利创造中质与量的关系，积极推动高质量专利的发明创造。但是，从代表中国最高水平的"中国专利奖"的获奖情况看，浙江在高质量的专利发明上呈突破性发展态势，特别是，2018年浙江一举获得5项专利金奖，占全国总数的1/6。在科技研发队伍的建设上，总体而言，浙江省科技研发队伍增长迅速，规模居全国前列。但是，浙江省省内大院名校缺乏，特别是企业高层次人才不足的"短板"十分突出。对此，浙江省的财政科技投入应给予高度重视，并予以相配套的重点扶持。在浙江省高新技术企业和高新技术产业发展上，近年来，浙江省高新技术企业和高新技术产业快速发展；但横向比较，浙江省高新技术产业和高新技术企业在做强做大方面依然面临着巨大的挑战。在区域创新能力上，浙江省强在企业群体的创新活力高，但是与外部产学研合作的比例不高，产业国际竞争力不高，缺乏像华为这样的自主创新能力强、国际影响力大的世界级知名企业。在浙江省技术市场的供求关系上，近年来，浙江省技术市场交易额快速增长，供需两旺，发展势头良好；同时，浙江省技术市场是求大于供，技术吸纳远大于技术输出，是技术严重"赤字"的省份。另外，浙江省存在高校及科研院所有大量失效专利的技术产出浪费现象。浙江省在如何进一步增强技术创造水平、提升自主创新能力、增加技术产出的有效供给以满足省内技术需求上，面临着十分艰巨的任务。

综上所述，总体而言，浙江省科技发展成效显著，但是，依然面临着艰巨的困难与严峻的挑战。特别是在如何提升技术创新产出的质量、如何培育具有国际竞争力的高科技产业和具有强大自主创新能力的国际一流的高科技企业、如何依靠自主创新力量推动"浙江制造"向"浙江创造"的转型升级方面，都面临着许多困难与挑战。

三 "新昌现象"的再思考与浙粤两省"科技新政"简析

（一）"新昌现象"的再思考与启示

1. 为什么要谈"新昌现象"

从经济学的角度讲，用数字说话是最真实的，也是最有说服力的。然而，科技创新是一个复杂的系统工程，要解决"四不"问题，要提高科技投入产出的效率，想仅仅依靠数据分析所获得的动态变化关系或函数关系找到完整的解决方案是完全不可能的。我们更需要从实践中寻找鲜活的成功案例，从中总结出带有普遍意义的经验，并获得新的启示。

新昌县是浙江省科技体制综合改革试点县，走出了一条依靠创新驱动发展、促进县域经济社会高质量发展的路径，引起了科技部的高度关注，并作为全国唯一的县域代表在全国科技创新大会上做了代表发言。浙江省政府特地组织调研组，形成了新昌创新驱动发展实践的调研报告，并以省政府名义印发，供全省学习借鉴。《浙江日报》于2015年12月8日刊出以《咬定"创新"不放松——新昌创新驱动发展的实践之路》为题的长篇通讯，从"培育创新主体、集聚创新成果、聚焦产业创新、突出制度供给、谋划创新空间、激发人才活力、营造创新环境"等7个方面介绍了新昌经验。我们希望通过讲新昌故事，总结新昌经验，把"新昌现象"作为一个实证案例，从另一个视角来审视、分析和研究提高科技投入产出效率的方式与路径。

2. 新昌创新发展之路概述

新昌县位于浙江省东部，隶属浙江省绍兴市。县域面积1212.80平方公里，人口38.49万人（2016年常住人口），原是一个交通不便、资源不足、经济落后的浙东山区小县。

然而，自跨入21世纪以来，新昌县在资源禀赋先天不足的状况下，咬定"创新"不放松，锐意改革创新，走出了一条"经济实体化、产业高新化"，"从科技强到实业强、生态发展好"的县域经济社会创新发展之路，完成了从欠发达山区县到全国百强县的跨越。2017年，新昌县 R&D 占 GDP 的比重保持在4%以上（2017年全省平均为2.45%）；财政科技投入3.72亿元，占财政支出的8.65%（2017年全省平均为4.03%）；每万人发明专利拥有量达到33.85件（浙江省全省平均19.7件），居全省各县市第二位；高新技术产业增加值占比达81.1%（浙江省全省平均为42%），新产品产值率为47.4%，科技对经济增长的贡献率达到75%以上；两化融合指数达到84.58，其中工业应用指数为44.76，居全省第一；新增国家高新技术企业71家，总数达到116家。更为可喜的是，在2017年度浙江科学技术奖名单中，新昌共获6项科技成果奖。其中，浙江新和成股份有限公司完成的《d - 生物素绿色合成技术开发与产业化》获得全省唯一的技术发明一等奖，浙江京新药业股份有限公司等完成的《他汀类系列降脂药物关键技术研究和产业化》获省科技进步一等奖，泰坦股份、康立自控获二等奖，三花制冷、中柴机器和万丰奥威分获三等奖。此外，2017年，新昌县相继成为浙江省国家科技成果转移转化示范区第一批示范创建单位和国家科技成果转服务示范基地。同样是在 2017 年，新昌县将 5 月 31 日设立为"科技日"，成为全国首个设立科技日的县。从此，科技日成为新昌县人民的盛大节日！

毫无疑问，新昌县创新发展实践提交的一连串创新绩效数据，是十分亮丽的！这一实践又能为我们解决"科技投入产出不匹配"问题带来哪些启示呢？有报道称，新昌已形成了"数字化改造、网络化协同、平台化服务"的发展模式，建立起"企业主导、政府引导、专家指导、金融助推"的推进机制，并把这一做法称为"新昌模式"。这是"新昌模式"吗？看起来总有些似曾相识之感——平台建设 + 机制推进。时尚，却略显大众化。再说，如同服务软件的操作模板的运用，模板可以复制，但服务是不可替代的；且同样的模板，因不同的服务，其结果往往是大不一样的。因此，要因时、因地制宜地学习、借鉴新昌经验，就必须正确把握新昌经验的核心内涵。是故，有必要对新昌现象做进一步的深入探究，从不同的视角再思考，或许能从中汲取一些有益的经验与启示。

3. 新昌创新发展实践的启示

如前所述，《浙江日报》发表的《咬定"创新"不放松——新昌创新驱动发展的实践之路》一文，从 7 个方面对新昌县创新发展实践进行了系统全面的总结。的确，"咬定'创新'不放松"这 7 个字，高度概括、凝练了新昌县 10 多年来创新驱动发展实践之路的精神内核！笔者曾有幸于 2001 年、2012 年和 2015 年 3 次赴新昌县。2001 年，由省委组织部青干处组织赴新昌县学习、考察新昌科技工作经验。其间，笔者听取了县委主要领导所做的新昌县科技创新发展基本情况的介绍，并实地考察了科技开发园区及"日发集团"和现代生态农业发展基地。2012 年，浙江省作为全国"贯彻实施《企业知识产权管理标准》"的六个试点省之一，应邀为新昌县"贯标"启动大会做宣讲。其间，笔者深刻感受到参会企业的踊跃与热情。2015 年，作为参与"贯标认证"工作的审核员，笔者赴新昌"三花股份有限公司"等企业进行"贯标认证"的审核工作，有机会进一步深入企业一线，实地全面、细致地了解"三花"等企业的自主创新情况。以"三花"为例：在体制上，"三花"已由最初的"外资"企业转型为以本地资本为主的上市公司；在创新机制上，"三花"建有"技术研发中心"和"专利信息专题数据库"，并坚持每周一次的"技术研发"例会制度，时刻关注全球制冷技术的发展动态；在企业知识产权管理上，规范严谨，内部管理职责分明，实现了环环相扣的闭环管理。

为同一个主题，在不同阶段三次赴新昌，有机会近距离体验到新昌县创新发展实践的氛围与变化，其中感受最深的就是新昌县委、县政府与企业及社会各界人士，"咬定'创新'不放松"的那种坚持，那股韧劲和定力！在这份"坚持"的背后，新昌创新发展的实践带给我们的启示主要有以下几方面。

启示之一：坚持"技术创新"与"实体经济"相结合，紧紧围绕实体经济抓技术创新，以技术创新促实体经济发展。技术与企业融为一体，工程师、科学家与企业家零距离，真正把"创新驱动发展战略"融入县域经济一企一技的创新发展上，倾力培育创新主体，促使一批以实体经济为主阵地、坚守主业的企业，以创新求发展，向创新要红利。

县域经济，是我国经济社会发展最为重要的基础。可以说，县域经济强，则国家强；县域社会安，则国家安。县域经济在社会转型发展中，都面临着工业化、城市化和乡村振兴及劳动就业等一系列矛盾与问题。要解决这一系列矛盾与问题，根本出路就是要努力发展壮大企业实体经济。而实体经济的壮大必须依靠科技创新，形成真正具有自主创新技术的核心竞争力。新昌县10年来经济社会的高质量快速发展，就是紧紧抓住了"创新"之绳，牵着新昌经济社会发展之"牛"走。目前，新昌县有年销售超百亿元企业2家，全省技术创新能力百强企业3家、十强企业2家；建立省级重点企业研究院8家（每年开发省级新产品100多种），国家创新型企业4家，国家级企业技术中心4家。新和成投资3亿多元建设了国内一流的研发中心。创新已经真正成为牵动企业发展的第一动力。正是坚持"技术创新"与"实体经济"相结合的发展之路，技术与企业融为一体，企业走出了创新发展的红利，也走出了坚持创新的自信、坚韧与定力，走出了新昌创新强县的一片艳阳天！

启示之二：坚持"筑巢引凤"与"借智引脑"相结合，紧紧围绕"人才是第一资源"，开放合作，兼容并包，合理配置创新资源，充分发挥科技人才的积极性。为此，新昌县着重做了两方面的工作。一是创新人才引进机制，"筑巢引凤"。实施"天姥英才"计划，每年安排5000万元以上资金，引进资深专家、海外工程师、高层次海外留学人员和高端创新团队。自2014年以来，新昌已集聚享受国务院特殊津贴专家4人、"国家千人计划"专家4人、"省千人计划"专家9人、"330海外英才计划"人才19人，海外工程师、资深专家及海外留学人员211名，研究生3834人。新和成、万丰奥特、三花控股、日发精机等企业因企制宜，采取股权激励、科技项目销售分成、项目制奖励等方式，调动科技人员的积极性。二是开放合作、兼容并包，探索企业柔性引才机制，"借智引脑"。推行"户籍在外地、工作在新昌"模式，或直接将研发中心建立在新昌县域之外，"借智引脑"为新昌创新发展服务。目前，新昌县域本土企业已在海外建立研发中心11个，在上海、杭州等智力富集地区建立研发中心26个；在杭州滨江区设立新昌研发大楼，已有7家企业入驻。

启示之三：坚持"主体产业"与"新兴产业"相结合。在"精、尖、专、特"的技术创新上下功夫，支撑主体产业经济做精、做专、做特、做大、做强；在关注新兴技术市场发展动态上用心思，大力发展壮大通用航空、新材料及信息经济等新兴产业。新昌经济的工业化可以说是在"一张白纸"上起步的。这是劣势，也是优势。劣势是几乎没有什么工业基础，优势是"一张白纸，好画最新最美的图画"。因此，新昌的同志在介绍经验时都会讲，新昌创新之路走得早、走得稳。所谓"走得早"，就是目前新昌县的两大支撑产业，即高端制造业和健康产业，如三花控股、日发集团、浙江医药等，可以说就是当初创新发展的结果。而"走得稳"，就是新昌县在坚持巩固提升高端制造业和健康产业两大支撑产业，在"专、精、尖、特"的技术创新上下功夫，并以产业龙头企业带动创新发展。如：日发精机、泰坦股份等装备制造业龙头企业带动智能纺织印染装备产业400多家上下游配套企业，三花控股带动本地40多家中小企业一起实施产业技术创新。同时，也产生了细分行业的全国"领跑者",如:浙江新和成股份有限公司是深圳中小板第一家上市企业,是全国行业龙头企业,浙江医药股份有限公司拥有100多项自主知识产权,是生产维生素类药物的世界"单打冠军"。在巩固提升两大支撑产业的同时,新昌县关注新兴技术市场的发展动态,大力发展壮大通用航空、新材料及信息经济等新兴产业。2018年,新昌高新园区围绕国家级高新区创建,积极抓好智能装备小镇建设,一批以通用航空、新材料及信息经济等为代表的新兴产业项目,如日发航空、恒鹰动力、新涛电子等企业的建设项目正在抓紧实施。

启示之四:坚持构建"以财政科技投入为引导,以社会资本投入为主体",二者相互结合的科技投入机制,充分发挥财政科技投入"四两拨千斤"的功能,积极营造全社会关注科技创新、热心科技投资的氛围。2017年,新昌县财政科技投入3.72亿元,占财政支出的8.65%,科技投入占比远高于全省平均的4.03%。近年来,新昌县R&D占GDP的比重保持在4%以上,也远高于2017年全省平均的2.45%。2018年,为了进一步优化科技投入产出相匹配的科技管理体制,新昌县制定出台了《加快创新驱动,推进工业强县建设》等多个文件,在加大财税及创新要素保障支持力度的同时,进一步突出创新要素保障的重点。明确在此后的财政年度预算中,科技财政投入占比不低于10%,每年安排近3亿元用于科技创新、人才引进和战略性产业发展;设立了4亿元的产业基金。这些扶持政策有利于创新环境建设与创新核心资源的培育,有利于撬动更多创新创业社会资本的投入和县域新兴产业的发展壮大,更好地发挥了财政科技投入"四两拨千斤"的功能与作用。

上述是新昌县创新驱动发展实践给我们带来的启示。"科技投入产出不匹配"这一结果或矛盾的产生,实质上是创新资源配置过程中各种矛盾不协调、不配套,甚至相互制约、相互冲突所导致的。换言之,要解决"科技投入产出不匹配"的问题,就要找到导致这一结果的矛盾症结所在,并设法找到协调、处理这些矛盾症结的办法及路径。新昌经验给我们带来的"四个相结合"的启示,就在于告诉我们:区域创新发展中主要的矛盾是什么，协调处理这些矛盾的方式与路径又是什么。顺着这样的思路去探索，我们离找到解决"科技投入产出不匹配"问题的钥匙，也许就不太远了。

（二）浙粤两省"科技新政"浅析

我们在探讨浙江省财政科技投入产出问题与对策之时，恰好在岁末年初，浙粤两省相继发布了"科技新政"。这对我们提出相应的对策建议，无疑具有十分重要的指导意义。基于此，我们不妨就浙粤两省相继发布的"科技新政"做一简要的比较分析。

浙江省政府于 2018 年 12 月初发布了《关于全面加快科技创新，推动高质量发展的若干意见》（浙政发〔2018〕43 号）；广东省人民政府于 2019 年 1 月初发布了《关于进一步促进科技创新若干政策措施的通知》（粤府〔2019〕1 号）。浙粤两省相隔一个月共同就"科技创新"这一主题发布了重要文件。比较浙粤两省的"科技新政"，总体而言，两者创新思路相近，区域特色鲜明。具体地讲，主要有五大鲜明特色。

1. 浙江省"科技新政"是"全面加快科技创新，推动高质量发展"的行动纲领，重在执行落实；广东省的"科技新政"是政策措施，重在政策引导。浙江省"科技新政"明确提出"一强三高"的创新工作目标，即以创新强省为总目标和工作导向，以高新企业、高新技术、高新平台为重点，加快打造以城市大脑为标志的"互联网＋"世界科技创新高地和以创新药物研发与精准医疗为标志的生命健康世界科技创新高地。围绕"一强三高"的创新工作目标，提出了"六招五十式"及相应的保障措施。广东省的"科技新政"，着重就"深入实施创新驱动发展战略，大力推进以科技创新为核心的全面创新，不断提升我省自主创新能力，充分发挥科技创新对经济社会发展的支撑引领作用"，提出了 12 项政策措施。由此可见，广东省的"科技新政"是政策措施，重在政策引导，更有"新政"的意涵与特点；浙江省"科技新政"，是"全面加快科技创新，推动高质量发展"的战略性行动纲领，重在执行、推进和落实。

2. 两省都高度重视科技创新的第一资源——人才高地建设。相对而言，广东省"先行先试技术移民制度"政策比较有亮点;浙江省比较强调"打造高能级创新载体,集聚高端创新资源"。广东省在"科技新政"12条中将"推进创新人才高地建设"列为第三条,明确提出要"调整优化省重大人才工程,加强省重大人才工程与重大科技计划、各级人才计划衔接协同;对于引进人才与本土人才,一视同仁。率先实施更优人才永久居留政策,在珠三角九市先行先试技术移民制度,缩短外籍人才申请永久居留的审批期限"。浙江省在人才高地建设上采取的是"一招九式",即全面加快科技创新"六招"中之三:打造高能级创新载体,集聚高端创新资源,及其"8式"和"六招"中之六的第7式:加快创新人才梯度化引进和培育。一方面着重以创新平台凝聚人才,另一方面着重以政策培育人才。

3. 两省都十分重视科技创新的"点面"结合,突出以"大湾区"为核心的创新带建设;同时,强化区域协同创新。广东省在突出"推进粤港澳大湾区国际科技创新中心建设"的同时,提出"着力构建以广州和深圳为主引擎、珠三角地区为核心、沿海经济带和北部生态区协调发展的区域创新格局,加强分类指导,实施差异化政策支持"。浙江省在长三角一体化上升为国家战略的大背景下,在"科技新政"中提出主动融入长三角科技创新圈,努力打造环杭州湾高新技术产业带。同时,"科技新政"提出"支持杭州国家自创区打造全球有影响力的'互联网+'创新中心;明确宁波建设国际一流的新材料和智能制造创新中心,温州建设具有全国影响力的生命健康创新中心和智能装备基地,支持宁波温州国家自创区辐射带动台州、舟山,共同打造全国民营经济创新发展新高地"。

4. 两省都高度重视高新技术企业培育、壮大和发展。科技创新的主体是企业,推动高质量发展的主体也是企业。因此,浙粤两省的"科技新政"都高度重视高新技术企业的培育和发展。"广东新政府"第六条提出了"加大企业创新普惠性支持"的政策措施。通过"降低企业研发成本""持续激励企业加大研发投入""对当年通过高新技术企业认定、入库培育、新建研发机构的企业,省市财政给予一定奖励。鼓励各地级以上市建立高成长性科技型企业种子库,提供分类施策和一企一策靶向服务,支持企业在境内外上市"等多项举措培育和促进高新技术企业的发展壮大。浙江"科技新政"将"强化企业主体地位,全面提升企业创新能力"作为"第四招",从"实施科技企业'双倍增'行动"等十个方面,促进企业提升创新能力。特别是在培育创新型领军企业方面,"科技新政"明确,重点支持100家骨干高新技术企业成为创新型领军企业,每年推动2000个授权发明专利产业化。同时,将通过推行企业研发准备金制度、完善科技创新券制度等措施,进一步减轻企业创新成本,激励企业加大研发投入。

5. 两省都强调要加强科技投入,促进科技与金融资本的深度融合。广东"科技新政"提出要"促进科技金融深度融合。建立企业创新融资需求与金融机构、创投机构信息对接机制";"省财政与有条件的地级以上市联动设立当地科技风险准备金池,对金融机构开展科技型中小企业贷款和知识产权质押投融资业务发生的损失,给予一定比例的风险补偿;对新注册登记的私募股权和创业投资管理企业,从其形成财政贡献之日起,给予最多5年适当奖补;对新注册成立的创业投资企业、创业投资管理企业分别按实缴注册资金额、实际管理资金额的一定比例给予奖补,重点用于奖励其高管及骨干人员";等等。浙江"科技新政"提出:"围绕实施加快培育发展新动能行动计划,五年内省财政将安排600亿元左右,市县财政联动投入600亿元左右,引导金融资本、社会资金投入2900亿左右,撬动全社会研发投入9000亿左右。"

综合上述可见,浙粤两省"科技新政"的总目标都是加快科技创新,引领和推动本省经济社会的高质量发展;两省所提出的加快科技创新的路径也是基本相似的。但是,在引领、驱动科技创新的方式或手段上,浙粤两省有明显差异。浙江新政,行动纲领的色彩较浓,侧重于"目标驱动",刚性较强;广东新政,政策导向的色彩较浓,侧重于"政策驱动",较富有弹性。这一差别,恰恰与浙粤两省在区域创新综合能力上所处的位置相吻合。广东省在全国区域创新综合能力的排名上居第一,浙江位居第五。广东省作为全国的引领者,可以以更从容的姿态探索前行;浙江省则需要以追赶者的姿态奋力疾步。

(三)对策与建议

综合上述分析,我们以科技投入产出的主要指标为参数,遵循浙江省技术市场发展的脉络,以科技投入产出的数据为依据,以新昌创新实践为案例,坚持"让事实讲道理,让数据说实事",较为系统、全面地揭示了浙江省科技投入的状况及科技创新的脉络和存在的不足与问题。为了更好地推动浙江省"科技新政"的贯彻实施,全面加快科技创新,推动高质量发展,我们拟以浙江省"科技新政"为主线,以"问题为导向",侧重于从财政科技投入产出的视角,提出与此相适应的对策和建议。

(1)要充分认识到经济转型中面临的困难与挑战,弘扬"咬定创新不放松"的精神,增强坚持创新发展的信心、韧劲与定力。我们认为,财政科技投入产出的效率,不仅要遵循科技创新的发展规律和要求,关键还在于财政科技理念的相互融合。"咬定创新不放松"精神,是一切科技创新工作的灵魂,既反映了科技创新工作的艰巨性与持续性,不是可以轻而易举地一蹴而就的,也体现了"今天"科技投入与"明天"科技产出的相对滞后性的特征。为此,我们提出如下建议。

首先,要充分认识"创新是引领发展的第一动力"的思想精髓,牢固树立"唯创新者强"的创新发展理念,坚定创新驱动发展的信心。技术创新决定高质量发展的成败,也即决定浙江省科技强省建设目标的实现与否。简言之,走创新发展之路,不能有犹豫徘徊,更不能有半点疑虑。其次,要充分认识到"创新"攻坚克难之路的艰巨性和长期性。在创新驱动发展的道路上,我们既要有战略发展机遇期"抢抓机遇、只争朝夕、时不我待"的紧迫感,更要有"攻坚克难、踏石留痕、行稳致远"的韧劲与定力。在任何时候、任何情况下,信心、定力和坚持的韧劲,比方法和路径更重要;也唯有决胜的信心、定力和韧劲,才能更理性地做出正确的路径选择,更有效地获得解决方案,更坚定地毅行向前直至到达成功的彼岸。最后,我们要充分认识国际国内各种矛盾错综复杂的背景给创新发展带来的不利因素。当下,浙江经济转型发展正处于爬坡过坎的关键期;技术创新能力不足,仍然是推进供给侧改革、推动高质量发展的最大"卡脖子"问题。加之，国际国内经济贸易形势等矛盾错综复杂，防范化解系统性风险的任务很重。同时，我们更要充分认识到，我们当下发展中所遇到的一切问题及困难，唯须依靠创新发展去克服、去战胜。创新发展之路，需要我们有"自古华山一条路"的勇气去闯，去拼搏！正如习总书记在庆祝改革开放 40 周年时讲到，"我们现在所处的，是一个船到中流浪更急、人到半山路更陡的时候，是一个愈进愈难、愈进愈险而又不进则退、非进不可的时候。改革开放已走过千山万水，但仍需跋山涉水，摆在全党全国各族人民面前的使命更光荣、任务更艰巨、挑战更严峻、工作更伟大"。因此，我们必须要有"咬定创新不放松"的精神，增强加快创新发展的信心、决心和定力。

（2）坚定不移地坚持"以市场为导向、以企业为主体"。企业是创新发展的主体，也是高质量发展的主体。唯有加快技术与企业的融合，推进科学家与企业家的融合，才是真正走向创新强省的康庄大道！关于这一点，新昌的实践经验已经充分证明，只有坚持"技术创新"与"实体经济"相结合，紧紧围绕实体经济抓技术创新，以技术创新促实体经济发展，技术创新才有生命力。"浙江新政"将"强化企业主体地位，全面提升企业创新能力"作为最为重要的目标任务之一，明确提出了实现这一目标的十大举措。中央经济工作会议也进一步明确提出："要提升产业链水平，注重利用技术创新和规模效应形成新的竞争优势，培育和发展新的产业集群。要畅通国民经济循环，加快建设统一开放、竞争有序的现代市场体系，提高金融体系服务实体经济能力，形成国内市场和生产主体、经济增长和就业扩大、金融和实体经济良性循环。"理论与实践都充分证明，企业是创新发展的主体，也是高质量发展的主体。唯有加快技术与企业的融合，推进科学家与企业家的融合，才是真正走向创新强省的康庄大道！

在智慧经济时代，技术及商业模式的迭代加快。因此，产业及区域经济的发展一定要有"未来即来"的前瞻性。但是，经济社会的发展列车是纵向依序滚动发展的，后轮踏着前轮的轨迹走。国家或地区，各开各的车，给后来车提供了弯道超车的机会。然而，一个国家或地区的经济社会发展轨迹依然是线性的。这也是我们强调区域协同发展的重要性及其本源所在。基于这一认识与思考，坚持"以市场为导向，以企业为主体"的原则，浙江省区域经济和高新技术产业及企业的发展，首先要有对未来的科学技术发明与运用的前瞻与对现状（包括技术、市场等）的客观评估，这是创新发展行进路径选择和实施的基础。在此基础上，凡是对在技术、市场等两个方面超前一步的事和技术"卡"着企业发展"脖子"的事，政府一定要引领着干；对在技术、市场等两方面超前半步的事，要着重激励企业大胆放手直接到市场经济的大海中去搏浪前行！财政科技投入在"推动技术与企业的融合、推进科学家与企业家的融合"上，着重要在"引领"与"放活"上做好文章。总体而言，财政科技投入要围绕浙江"科技新政"，特别是"科技新政"中提出的"强化企业主体地位，全面提升企业创新能力"的十大举措，做好三个相结合，即"普惠激励与重点扶持相结合，资金投入与政策激励相结合，减免税优惠与以补代奖相结合"，充分发挥财政资金与财税政策"四两拨千斤"的功效。

第一，坚持"普惠激励与重点扶持"相结合，既要调动广大企业创新创业的积极性，又要加快推动高新技术产业和高新企业做强做大，特别是"互联网＋"智能数字经济和生命健康两大产业要在着力打造世界科技创新高地的同时，全力打造若干个像华为这样的世界级高科技知名企业。诸如：在财政科技项目的投入上，在突出以"三高"建设和"卡脖子"项目为重点的同时，试行以科技项目招才、招商的方式，全力推进科学家与企业家的深度融合。要遵循市场竞争法则，用普惠式的竞争性招投标方式，特别是，为挖掘和发现有竞争潜力的"独角兽"型的技术项目与新兴科技型企业，全力推进科学家与企业家的深度融合，可以跨越地域界限，不受浙江省内地域的限制，采取"先立项后办理企业注册地登记落户"的方式，试行以科技项目招才、招商。这一方式，实际上是将"孵化器"模式再前置一步，科技投入的风险增大了，但是，将选择科技项目的空间拓展放大了，更能发挥科技项目市场化竞标"凡优秀者上"的择优作用。同时，也避免了近亲繁殖，有利于新兴技术和新兴产业的高层次人才或企业的引入，促进产业结构的调整，更有利于直接以项目招标方式推动科学家与企业家的深度融合。在研发费用的抵扣优惠上，在对所有企业的研发费用实施抵扣的普惠制的同时，可对重点企业研究院引进高层次人才或创办省外及海外技术研究院的投入，允许列入研发成本，以减少其更高层次的技术研发成本，降低其研发投资风险；在高新技术企业所得税的减免优惠上，除对经认定的高新技术企业实行普遍的减免税优惠外，可对纳入高新技术企业培育库的种子企业，允许其享受同等优惠待遇，以加速其成长壮大；等等。

第二，坚持"资金投入与政策激励"相结合，既要保障基础性、前瞻性、公共性的科技创新条件与创新环境等建设的资金投入，也要充分调动企业的积极性，以积极的财税政策激励企业主动加强科技研发投入和科技成果的产业化投资。原则上，基础性科学研究、公共服务性平台建设等科技投入主要由公共财政投资；应用性科技研发、技术成果产业化等科技投入主要以企业为投资主体，财政可以适当采取一些政策上的激励措施，比如：为促进科技成果产业化，可以根据企业项目实施后产生的盈利减征所得税，以减免税优惠政策，刺激企业加强研发投入、加快创新成果转化运用的积极性。

第三，坚持"减免税优惠与以补代奖"相结合，增强科技型企业的自我造血功能，是壮大科技型企业的有效方法，也是提高科技投入产出效率的有效方式。减免税优惠措施，是将应税部分留给企业，给企业发展以后劲。重在鼓励企业进一步加强科技投入，增强创新发展后劲。以补代奖措施，是将对企业科技创新创造或科技成果产业化等行为的奖励措施，由事前奖励改为事后补助，按照科技产出的实际成效来"论功行奖"。以补代奖措施，既有利于提高财政科技投入产出的效率，利用财税杠杆推进技术与企业的更紧密结合，也杜绝了各种以获得财政资助为目的的"经济寻租"等不良行为。

（3）加强财政科技投入中的"智力"投资与创新环境建设，进一步优化创新环境，推动"筑巢引凤"与"借智引脑"并举，多举措、多渠道、多层次培育和引进科技创新人才。浙江省科研力量强的大院名校不多，科技创新最为宝贵的第一资源——人才资源——总量不足。如前所说，科技创新环境是科技创新的"督脉",主"气",即为科技创新营造氛围,集聚创新人才,激发创新活力。科技创新人才,则是科技创新"气场"的核心,科技人才旺,则科技创新"气场"盛。因此,营造科技创新氛围,推动科技高层次人才的集聚,是打通科技创新"督脉"的关键,也是提高财政科技投入产出效率的关键所在。为此,我们建议,要着力抓好以下几方面的工作。

第一,加强"智力"投资,加快高水平研究型大学及科研名院和高等职业技术学院建设,加强本土高水平科研人才和"大国工匠"型技术人才的培养。同时,协同"创新环境与民生工程"建设,创建高品质的创新环境,吸引海内外科技高层次人才。要围绕浙江"科技新政"提出的"打造高能级创新载体,集聚高端创新资源"的工作目标,加快高水平研究型大学及科研名院和高等职业技术学院建设,加强本土高水平科研人才和"大国工匠"型技术人才的培养。同时,协同"创新环境与民生工程"建设。特别是在环杭州湾地区,要发挥各级地方政府的积极性,加大创新环境建设的财政科技投入。充分发挥浙江省暨环杭州湾地区"自然环境优美,人文底蕴深厚"的优势,进一步优化、美化"宜居、宜学、宜业"的科技创新环境。"栽下梧桐树,引得凤凰来",以高品质的创新环境,吸引海内外科技高层次人才,来"浙里"创新创业。

第二,采取"以补代奖"的方式,积极营造适宜"借智引脑"的创新环境。采取"以补代奖"的方式,根据企业引进人才的不同层次和实际的创新绩效给予一定奖励;创新绩效以企业当年缴纳的税额为基准,奖励额度与创新绩效挂钩,创新绩效愈好,奖励额度愈高。以此鼓励有条件的高科技企业,面向市场,面向海内外,引进高层次科技人才,为企业集聚高端创新人才资源创造有利条件。特别是,要鼓励有条件的企业异地创建科技研发中心,进一步拓宽"借智引脑"的空间与路径,为打造世界级的高科技企业提供高层次人才储备。

第三,结合浙江省"151"人才工程和省级"万人计划",采取"以补代奖""专款专用"的方式,对在企业工作的高层次科技人才,按技术职级和工作绩效给予补助，鼓励高层次科技人才以扎根企业创新创业为荣。从浙江省科技研发队伍的现状来看，如前所述，总体而言，浙江省科技研发队伍人员增长迅速，规模居全国前列，高校及科研院所的高层次人才增长较快，科研人才结构得到明显改善与提升，但高层次科技人才依然十分缺乏，特别是企业高层次人才不足的"短板"十分突出。为此，也可采取"以补代奖"的方式，对在企业工作的高层次科技人才，按技术职级和工作绩效给予定期（如3～5年内）补助，鼓励高层次科技人才以扎根企业创新创业为荣。此项"以补代奖"的资金，可从省财政科技投入中作为"151"人才工程和省级"万人计划"的增项经费专款专用，单独列支。同时，对"151"人才工程和"万人计划"人才的选拔，应向企业适当倾斜。

（4）进一步加强科技、财政、金融等三者的深度融合，全面激活创新主体的创新原动力，撬动社会资本参与科技风险投资的积极性。资金是科技创新创业的血液，全社会科技投入的各种渠道就如同科技创新创业的"任脉"。要充分发挥财政科技投入"四两拨千斤"的功效，最为重要的任务就是要打通全社会科技投入的"任脉"，以激励社会资金踊跃参与到科技创新创业领域。为此，我们提出如下思考与建议。

第一，要适当提高财政科技投入的总量及其占财政支出总额的比重，增强其自身保障基础性科技投入需要和撬动社会资本的足够动能。如前所述，2017年浙江省财政科技投入占全社会R&D经费支出的比重为23.97%，在6省市中处于中等水平。但是，较之广东省的35.15%，相差近12个百分点；从财政科技支出占财政支出总额的比重看，浙江省全省平均为4.03%，广东省为7.27%，差距很大。因此，在浙江经济转型升级的关键节点上，为了有力地推动浙江"科技新政"的贯彻实施，促进供给侧改革，适当提高财政科技投入的总量及其占财政支出总额的比重，增强其自身保障基础性科技投入需要和撬动社会资本的足够动能，看来势在必行。参照广东省及新昌县的财政科技投入规模，我们认为，将浙江省财政科技投入的规模逐步提高到占财政支出总额的8%～10%是可行的。当然，仅仅增加财政撬动社会资本"秤砣"的分量，还是不够，我们还得加杠杆，适当加长财政"秤杆"

的长度。

第二，要坚持"以政府为引导、以市场为主体"的原则，通过设立科技风险基金，创建科技投资担保公司等科技融资与投保机构，运用市场机制和市场化运行方式，适当加长财政"秤杆"的长度，增强其撬动全社会资本的力量，全面打通科技创新的"任脉"，进一步推动科技创新创业。充分发挥财政科技投入"四两拨千斤"的功效，说到底就是要运用市场机制，以少量的财政资金来撬动社会资本市场更大规模的科技投入（随着全社会创新创业浪潮的兴起，各地方商业银行也相继成立了科技支行，专业从事科技创新创业的信贷业务）。借鉴各地较为成熟的做法，就是通过设立科技风险基金，创建科技投资担保公司等科技融资与投保机构等方式，拓展财政资金与资本市场的对接、沟通渠道，增强地方财政科技投入撬动全社会资本的力量。如前所述，杭州市就成立了"杭州市高科技担保公司"，下辖各县（区）则设立了"科技风险池基金"，并通过与"杭州银行科技支行"合作，为市辖各区（县）高科技企业提供风险投资支持与服务。综合上述分析与思考，我们认为，浙江省可设立省级科技风险基金，并创建省级科技投资担保公司等科技融资与投保机构，运用市场机制和市场化运行方式，适当加长财政"秤杆"的长度，增强其撬动全社会资本的力量，全面打通科技创新的"任脉"，进一步推动科技创新创业。在实际操作上，可以分两步走：第一步，率先重点服务于省级层面的战略性高新技术的研发和高技术新兴产业与企业；第二步，逐步面向全省，与各市（县、区）科技担保公司及科技风险池基金合作，为全省高新技术企业提供服务，以撬动更大规模社会资本的力量，推动浙江高新技术产业和企业的发展壮大。

第三，要充分运用证券市场和金融衍生品的募集资金和风险管理功能，推动有创新技术、有市场潜力的科技型企业通过资本市场募集资金，加速发展壮大。2018年证监会就加大了对新技术、新产业及新业态企业的支持力度，积极推进"科创板"，特别是加大了对"独角兽"科技公司的支持力度。根据这一动态，省及各市县要密切关注对有上市潜力的科技公司的培育，推动此类科技企业通过证券资本市场获得创新创业发展的资金支持，实现加速发展的目标。同时，要鼓励一些已经具有一定规模和实力的科技公司，在坚守主业创新创业的同时，面向世界，加强对外开放与合作，集聚国际国内一切可以利用的科技创新资源，并灵活运用金融衍生品进行风险管控。诸如，在企业的并购、融资、股权投资、员工激励等方面，应用"期权产品"，在拓展投融资渠道、壮大公司规模与实力的同时，防范或抵御可能发生的资本市场风险的冲击，切实加强对科技风险投资的管理与控制能力。

综上所述，本报告着重从"坚定创新驱动发展理念，坚持技术与企业相结合，加强创新环境建议与人才资源的培育引进，加强科技、财政、金融等三者的深度融合"等四个方面阐述了我们的思考与建议。其实，上述四方面是相辅相成，不可或缺的。"咬定创新不放松"精神是创新驱动发展的具象化，是精神层面的，是推动创新发展的灵魂；"坚持技术与企业相结合"，强调"创新以企业为主体"，是实施创新发展的骨干；而后两者则旨在打通企业创新发展气血的"任督二脉"。我们相信，只要在上述四方面扎实地贯彻实施浙江"科技新政"，就一定能够更有效地挖掘浙江科技创新创业的发展潜力，更有效地发挥财政科技投入"四两拨千斤"的功能与作用。

B.4
浙江省2013~2017年第二产业投入产出成效分析

徐 唱 胡稳权*

摘 要： 本报告介绍了2013~2017年浙江省第二产业的财政投入产出状况。从产出来看，五年来浙江省第二产业增加值逐年攀升。从投入来看，浙江省制定了多项财税政策支持鼓励第二产业尤其是高端制造业的发展，并通过设立财政专项资金等方式增加财政对第二产业的资金投入，有力地推动了第二产业的发展。从财政支出相关科目与产业增加值所构建的投入—产出比来看，还未能取得较为理想的成效。而综合2017年第二产业主要财政专项资金投入与产出绩效目标的评价结果来看，总体而言浙江省财政专项资金运用合理规范，成效较为显著，但也存在一些不容忽视的问题，工业技术改造投资同比增长率较低，工业固定资产投资同比增长率未达预期。未来浙江省政府应进一步规范扶持第二产业的财政专项资金的设立及使用管理，提高财政资金使用绩效，积极有效地推进工业转型升级，加快工业化与信息化深度融合，振兴实体经济，以此促进工业强省建设。

关键词： 第二产业 财政投入 投入—产出绩效

---

* 徐唱，浙江大学经济学院2018级税务硕士研究生；胡稳权，浙江大学经济学院2018级西方经济学硕士研究生。

现有研究表明，财政收支、财税政策所形成的利益分配机制会影响地方政府的行为，进一步会影响产业结构。[①] 产业结构，通俗地讲，就是资本、劳动、信息、技术等生产要素在三次产业间的配置和流动。国内外大量学者研究了财政对产业结构的影响，[②] 结果表明：财政支出、财税政策通过影响生产要素在各部门的流动，会影响相关产业的供需结构，甚至带动产业结构的升级。基于这一理论，本报告和 B.5 主要对浙江省二、三产业的财政投入产出成效进行分析。通过这一分析，我们不仅可以考察财政资金在不同产业的配置，从而更好地了解浙江省的产业布局情况，还可以定量考察财政在不同产业的投入产出情况，从而为政府配置财政资金、支持产业发展提供方法论支撑。

本报告主要对浙江省第二产业的投入产出成效进行分析。具体内容如下：首先介绍浙江省第二产业整体发展状况及在全国的地位；其次对浙江省第二产业财政支持政策及投入展开论述；最后则是对第二产业的财政投入产出状况进行分析并得出结论。

一 第二产业整体发展状况及在全国的地位

（一）浙江省第二产业整体发展状况

第二产业是国民经济发展中的重要支柱产业，其变化在一定程度上反映了我国产业结构的变化。按照最新国民经济行业分类标准，第二产业包括工业和建筑业，工业又可细分为采矿业，制造业，电力、热力、燃气及水生产和供应业。改革开放 40 多年来，浙江省第二产业迅速崛起，由一个农业比重大、工业基础薄弱的省份发展成了一个工业比重大、电子商务发展强劲的

---

① 姚金武：《改革财政体制促进产业结构调整》，《宏观经济管理》2010 年第 6 期。

② J. Ganley, C. Salmon. The industrial impact of monetary policy shocks: some stylized facts [R]. Bank of England Working Paper Series, 1997 (68). 蔡建明：《产业结构调整：财政支出政策的效应分析》，《财政研究》2006 年第 12 期。

经济大省。为了进一步考察浙江省第二产业的发展状况，我们选取 2013～2017 年浙江省工业、建筑业及第二产业总体增加值等数据，对浙江省第二产业的发展状况做更详尽的分析。

2017 年，浙江省地区生产总值为 51768.26 亿元，其中第二产业增加值为 22232.08 亿元，占比为 42.95%；第一产业和第三产业增加值分别为 1933.92 亿元和 27602.26 亿元，在全省地区生产总值中的比重为 3.74%、53.32%。与 2013 年相比，全省地区生产总值增长了 37.11%，第二产业增加值增长了 23.19%。

图 1 描述了 2013～2017 年浙江省第二产业增加值的变动趋势。从绝对规模来看，浙江省第二产业增加值逐年攀升，从 2013 年的 18047.52 亿元增长到 2017 年的 22232.08 亿元，年均增速达 5.14%；从增长速度来看，尽管浙江省第二产业增加值的增长速度略有起伏，但大部分年份的增长速度都在 4% 以上，2016 年第二产业增加值的增速更是达到 7.52%。

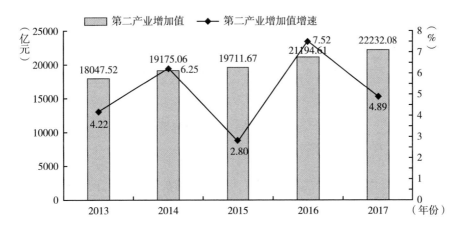

图 1　2013～2017 年浙江省第二产业增加值及其增速

资料来源：国家统计局网站。

图 2 是历年浙江省第二产业增加值在地区生产总值中的占比情况。由图中可以看出，第二产业对地区生产总值的贡献率逐年下滑：2013 年第二产业增加值占比为 47.80%，在三次产业中占比最高；自 2014 年起，第三

产业增加值占比超过第二产业，且此后年份第三产业所占比重不断增加，而第二产业占比则持续下滑；截至 2018 年，第三产业对地区生产总值的贡献度达到 54.67%，第二产业占比为 41.83%，第一产业占比较低，且近年来一直呈现小幅下滑趋势，2018 年占比仅为 3.50%。浙江省三次产业占比的变化趋势，实际上是我国产业结构变化的一个缩影。国内外大量研究和发达国家的发展经验告诉我们，随着经济发展水平的提高，第三产业在国民经济中的占比将不断提高。因此，这也反映出浙江省产业结构的不断优化。

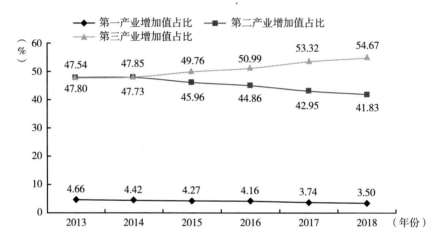

图 2　2013～2018 年浙江省三次产业增加值占地区生产总值的比重

资料来源：国家统计局网站。

上述产业增加值的数据均是名义上的产业增加值，包含了价格因素，为了了解实际的产业增加值变动趋势，我们以 2013 年为基期，当年浙江省第二产业增加值指数记为 100，在此基础上，计算各年度的第二产业增加值指数，得到如下数据（见图 3）。

根据上述第二产业增加值指数，重新计算得出以 2013 年为基期的浙江省第二产业实际增加值，结果如图 4 所示。在消除了通胀等因素影响的情况下，浙江省第二产业的实际增加值涨跌互现，2013 年浙江省第二产业增加值为 18047.52 亿元，随后的两年逐年下跌，2015 年跌至最低，为 17459.41

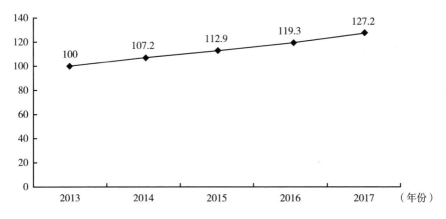

图3　2013～2017年浙江省第二产业增加值指数

注：1. 数据来源于国家统计局网站；2. 以2013年为基期。

亿元，2016年有所回升，但2017年又再次下滑。以2013年为基期，2017年第二产业的实际增加值仅为17478.05亿元。由此可见，随着我国经济步入新常态，浙江省第二产业增速也放缓，这一方面是由于经济下行压力仍大，另一方面则是产业结构调整的结果。

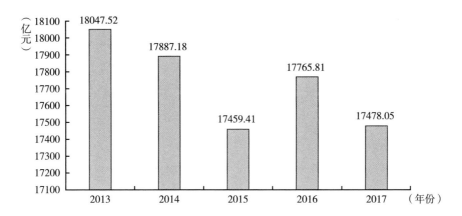

图4　2013～2017年浙江省第二产业实际增加值

资料来源：第二产业名义增加值数据来源于国家统计局网站。

注：2014～2017年的数值是以2013年为基期，通过上述计算的各年度第二产业增加值指数换算而来。

　　分行业来看，工业在浙江省第二产业中占据绝对优势，2013～2017年工业增加值占比均超过87%。数据显示，[①] 2017年全年规模以上工业增加值为14440亿元，比上年增长8.3%。规模以上工业中，信息经济核心产业、文化产业、节能环保、健康产品制造、高端装备、时尚制造业增加值分别增长14.1%、5.7%、11.4%、13.3%、8.1%和2.4%。规模以上制造业中，高技术、高新技术、装备制造、战略性新兴产业增加值分别比上年增长16.4%、11.2%、12.8%、12.2%，占规模以上工业的12.2%、42.3%、39.1%、26.5%。战略性新兴产业中，新一代信息技术和物联网、海洋新兴产业、生物产业增加值分别增长21.5%、11.2%和12.5%。从盈利能力来看，2017年全年规模以上工业企业实现利润4570亿元，比上年增长16.6%。高新技术、装备制造和战略性新兴产业利润总额分别增长20.3%、19.5%和25.6%，十大传统制造业产业利润增长23.2%。

　　2017年度，全省建筑业总产值达到27235.8亿元，[②] 比上年同期增长9.0%，增幅比上年上升4.8个百分点，占全国的份额为12.7%。省外产值14011.3亿元，同比增长9%，增幅同比上升3.6个百分点，省外产值占全省建筑业产值总量的51.4%，与上年同期持平。全省建筑业签订合同总额45225亿元，同比增长12.4%，其中2017年度新签合同额29036.4亿元，比上年同期增加5519.6亿元，同比增长23.5%，增幅提高了15.9个百分点。2017年全省房屋建筑施工面积205855万平方米，同比增长3.8%，其中新开工面积84596万平方米，比上年同期增加11272.8万平方米，同比增长15.4%，同比增幅比上年上升16.9个百分点。

　　从趋势上看，如图5所示，2013～2017年浙江省工业和建筑业增加值均逐年攀升，工业增加值从15837.20亿元增长到19474.48亿元，增长率为22.97%；建筑业增加值从2243.01亿元增加至2845.48亿元，增长率为26.86%，工业和建筑业的发展带动了浙江省第二产业的增长。

---

①　来源于浙江统计信息网。

②　来源于浙江省住房和城乡建设厅网站。

图5　2013~2017年浙江省工业、建筑业增加值

资料来源：国家统计局网站。

由图6可知，纵向比较来看，2013~2017年浙江省工业、建筑业增加值增速均有升有降。五年间，工业增加值同比增速在2.5%~9.0%的幅度内低位震荡，2015年时跌至2.66%，为样本期内的最低值，此后两年浙江省工业增加值增速先升后降，2017年时工业增加值增速降至4.39%。建筑业增加值增速相比于工业增加值增速的变动趋势更有规律可循，自2013年起，建筑业增加值的增速逐年下滑，2016年建筑业增加值增速降至最低，为2.05%，2017年建筑业增加值增速大幅攀升，表明这一年浙江省地产行业回暖趋势明显。

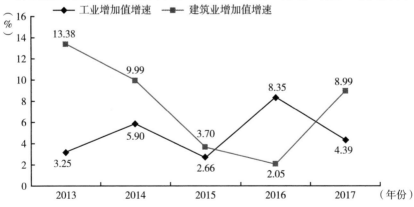

图6　浙江省2013~2017年工业、建筑业增加值同比增速

资料来源：浙江省工业、建筑业增加值数据来源于国家统计局网站。
注：通过增加值数据计算增速。

同期，全国建筑业增加值增速的变动趋势与浙江省十分相似。从图 7 来看，2013～2016 年，全国建筑业增加值逐年下滑，2015 年跌至 3.89%，处5 年中最低水平；2016 年建筑业增加值增速略有反弹，但仍处在较低水平，2017 年大幅攀升至 11.29%，为 5 年中增速最快的一年。整体上看，2013～2017 年，全国及浙江省建筑业增加值增速都经历了一个"先降后升"的阶段。

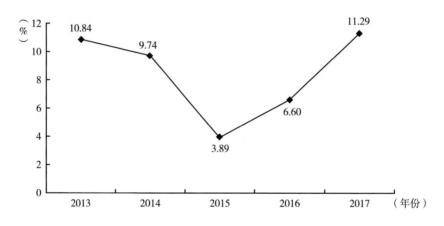

图 7　2013～2017 年全国建筑业增加值同比增速

资料来源：全国建筑业增加值数据来源于国家统计局网站。

注：通过增加值数据计算增速。

（二）浙江省第二产业在全国的地位

如图 8 所示，2013～2017 年全国和浙江省第二产业增加值均逐年增加，但浙江省第二产业增加值在全国的占比略有起伏。2013～2016 年，浙江省第二产业增加值占全国第二产业增加值的比重逐年攀升，从 6.89% 提高到7.15%，2017 年浙江省第二产业对全国第二产业增加值的贡献率又降至6.68%。但从总体上看，浙江省第二产业在全国的占比仍较高，2013～2017 年均保持在 6.6% 以上。

从全国层面来看，2017 年度，各省（自治区、直辖市）当中，浙江省第二产业增加值对全国第二产业增加值的贡献度名列前茅，仅次于江苏、

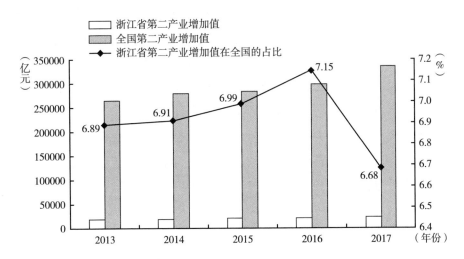

图8 2013～2017年全国、浙江省第二产业增加值及浙江省的占比

资料来源：国家统计局网站。

广东和山东，位列第四。且2013年以来，浙江省第二产业增加值在全国
各省中的排名一直稳定在第四位，对全国第二产业增加值的贡献率较高，
详见图9。

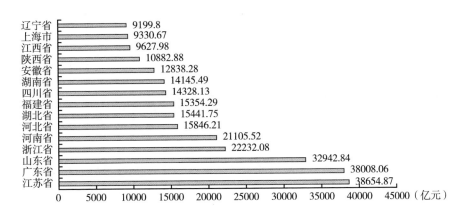

图9 2017年全国各省份第二产业增加值

资料来源：国家统计局。

注：仅展示前15名省份（直辖市）。

江苏省和浙江省地理位置相近，产业结构相似，经济发展水平也相当，常被作为比较对象。因此在考察浙江省第二产业发展水平及其在全国的地位时，我们也对江、浙二省展开比较。整体上看，江苏和浙江均是我国的经济强省，也是我国的建筑大省，历年来江、浙两地第二产业增加值对全国第二产业的贡献率都较高，合计占比近20%。二者相比较来看（见图10），江苏省第二产业增加值对全国的贡献率更高，年均占比在11%以上，且江苏省第二产业增加值占全国第二产业增加值的比重的变动趋势与浙江一致，在2013～2017年都经过了"先升后降"的阶段。

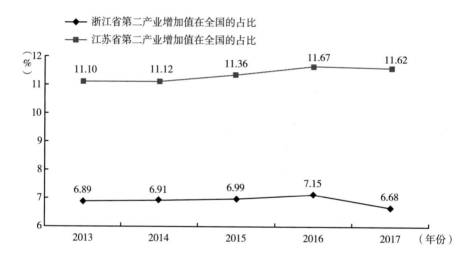

图10　浙江省、江苏省第二产业增加值在全国的占比

资料来源：国家统计局。

分行业来看（见图11），全省工业、建筑业增加值在全国的占比较为稳定，分别在7%、5%的水平上。2013～2017年浙江省工业增加值占全国工业增加值的比重同样经历了"先升后降"的阶段，而建筑业增加值在全国的占比整体上呈下降趋势，这也证明工业的发展水平和变动趋势一定程度上决定了第二产业的变动趋势。

图11　2013～2017年浙江省工业、建筑业增加值在全国的占比

资料来源：国家统计局。

二　第二产业财政支持政策及投入

近年来，在省委、省政府的坚强领导下，浙江省财政运行状况良好，财政收入逐年增加，支出结构不断改善。2013～2017年，全省出台多项支持经济发展的财政政策，通过固定支出科目、财政专项资金、产业基金等支出安排支持各领域的发展，财政职能作用得到较好发挥。针对第二产业，浙江省制定了多项财税政策支持鼓励第二产业尤其是高新技术企业、高端制造业的发展，并通过设立财政专项资金等方式增加财政对第二产业的资金投入，推动了第二产业的发展。

从基本的财政支出数据来看，当前的财政支出分类项目中与第二产业财政投入相关度最高的是"资源勘探信息等支出（类）"科目，[①] 这一支出科目是对资源勘探开发、制造业、建筑业、工业和信息产业监管等

---

① 资源勘探信息等支出（类），是指用于资源勘探开发、制造业、建筑业、工业信息产业监督等方面的支出，包括保障机构正常运转、完成日常和特定的工作任务或事业发展目标的支出。

方面的支出。根据浙江省统计年鉴，2013~2017年该科目财政支出数据如表1所示。

表1　2013~2017年资源勘探、制造业、建筑业、工业信息等方面的支出

单位：万元

项目	2013年	2014年	2015年	2016年	2017年
资源勘探开发	72313	65836	71841	52910	54230
制造业	207432	195127	1309090	114269	176326
建筑业	7483	8518	7584	7961	9360
工业和信息产业监管	65182	74023	271111	250481	261049
总计	352410	343504	1659626	425621	500965

资料来源：2014~2018年《浙江财政年鉴》。

由表1可知，资源勘探开发方面的财政支出总体呈下降趋势，从2013年的72313万元降至2017年的54230万元。工业和信息产业监管方面的财政支出总体呈上升趋势，由2013年的65182万元升至2017年的261049万元，主要原因是2015年起无线电频率占用费安排的支出按规定改列为一般公共预算支出。针对制造业的财政支出水平波动较大，尤其是2015年，对制造业的财政投入骤然升至1309090万元，相对于前两年来说增长了近6.5倍，而2016年的支出又骤降至114269万元，处于5年中最低水平，2017年有所增加，达到176326万元。这是由于2015年整合存量资金设立了浙江省转型升级产业基金，从而使当年制造业方面的财政支出骤增。[①] 对于建筑业而言，近五年财政支出水平相对稳定，从2013年的7483万元到2017年的9360万元，总体呈上升趋势。将四项支出加总来看，5年来（2015年除外）浙江省第二产业的财政支出整体呈上升趋势，由2013年的352410万元上升至2017年的500965万元。

除了固定的财政支出项目外，浙江省也制定了多种政策来支持第二产业的发展，主要包括以下几项。

---

① 2015年，省政府出台《关于创新财政支持经济发展方式加快设立政府产业基金的意见》（浙政发〔2015〕11号），提出"力争通过3年努力，全省各级政府设立的产业基金规模达到1000亿元以上，通过与金融资本的结合，撬动社会资本10000亿元左右"的目标。

（一）扶持第二产业的财政政策及投入

1. 设立工业与信息化发展财政专项资金

为加强专项资金使用管理，提高财政资金使用绩效，积极有效地推进工业转型升级，加快工业化与信息化深度融合，促进工业强省建设，根据《浙江省人民政府办公厅关于进一步加强省级财政专项资金管理工作的通知》（浙政办函〔2014〕66号）的精神，浙江省财政厅、浙江省经济和信息化委员会联合制定了《浙江省工业与信息化发展财政专项资金使用管理暂行办法》（浙财企〔2014〕189号），将工业转型升级等专项资金统一整合为工业与信息化发展财政专项资金，支持企业进行技术改造和技术创新，加快转型升级。

从图12可以看出，工业与信息化发展财政专项资金投入从2014年的127559万元增加到2015年的128832万元，2017年降至125559万元。总体来看，2014～2017年，浙江省工业与信息化发展财政专项资金均保持在12.7亿元左右，年上下波动幅度约为0.2亿元。

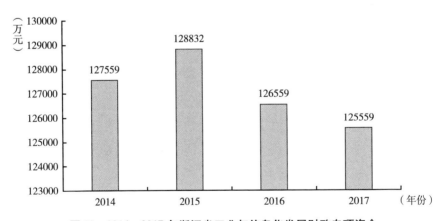

图12 2014～2017年浙江省工业与信息化发展财政专项资金

资料来源：浙江省财政厅网站。

2. 设立省振兴实体经济财政专项资金

为更好地支持浙江省实体经济的发展，促进传统产业改造升级，省委、省政府决定设立省振兴实体经济（传统产业改造）财政专项资金。2017～2019年，省政府每年安排18亿元，3年统筹安排54亿元财政资金，在2015年规模以上工业总产值超过500亿元的36个工业大县（市、区）（宁波除外）中，以企业和产业"亩产效益"综合评价指标为重要依据，通过竞争性分配程序，选择18个工业大县（市、区）开展振兴实体经济（传统产业改造）试点，连续3年每年分别给予1亿元财政专项资金奖励。3年财政专项激励政策实施结束后，对未完成考核目标的县（市、区），相应扣回财政资金。通过评审，并提交省委、省政府审定，确定了义乌、临海、萧山、乐清、永康、海宁、嘉善、柯桥、余杭、长兴、温岭、诸暨、上虞、桐乡、瑞安、富阳、新昌和东阳等18个县（市、区）为振兴实体经济（传统产业改造）财政专项激励资金的分配对象。①

3. 设立省级科技型中小企业扶持和科技发展专项资金

为贯彻落实浙江省委全面实施创新驱动发展战略、加快建设创新型省份的决策部署，根据财政、科技体制机制改革要求，省财政创新财政科技资金投入和管理方式，设立了省级科技型中小企业扶持和科技发展专项资金（浙财教〔2014〕147号），用于转移支付市县支持浙江省科技型中小企业快速发展，扶持资金每年安排3亿元，以5年为设立周期，综合运用基金配套、绩效奖补等支持方式，主要通过间接支持，充分发挥财政资金"四两拨千斤"的作用，促进科技创新能力提升。

4. 浙江省重大建设项目"十三五"规划

2016年8月4日，浙江省人民政府办公厅印发了《浙江省重大建设项目"十三五"规划》，② 根据全省经济社会发展目标要求，规划"十三五"期间全省重大建设项目599个，总投资约8.4万亿元。按推进层次分为"实施项目""预备项目"两类，其中实施项目522个，总投资约7.79万亿元，"十三五"计划投资约5.36万亿元；预备项目77个，总投资6503亿元。

① 来源于浙江省财政厅。
② 来源于浙江省政府网站，http：//www.zj.gov.cn/art/2016/8/26/art_12461_285122.html。

"十三五"规划项目涉及创新发展、交通设施和产业转型等领域,其中产业转型领域围绕《中国制造2025浙江行动纲要》,聚焦机器人与智能制造装备、汽车、航空和轨道交通装备、新能源和节能环保装备、新材料等重点领域,推进一批重大建设项目,总投资金额达228037亿元,"十三五"计划投资19032亿元,对于推动全省制造业高质量、智能化、数字化发展具有十分重要的意义。

5. 设立浙江省产业基金

2018年11月23日,为加强浙江省转型升级产业基金的运作与管理,根据财政部印发的《政府投资基金暂行管理办法》(财预〔2015〕210号)、《财政部关于财政资金注资政府投资基金支持产业发展的指导意见》(财建〔2015〕1062号)等规定,省财政厅发布《浙江省转型升级产业基金管理办法(修订稿)》。①浙江省转型升级产业基金是由省政府主导设立、按市场化方式运作的政府股权投资基金,基金按照"聚焦战略取向、突出政策引导、坚持市场运作、合理防范风险"的原则进行运作管理,聚焦数字经济、凤凰行动、金融稳定、特色小镇、创新引领等政府关注的重点领域,意在支持浙江富民强省十大行动计划实施,推动八大万亿元产业、战略性新兴产业发展(见表2)。

表2　2018年浙江省转型升级产业基金拟投资项目情况

单位:亿元

序号	拟投资项目	合作市县或机构	项目规模	基金拟投资金额
1	桐乡浙商乌镇壹号互联网产业基金	桐乡浙商乌镇互联网产业投资管理有限公司(浙商创投)	8.50	0.85
2	浙江民生伯乐股权投资合伙企业	浙江赛伯乐科创股权投资管理有限公司	5.50	0.50
合计			14.00	1.35

资料来源:浙江省财政厅网站,http://www.zjczt.gov.cn/art/2018/3/21/art_1164164_16342080.html。

---

① 来源于浙江省财政厅,http://www.zjczt.gov.cn/art/2018/11/23/art_1164164_25795859.html。

6. 设立住房与城市建设专项资金

2015 年 5 月 29 日，根据省政府办公厅《关于进一步加强省级财政专项资金管理工作的通知》（浙政办函〔2014〕66 号）的精神，为加强财政专项资金的使用管理，进一步推进财政专项资金整合，省财政厅会同省建设厅研究制定了《浙江省住房与城市建设专项资金管理办法（试行)》，拟设立并规范住房与城市建设财政专项资金。

图 13 描述了 2014～2017 年浙江省住房与城市建设财政专项资金的支出情况，从图中可知，住房与城市建设专项资金从 2014 年的 141425 万元增加到 2017 年的 166861 万元，整体呈上升趋势。

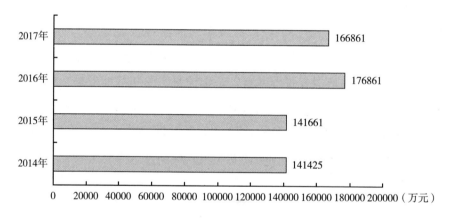

图 13 2014～2017 年浙江省住房与城市建设财政专项资金

资料来源：浙江省财政厅网站。

（二）扶持第二产业的税收政策

2016 年"营改增"以来，我国在流转税、所得税等领域进行了大刀阔斧的税制改革，推出了一系列降低企业税负的财税政策。这其中既有针对全国各行各业的普惠性税收政策，也有针对特殊行业或领域的税收优惠措施。根据财政部政策文件的相关精神，浙江省也制定了一些支持企业发展的税收政策或与税收直接相关的财政奖励措施；浙江省部分城市也针对本市发展状况在税法允许的范围内设置了部分税收优惠措施，但限于我国地方政府的立法权限，这两类税收政策较少。本部分梳理了有关第二产业发展的部分税收政策，主要选取了全国、浙江省和省内部分城市的具有代表性的第二产业税收扶持政策，如表3所示。

表3　近年来关于支持第二产业发展的税收政策

		政策文件	政策内容
全国	普惠性政策	2019年李克强总理政府工作报告	实施更大规模的减税，重点降低制造业和小微企业税收负担，深化增值税改革，将制造业等行业现行16%的税率降至13%
		财政部　税务总局公告2019年第66号	自2019年1月1日起，适用《财政部　国家税务总局关于完善固定资产加速折旧企业所得税政策的通知》（财税〔2014〕75号）和《财政部　国家税务总局关于进一步完善固定资产加速折旧企业所得税政策的通知》（财税〔2015〕106号）规定，将固定资产加速折旧优惠的行业范围，扩大至全部制造业领域
		财建〔2015〕19号、财办建〔2018〕35号、财建〔2019〕225号	自2015年起，财政部、工业和信息化部、原保监会组织实施了首台(套)重大技术装备保险补偿机制试点工作，促进重大技术装备创新。中央财政对符合条件的投保企业按照实际投保费率不超过3%及实际投保年度保费的80%给予保险补偿。保险期间应连续不间断，保险补偿期间按保险期限据实核算，不超过3年
		财税〔2014〕75号、财税〔2015〕106号、财税〔2018〕54号	企业在2018年1月1日至2020年12月31日期间新购进的设备、器具，单位价值不超过500万元的，允许一次性计入当期成本，费用在计算应纳税所得额时扣除，不再分年度计算折旧；单位价值超过500万元的，仍按《企业所得税法实施条例》《财政部　国家税务总局关于完善固定资产加速折旧企业所得税政策的通知》（财税〔2014〕75号）、《财政部　国家税务总局关于进一步完善固定资产加速折旧企业所得税政策的通知》（财税〔2015〕106号）等相关规定执行
	研发费用加计扣除	财税〔2015〕119号、财税〔2018〕99号	企业开展研发活动中实际发生的研发费用，未形成无形资产计入当期损益的，在按规定据实扣除的基础上，在2018年1月1日至2020年12月31日期间，再按照实际发生额的75%在税前加计扣除；形成无形资产的，在上述期间按无形资产成本的175%在税前摊销

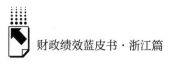

续表

		政策文件	政策内容
全国	新型显示器件产业扶持政策	财关税〔2016〕62号	一、自2016年1月1日至2020年12月31日,新型显示器件(包括薄膜晶体管液晶显示器件、有机发光二极管显示面板)生产企业进口国内不能生产的自用生产性(含研发用)原材料和消耗品,免征进口关税,照章征收进口环节增值税;进口建设净化室所需国内尚无法提供(即国内不能生产或性能不能满足)的配套系统以及维修进口生产设备所需零部件免征进口关税和进口环节增值税。 二、自2016年1月1日至2020年12月31日,对符合国内产业自主化发展规划的彩色滤光膜、偏光片等属于新型显示器件产业上游的关键原材料、零部件的生产企业进口国内不能生产的自用生产性原材料、消耗品,免征进口关税
	新能源汽车补贴政策	财建〔2016〕958号、财建〔2018〕18号	完善新能源汽车补贴标准。根据成本变化等情况,调整优化新能源乘用车补贴标准,合理降低新能源客车和新能源专用车补贴标准。燃料电池汽车补贴力度保持不变,燃料电池乘用车按燃料电池系统的额定功率进行补贴,燃料电池客车和专用车采用定额补贴方式。鼓励技术水平高、安全可靠的产品推广应用
		财政部、税务总局、工业和信息化部、科技部2017年第172号	自2018年1月1日至2020年12月31日,对购置的新能源汽车免征车辆购置税。符合条件的新能源汽车须同时符合以下条件: (一)为获得许可在中国境内销售的纯电动汽车、插电式(含增程式)混合动力汽车、燃料电池汽车 (二)符合新能源汽车产品技术要求 (三)通过新能源汽车专项检测,达到新能源汽车产品专项检验标准 (四)新能源汽车生产企业或进口新能源汽车经销商(以下简称企业)在产品质量保证、产品一致性、售后服务、安全监测、动力电池回收利用等方面符合相关要求
	小微企业优惠政策	财税〔2019〕13号	一、对月销售额10万元以下(含本数)的增值税小规模纳税人,免征增值税。 二、对小型微利企业年应纳税所得额不超过100万元的部分,减按25%计入应纳税所得额,按20%的税率缴纳企业所得税;对年应纳税所得额超过100万元但不超过300万元的部分,减按50%计入应纳税所得额,按20%的税率缴纳企业所得税

		政策文件	政策内容
浙江省	小规模纳税人	财政厅、税务局	经省政府批准同意,财政局和税务局联合决定对浙江省增值税小规模纳税人按50%最高幅度减征资源税、城市维护建设税、房产税、城镇土地使用税、印花税、耕地占用税及教育费附加、地方教育附加
	促进实体经济发展若干政策	《关于实施促进实体经济更好更快发展财政政策的通知》	1. 实行增值税(地方部分)当年增收额财政奖励政策。2017~2018年,给予市、县(市)政府地方部分增值税当年增收额5%的财政奖励。 2. 实施高新技术产业地方税收收入增量返还奖励政策。经国家认定的高新技术企业的企业所得税(地方部分)增收上交省当年增量部分,全额返还所在市、县(市)
各市区	丽水	丽政办发〔2018〕103号	落实涉困企业税费帮扶措施。经税务机关批准企业可延期3个月缴纳税款,缓缴期内免予加收滞纳金。经有关部门认定,可将重点帮扶企业纳入"确属发展前景较好,但目前亩产税收贡献不大的纳税人"类别,给予城镇土地使用税和房产税各50%的减免
	宁波	甬政办发〔2018〕125号	对所得税汇算纳税调整后所得为负数的小微企业,减半征收城镇土地使用税。自2019年1月1日起,降低符合条件的工、商企业购销合同印花税核定征收标准,分别减按70%、40%征收。全市核定征收企业所得税应税所得率,按国家规定的最低应税所得率确定
	绍兴	绍政办发〔2016〕23号	根据企业综合评价分类管理办法,实施城镇土地使用税差别化征收和印花税差别化补助。对A类企业减征城镇土地使用税70%~100%,对B类企业减征50%~70%,对C类企业减免因提高税额标准而增加的部分城镇土地使用税,对D类企业不减免城镇土地使用税,引导推动企业转型升级

资料来源:笔者根据各级政府部门、财政部门、税务部门网站公布的政策整理所得。

三 投入产出状况分析及结论

前两部分对浙江省第二产业的发展状况及其在全国的地位、全国和省市层面对第二产业的财政投入和扶持政策进行了整理分析。可以看到,浙江省对第二产业的财政扶持政策有增无减,针对第二产业的财政支出整体呈上升趋势，浙江省第二产业的产出水平在全国也名列前茅。在本部分，我们将分别使用投入—产出比率分析和财政专项资金绩效目标评价分析对第二产业的投入产出状况进行分析，并得出结论。

（一）投入—产出比率分析

目前，为了促进传统产业的转型升级，浙江省对第二产业有诸多产业政策的扶持。然而，却并未公布准确的分产业财政投入数据。目前已公布的财政支出数据，都是基于教育、科技、交通运输等特定领域统计的，并未区分二、三产业，更未有第二产业的详细财政投入数据。本部分将以《浙江财政年鉴》上第二产业的财政支出作为财政投入，第二产业的产业增加值作为产出，计算近5年的投入—产出比率，并进行分析。

将上文所提及（见表1）的对资源勘探开发、制造业、工业和信息产业监管相关方面的财政支出加总可得到工业方面的财政投入，建筑业方面的财政投入保持不变，将两者相加可得第二产业的财政投入。将2013～2017年的第二产业税收收入与财政投入相比，可得到各年度的投入—产出比率。由于无法从较为正规的渠道获得浙江省第二产业的税收收入数据，鉴于税收收入与产业增加值间存在一定的相关性，在实际计算中以第二产业增加值作为产出，并记2013年的比值为1，后续年份以2013年为基期进行换算，消除数量级的影响。最终分别得到工业、建筑业与第二产业的投入—产出比率，详见表4。

表4　2013～2017年第二产业投入—产出比率

年度	2013	2014	2015	2016	2017
工　业	1.000	1.090	0.227	0.973	0.863
建　筑　业	1.000	0.966	1.125	1.094	1.014
第二产业	1.000	1.090	0.232	0.972	0.867

资料来源：原始数据来源于《浙江财政年鉴》、国家统计局网站。

根据表4的数据做出2013～2017年浙江省第二产业投入—产出比率图。如图14所示，该图包含了第二产业及工业、建筑业分产业的投入—产出比

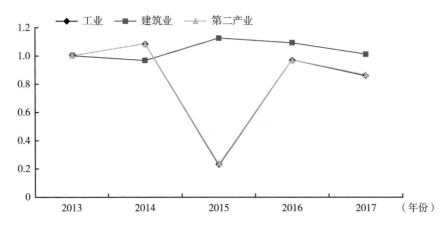

图14 2013～2017年浙江省第二产业投入—产出比率

资料来源：原始数据来源于《浙江财政年鉴》、国家统计局网站。

率趋势，可见第二产业投入—产出比率走势与工业的走势吻合度非常之高，几近重合。这源于建筑业的财政投入在第二产业总投入中所占比例太低，大概在2%上下，2015年更是低至0.46%，使第二产业投入—产出比率走势过度倾向于工业投入—产出比率的走势。进一步分析可知，图中十分显眼的一处凹陷，便是2015年工业与第二产业的投入—产出比的骤降，由2014年的1.09降为2015年的0.23，由前文可知，这是由于2015年整合存量资金设立了浙江省转型升级产业基金，从而使当年制造业方面的财政支出骤增，相应地使投入产出的比值减小。而后两年的投入—产出比率也未达到1，分别为0.97与0.86，这是由于从2015开始工业和信息产业监管方面的财政支出增加较多，主要原因是无线电频率占用费安排的支出按规定改列入一般公共预算支出。就建筑业而言，除了2014年投入—产出比率为0.966，小于1外，其余年份均在1以上，2016年与2017年的比值分别为1.094与1.014，较2015年的1.125有所降低，五年内先上升后略有下降，总体来说呈现较为平稳的态势。

总体来看，除去2015年投入—产出比率的突变外，工业、建筑业及第二产业总体的投入—产出比率五年来呈现略微下降的趋势。鉴于近几年来浙江出台了更多的财政政策扶持第二产业，不断加大财政投入，真实的财政投入只会比目前所使用的财政投入数据更大，所以本部分所得到的财政投入—产出比率就构成了真实财政投入—产出比率的下界，也就是说，实际上的下降幅度只会更大不会更小。由此可见，自我国经济进入新常态以来，虽然浙江省出台了多项政策扶持第二产业，以促进工业转型升级，但是仅以财政支出相关科目与产业增加值所构建的投入—产出比来看，其总体略呈下降趋势，还未能达到较为理想的状态。因此，应进一步规范扶持第二产业的财政专项资金的设立及使用管理，提高财政资金使用绩效，积极有效地推进工业转型升级，加快工业化与信息化深度融合，振兴实体经济，以此促进工业强省建设。

2017年经省委、省政府决定，省财政整合专项，统筹财力，浙江省将于2017～2019年实施振兴实体经济（传统产业改造）财政专项激励政策。省财政每年安排18亿元，突出以提升亩产税收、规模以上工业增加值为核心目标，采取竞争性分配方式，面向全省（不含宁波）36个工业大县（市、区），择优选择18个县（市、区），给予每个县（市、区）每年专项激励资金1亿元。该专项资金的目的是更好地支持浙江省实体经济发展，促进传统产业改造升级。在专项资金扶持期间，财政部门将会同有关部门加强督查，若三年后进行考核时结果未达到预期目标，将相应扣回专项激励资金。在浙江省近几年陆续出台的产业基金、财政专项资金等多项扶持政策的大力推动下，相信浙江省第二产业的发展会一改近两年来的疲态，迎来又一个春天。

（二）财政专项资金绩效目标评价分析

前文虽以浙江省对第二产业的财政支出为投入，以第二产业增加值为产出进行了投入—产出比率分析，但以产业增加值作为财政投入—产出比中产出的衡量方式，从某种程度上来说还是有些差强人意的。因此，本部分将对2017年度与第二产业相关的主要财政专项资金进行绩效目标评价分析。由于浙江省各级政府间的绩效管理差异较大，且并未建立起统一的财政支出预算绩效管理体系，因此我们将参考其他省份较为系统的省级部门项目支出绩效自评报告进行分析，如以《云南省工业和信息化委员会规模以上工业企业培育资金项目支出绩效自评报告》的做法为参考。① 绩效目标评价分析的具体思路如下：首先，根据浙江省统计局、财政厅官网公布的最新统计数据，可获得 2017 年财政专项资金的投入产出状况；其次，根据《浙江省 2016 年省级一般公共预算执行情况及 2017 年省级一般公共预算》，可获得省级财政专项资金投入所设定的绩效目标；再次，根据绩效目标，依据 SMART 原则，将该绩效目标进一步细化分解，可形成定量可观测的具体指标；最后，通过比对具体绩效指标与财政专项资金的实际产出达成情况，对财政专项资金绩效目标达成情况进行评价分析。绩效结果分为如下五个等级：优秀（绩效达成率≥90%）、良好（90%＞绩效达成率≥80%）、中等（80%＞绩效达成率≥70%）、合格（70%＞绩效达成率≥60%）、不合格（绩效达成率＜60%）。

　　财政转移支付专项是指省级政府对承担委托事务、共同事务的市县政府给予的具有规定使用范围和方向的专项补助，以及对应由市县政府承担的事务给予的具有规定使用范围和方向的专项奖励或补助。财政专项资金对工业、建筑业起到的扶持作用更加明确。在浙江省财政厅官网所列出的专项资金中，工业与信息化发展财政专项是用来扶持工业发展的，住房与城市建设专项则与建筑业息息相关，而上文提及的振兴实体经济（传统产业改造）财政专项激励政策于 2017 年才开始实施，故暂不做考虑。《浙江省工业和信息化发展财政专项资金使用管理办法》对工业和信息化发展财政专项资金进行了明确界定，是"为了促进全省工业和信息化发展，加快工业转型升级，建设制造强省"。《浙江省住房与城市建设专项资金管理办法（试行）》也对住房与城市建设专项资金的使用范围进行了明确，"由省财政预算统筹安排，专项用于促进全省住房和城乡建设发展"。

　　本部分主要对工业和信息化发展财政专项资金、住房与城市建设专项资金进行财政专项资金绩效目标评价分析。综合 2017 年第二产业的主要财政

---

① 云南省工业和信息化委员会：《云南省工业和信息化委员会规模以上工业企业培育资金项目支出绩效自评报告》，2016。

专项资金投入与产出绩效目标的评价分析结果，我们认为浙江省财政专项资金运用合理规范，成效较为显著，两项专项资金的绩效目标评价结果均处于中等等级及以上，这表明浙江省财政专项资金的使用落到了实处，取得了一定的成效。然而，在绩效目标评价分析中，我们也发现了一些不容忽视的问题，工业技术改造投资同比增长率较低，工业固定资产投资同比增长率未达预期。这说明接下来应强化对工业技术改造投资的政策扶持，使专项资金的针对性更强，目的性更明确，如可对进行工业技术改造投资的企业给予定向的财政补贴或税收优惠，以推动全省工业技术改造投资的增长，同时充分发挥产业基金的作用，以起到"四两拨千斤"的作用，有力撬动社会资本，进一步推动全社会工业固定资产投资的增长，大力振兴实体经济，避免经济脱"实"入"虚"。而住房与城市建设专项资金的投入成效显著，达到了预期目标，应继续维持该专项资金的运作，促进城乡建设与建筑业工业化的推进。具体分析如下。

1. 2017年工业与信息化发展财政专项资金投入125559万元

绩效目标：根据《浙江省2016年省级一般公共预算执行情况及2017年省级一般公共预算》，工业与信息化发展财政专项的绩效目标为"全部工业增加值增长6.5%左右；工业固定资产投资增长8%左右；工业技术改造投资增长12%；信息化指数（浙江省评价方案）达到92以上，完成'十三五'单位GDP能耗下降约束性目标的20%"。

指标分解：a. 全部工业增加值增长6.5%左右；b. 工业固定资产投资增长8%左右；c. 工业技术改造投资增长12%；d. 信息化指数（浙江省评价方案）达到92以上；e. 完成"十三五"单位GDP能耗下降约束性目标的20%。

实际产出：根据浙江省统计信息网公布的数据，a. 浙江省2017年1~12月全部工业增加值同比增长8.3%。b. 工业固定资产投资同比增长6.1%。c. 工业技术改造投资同比增长1.7%。根据《浙江省经济和信息化委员会浙江省统计局关于印发2017年浙江省信息化发展水平评价报告的通知》可知，d. 2017年全省信息化发展指数为97.61，比上年提高2.82个点。

根据《关于浙江省 2017 年国民经济和社会发展计划执行情况及 2018 年国民经济和社会发展计划草案的报告（摘要）》可知，e. 2017 年单位 GDP 能耗下降 3.7%。[①]

绩效分析：将财政专项资金的绩效目标与实际产出进行比对，可知 a、d、e 三项指标超额完成，评价为优秀；而 b、c 两项指标未圆满达成，其中 b 指标达成率为 6.1% ÷ 8% × 100% = 76.25%，评价为中等（80% ＞绩效达成率≥70%），而 c 指标达成率为 1.7% ÷ 12% × 100% = 14.17%，评价为不合格（绩效达成率 ＜60%）。总体来说，该专项资金绩效目标评价为三优秀一中等一不合格，最终评价等级只能算作中等，并未能达到良好或优秀。

由上述分析可知，该专项资金未能圆满达成绩效目标的原因主要在于工业技术改造投资同比增长率的完成度较低，为 1.7%，远远未达到所设定的 12% 的既定目标，这说明接下来应强化对工业技术改造投资的政策扶持，使专项资金的针对性更强，目的性更明确，如可对进行工业技术改造投资的企业给予定向的财政补贴或税收优惠，以推动全省工业技术改造投资的增长。次要原因在于工业固定资产投资同比增长率未达预期，2017 年实现 6.1%，而既定目标为 8%，政策启示为应充分发挥产业基金的作用，以起到"四两拨千斤"的作用，有力撬动社会资本，进一步推动全社会工业固定资产投资的增长，大力振兴实体经济，避免经济脱"实"入"虚"。

2. 2017年住房与城市建设专项资金投入166861万元

绩效目标：根据《浙江省 2016 年省级一般公共预算执行情况及 2017 年省级一般公共预算》，住房与城市建设专项的绩效目标为："住房保障建设方面，完成 2017 年全省保障房建设任务和美丽宜居示范村试点建设任务。城乡基础设施建设方面，开展海绵城市建设试点，完成全省城镇污水管网建设、城镇污水处理厂一级 A 提标改造、污泥处理处置设施年度建设任务；

---

① 根据《关于印发浙江省节能"十三五"规划的通知》（浙发改规划〔2016〕672 号），浙江省全省"十三五"单位 GDP 能耗下降约束性目标为 17%。即"十三五"期间，浙江省全省单位 GDP 能耗下降约束性目标年均为 17% ÷ 5 = 3.4%。

全面完成设区市生活垃圾焚烧厂提标改造,实现设区市 50% 以上小区有垃圾分类投收、分类运输、分类处置设施。做好风景名胜区重点项目规划实施评估。"

指标分解:a. 完成 2017 年全省保障房建设任务和美丽宜居示范村试点建设任务;b. 开展海绵城市建设试点;c. 完成全省城镇污水管网建设、城镇污水处理厂一级 A 提标改造、污泥处理处置设施年度建设任务;d. 全面完成设区市生活垃圾焚烧厂提标改造;e. 做好风景名胜区重点项目规划实施评估。通过浙江省住房和城乡建设厅所公布的《2016 年住房城乡建设工作小结与 2017 年主要工作安排》这一年度总结将以上指标具体化。a. 保障房建设任务,即新开工各类棚户区改造安置住房 18 万套,基本建成棚户区改造、公共租赁住房 15.5 万套。美丽宜居示范村试点建设任务,即新启动实施 157 个省级和 10 个国家级美丽宜居示范村,年底建成 1000 个美丽宜居示范村。b. 开展海绵城市建设试点,即宁波和 4 个省级试点城市建设项目全部开工,各设区市市区年底前至少建成 1 处不少于 3 平方公里的海绵城市项目。c. 完成城镇污水处理厂新扩建项目 25 个,新增城镇污水配套管网 2000 公里以上,实施城镇污水处理厂一级 A 提标改造 48 座,基本实现城镇截污纳管全覆盖。d. 全面完成设区市生活垃圾焚烧厂提标改造。e. 做好风景名胜区重点项目规划实施评估。

实际产出:根据浙江省住房和城乡建设厅所发布的《2017 浙江省建设领域各行业发展基本情况》可知,a. 2017 年新开工棚户区改造 18.99 万套,基本建成棚户区改造和公共租赁住房 22.79 万套。新启动实施 158 个省级和 23 个国家级美丽宜居示范村,年底成功建成 1000 个美丽宜居示范村。b. 开展海绵城市建设试点,建成海绵城市 72 平方公里。c. 完成城镇污水处理厂新扩建项目 25 个,新增城镇污水配套管网 3000 公里,实现 48 座城镇污水处理厂一级 A 提标改造,基本实现城镇截污纳管全覆盖。e. 在全国率先开展风景名胜区管理评价,推行规划实施评估,杭州西湖风景名胜区成为全国首个通过评估的国家级风景名胜区。而对于指标 d. 全面完成设区市生活垃圾焚烧厂提标改造,并未在现有的正式文件中找到相关指标达成度情况。

绩效分析：将财政专项资金的绩效目标指标与实际产出进行比对，在不考虑指标 d 的情况下，a、b、c、e 四项指标均超额完成，评价为优秀。总体来说，该专项资金五项绩效目标评价中至少获得四个优秀，最终评价等级能够达到良好及以上，这说明住房与城市建设专项资金的投入成效显著，达到了预期目标，应继续维持该专项资金的运作，促进城乡建设与建筑业工业化的推进。

B.5

浙江省2013~2017年第三产业
投入产出成效分析

郭 林 张旭飞*

摘 要： 本报告分为第三产业整体发展状况及在全国的地位、第三产业
财政支持政策及投入、投入产出状况分析及结论三个部分。
2013~2017年，浙江省第三产业名义增加值和实际增加值呈现
稳步上升的趋势，但其增长率的变化有所不同，在全国第三产
业增加值中的占比基本保持在6%~6.5%，说明浙江省第三产
业发展良好。在财政政策支持方面，近10年来，财政部、浙
江省财政厅等多部门连续出台多项政策支持第三产业的发展，
着眼于薄弱环节、关键领域。综合2017年财政政策对第三产业
进行扶持的主要专项资金投入与产出成效分析，发现项目成效
均处于良好等级及以上，大部分为优秀等级，这充分表明浙江
省财政专项资金的使用落到了实处，取得了显著成效。

关键词： 财政绩效 财政支持政策 投入产出成效分析

党的十九大报告提出，要加快发展现代服务业，瞄准国际标准提高水
平。浙江省第十四次党代会也提出，要着力打造现代服务业新引擎，促进生
产性服务业向专业化和价值链高端提升，推进生活性服务业向便利化、精细

---

* 郭林，浙江大学经济学院2018级财政学博士研究生；张旭飞，浙江大学经济学院2018级政
治经济学硕士研究生。

化、品质化提升。浙江省发改委副主任翁建荣（2018）指出，"服务业已经成为经济发展的主动力，加快发展服务业是顺应经济规律的必然之举，对促进高质量发展、满足人民对美好生活向往、推进绿色发展具有十分重要的意义"。浙江省近些年来，积极响应党中央号召，采取多项财税举措，加大对第三产业的投入，推动第三产业发展，取得了显著成效。

一 第三产业整体发展状况及在全国的地位

（一）浙江省第三产业增加值（名义）发展状况

第三产业即指服务业，是除了第一、第二产业之外的其余行业，根据国务院办公厅转发的国家统计局《关于建立第三产业统计的报告》中对我国三次产业划分的意见，中国第三产业包括流通和服务两大部门，具体分为四个层次：一是流通部门，包括交通运输业、邮电通信业、商业饮食业、物资供销和仓储业；二是为生产和生活服务的部门，包括金融业、保险业、地质普查业、房地产管理业、公用事业、居民服务业、旅游业、信息咨询服务业和各类技术服务业；三是为提高科学文化水平和居民素质服务的部门，包括教育、文化、广播、电视、科学研究、卫生、体育和社会福利事业；四是国家机关、政党机关、社会团体、警察、军队等，但在国内不计入第三产业产值和国民生产总值。[①] 文中主要关注的是前三个层次的行业和部分。

第三产业的良好发展在一个地区的经济发展过程中发挥着不可忽视的重要作用。图1所示是2013~2017年浙江省第三产业名义增加值及其增长率，可以看出这5年间第三产业增加值呈现出不断上升的趋势，其中，2013年17948.72亿元，2014年19220.79亿元，2015年首次突破2万亿元，达到了21341.91亿元，2016年和2017年继续攀升，分别达到了24091.57亿元和

---

① 参考：《抓紧建立国民生产总值和第三产业统计——国务院办公厅转发国家统计局〈关于建立第三产业统计的报告〉》。

27602.26 亿元。从增长率的角度来看，整体呈现出先降后升的趋势，2013
年增长率较为突出，为 14.46%，到了 2014 年增长率变为 7.09%，随后不
断升高，到 2017 年达到了 14.5%，与 2013 年的水平持平。可见浙江省第三
产业的增加值持续增长，态势良好。

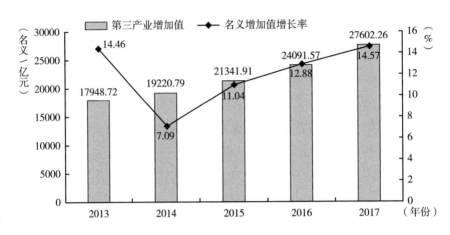

图 1　2013～2017 年浙江省第三产业名义增加值及增长率

资料来源：国家统计局网站。

　　2013～2017 年浙江省第三产业增加值占地区生产总值比重的 5 年趋势如
图 2 所示。可以清晰地看到，从 2013 年的 47.54% 到 2017 年的 53.32%，第三
产业增加值在地区生产总值中的占比在不断增加。结合上一章对第二产业规
模的分析，可以发现在 2014 年，第三产业的比重首次超过了第二产业，而到
了 2016 年，第三产业的比重超过了 50%，高于第二产业和第三产业的和，成
为地区生产总值中的最大组成部分，而且这一规模还在不断扩大，2017 年达
到了 53.32%，这说明随着时间的推移，浙江省的产业结构在不断调整，由第
一、第二产业向第三产业转移，第三产业取得了很大的发展。

　　进一步考察浙江省第三产业增加值在全国的地位，图 3 所示是 2013～
2017 年浙江省第三产业增加值占全国第三产业增加值的比重，呈现出 U 形
结构，最低点在 2015 年，占比是 6.17%，U 形的两端分别为 2013 年的
6.46% 和 2017 年的 6.48%，虽然这一占比先降后升，但是最高点和最低点

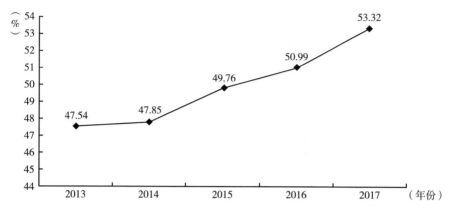

图2 2013～2017 年浙江省第三产业名义增加值占地区名义生产总值的比重

资料来源：国家统计局网站。

相差仅为0.3 个百分点，差距较小，说明浙江省第三产业增加值在全国第三产业增加值中的比重较为稳定。

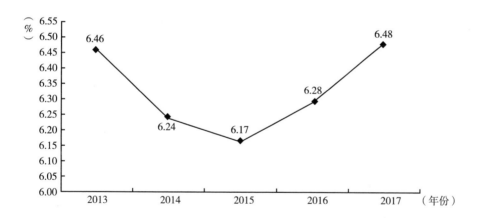

图3 2013～2017 年浙江省第三产业名义增加值占全国第三产业名义增加值的比重

资料来源：国家统计局网站。

（二）浙江省第三产业增加值（实际）变化

本部分考虑浙江省第三产业实际增加值的变化，所有的数据以 2013 年为基期，通过第三产业增加值指数或地区生产总值指数平减，得到 2013 ～

2017 年的实际增加值及其增长率（见图 4）。可以看出，实际的第三产业增加值在 5 年间持续上升，这与名义增加值的趋势相同，具体而言，2013 年为 17948.72 亿元，2014 年为 19492.31 亿元，2015 年为 21694.94 亿元，2016 年为 23799.35 亿元，2017 年为 25988.89 亿元。折线图描绘了实际增加值增长率的变化——先增加后减小，从 2014 年的 8.60% 增加到 2015 年的 11.30% 后，又下降到 2016 年的 9.70%，到了 2017 年又下降至 9.20%。这与名义增加值增长率持续增高的趋势有所不同。

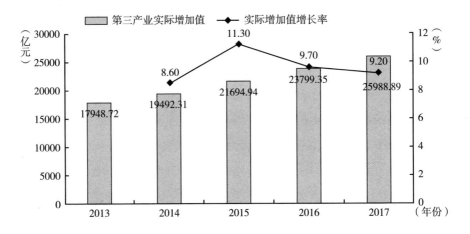

图 4　2013~2017 年浙江省第三产业实际增加值及增长率

资料来源：国家统计局网站，以 2013 年为基期。

考察浙江省第三产业实际增加值占地区实际生产总值的比重，如图 5 所示。与名义占比所不同的是，5 年间实际占比在不断下降，从 2013 年的 47.54% 下降到 2017 年的 37.24%，下降幅度达到 10 个百分点，这与名义占比趋势图得到的结论完全相反，说明浙江省的产业结构中第三产业份额在不断减小。

从浙江省第三产业实际增加值占全国第三产业实际增加值的比重来看（见图 6），在这 5 年间，比重在不断增加，2013 年为 6.46%，2014 年为 6.50%，2015 年为 6.69%，2016 年为 6.82%，到了 2017 年为 6.90%，可以预测之后的年份这一比重还会继续升高。

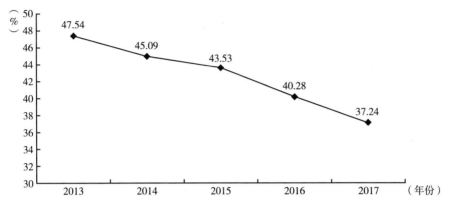

图5　2013~2017 年浙江省第三产业实际增加值占地区实际生产总值的比重

资料来源：国家统计局网站，以 2013 年为基期。

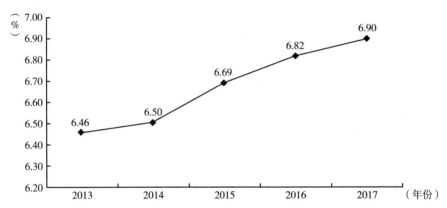

图6　2013~2017 年浙江省第三产业实际增加值占全国第三产业实际增加值的比重

资料来源：国家统计局网站，数据以 2013 年为基期。

（三）浙江省第三产业细分行业变化与增长率

第三产业主要包括批发和零售业，交通运输、仓储和邮政业，住宿和餐饮业，金融业，房地产业和其他行业。图7 是 2013~2017 年浙江省第三产业细分行业增加值的百分比堆积图（图8 是增加值），从图中可以看出，在每年的第三产业增加值中，其他行业增加值占到了最大份额，其次是批发和零售业，另外金融业和房地产业所占份额也较大，而交通运输、仓储和邮政业所占份额较小。

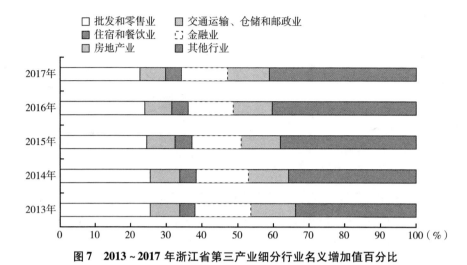

图7 2013～2017年浙江省第三产业细分行业名义增加值百分比

资料来源：国家统计局网站。

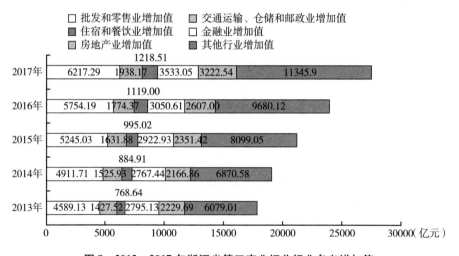

图8 2013～2017年浙江省第三产业细分行业名义增加值

资料来源：国家统计局网站。

从2013年到2017年，其他行业所占比例在不断增加，而批发和零售业、金融业增加值所占比重却有减少的趋势。为了更为清晰地看到第三产业下行业结构的变化，笔者绘制了2013年和2017年的饼状图作为对比（见图9），可以看到，比重变化最大的是其他行业，从34%变到了41%，另外变

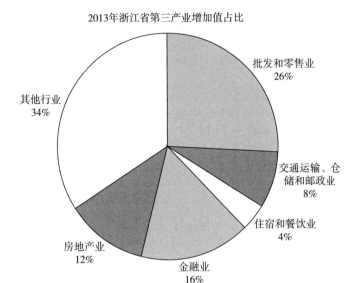

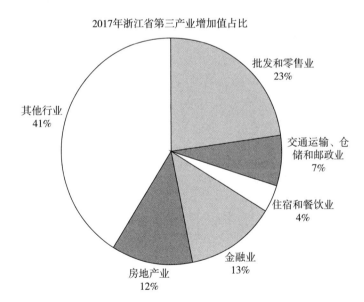

图9 2013年和2017年浙江省第三产业增加值占比

资料来源：国家统计局网站。

注：上图为2013年，下图为2017年。

化比较明显的是金融业及批发和零售业,均下降了 3 个百分点,这说明浙江省第三产业内的细分行业构成有所调整,但是变动不大。从第三产业各行业的增加值角度分析(见图 8),可以看到 5 年间,每一个行业的增加值都在不断增加,这也说明了 5 年来浙江省第三产业的整体发展态势良好。

二　第三产业财政支持政策及投入

近 10 年来,财政部、浙江省财政厅等多部门连续出台多项政策,积极引导财政政策对第三产业的投入和支持。例如,浙江省财政厅、浙江省发展和改革委员会 2011 年印发了《关于印发浙江省服务业发展引导财政专项资金管理办法的通知》(浙财企〔2011〕227 号),随后财政部、国家发展改革委员会 2012 年印发《关于印发〈战略性新兴产业发展专项资金管理暂行办法〉的通知》(财建〔2012〕1111 号),接着浙江省财政厅、浙江省发展和改革委员会 2013 年印发了《关于印发浙江省服务业发展引导财政专项资金管理办法的通知》(浙财企〔2013〕411 号),然后财政部 2015 年 5 月 31 日,专门印发了《关于印发〈中央财政服务业发展专项资金管理办法〉的通知》(财建〔2015〕256 号),同年浙江省财政厅印发了《关于印发浙江省转型升级产业基金管理办法的通知》(浙财企〔2015〕109 号),将省转型升级基金重点投向第三产业的服务领域。这些专项资金无一例外地被投向了第三产业的薄弱环节、关键领域,极大地调动了企业和地方政府的积极性,促进了第三产业的发展。

转移支付专项是指省级政府对承担委托事务、共同事务的市县政府,给予的具有规定使用范围和方向的专项补助,以及对应由市县政府承担的事务,给予的具有规定使用范围和方向的专项奖励或补助(摘自浙江省财政厅)。这表明转移支付专项,是带有明确政策导向的,要承担特定的财政政策任务。

关于第三产业的范围,根据最新中华人民共和国国家标准(GB/T4754 - 2017)中的行业分类,第一产业包括农、林、牧、渔,第二产业包括采矿业，制造业，电力、热力、燃气及水生产和供应业，建筑业，第三产业即除第一产业和第二产业外的所有其他行业，包括批发和零售业，交通运输、仓储和邮政业，住宿和餐饮业，信息传输业，软件和信息技术服务业，金融业，房地产业，租赁和商业服务业，科学研究和技术服务业，水利、环境和公共设施管理业，居民服务、修理和其他服务业，教育、卫生和社会工作，文化、体育和娱乐业，公共管理，社会保障和社会组织，国际组织。

不难看出第三产业涉及行业众多，浙江省积极响应党中央号召，相继出台了大量有针对性的财税政策予以贯彻落实，这一系列政策以财政政策为主，税收政策较少。下面将详细讨论针对第三产业关键领域的主要财政政策、税收政策及财政专项资金投入。

（一）"财政政策"对第三产业的扶持和投入

浙江省对第三产业的扶持主要是通过财政政策进行引导和扶持，引导和扶持方式主要是通过财政专项资金对第三产业进行转移支付和直接补贴。下面将概要梳理近几年来，浙江省出台的针对第三产业关键领域的主要财政扶持政策及财政专项投入。

1. 对批发和零售业的财政政策支持和投入

浙江省在2011年印发《关于印发浙江省促进国际服务贸易发展专项资金管理办法的通知》（浙财企〔2011〕410号）和《关于印发浙江省农村商贸服务体系建设专项资金管理办法的通知》（浙财企〔2011〕361号），旨在促进浙江省国际服务贸易的发展和"加快我省农村现代商贸流通体系建设，统筹城乡商贸流通一体化发展"。

近年来，浙江省对第三产业进行财政支持的商务促进专项资金投入从2015年的46050万元，稳步缓慢增长至2018年的62550万元，然后2019年商务促进专项资金投入突然扩增至95950万元，增长率超过50%（见图10）。

2. 对金融业的财政政策支持和投入

浙江省财政厅等四部门在2015年颁布《关于印发浙江省金融业发展专

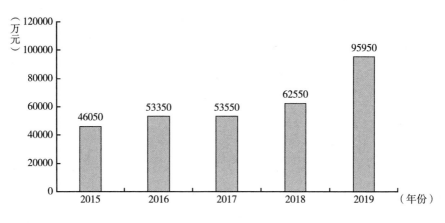

图10　省级商务促进专项

资料来源：浙江省财政厅网站。

项资金管理办法的通知》（浙财金〔2015〕10号），旨在"对银行业金融机构小微企业贷款及农业贷款实施风险补偿，对小额贷款公司有关贷款实施风险补偿"。浙江省财政厅等四部门在2018年印发《浙江省金融业发展专项资金管理办法》（浙财金〔2018〕6号），旨在对"银行业金融机构小微企业贷款、农业贷款及绿色贷款给予风险补偿，补偿对象可包括所有类型银行业金融机构"，同时"专项资金也可用于各类促进绿色金融改革创新、银担合作、政保合作以及其他当地认为有必要支持的方向"。浙江省财政厅、中国人民银行杭州中心支行、浙江省地方金融监督管理局2019年印发《浙江省促进企业融资奖励办法》（浙财金〔2019〕20号），"对具有债务融资工具主承销业务资格或使用央行支小再贷款资格的在浙金融机构一级分支机构或在浙法人金融机构进行奖励"。

图11是浙江省近年来对第三产业进行财政支持的金融发展专项资金投入情况，不难看出，前四年都是13500万元，到了2019年金融发展专项资金锐减至3500万元。

3.对科学研究和技术服务业的财政政策支持和投入

浙江省财政厅、浙江省社会科学界联合会于2019年印发《浙江省哲学社会科学专项资金管理办法》（浙财科教〔2019〕9号），该政策明确了

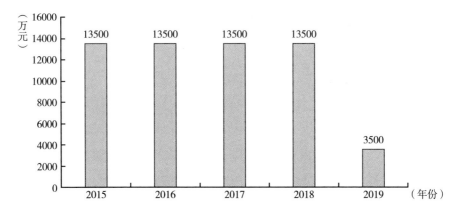

图11　省级金融发展专项

资料来源：浙江省财政厅网站。

"哲学社会科学专项资金中各类研究课题、科研平台、社会科学宣传普及工作和学术活动、省哲学社会科学优秀成果奖、省级社会科学学术著作出版、哲学社会科学人才培养项目、浙江文化研究工程、省领导交办的其他调研项目和活动、后补助项目和事后奖励等九类专项的分配方式和资助标准"。同年，浙江省财政厅、浙江省科学技术协会于2019年印发《浙江省科学普及和学术智力专项扶持资金管理办法》（浙财科教〔2019〕34号），重点引导财政专项资金对如下科技活动的支持补助：院士专家工作站建设、基层科普行动计划、科技馆免费开放。

浙江省近些年对第三产业进行财政支持的科学普及和学术智力活动专项资金投入情况波动较大。从图12不难看出，2015年投入最高，为2300万元，到2016年锐减至550万元，2017年又猛增至1710万元，之后又下降至1175万元，在2019年小幅增至1360万元。

浙江省财政厅、浙江省科学技术厅于2014年印发《浙江省省级科技型中小企业扶持和科技发展专项资金管理办法》（浙财教〔2014〕147号），要求"扶持资金每年安排3亿元，以5年为设立周期，综合运用基金配套、绩效奖补等支持方式，主要通过间接支持，充分发挥财政资金'四两拨千斤'的作用，鼓励市县政府加大对科技型中小企业的扶持力度"。不同于前

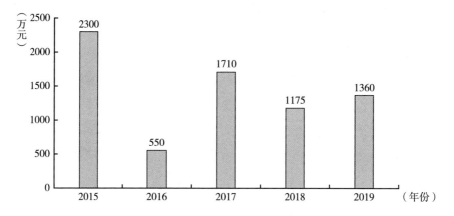

图 12 省级科学普及和学术智力活动专项

资料来源：浙江省财政厅网站。

面，该财政支持政策的重点是对科技型中小企业（大部分属于第三产业）的扶持。

图 13 是近些年来，浙江省对第三产业进行财政支持的科技型中小企业扶持和科技发展专项资金的投入情况，不难看出，2015 年为 92034 万元，到 2016 年有较大幅度的下滑，为 77056 万元，2017 年又恢复之前水平达到 94069 万元，2018 年大幅增长至 118432 万元，2019 年基本保持稳定不变。

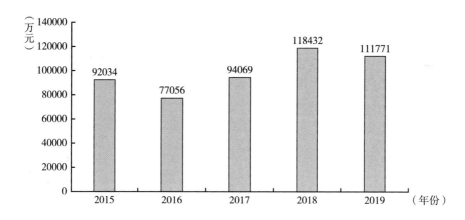

图 13 省级科技型中小企业扶持和科技发展专项

资料来源：浙江省财政厅网站。

4. 对医疗卫生事业的财政政策支持和投入

浙江省财政厅、卫生厅，于 2013 年印发《浙江省卫生高层次人才培养工程资金管理暂行办法》（浙财社〔2013〕165 号），该文件要求"在培养周期内，省财政对卫生领军人才培养对象、卫生创新人才培养对象、医坛新秀培养对象分别给予 100 万元（每年 20 万元）、40 万元（每年 8 万元）、5 万元的经费资助。培养对象所在单位应按不低于 1∶1 的比例落实配套资金，并按规范程序核拨培养资金"。

浙江省财政厅、浙江省卫生和计划生育委员会，于 2017 年印发了《浙江省"双下沉、两提升"省级财政专项资金管理办法》（浙财社〔2017〕99号），该文件要求"实行全面托管的，每家预补助 400 万元；实行重点托管的，每家预补助 220 万元；省级专科医院实行专科托管的，每家预补助 50 万元。预拨被下沉医院的分类补助，按二类六档转移支付办法确定的地区分类和合作办医类型确定标准：一类地区：实行全面托管的，每家预补助 500 万元；实行重点托管的，每家预补助 300 万元；与专科下沉医院实行专科托管的，每家预补助 100 万元。二类地区：实行全面托管的，每家预补助 200 万元；实行重点托管的，每家预补助 100 万元；与专科下沉医院实行专科托管的，每家预补助 50 万元。市级三甲医院开展'双下沉、两提升'工作，且考核得分在市级下沉医院中排名位于前三分之一的，给予激励奖补：第一、第二名的，每家奖励 300 万元；第三、第四名的，每家奖励 200 万元；其余前三分之一的医院，每家奖励 100 万元"。

浙江省财政厅、浙江省卫生健康委员会，于 2019 年印发《浙江省基本公共卫生服务项目补助资金管理办法》（浙财社〔2019〕5 号），要求地方"按照辖区内基本公共卫生服务常住人口数、服务项目内容和人均经费补助标准足额安排补助资金预算"，同时"已实行基层医疗卫生机构补偿机制改革的地区，要统筹基本公共卫生服务项目补助资金和经常性收支差额补助资金，对基本公共卫生服务实行政府购买服务，购买服务资金预算原则上应与基本公共卫生服务项目人均补助标准要求相衔接"。

图 14 是近些年来浙江省对第三产业进行财政支持的医疗卫生和计划生

育专项资金的投入情况，不难看出，医疗卫生和计划生育专项的投入呈逐年下降趋势，由 2015 年最高的 86532 万元，逐渐下降至 2019 年的 46353 万元。

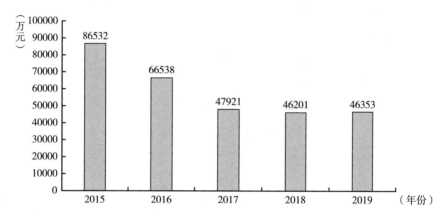

图 14　省级医疗卫生和计划生育专项

资料来源：浙江省财政厅网站。

5. 对教育事业的财政政策支持和投入

浙江省财政厅、浙江省教育厅于 2013 年印发《浙江省中小学（幼儿园）教师教育专项资金管理办法》（浙财教〔2013〕62 号），该专项资金主要用于加强中小学（幼儿园）教师队伍的建设。

浙江省财政厅于 2013 年印发《支持市县民办教育发展专项资金管理办法》（浙财教〔2013〕196 号），主要目的是"推进我省民办教育体制机制创新，加快民办教育发展"。

浙江省财政厅、浙江省教育厅于 2018 年印发了《浙江省公共财政扶持民办教育发展实施办法、浙江省民办学校财务管理办法》（浙财科教〔2018〕7 号），浙江省教育专项资金对各个教育阶段（学前教育阶段、义务教育阶段、高中段教育、高等教育阶段）有很大的扶持和补贴力度，同时也对民办教育专门进行了资助和扶持，确保民办学校学生与公办学校学生享受同等待遇。

图 15 是近些年来浙江省对第三产业进行财政支持的教育发展专项资金的投入情况，不难看出，前四年教育发展专项资金投入基本维持在 42055 万～45220 万元之间，到了 2019 年突然井喷至 462220 万元，扩张 9 倍多。

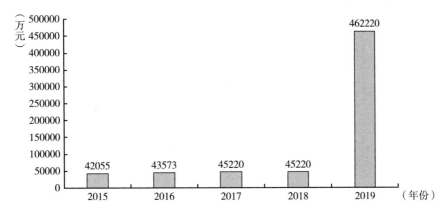

图15　省级教育发展专项

资料来源：浙江省财政厅网站。

6. 对交通运输业的财政政策支持和投入

浙江省财政厅、交通运输厅于 2018 年印发了《浙江省普通国省道公路建设项目资金补助暂行办法》（浙财建〔2018〕2 号），指出省补助资金标准以国道二级公路建设项目为基准标准，省道二级及以上公路建设项目按相应技术等级国道标准进行补助，省道三级公路建设项目按基准标准的 60% 进行补助，此外还对跨海湾、大江、大河、水库的独立特大桥、独立特长隧道、钢结构桥梁、高架桥等补助标准进行了规定。

图 16 为浙江省对第三产业进行财政支持的交通运输发展专项资金的投入情况，不难看出，交通运输发展专项资金的投入呈现逐年递增趋势，由 2015 年的 531533 万元逐渐增长至 2019 年的 893921 万元。根据《浙江省 2018 年省级一般公共预算执行情况及 2019 年省级一般公共预算》，增长原因在于新增了省交通投资集团资本金。

7. 对旅游业的财政政策支持和投入

浙江省财政厅、浙江省发展和改革委员会于 2012 年印发了《浙江省红

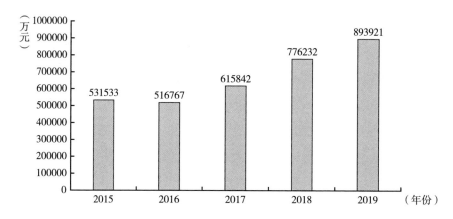

图 16　省级交通运输发展专项

资料来源：浙江省财政厅网站。

色旅游建设引导资金管理办法》（浙财建〔2012〕264 号），主要目的是"推动全省红色旅游加快发展，逐步建立并完善红色旅游资源保护体系、精品开发体系和发展促进体系，提升红色旅游服务水平，切实发挥红色旅游在爱国主义和革命传统教育中的作用"。按因素系数结合法确定的风景旅游专项资金分配值如下：杭州 150 万元，温州 540 万元，嘉兴 130 万元，湖州 170 万元，绍兴 100 万元，金华 160 万元，衢州 160 万元，舟山 80 万元，台州 190 万元，丽水 190 万元，省级 30 万元。

浙江省财政厅、旅游局于 2014 年印发《浙江省旅游补助及贴息专项资金管理办法》（浙财行〔2014〕62 号），主要目的是"推动我省旅游业转型升级，加快旅游经济强省建设"。

浙江省对第三产业进行财政支持的风景旅游专项资金投入情况如图 17 所示，不难看出，前四年专项资金一直稳定在 6800 万元不变，到 2019 年突然猛增至 9300 万元。

8. 对节能环保事业的财政政策支持和投入

浙江省委、省政府于 2018 年印发《关于高标准打好污染防治攻坚战高质量建设美丽浙江的意见》（浙委发〔2018〕50 号），同时根据《2018 年省级一般公共预算执行情况及 2019 年省级一般公共预算》，环境保护专项资金

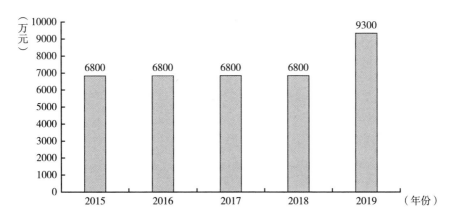

图17 省级风景旅游专项

资料来源：浙江省财政厅网站。

主要用于"大气污染防治、水污染防治、土壤污染防治、生态建设与保护、重点污染源在线监控和环境质量自动监测系统运行维护、省级山水林田湖草试点"等方面。

图18为浙江省对第三产业进行财政支持的环境保护专项资金投入情况，不难看出前四年都稳定在69280万元，2019年猛增至131230万元。

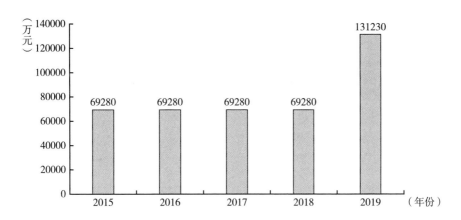

图18 省级环境保护专项

资料来源：浙江省财政厅网站。

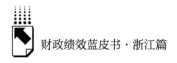

9.对文化事业的财政政策支持和投入

浙江省财政厅、浙江省文化厅于 2011 年印发《浙江省基层公共文化服务建设专项补助资金管理办法》（浙财教〔2011〕208 号），对图书馆、文化馆、乡镇综合文化站等公共设施的完善进行补助，同时对公益性的演出文化活动场次进行补助。

浙江省财政厅、文化厅、广播电影电视局、新闻出版局、文物局于 2013 年印发《浙江省基本公共文化服务专项补助资金管理办法（试行）》（浙财教〔2013〕229 号），统一设立了浙江省基本公共文化服务专项资金，目的在于"推进专项资金管理改革，进一步完善全省公共文化服务体系经费保障和运行管理机制"。

图 19 为浙江省对第三产业进行财政支持的基本公共文化服务专项资金投入情况，近 5 年来一直保持 36900 万元不变。

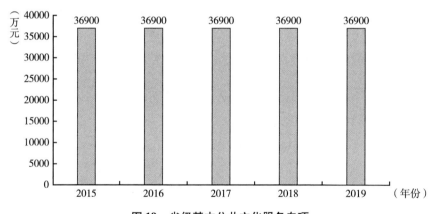

图 19　省级基本公共文化服务专项

资料来源：浙江省财政厅网站。

（二）"税收政策"对第三产业的扶持和投入

浙江省对第三产业的扶持，较少运用税收政策，但也有几个税收政策是针对第三产业的。

浙江省财政厅于 2015 年公布《关于深化财政体制改革的实施意见》

（浙财预〔2015〕50号），该意见对第三产业地方税收收入实行奖补政策，奖补资金由财政下拨的税务专项资金承担。

浙江省财政厅、国家税务总局、浙江省税务局于2019年公布《关于降低文化事业建设费有关事项的通知》（浙财综〔2019〕20号），该通知要求"自2019年7月1日至2024年12月31日，对归属地方收入的文化事业建设费，按照缴纳义务人应缴费额的50%减征"。

浙江省财政厅、国家税务总局、浙江省税务局于2019年公布《关于浙江省贯彻实施小微企业普惠性税收减免政策的通知》（浙财税政〔2019〕4号），该通知明确了浙江省实施小微企业普惠性税收减免政策的分类识别标准和减免税收金额。

图20为浙江省对第三产业进行税收政策支持的税务专项资金投入情况，不难看出波动较大，2015年最高为11840万元，2016年锐减至2983万元，2017年又增至5250万元，到2018年降至3853万元，2019年税务专项投入为0。

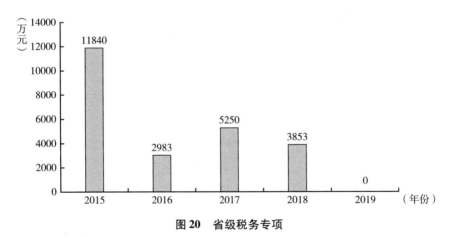

图20　省级税务专项

资料来源：浙江省财政厅网站。

三　投入产出状况分析及结论

前文研究了财政政策对第三产业的支持投入，本部分将针对第三产业的实际产出情况，进行投入产出成效分析。由于浙江省各级绩效管理并不均衡，整体财政支出预算绩效管理仍处于积极探索阶段，故本部分主要参考历年《云南省省级部门项目支出绩效自评报告》等的做法进行分析。具体思路如下：第一，根据浙江省统计局最新可获得的统计数据，我们将分析2017年一年的投入产出状况；第二，根据《浙江省 2016 年省级一般公共预算执行情况及 2017 年省级一般公共预算》，我们获得了省级财政专项资金投入后所要达成的绩效目标；第三，根据绩效目标内容，我们根据 SMART 原则，将该绩效目标进一步细化分解，形成定量可观测的具体指标；第四，通过比对具体绩效指标和实际产出达成情况，我们进行财政政策投入产出成效分析。绩效结果分为五个等级：优秀（绩效达成率≥90%）、良好（90% > 绩效达成率≥80%）、中等（80% > 绩效达成率≥70%）、合格（70% > 绩效达成率≥60%）、不合格（绩效达成率 < 60%）。

综合 2017 年财政政策对第三产业进行扶持的主要专项资金投入与产出成效，我们认为浙江省财政专项资金运用合理规范，成效显著，全部处于良好等级及以上，大部分为优秀等级，这充分表明浙江省财政专项资金的使用落到了实处，取得了显著成效。

1. 2017年商务支出专项投入53550万元

绩效目标：根据《浙江省 2016 年省级一般公共预算执行情况及 2017 年省级一般公共预算》，绩效目标为：按照"开拓大市场、发展大商贸、推进大开放"的总体要求，进一步提升商务发展质量和效益。开放型经济发展格局进一步拓展，商贸流通体系进一步完善。外贸出口保持适度增长，占全国出口份额的 12% 左右；社会消费品零售总额增长 8% 左右。利用外资和对外投资合作的规模进一步扩大，结构进一步优化。加快推进跨境电商和农村电商发展。

指标分解：a. 外贸出口份额占全国的 12%；b. 社会消费品零售总额增长率 8%；c. 实际利用外资金额增加。

实际产出：根据浙江省统计局官网和国家统计局官网数据，a. 2017 年浙江省出口总额 19439.76 亿元，全国出口总额 153309.43 亿元，浙江省占比为 12.68%；b. 2017 年社会消费品零售总额 24308.48 亿元，2016 年社会消费品零售总额 21970.79 亿元，2017 年增长率为 10.64%；c. 2017 年实际利用外资金额为 1790210 万美元，2016 年实际利用外资金额为 1757748 万美元，2017 年增长率为 1.85%。

成效分析：三个绩效指标全部达成，绩效达成率 100%，绩效等级全部为优秀。表明商务支出专项资金投入很好地实现了预期效果。

2. 2017 年金融发展专项投入 13500 万元

绩效目标：根据《浙江省 2016 年省级一般公共预算执行情况及 2017 年省级一般公共预算》，绩效目标为：引导金融支农支小，缓解小微企业和"三农"融资难、融资贵问题。

指标分解：a. 对农业贷款增加；b. 对小微企业贷款增加。

实际产出：根据《浙江金融运行报告 2018》，a. 涉农贷款余额同比增速比上年提高 9.3 个百分点；b. 全省小微企业贷款余额同比增速比上年提高 5.1 个百分点。

成效分析：两个绩效指标全部达成，绩效达成率 100%，绩效等级为优秀。表明金融发展专项资金投入很好地实现了预期效果。

3. 2017 年科学普及和科学智力专项投入 1710 万元

绩效目标：根据《浙江省 2016 年省级一般公共预算执行情况及 2017 年省级一般公共预算》，绩效目标为：通过实施科普惠农、社区科普益民及基层科普示范县、科普示范单位创建，对优秀科普社区、科普教育基地、科普农技协、科普带头人的评选表彰，利用基层学会，加强五大人群（未成年人、农民、城镇劳动者、领导干部和公务员、社区居民）科学素质的提升。围绕提升市级学会服务社会管理创新能力、服务科技创新能力，提升自我发展能力以及提升地市科协服务学会发展能力，调动全省各级科协、学会、高校科研院所和其他社会力量，支持开展学会工作突出、促进学会能力提升较好的地市科协。

指标分解：a. 科协干部教育培训人数增长；b. 科协科普活动受众人数增长；c. 省级学会培训人数增长；d. 省级学会科普活动受众人数增长。

实际产出：根据浙江省统计局官网和国家统计局官网数据，a.2016年科协干部教育培训人数为7735人次，2017年为6382人次；b.2016年科协科普活动受众人数为8357748人次，2017年为6760623人次；c.2016年省级学会培训次数为59965人次，2017年为76936人次；d.2016年省级学会科普活动受众人数为1984109人次，2017年为1863481人次。

绩效分析：a.科协干部教育培训人次数为上年的82.51%，绩效等级良好；b.科协科普活动受众为上年的80.89%，绩效等级良好；c.省级学会培训次数超额完成既定绩效目标，等级为优秀；d.省级学会科普活动受众为上年的93.92%，绩效等级为优秀。这表明科学普及和科学智力专项投入较好地实现了预期效果。

4.2017年科技发展专项投入94069万元

绩效目标：根据《浙江省2016年省级一般公共预算执行情况及2017年省级一般公共预算》，绩效目标为：力争到2017年底，全社会研发投入达到1200亿元，获得发明专利授权3万项，规模以上新产品产值达到2.63万亿元，高新技术产业增加值达到5727亿元，高新技术产业投资达2860亿元，技术市场交易总额达到351亿元，新增高新技术企业和科技型中小微企业数分别达到1500家和6000家。

指标分解：a.全社会研发投入1200亿元；b.发明专利授权3万项；c.高新技术产业增加值达到5727亿元；d.规模以上新产品产值达到2.63万亿元；e.高新技术产业投资达到2860亿元；f.技术市场交易总额达到351亿元；g.新增高新技术企业和科技型中小微企业数分别达到1500家和6000家。

实际产出：根据浙江省统计局官网和国家统计局官网数据，a.全社会研发投入1266.34亿元；b.发明专利授权28742项；根据《浙江省科技厅简报2018》，c.高新技术产业增加值达到6102.91亿元；d.规模以上新产品产值达到2.47万亿元；e.高新技术产业投资达到3325.23亿元；f.技术市场交易总额达到614.76亿元；g.暂时未找到新增高新技术企业和科技型中小微企业数目。

绩效分析：指标 a、c、e、f 都超额完成绩效目标，等级都为优秀；指标 b 完成率为 95.81%，等级为优秀；指标 d 完成率为 93.92%，等级为优秀。等级 g 由于未找到实际数据，无法评价。从可获得的数据来看，科技发展专项投入很好地实现了预期效果。

5. 2017年医疗卫生和计划生育专项47921万元

绩效目标：根据《浙江省 2016 年省级一般公共预算执行情况及 2017 年省级一般公共预算》，绩效目标为：进一步强化政府公共卫生服务职能，提升浙江省公共卫生水平，预防和控制疫情、疾病发生；加强食品安全风险监测能力建设；加快改变部分地区妇幼健康机构医疗设施条件相对落后的状况，有效应对全面二孩政策实施后的生育和妇幼保健需求；提升基层医疗机构服务能力，为城乡居民提供便捷、优质的医疗服务；进一步推动国家卫生乡镇创建工作；培养能够满足医疗卫生计划事业发展需求的卫生人才。

指标分解：a. 卫生机构数量增加；b. 卫生机构床位数量增加；c. 卫生人员数量增加。

实际产出：根据浙江省统计局官网和国家统计局官网数据，a. 2016 年卫生机构数量为 31548 个，2017 年为 31981 个，增长率为 1.37%；b. 2016 年卫生机构床位数为 290388 个，2017 年为 314016 个，增长率为 8.14%；c. 2016 年卫生人员数量为 523632 人，2017 年为 557296 人，增长率为 6.43%。

绩效分析：三个指标都全部达成，等级为优秀。这表明医疗卫生和计划生育专项资金投入很好地实现了预期效果。

6. 2017年教育发展专项45220万元

绩效目标：根据《浙江省 2016 年省级一般公共预算执行情况及 2017 年省级一般公共预算》，绩效目标为：完成年度中等职业教育质量提升和考核、中小学（幼儿园）教师教育培训，支持各地普惠性民办幼儿园建设发展，完成教育科学和谐发展业绩考核工作。

指标分解：a. 中等职业教育教师数量增加；b. 中学教师数量增加；c. 小学教师数量增加；d. 幼儿园教师数量增加（限于数据可获得性，我们认为教育质量的提升与教师数量的提升有直接正相关关系，也即小规模教育质量更高，故我们使用教师数量作为绩效考核指标）。

实际产出：根据浙江省统计局官网和国家统计局官网数据，a.2016年中等职业教育教师数量为3.64万人，2017年为3.65万人；b.2016年中学教师数量为21.77万人，2017年为22.12万人；c.2016年小学教师数量为20.92万人，2017年为21.33万人；d.2016年幼儿园教师数量为22.34万人，2017年为23.15万人。

绩效分析：四个指标全部达成，等级为优秀。这表明教育发展专项资金投入很好地实现了预期效果。

7.2017年交通运输发展专项586994万元

绩效目标：根据《浙江省2016年省级一般公共预算执行情况及2017年省级一般公共预算》，绩效目标为：坚持"两美"建设和"四个交通"发展方向，着力推进现代交通五大建设，加快实施国家战略规划中的重大交通项目。

指标分解：a.铁路营业里程增加；b.公路通车里程增加；c.民用航空航线条数增加；d.内河通航里程增加。

实际产出：根据浙江省统计局官网和国家统计局官网数据，a.2016年铁路营业里程为2540公里，2017年变为2587公里；b.2016年公路通车里程为119053公里，2017年为120101公里；c.2016年民用航空航线条数为481条，2017年为586条；d.2016年内河通航里程为9769公里，2017年变为9766公里。

绩效分析：四个指标全部达成（d指标基本完成），等级为优秀。这表明交通运输发展专项资金投入很好地实现了预期效果。

8.2017年风景旅游专项6800万元

绩效目标：根据《浙江省2016年省级一般公共预算执行情况及2017年省级一般公共预算》，绩效目标为：到2020年，把浙江建设成全国领先的旅游经济强省，进一步把旅游业培育成为全省服务业的龙头产业和国民经济的重要支柱产业，使浙江成为国内一流、国际知名的重要旅游目的地。

指标分解：a.国内旅游人数占全国比重增长；b.国内旅游收入占全国比重增长；c.创汇收入占全国比重增长。

实际产出：根据浙江省统计局官网和国家统计局官网数据，a. 2016 年国内旅游人数占全国比重为 12.91%，2017 年为 12.58%；b. 2016 年国内旅游收入占全国比重为 19.29%，2017 年为 19.19%；c. 2016 年创汇收入占全国比重为 6.19%，2017 年为 6.7%。

绩效分析：由于绩效考核时间为 2020 年底，故当前无法进行绩效评价。但从目前来看，a、b 两项指标基本保持稳健，有望在 2020 年成为全国领先的旅游经济强省，c 指标占比偏低，但是增速变快。故我们预期绩效指标在 2020 年能顺利达成。

9. 2017年环境保护专项69280万元

绩效目标：根据《浙江省 2016 年省级一般公共预算执行情况及 2017 年省级一般公共预算》，绩效目标为：地表水达到或优于三类水质的省控断面比例达到 75% 以上，消除省控以上劣五类水质断面，提前完成国家"水十条"劣五类水质断面消除任务；全省 11 个设区市 PM2.5 年均浓度降至 43 微克/立方米，全省优良天数比例达到 80.2%；二氧化硫、氮氧化物、挥发性有机物分别比 2016 年下降 5%、5%、3%。

指标分解：a. 地表水达到或优于三类水质的省控断面比例达到 75% 以上；b. 省控以上劣五类水质断面为 0；c. 全省 11 个设区市 PM2.5 年均浓度降至 43 微克/立方米；d. 全省优良天数比例达到 80.2%；e. 二氧化硫、氮氧化物、挥发性有机物分别比 2016 年下降 5%、5%、3%。

实际产出：根据《浙江省省生态环境统计公报 2018》，a. 地表水达到或优于三类水质的省控断面比例达到 84.6%；b. 省控以上劣五类水质断面为 0；c. 设区市 PM2.5 年均浓度为 33 微克/立方米；d. 全省设区市优良天数比例为 85.3%；e. 二氧化硫下降 22.2%，氮氧化物下降 7.4%，挥发性有机物暂时没有找到数据。

绩效分析：所有可获得数据的指标全部完成，等级为优秀。这表明环境保护专项资金投入很好地实现了预期效果。

10. 2017年基本公共文化服务专项36900万元

绩效目标：根据《浙江省 2016 年省级一般公共预算执行情况及 2017 年

省级一般公共预算》，绩效目标为：逐步实现全省基本公共文化服务标准化、均等化。

指标分解：a. 电视人口覆盖率增加；b. 广播人口综合覆盖率增加。

实际产出：根据浙江省统计局官网和国家统计局官网数据，a. 2016 年电视人口覆盖率为 99.72%，2017 年为 99.75%；b. 2016 年广播人口综合覆盖率为 99.65%，2017 年为 99.68%。

绩效分析：两个指标全部完成，绩效等级为优秀。这表明基本公共文化服务专项资金投入很好地实现了预期效果。

11. 2017年税务业务专项5250万元

绩效目标：根据《浙江省 2016 年省级一般公共预算执行情况及 2017 年省级一般公共预算》，绩效目标为：根据税务总局的要求，确保金税三期上线后系统稳定运行，加强湖州异址备份中心建设；为不断提高纳税服务水平，增强纳税人满意度，需对纳税人端软件提供上门服务、电话咨询服务、远程处理服务等，对纳税人端征管软件包括网上办税系统、个人所得税代扣代缴客户端软件、社会化办税平台等软件进行升级；为进一步提升宣传站位，加强舆情管理，夯实大宣传格局，更好地发挥省局对于系统的指导支持作用，确保各项税收任务的完成。

指标分解：a. 金税系统稳定运行；b. 纳税服务水平提升；c. 做好税务宣传工作。

实际产出：根据《浙江省国税局 2017 年工作总结》，a. 优化了金税三期的决策二包功能，科学统筹了税源风险应对任务，全面实行实名办税，降低了涉税违法风险；b. 拓展通办、联办服务，完善自助办、网上办体系，纳税人满意度蝉联各部门榜首；c. 深入推进"七五"税收法治宣传教育工作，精心组织税收宣传活动，扎实开展"12·4"国家宪法日系列宣传活动，举办浙江省大学生税收法治辩论赛，获评"2017 年度浙江省十大普法影响力事件"。

绩效分析：三个指标全部完成，等级为优秀。这表明税务业务专项资金投入很好地取得了预期效果。

专题报告

Special Reports

B.6
大数据优化财政绩效

李金珊 吴 超*

摘 要: 围绕浙江"数字财政"建设最新进展，以浙江"政采云"为例介绍大数据技术对于浙江数字财政领域探索的支撑作用。推进大数据在财政绩效管理中的应用，其意义体现在统一预决算资金信息流、提高绩效评价的深度和广度、发挥绩效评价体系的监督问责作用、完善预算绩效水平等方面。从大数据优化财政绩效的角度出发，它可以推动强化预算绩效评价理念，建设财政绩效数据平台，增设预算绩效管理技术模块，完善政府治理等。

---

* 李金珊，浙江大学公共管理学院教授，博士生导师，浙江大学财税大数据与政策研究中心主任，浙江省公共政策研究院副院长，主要研究方向为公共财政，公共预算管理；吴超，浙江大学公共管理学院行政管理专业博士研究生，主要研究方向为公共财政政策。

关键词： 大数据　数字财政　财政绩效

一　大数据特征及发展历程

大数据是以容量大、类型多、存取速度快、价值密度低为主要特征的数据集合，正快速发展为对数量巨大、来源分散、格式多样的数据进行采集、存储和关联分析，从中发现新知识、创造新价值、提升新能力的新一代信息技术和服务业态。[①]

（一）大数据的主要特征

2001 年，道格·莱尼提出，数据的快速增长在三个方面将带来重大的机遇与挑战：一是数量（Volume），指数据的量；二是速度（Velocity），指数据读写的速度；三是种类（Variety），指数据的多样性。道格·莱尼的观点为后来业界对大数据的认知奠定了基础。

当前被业界广泛认可的大数据的 4V 特征由 IBM 提出，分别是数量（Volume）、多样性（Variety）、高速（Velocity）和真实性（Veracity）。

数量（Volume）：大数据具有巨大的数据量，巨大的数据量覆盖了采集、存储和计算等各个环节。通常来讲，大数据的起始计量单位至少是 PB（1000 个 TB，1TB＝1024GB），更常见的是 EB（100 万个 TB）或 Z（10 亿个 TB），其中计算机存储容量最基本的单位是字节（Byte，简称 B）。

全球数据的大量生产要归功于各种电子设备的发明，互联网、物联网、云储存、云计算等技术的发展。在数字技术高度发展的今天，人、物、事件的所有轨迹都可以被以数据形式记录下来，数据也因此大量产生。

多样性（Variety）：大数据的种类和来源多种多样。一是数据结构具有多样性，包括结构化、半结构化和非结构化数据。二是数据表现具有多样

---

① 国务院：《促进大数据发展行动纲要》（国发〔2015〕50 号），2015。

性，包括文字、音乐、视频、图片、模拟信号、地理位置信息等多种形式。三是数据来源具有多样性，包括网页、互联网日志文件、点击流数据、搜索引擎、社交媒体、电子邮件、传感器数据等来源。结构复杂、类型多变的数据是大数据丰富信息量的来源，同时也对数据处理能力提出了更高的要求。

速度（Velocity）：大数据的速度体现在两个层面，一是数据产生的速度快，技术发展使某些活动可以在短时产生大量的数据，如大型粒子对撞机在工作状态下每秒钟产生的数据可达 PB 级；此外，某些活动由于参与用户众多，单位时间内也可以产生非常巨大的数据量，如点击量、搜索量、GPS 位置信息等。二是数据处理的速度快。大数据对处理速度和时效性都有很高要求，比如搜索引擎需要在几秒内在海量的数据中提取出用户所需要的信息，购物网站需要根据用户访问结果对推荐内容实时进行调整。

速度对于大数据的价值具有重要的影响。第一，更快的速度意味着更快的价值获取。如以大数据时代发展起来的数字货币为例，更快的"挖矿"速度意味着财富的更快累积。第二，数据与普通商品相似，存在随时间折旧的问题。新产生的数据更具有个体价值，相对"老"的数据需要集合起来才更能够发挥作用。第三，数据是一种信息，具有时效性。许多数据只在产生的瞬时及随后的短时期内具有意义，如对极端天气或自然灾害的预测数据。

真实性（Veracity）：真实性指数据的准确性和可信赖度，也就是数据的质量。大数据的重要意义之一在于从数据中获取有用的信息，规避不确定性，对现实决策起到支持作用。而这一过程中数据的真实性和质量至关重要。数据融合等数学方法在大数据处理中得到广泛使用，用于降低数据的不确定性，提高结论的质量。

（二）大数据的发展历程

1. 概念的产生与发展

1997 年，题为《为外存模型可视化而应用控制程序请求页面调度》的文章在第八届美国电气和电子工程师协会（IEEE）的会议论文集中发表。

这是美国计算机学会的数字图书馆中第一篇将"大数据"作为专业术语的文章。1999 年，题为《千兆字节数据集的实时性可视化探索》的文章在《美国计算机协会通讯》上发表。这是将"大数据"作为专业术语的首篇期刊文章。2001 年，题为《3D 数据管理：控制数据容量、处理速度及数据种类》的研究报告发布。将数量、速度、种类作为定义大数据的三个关键维度。

2. 大数据处理的探索

2005 年，蒂姆·奥莱利在《什么是 Web2.0》中指出"数据将是下一项技术核心"。同年，由多个软件产品组成的一个生态系统 Hadoop 问世，实现了大数据分析的功能。2007 年，《膨胀的数字宇宙：2010 年世界信息增长预测》一书预测 2010 年全球数据量将达到 1200EB，2011 年将增长至 1800EB。同年，著名图灵奖获得者 Jim Gray 预言"数据密集型科学发现"（Data-Intensive Scientific Discovery）将成为科学研究的第四范式。2008 年，美国业界组织计算社区联盟（Computing Community Consortium）发表了《大数据计算：在商务、科学和社会领域创建革命性突破》，提出大数据真正重要的是新用途和新见解，而非数据本身；*Nature* 期刊针对大数据出版了一期专刊，专门讨论未来的与大数据处理相关的一系列技术问题和挑战。

3. 大数据与互联网

2009 年起，"大数据"与互联网信息技术行业之间的关系越来越密切。2009 年印度建立了生物识别数据库，将其应用于身份识别管理；联合国全球脉冲项目利用手机和社交网站的数据源研究预测了螺旋价格、疾病暴发等问题；美国政府启动 Data.gov 网站向公众提供各种各样的政府数据，这些数据得到了广泛且深入的利用，并掀起了其他国家政府公开政务数据的风潮。2010 年，《数据，无所不在的数据》专题报告在《经济学人》上发表。这份长达 14 页的报告提到："世界上有着无法想象的巨量数字信息，并以极快的速度增长。科学家和计算机工程师已经为这个现象创造了一个新词：'大数据'。"这份报告的作者库克尔也因此成为最早预见大数据发展趋势的数据科学家之一。同年，美国科学技术顾问委员会和信息技术顾问委员会向总统和国会提交了一份《规划数字化未来》的战略报告，自此大数据收集和使用被提升到体现美国国家意志的战略高度。

2011 年，著名咨询管理公司麦肯锡（McKinsey & Company）发布报告《大数据：下一个具有创新力、竞争力与生产力的前沿领域》，报告中称 2010 年所有的企业存储了约 7.4EB 新产生的数据，消费者存储了约 6.8EB 的新数据，大数据概念成为流行词并受到大众的瞩目。由 IBM 研发制造的超级计算机沃森（Watson）每秒扫描并分析的数据量高达 4TB（约 2 亿页文字量），并在美国一档以快速问答为主的著名智力竞赛电视节目"危险"（Jeopardy）上击败两名人类选手而获得冠军。在这一过程中沃森需要识别人类的语言，从中分析微妙的含义、讽刺口吻、谜语、构词断句、诗篇等逻辑和线索，通过一系列的数据比对并模拟人类的联想能力得出精准的答案。《纽约时报》将沃森的获胜形容为"大数据计算的胜利"。

2012 年对大数据应用层面而言具有里程碑式的意义，在瑞士达沃斯召开的世界经济论坛上，大数据成为主题之一，会议报告《大数据，大影响》认为数据已经成为一种新的经济资产类别。在美国总统大选中，数据挖掘团队开始利用"大数据"来预测选举结果并规划相关策略。同年美国奥巴马政府发布了《大数据研究和发展倡议》，并宣布投资 2 亿美元在大数据领域，大数据自此从商业领域走向政府治理、国家战略的高度。奥巴马政府将数据定义为"未来的新石油"，赋予其与国家安全和未来息息相关的、极高的战略地位。当年，美国大数据处理公司 Splunk 在纳斯达克成功上市，成为第一家上市的大数据处理公司。Splunk 的声名鹊起吸引了资本市场对大数据的关注，同时也促进了大数据处理技术的迅速发展。随后联合国发布了《大数据促发展：挑战与机遇》，对各国政府如何利用大数据满足社会需求、影响经济运行、提供公共服务的举措进行了总结。全球大数据的研究和发展进入了前所未有的高潮期。2014 年，美国白宫发布了研究报告《大数据：抓住机遇、守护价值》，报告在鼓励使用大数据以推动社会发展进步的同时认为需要相应的法律和制度来保护个人隐私等数据。

4. 大数据在中国

2011 年，我国工信部发布了物联网"十二五"规划，将信息处理技术作为 4 项关键技术创新工程之一提出，这一概念包括了海量数据存储、数据挖掘、图像视频智能分析，均为大数据的应有之义。2014 年，"大数据"一词首次进入《政府工作报告》。《2014 年政府工作报告》指出，要设立新兴产业创业创新平台，在新一代移动通信、集成电路、大数据、先进制造、新能源、新材料等方面赶超先进，引领未来产业发展。2015 年，国务院印发《促进大数据发展行动纲要》，提出要大力推动大数据发展和应用，在未来 5 ~ 10 年打造精准治理、多方协作的社会治理新模式；建立运行平稳、安全高效的经济运行新机制；构建以人为本、惠及全民的民生服务新体系；开启大众创业、万众创新的创新驱动新格局；培育高端智能、新兴繁荣的产业发展新生态。2016 年，工业和信息化部印发《大数据产业发展规划（2016 ~ 2020 年）》，提出到 2020 年，技术先进、应用繁荣、保障有力的大数据产业体系要基本形成。大数据相关产品和服务业务收入要突破 1 万亿元，年均复合增长率要保持在 30% 左右，要加快建设数据强国，为实现制造强国和网络强国提供强大的产业支撑。2017 年，《2017 中国大数据发展报告》发布，指出当前中国大数据行业应当重点解决突破人才瓶颈和创新产业模式两大问题。

（三）大数据的应用场景

1. 公共卫生

2009 年，甲型 H1N1 流感迅速传播。由于有效的疫苗短时间内没有被研发出来，因此全球的公共卫生机构都无比担忧这会成为一场致命的流行病。减缓传播速度、找到流感源头成了迫在眉睫的事情。但人们往往在患病多日不见好转后才会前往医院就医，各个医院的数据汇总至疾控中心也需要时间，疾控中心每周仅进行一次数据汇总，因此流感病例的统计存在时间延迟。然而对于一种传播迅速、危害巨大的疾病来说，信息滞后的结果无疑是致命的。公共卫生机构在疫情暴发的关键时期显得无助又无力。

　　然而，在这场甲型 H1N1 流感暴发前夕，谷歌公司的工程师们在著名期刊 *Nature* 上曾发表了一篇令人耳目一新的论文。这篇文章详细阐释了谷歌通过搜索记录来预测流感疾病传播情况的方法，这种预测可以覆盖整个美国，甚至可以精确到给定的地区。谷歌拥有一个庞大的数据库，其中保存了全部的历史搜索记录。谷歌将在美国境内检索概率最高的 5000 万个词条和疾控中心在 2003~2008 年的季节性流感传播数据进行了比对，以此判断检索者是否已经感染。

　　谷歌的系统并不依赖对诸如"发热症状""感冒药"等词语的语义理解。系统唯一关注的就是特定检索条目的使用频率与流感之间在时空上的传播关系。谷歌在处理了 4.5 亿个不同数学模型的基础上，将研究所得的预测与 2007~2008 年美国疾控中心实际记录在案的流感病例进行比对，发现其中 45 个检索词条的组合在通过一个特定的数学模型计算后，得到的预测结果与官方数据的相关性高达 97%。这个模型得到的结果与疾控中心的统计结果相比，最大的不同在于谷歌可以及时对流感的来源分布等情况进行精准判断。所以，当 2009 年甲型 H1N1 流感暴发的时候，与疾控中心不可避免存在滞后的数据相比，谷歌提供的数据成了一个更有效、更及时的指标。公共卫生领域获得了非常有价值的信息。

　　具有划时代意义的是，谷歌对流行病的统计不再依赖传统的口腔试纸和联系医生的情况，它的预测完全是大数据时代的产品，这是大数据为公共卫生领域带来的全新变革：通过对海量数据进行处理分析，挖掘出其背后的巨大价值。在这样的思路和大数据技术的支持之下，我们完全有理由相信，当下一次大规模流行病到来的时候，世界将能够拥有更为有力的应对工具。①

　　2. 商业

　　随着大数据日益渗透到企业和个人的方方面面，大数据对企业实现商业价值的影响也越来越大。大数据颠覆了很多商业决策和方法，如何在数据种

---

　　① 〔英〕维克托·迈尔－舍恩伯格、〔英〕肯尼斯·库克耶：《大数据时代：生活、工作与思维的大变革》，周涛译，浙江人民出版社，2013。

类庞杂的情况下对数据进行探索，捕捉实时流动的大数据，最终将所有数据进行整合再转化为商业价值，是我们当下需要探讨的问题。

美国著名的计算机专家艾奇奥尼创立了许多真正意义上运用大数据价值的公司。在一次飞行途中艾奇奥尼发现自己提前数月购买的飞机票竟然要比购买机票更晚的乘客价格要高。由此艾奇奥尼决定开发一个系统，来推测当前网页上的机票价格是否划算。艾奇奥尼的思路并非要解开机票价格差异的奥秘，他的思路是仅仅预测机票价格在未来一段时间的变化趋势，需要对所有指定航线机票的价格与距离起飞时间之间的关系进行分析。如果机票价格呈下降趋势，系统将提醒用户稍后再购票；反之则提醒用户抓紧时间购买。这个预测系统的数据基于 41 天内的 12000 个从某旅游网站上爬取到的价格样本数据。在得到投资后，这一系统被正式命名为 Farecast（价格预测）。为提高预测的准确性，艾奇奥尼与一个行业机票预订数据库合作，预测的准确度高达 75%。更为直观地讲，使用 Farecast 系统来辅助做出购票决策的乘客，平均每张机票节省 50 美元。

Farecast 是大数据运用在商业领域中的一个典型缩影，也是未来商业发展方向的一个代表。表面上，技术上的突破是导致这种变革的重要因素，但是从深层次看，大数据改变了人们的思维模式，进而导致了商业模式的变革。[①]

3. 政府管理

大数据在政府管理领域中最典型的应用就是监管类应用。当政府管理行为涉及市场主体或个人时，传统的行政方式会遇到信息不对称的难题。如政府需要对市场上的交易行为进行监管，以降低交易过程中欺诈、造假等事件的发生概率，维护市场的正常秩序，提高经济运行效率。但监管本身是一件复杂且成本高的事情，传统的监管手段包括但不限于市场主体的审批、检查等手段，这一系列措施在执行的过程中有可能导致不作为、寻租、腐败等问

---

① 〔英〕维克托·迈尔－舍恩伯格、〔英〕肯尼斯·库克耶：《大数据时代：生活、工作与思维的大变革》，周涛译，浙江人民出版社，2013。

题，这些问题带来的危害有时比监管要解决的问题危害更大。大数据为市场监管提供了新思路和新手段，互联网使对市场主体活动信息的记录和储存成为可能。政府可以提取产品质量、消费投诉、货物价格、行政处罚等相关信息，在这些数据的基础上辨识出可能有异常行为的企业或产品，并与纳税、社保、注册信息等与经营密切相关的信息进行比对，筛选出可能违反市场规则的企业。大数据的引入降低了政府监管成本，提高了其监管效率，增强了其监管能力。

二 浙江在数字财政领域的探索

（一）浙江数字财政建设情况概览

为进一步深化公共财政体制改革，提升财政管理和服务水平，在全面完成金财工程建设的基础上，浙江财政于 2012 年启动数字财政建设，将财政信息化工作重心从一体化建设阶段过渡到大数据建设阶段。

浙江省数字财政建设思路如下：以现代信息技术为支撑，以规范化业务流程和标准化数据字典为基础，围绕预算编制、执行、监督"三位一体"运行体系，通过对跨部门、跨层级的财政收支活动相关数据的有效集聚，建立加载于地理空间信息平台的动态数据仓库，并对数据仓库进行深度开发和利用，为预算收支预测、资金分配、项目管理、绩效评价、政策制定、信息公开等提供有效支持，打造面向财政系统、预算单位和社会公众的服务平台，从而形成科学化、精细化的新型财政管理与服务模式。

当前，浙江省数字财政已构建起初步的数据仓库，具备了数据分享和应用共享的基础。具体举措一是采集浙江全省集中支付数据，构建全省预算执行数据库，为财政资金的跟踪和分析提供了应用的基础。通过财政专项资金监管系统，可以看到每一个专项资金项目的预算及实际分配情况，并可以追踪到最终收款人。通过移动办公平台的"全省预算执行数据库"模块，可以展示各级财政部门的每笔支付数据。通过转移支付专项资金监管系统，可对中央和省级专项转移支付资金进行跟踪，分析各级财政资金配套、项目安排、预算执行等情况，并针对"撒胡椒面""钱等项目"等情况进行预警。二是推广实施乡镇公共财政服务平台，构建全省财政资金受益人数据库，截至 2018 年 6 月已采集 500 多万人的信息，广泛应用于反不当支付、民生地图和阳光政务查询等创新应用领域。通过与公安、民政、农业、残联等部门进行跨部门数据比对分析，及时发现财政补助中存在的不当支付情况。在政务服务网阳光政务栏目提供城乡居民财政补助查询功能，老百姓可以查询本人及家庭享受各项财政补助资金的发放情况。通过采集市县财政、公共资源、民生项目等数据，利用地理信息平台开发的民生地图可以直观展示公共资源的基础信息和财政资金投入情况、市县的经济运行情况、涉农资金的发放情况。三是采集预算单位的数据。截至 2018 年 6 月，数据仓库已采集到的跨部门数据包括：省地税局全省业务信息，省公安厅全省身份证信息，省水利厅全省水库信息，省卫生厅全省医疗机构信息，省教育厅全省教育机构信息，省统计局每月统计报表，省交通厅全省道路、隧道、桥梁信息，省林业厅全省生态公益林信息，省技术监督局全省组织机构代码信息，省环保厅水流域交接断面水质信息，全省中小学在校生花名册等。

在数据仓库的基础上，浙江财政出于提升管理和决策水平的考虑，在应用层面进行了创新。一是构建收入动态监控体系，对属于省级收入的金融保险营业税进行信息比对，及时发现收入混库、漏缴等问题。构建预算执行动态监控体系，对每笔资金从指标到支付进行全过程监控，确保财政资金安全、规范和有效使用。建设统一公共支付平台，全面接入高速违章罚款、交通违章罚没、公务员考试、会计从业资格考试、教育收费等非税收入项目，提供支付宝、手机银行、网银等线上互联网缴款渠道，以及自助终端、柜面、MIS-POS 等线下缴款渠道，通过信息多跑路，让百姓少跑腿。建设反不当支付体系，借助乡镇公共服务平台和数据仓库，在个人补助、涉企补助、预算单位三个层面进行反不当支付试点。二是建设民生地图，以地理空间平台为载体，展示全省各地的宏观经济发展状况、政府投入的公共资源情况、政府在民生方面投入的成效等，以数字、图表、照片、视频等形式实现公共财政收支活动可视化和形象化。建设政采云平台,与阿里巴巴开展战略合作,在业务上引入电商模式,在技术上采用云计算技术架构,在合作模式上采用 SaaS 云租用模式,有效解决政府采购周期长、价格高、服务差、标准不一致等问题。三是搭建电子政务搜索引擎,为各级政府工作人员提供公文、报表、文字材料等非结构化数据的云搜索服务,进一步提高跨层级、跨部门、跨业务的信息共享水平,挖掘各类数据的潜在价值。[①]

(二)典型数字财政建设案例——政采云

浙江政采云网络有限公司成立于 2016 年 8 月 8 日,由浙江省财政厅与阿里巴巴集团共同出资成立,"政采云"是政府采购云计算服务平台的简称。政采云平台是全国首个经财政部批准、按云计算架构搭建的政府采购电子卖场试点项目。

1. 平台定位

政采云平台是顺应政府采购改革要求和"电商化"采购趋势,以大数据、云计算为依托,构建的集网上交易、监管和服务于一体的云服务平台,目的是运用"互联网 +"思维重构政府采购交易模式和监管、服务体系,使政府采购更加规范、透明、清廉、高效。平台主要包括"网上超市、在线询价、反向竞价、协议 + 批量、定点服务"等电子卖场五大子系统,以及预警监控、诚信评价、门户网站等监管系统。

平台建设遵循"政府主导、市场建设,管采分离、落实政策,专业运营、优质服务,统筹谋划、稳步推进"的原则,通过专业化开发、市场化运营,将政府部门的管理优势与阿里巴巴的技术优势结合起来,实现资源共享、优势互补,以构建统一开放、竞争有序的政府采购网上市场,为全国提供示范。财政部已将政采云平台作为全国首个"政府采购电子卖场"试点。[②]

---

① 浙江省财政厅:《浙江省数字财政建设经验材料》,http://xxzx. mof. gov. cn/zhengwuxinxi/jingyanjiaoliu/201806/t20180612_ 2924386. html,2018 年 6 月 12 日。

② 浙江省财政厅:《浙江省积极推进"政采云"平台建设》,http://www. zjczt. gov. cn/art/2017/7/21/art_ 1416786_ 13941193. html,2017 年 7 月 20 日。

2. 交易模式

一是新型电子卖场采购模式。包括网上超市采购模式、网上竞价或在线询价采购模式、协议批量采购模式。其中，网上超市采购模式适合金额较小的日常办公用品等产品，充分发挥小额零星采购自主、高效、灵活的优点；在线询价采购模式适合金额相对较大，但未达到公开招标限额标准的标准定制产品。

二是传统与现代相融合的项目采购模式。对一些专业要求高、金额大的综合性货物、服务或大型工程项目，采用以公开招标为主的采购方式，委托采购代理机构组织实施，同时融入现代信息技术，推行网上招标投标、电子评标等信息化手段。

3. 应用场景

第一个应用场景体现在利用价格数据辅助采购决策上。用合理的价格买到合适的商品需要强大的数据做支撑，政采云以此为出发点建立标准商品库，发挥政府采购价格数据的决策作用，在还决策权于采购人的同时实现物有所值。

第二个应用场景体现在提升监管能效上。政采云通过搭建起行为预警、效能预警、价格预警、诚信预警、异常预警五个模块，基于五个维度的大数据进行规则配置，为政府采购差别化监管提供基础。

第三个应用场景体现在大数据在政采云诚信体系的运用上。诚信是推动网上交易的基石，通过与诚信相关的大数据积累，构建应用模型，将诚信用数字化的形式量化表达，通过采购过程产生的大数据推动政府采购诚信体系建设。

第四个应用场景体现在运营服务方面。政采云通过智能机器人客服、采云学院在线培训考核体系以及本地化服务专员等措施，建立起"数据+智能"的服务体系。由大数据支撑的强大的运营服务能力使政采云的功能较普通的政府购买类平台更为完善。

第五个应用场景体现在实时动态展示方面。政府采购需要公平、公开、透明的环境。政采云将大数据做可视化处理，提供了基础数据、交易数据、服务数据、安全数据 4 个可视化数据大屏，政府采购相关各方可以实时、全面掌握平台的业务动态。[1]

4. 初步成效

截至 2017 年年底，政采云平台累积交易金额突破百亿元大关，同时顺利完成了交易 100 亿元、实施区划 100 个的双"一百"年度目标。完成了浙江省全省（不含宁波）、广西壮族自治区的北海市和贺州市等共计 112 个市县区（含开发区等功能区）及国家税务总局系统的平台部署，其中 107 个区划已成功上线交易。[2] 作为大数据时代政府采购的应用成果，政采云正致力于从浙江向全国推广的方向上努力。

政采云平台通过大数据技术的应用，解决了政府采购领域中信息不对称的突出问题。云计算和大数据技术使浙江省全省甚至全国的政府采购交易和管理电子化、一体化，以及信息资源的共享共用成为可能，很大程度上解决了长期以来政府采购"价格高、质量差、效率低"等问题，促使政府采购更加阳光透明、廉洁高效。目前，"政采云"平台为试点地区提供了多层级监管手段，如全网比价、大数据分析、第三方专业机构分析、预警跟踪、诚信评价、社会监督等，在提高采购效率的同时，实现了实时、精准的监管和服务，[3] 是浙江数字财政建设过程中一项重要的成果。

（三）浙江数字财政建设存在的问题

一是跨部门数据采集实现难。数字财政建设的关键是建立集聚的公共财政动态数据仓库。跨部门的财政收支活动相关数据的有效集聚，是预算收支预测、资金分配、项目管理、绩效管理、政策制定、信息公开等创新应用的基础。当前数据采集工作正平稳开展，但由于缺少相关的法律法规，跨部门

---

[1] 《政采云，浙江又造一个"政府淘宝"》，https：//baijiahao. baidu. com/s？ id = 160196249058 0908301&wfr = spider&for = pc，2018 年 5 月 31 日。

[2] 中国政府采购新闻网：《浙江政采云以"双百"成绩单为 2017 收官》，http：//www. cgpnews. cn/ articles/43100，2018 年 1 月 22 日。

[3] 浙江省财政厅：《浙江省积极推进"政采云"平台建设》，http：//www. zjczt. gov. cn/art/2017/7/ 21/art_ 1416786_ 13941193. html，2017 年 7 月 20 日。

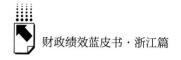

数据采集工作需要大量协调沟通，数据获取成本较高。

二是数据实时更新与维护难。只有真实有效的数据才能保证正确的应用结果，数据进入数据仓库只是一个开端，后续的更新与维护工作将贯穿其整个生命周期。财政部门目前只能保证内部数据的及时更新。其他部门提供的外部数据，由于来源广泛，若没有定期更新的制度保障，很容易造成垃圾数据，且大大降低数据仓库的价值。

三是新技术落地应用难。云计算及大数据是新兴的信息技术，发展速度快，体系内容变化大。软件开发平台、应用平台、安全防护等方面还在不断迭代，掌握这方面技术的开发人员相对较少且人力成本较高，新技术的快速演进如果不能够及时引进，容易导致现有成果的快速淘汰。

四是缺乏复合型数据人才。财政部门内部不缺乏业务专家，也不缺乏技术专家，但是对于大数据时代面临的新情况、新问题，需要抓紧培养大量的数据专家。数据专家是复合型人才，要既能从业务的角度分析问题，又能通过技术手段解决问题，还能从数据角度创新应用。当前财政部门缺少既精通财政业务又深刻理解技术意义的复合型高端人才。

三 将大数据应用于财政绩效管理的意义

（一）统一预决算资金流和信息流

财政部门的预算编制方式是自上而下地进行资金分配，而执行统计的方式是由下至上层层汇总。在预算信息流和资金流与决算信息流和资金流完全逆向的情况下，很难有效地将预算的"初心"与执行的"实况"有效匹配起来。绩效评价的重点在于将资金的实际产出成效与分配资金时的政策目标进行匹配，但在当前预算与决算之间信息流和资金流无法有效衔接比对的情况下，很难做到对资金流向进行实时监控以及监督纠正。

信息和网络技术的发展为解决这一问题提供了解决的路径，社会进入信息化时代，数据量日益增多，信息种类也趋于多样化，信息时效性大大强化。从绩效评价获取信息的角度来看，与绩效评价相关的大量信息被分别储存在评价政策运作链的各个部分中，通过利用大数据可以有效地了解资金分配和政策运作的各个环节，提供包括但不限于资金使用数据的各类信息，这些信息相互关联、补充、印证，使持续追踪并正向比对预算资金流和信息流与决算资金流和信息流成为可能，大大提高了财政部门对资金实际执行情况的掌握程度。

此外，大数据的广泛应用，使预算在编制和执行中，尤其是执行当中的信息质量大大提高。大数据的采集是信息采集设备以及系统自动完成的，相互之间存在逻辑关系，大大提升了数据的真实性，从源头上提升了信息流和资金流的可靠性。

大数据技术的应用，为绩效评价从信息收集、梳理、处理和分析等方面提供了新的评价思路和评价方法。可对预算执行过程中的各个环节进行实时的、动态的监控，将线上的实时监督和线下的重点监控结合起来，对预决算信息流和资金流进行归纳整理、分析研判，定期生成分阶段的绩效评价报告，实现对资金执行情况的全面、细致、动态的评价比对。采用"俯视"视角理解资金使用过程，使预算和执行两个方向完全不同的信息流相互匹配比对成为可能，打破了传统绩效评价手工比对数据的局限性。

（二）提升绩效评价的深度和广度

1. 提升财政绩效评价的广度

传统的财政绩效评价受信息获取能力和人力资源的限制，仅能选取部分项目开展深度绩效评价。如传统绩效评价数据获取要通过项目实际承担方总结，项目过程中相关资料记录，相关人员访谈，获取财政数据及部分部门数据等，这些绩效评价所依据的资料来源分散，且部分材料主观性、随意性较强，评价依据的客观性、完整性、准确性、有效性难以得到保证。更重要的是，这些材料的获取往往需要较高的人力成本，限制了绩效评价的广度，以致大多数项目仅能依靠预算单位自评完成绩效评价。

大数据技术的引入克服了上述壁垒。从信息获取角度来看，各省大都

255

成立了与大数据管理相关的部门，如浙江省组建了省大数据发展管理局，负责推进政府数字化转型和大数据资源管理等工作。通过组建这一机构，浙江省进一步加强了互联网与政务服务的深度融合，统筹管理公共数据资源和电子政务，推进政府信息资源整合利用，打破信息孤岛限制，实现数据共享。[①] 大数据的有效整合管理为使用财政资金的项目提供了相对丰富完整的评价资料，大数据技术的应用大大减少了绩效评价工作人员收集、整理、处理数据的工作量，为拓宽绩效评价的范围、延展绩效评价的广度提供了可能。

2. 提升财政绩效评价的深度

深入的绩效评价往往要从多个维度进行比较，既包括横向同类项目之间的比较，也包括纵向时间上项目发展历程的指标比较。不管横向还是纵向都对信息的丰富性、准确性和客观性提出了非常高的要求。但传统绩效评价的方式往往只能"就事论事"，难以获得高质量的横向或纵向数据。从更宏观的层面看，有限的数据使评价结果对实际政策的参考意义也较为有限，未能充分发挥绩效评价应有的作用。

从技术层面看，大数据技术对于绩效评价的重要作用之一在于提供了充足而有效的原始数据，通过量的积累实现了价值的飞跃。财政资金的使用实质上代表着复杂的政府管理活动，过程中将产生大量相关数据。大数据的应用不但能够使绩效评价发现结果的异常，而且能够通过过程数据洞察到过程中的问题。大数据项目的建设打通了原来各政府数据库间的信息孤岛，深入挖掘相关数据，可得到有助于深度绩效评价的信息价值。更重要的是，大数据有助于实现财政支出绩效评价的持续跟踪，不再限于对单个项目的单次评价，而是持续动态跟踪反馈，形成绩效评价的长效机制，充分发挥绩效评价的价值。此外，传统的财政支出绩效评价与评价人员的专业素养密切相关，不利于绩效评价结果的横向或纵

---

① 浙江在线：《浙江机构改革：组建"最多跑一次"办公室和大数据管理局》，http：//www. echinagov. com/news/241807. htm，2018 年 10 月 23 日。

向比较。大数据技术的应用降低了绩效评价工作人员主观方面的影响，使结果更具可比性。

（三）有助于发挥预算绩效评价体系的监督问责作用

党的十九大提出"建立全面规范透明、标准科学、约束有力的预算制度，全面实施绩效管理"，将绩效管理提升到了一个前所未有的高度，可以预见的是，预算绩效评价将成为国家治理现代化的重要途径。在传统的绩效评价过程中，社会和公众对于预算绩效评价的参与度较低，由于技术、成本的局限，公众缺乏参与绩效评价的途径，只能被动接受政府提供的有限的绩效评价信息，或者根据自己所了解的局部信息进行评估，实质上对预算绩效评价本应有的作用打了折扣。

如前所述，大数据技术的使用将打通财政、部门和外部的数据采集体系，有条件实现透明度更高、时效性更强的信息公开。对于政府部门来说，公开是最好的监督，"阳光是最好的防腐剂"。这种监督不仅是对负责分配资金的财政部门的监督，也是对财政资金的使用主体预算单位的监督。

与大数据相关的信息技术有助于革新预算管理过程中监督部分的运行机制。当前的政府管理运作中对预算绩效进行监督的仍然以政府部门为主，即学理意义上的国家监督。社会和公众仅能在预算信息和数据被加工后参与监督，这样的监督较为薄弱与被动。

耿亚东（2016）认为，大数据的出现将逐步弱化政府"掌控一切"的局面，大数据的包容性将打开政府与社会、非政府组织、企业等主体之间的边界，这预示着政府将不再是唯一的治理主体，社会、市场等监督力量将不断成长，对政府的治理而言既是机遇也是挑战。[①] 从这个层面上来讲，大数据带来的数据库及云计算、数据挖掘等一系列信息技术很大程度上影响了传统的预算监督主体与过程，为财政预算多主体监督提供了可能，最大限度地实现了人大、政协、审计、纪检、社会、媒体、公众在预算绩效监督体系中

---

① 耿亚东：《大数据对传统政府治理模式的影响》，《青海社会科学》2016 年第 6 期。

的共同介入。大数据不但数据量巨大，而且来源多样，相关联数据间可以相互印证，数据传播速度极快。这使多元的预算绩效监督主体之间可实现数据信息实时共享，大大提升了政府以外主体的知情权和监督权，同时也为依绩效问责打下了坚实的基础。除此之外，基于大数据的预算绩效信息共享降低了社会、媒体、公众等非官方组织参与的成本，有助于提升公民参与财政预算编制、执行、决算、监督等全过程的热情，强化公民承担财政预算监督责任的意识。

因此，在大数据技术的推动下，预算绩效评价体系有希望突破传统的内部监督边界，兼容并包吸纳多方面的监督主体，全方位提升预算监督能力。这种基于大数据技术的高速发展所带来的变革，将大大有助于发挥预算绩效评价体系的监督问责作用。

（四）提升预算绩效水平，完善财政绩效管理制度

在预算绩效管理过程中，各级政府、部门、单位的收支预算将被全面纳入绩效管理。绩效思想贯穿了财政收支活动的全过程，提升预算绩效水平、完善相关管理制度对于财政的管理质量而言至关重要。

一是提升预测水平。绩效评价的历史数据有助于根据过往的关键性指标对未来事件的绩效表现做出预测。财政部门可利用大数据实现预测管理。大数据的核心价值在于其预测性，对大数据的合理挖掘可以根据大量与绩效相关的指标数据分析预测绩效主体的行为趋势，如果绩效主体被预测到其行为趋势可能会带来低绩效的后果，那么财政部门就可以采取预防措施或提醒相关行为主体，将其行为的低绩效苗头"扼杀"在萌芽阶段。相反，如果大数据分析显示指标相关数据对绩效的可能走向起正向作用，那么可适时向行为主体进行反馈，希望其加强类似行为。绩效管理的意义不在于得出绩效结果，而在于用管理的手段提升财政支出的绩效表现，大数据的应用，为提升预测水平提供了科学的数据支持。

二是提升系统性。大数据可以帮助预算绩效管理实现预算单位上的横

向、流程上的纵向全覆盖，实现财政业务本身和相关领域的全部关联，从而为实现"全方位、全过程、全覆盖"提供坚实的技术保障，大大提升预算绩效管理的系统性。从纵向流程上来看，大数据可以以预算管理为核心，以国库收支为重要线索，覆盖指标管理、计划管理、支付管理、转移支付管理等预算执行过程，再到后续横向上引入各预算单位数据进行绩效评价与监督，真正使预算编制绩效导向有据可依，使预算执行环节绩效监控实时在线，使决算环节全面开展绩效评价有迹可循。

四　应用大数据手段优化财政绩效管理的展望

（一）强化预算绩效评价理念

1. 管理对象的全方位

在将大数据技术引入预算绩效管理后，应树立评价对象要全方位的概念。大数据的海量数据为预算绩效的全方位评价提供了可能，对于建立省域内甚至全国范围内的预算绩效评价系统奠定了数据基础，可彻底打破过往自评为主、以点代面、范围小、深度低的绩效评价瓶颈。同时，大数据的先进技术有助于预算绩效将管理对象全方位纳入评价范畴，通过数据挖掘等技术方式将政府目标、部门目标、项目目标、政策目标等内容全面纳入预算绩效管理范围，并与责任主体行为数据相连接，从而厘清权责，实现全部项目、政策、部门、整体均可被纳入预算绩效评价范围，实现预算绩效管理对象的全方位。

2. 绩效意识的全过程

大数据可将绩效评价与绩效管理的思想纳入预算管理全过程。在预算编制阶段，可以利用数据爬取、购买第三方数据等方式，获取政府部门以外的数据，尤其是政策目标群体的相关数据。对这些数据的深入分析可以保证政策供给与政策目标群体的需求相匹配，辨别出预算审核中预算单位与实际需求匹配度较低的、预算编制不科学的项目，降低预算分配中的主观性和随意性，提升资金分配的科学性和客观性，解决当前财政部门预算编制绩效意识不足的弱点。在预算监督阶段，可向人大、审计、社会、媒体、公众开放访问财政大数据系统的一定权限，让上述监督方可随时访问系统，从而对预算的编制和执行进行监督。大数据相关技术能够让政策信息流和资金流流向一致，并实现对比监督。在监督的基础上，借助大数据手段可识别出政策走向偏离政策目标的项目，以此为切入点找到项目实施、预算执行中存在的问题，并及时进行纠正，提高资金流走在"正途"上的概率。在绩效评价阶段，大数据有助于将绩效结果与预算单位主体责任精准匹配，从而落实主体责任，细化问责依据，对下一年的预算安排真正起到指导作用，让绩效评价结果充分发挥作用。

3. 评价内容的全覆盖

预算绩效的全覆盖实际是要求将"四本"预算中的所有资金纳入管理当中。当前，受信息来源、管理权限等因素所限，除一般公共预算外，财政对另外"三本"预算实际的统筹管理能力较弱，实行预算绩效管理相对难度更大。"四本"预算中涉及了不同政府层级、不同归属部门、不同性质的资金，对于传统的预算管理方法来说挑战较大，而大数据技术能够有效处理非结构化数据，并从秩序性不强的数据当中寻找规律。大数据之间的相互印证、相互关联提高了对单个数据缺失、错误的容忍程度。大数据的这一优势为预算绩效覆盖全部"四本"预算提供了技术上的坚实支持。

（二）建设财政绩效数据平台

大数据能够在预算绩效管理过程中发挥作用的关键原因之一在于数据资源的时效性、丰富性、便捷性。服务于财政绩效的数据库不能仅限于财政及其周边数据，而应该是一个能够反映社会经济运行状况的数据库，包括如下几类数据。

第一类数据为地区生产总值类。包括各地（精确到县级行政单位）以季度为单位的 GDP，一、二、三产业对 GDP 的贡献，各行业（如工业、建筑业、批发零售业等）对 GDP 的贡献等。

第二类数据为三次产业数据。包括一、二、三产业的增加值，粮食、肉类、水产品等重要农产品的产量，工业、规上工业、规下工业的增加值，建筑业增加值，批发零售业、交通运输业、住宿餐饮业、金融业、房地产业等行业的增加值等。

第三类数据为"三驾马车"类数据。包括固定资产投资，项目、房地产、制造业、基础设施等投资，实际利用外资，境外投资，货物贸易出口总额，机电、服装纺织、高新技术、大宗商品等的出口额，货物贸易进口总额，机电、服装纺织、高新技术、大宗商品等的进口额，社会消费品零售总额，石油及其制品、汽车、网络、通信器材等的零售额，房地产销售面积，房地产销售额等。

第四类数据为财税金融数据。包括财政总收入，一般公共预算收入，税收收入，非税收入，一般公共预算支出，部门收入预算，支出预算，采购预算，购买服务预算，组织征收预算，用款计划，资金申拨管理、支付，预算总会计核算，电子凭证、票据管理相关数据，票据开具信息，资金结算信息，电子缴款业务数据，政府采购数据，社保征缴数据，增值税发票数据，社会融资规模，新增贷款，本外币存贷款余额，出险企业家数，地方政府债务限额等。

第五类数据为专题数据。主要围绕党委、政府当前的重大工作收集数据。以浙江为例，主题数据可包括长三角一体化、数字经济一号工厂、八大万亿产业、富民强省十大行动计划、创新创业、企业上市、特色小镇等专题数据。

第六类数据为国有经济类数据。包括国有（含省属、市属，下同）企业营业收入、国有企业工业总产值、国有企业固定资产投资额、国有企业出口额、国有企业利润总额、国有企业已缴税费总额等。

第七类数据为民营经济类数据。包括民营企业营业收入、民营企业工业总产值、民营企业固定资产投资额、民营企业出口额、民营企业利润总额、民营企业已缴税费总额、民间创业情况、民营企业就业人数等。

第八类数据为社会环境类数据。包括居民消费价格涨幅，新建商品住宅销售价格涨幅，二手住宅销售价格涨幅，工业生产者购进价格涨幅，工业生产者出厂价格涨幅，农家乐休闲旅游村总数，能源消费总量，单位 GDP 能耗降低率，省控Ⅰ～Ⅲ类水质断面比例，省控劣 V 类水质断面个数，污水处理率，日空气质量优良天数比例，PM2.5 平均浓度，生活垃圾无害化处理率，城镇登记失业率，城镇新增就业人数，基本医疗、养老保险参保率，城镇居民人均可支配收入，农村居民人均可支配收入，全社会用电量，货物运输量，土地供应总量，制造业 PMI，企业家信心指数，出口订单景气指数，企业出口信心指数等。

第九类数据为体制发展类数据，根据地区特点而定。以浙江省为例，可包括城市化、乡村振兴、区域协调、精准扶贫、最多跑一次、亩产论英雄等重大体制机制、协调发展相关数据。

通过对上述政府及商业数据的汇集整理，引入离线计算（EMR，含 Hive、Spark、Hbase 等）、大数据计算（MaxCompute）、实时计算（ADS）、数据大屏（DataV）、数据报表（QuickBI）、数据开发平台（Base）、大数据搜索引擎（ElaticSearch）、算法平台（PAI）、开放结构化数据服务（OTS）等方法，用于预算绩效管理的数据库可拥有强大的数据计算、开发和展现能力。

（三）完善绩效领域指标设置

大数据背景下的预算绩效管理要求预算管理和绩效管理真正实现一体化。在这样的要求之下，预算绩效管理必须体现出整体的财政观和中长期财政管理的视野，将绩效意识向两端延伸，将管理范围向周围拓展，方能完善健全公共财政的经济职能与问责职能。

从整体财政观的角度出发，在预算过程的不同阶段，绩效体现的方式和侧重点也不尽相同，应设置的指标类型也不同。很多在传统财政管理视域下难以取得的数据或难以完成的评价，通过大数据技术带来的革新，就能找到可以精确测量的指标，推动全面预算绩效管理向覆盖面更广、评价更深入的方向发展。

1. 预算编制阶段绩效指标

第一类指标应为透明度指标。基于公共财政的公共性，除部分涉及保密的项目外，公开预算安排是对政府行为最好的监督。在透明度指标中，应包含公开范围和公开程度两类指标。公开范围指能够查看到相应预算的人群或组织的范围；公开程度包括是否主动公开、预算公开的详细程度等指标。

第二类指标应为精确性指标。"钱要用在刀刃上"，资金安排是否能够精准解决现实需要是预算安排的核心问题。在精确性指标中，应包含必要性和清晰度两类指标。必要性指资金安排是否必要、与现实需求的匹配程度、对过去绩效评价结果的应用程度等。清晰度指政策目标清晰可量化的程度、预算编制的精细程度等。

第三类指标应为科学性指标。解决了钱"该不该用"的问题之后，要考虑的就是"钱怎么用"的问题。在科学性指标中，应包括方法类和经济类两类指标。其中方法类指标包括项目设计方案是否科学，是否可行，是否符合公共财政的公共属性等，经济类指标包括资金安排是否节约有效，是否实现了既定方案下的最小投入等。

2. 预算执行阶段绩效指标

第一类指标应为执行率指标。此处的执行率不是指支出进度符合时序进度，而是指符合预算编制时根据项目特点安排的执行进度。执行率指标包括项目的阶段性目标完成程度和资金的使用进度两方面。

第二类指标应为匹配度指标。资金安排为项目进展服务，项目的执行为政策目标的实现而开展，二者是否能够有效匹配是财政资金能否充分发挥绩效的核心所在。匹配度评价的核心在于监控项目信息流与资金流的走向是否一致。匹配度指标以评价资金使用与项目进度是否高效匹配为主进行设置。

3. 决算阶段绩效指标

第一类指标应为效率类指标。项目完成后，我们应当反思该项支出是否有效率。这里的"有效率"一方面指的是经济效率，即其中的一类指标基于大数据的历史信息进行考察，在完成类似目标的项目中，被评价的项目在经济上是否节约，有效率；另一方面指的是政策目标的完成情况，即项目的产出与政策目标群体之间的覆盖关系，指标应围绕政策目标群体受益于政策产出的程度来设置。

第二类指标应为效应类指标。效应关心的是项目产出造成的影响，分为微观和宏观两个层面。其中微观类指标要评价的是政策目标群体对该项政策的感受，大数据及相关互联网技术提升了获取政策目标群体感受的便利程度，降低了开展大范围问卷调查的成本，使对微观感受的精准评价成为可能。但个人效用的加总不等于社会的总效用，因此还要考虑宏观类指标。宏观类指标评价的是政策的社会效应，即政策的产出与结果对社会造成的影响。

第三类指标应为公平类指标。公共财政天然具有公平属性，此处的公平应意味着机会公平。其中一类指标应用于测量政策目标群体获得政策红利的权利和机会是否平等，另一类指标要测量政策是否对社会和经济的不平等进行了纠正和安排，即政策的执行是否有利于那些在政策群体中处于最不利地位的少数弱者。大数据的应用能够精准测度各类政策目标群体的相对地位及获取政策的难易程度，从而量化公平性。

第四类指标应为可持续性指标。对可持续性的评判对于下一年度的预算安排具有重要的指导意义。可持续性指标包括外部指标和内部指标两类。外部指标包括资金来源的可持续性、潜在的替代政策、市场上的替代产品等。内部指标包括政策反思和政策目标群体使用意愿等。政策反思基于政策全生命周期展开，如反思政策目标是否清晰、合理、可分解。政策目标群体使用意愿指政策目标群体是否希望继续使用由该项政策提供的公共物品或公共服务。

综上所述，在预算绩效管理中，绩效指标的设置贯穿了预算编制、执行、决算等各个阶段。各个环节的指标环环相扣、相互印证，归结起来如表1所示。

表1　预算编制、执行、决算阶段绩效指标设置

环节	一级指标	二级指标
预算编制阶段	透明度	公开程度
		公开范围
	精确性	必要性
		清晰度
	科学性	方法类
		经济类
预算执行阶段	执行率	资金拨付
		项目进度
	匹配度	业务流、信息流与资金流匹配
决算阶段	效率	经济效率
		政策覆盖
	效应	微观效应
		宏观效应
	公平	机会公平
		最小受惠者
	可持续性	外部可持续
		内部可持续

由于不同的财政资金项目存在较大的个性化差异，因此无法将三级指标统一设置，因此需要根据项目设置的实际情况，在表1的一级二级指标框架内设计个性化的三级指标。三级指标的构建可以首先从理论角度出发，以完整性为原则，形成理想状态下的理论指标体系；以此为基础，再遵循可靠性和有效性原则，在理论指标的基础上根据实际情况挑选出在大数据环境下可以获取信息的指标，形成可用指标体系；再过滤冗余信息，通过因子分析法或德尔菲法等去除并不必要的指标，形成在具体操作中具有使用价值的预算绩效管理指标体系。

（四）增设预算绩效管理技术模块

预算绩效管理是一个环环相扣、各环节间有着紧密联系的过程（见图1）。这种特质要求预算绩效管理技术模块的设置要分层次，分权限，流程清晰。

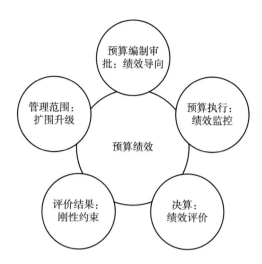

图1 预算绩效各个模块之间的关系示意

一个完整的预算绩效管理业务模块需提供权限管理、工作流管理、工作节点管理、数据管理、运维管理等多个功能模块进行支持。应包含以下几个子模块。

一是权限管理子模块。由于不同性质的资金项目需要不同的绩效指标设置。该模块要提供多人在线联合开发系统，通过工作空间的隔离来完成权限管理。具备相同空间权限的用户，要通过控制权锁保证修改、提交等操作的互斥性。可将不同工作空间分配给不同用户，对不同用户可以授予相同工作空间的权限，方便协作开发。

二是工作流管理子模块。工作节点应按照设置的依赖关系组成工作流，完成一个完整的数据开发流程。工作流调度系统支持灵活的周期调度策略，配合财政资金拨付使用的周期性。

三是工作节点管理子模块。该子模块应具备丰富的节点类型，包括Shell节点、数据集成节点、SQL节点、MapReduce节点和算法节点等。这些节点和算法用于计算得到各类指标的结果。

四是数据管理子模块。该子模块应具备数据表管理功能，支持对数据表的可视化管理，具备数据源管理功能，支持丰富的数据源类型，便于数据集成开发，使各种类型的数据均能用于预算绩效管理当中。

五是开发流程管理子模块。该子模块应提供易用的、集成的大数据开发环境，支持 Web 在线编程，提供数据开发、调试、测试、部署的完整版本开发流程支持，用于部署不同项目的不同绩效指标设置。

六是运维管理子模块。运维管理系统用于对项目空间的生产作业运行情况、资源消耗情况、数据存储情况进行管理和统计分析。该功能应能在线对任务进行管理和实时查看，任务统计数据通过图表的形式直观展现，并且可以根据业务需要设置任务报警，实现实时的绩效指标监控。

（五）大数据视角下的财政绩效管理推进政府治理

对于绩效管理而言，"持续而有效的改进"是其核心也是其灵魂所在。在大数据技术的帮助之下，预算绩效管理的全面有效推进可以帮助绩效管理成为最大化政府行为效率和效应的工具。从国际经验来看，发达国家基于多样化的目的将绩效概念植入了预算管理过程，这些目的包括改进预算分配方式方法、提高资金使用效益、增强财政信息透明度、强化部门支出责任、提升政府综合治理水平等。

从技术层面讲，大数据的引入可以帮助预算绩效管理实现预算编制的精细化、方案制定的科学化、预算信息的阳光化；预算进度的完成和绩效目标的实现也将得到强化，同时大数据在预算绩效财政监督乃至经济社会发展中的巨大价值都将得到挖掘，从过往的"重分配、轻绩效"转向自始至终对绩效的重视以及对问责的强调。大数据技术指导下的绩效结果将更加精准有效，评价结果能够更好地为部门或预算单位做出改进提供有力依据，充分体现科技进步与技术革新的推动力。

从财政统筹管理角度讲，大数据技术使全口径预算绩效管理成为可能。一般公共预算、政府性基金预算、国有资本经营预算和社会保险基金预算"四本"预算有着各自的特点，长期相对独立的管理方式大大降低了财政的统筹能力。大数据的引入能够实现"四本"预算的相互印证与综合评价，实现绩效评价与预算编制之间的相互衔接，绩效思想的引入能够促进财政资源甚至是国家资源的高效统筹整合，不但有助于提升财政管理的全面性和系统性，更有助于提升政府对资源的统筹配置能力。

从政府治理角度讲，将大数据引入财政绩效管理将带来政府治理的深刻变革。全面预算绩效管理不是一项孤立的改革，其意义不限于财政预算管理技术进步，更重要的是推动政府治理能力的革新。大数据让我们不仅能够关注绩效信息在预算全周期当中的应用，还能够通过大数据系统的建立，实现政府部门间更为广泛和紧密的协同，使各方的权责更加清晰。大数据加强了预算信息和绩效信息的明确性，增加了透明性和依权限的可访问性，这对于推动外部问责的发展大有裨益。绩效指标打通了财政部门和业务部门更为深层次的关联，使政府履行职能、安排预算的逻辑更为清晰。另外，利益相关者和政策目标群体也有了参与到绩效管理财政监督中的途径，大大提高了预算的透明度和可问责性。上述变化大大强化了政府对民众负责的治理思路和治理理念，财政绩效管理提供了用责任手段限定政府权力边界、强化问责意识的途径，为政府治理的变革奠定了坚实基础。

五　结语

长期以来，财政绩效评价工作受信息质量和工作量的限制，难以深入而广泛地在财政管理过程中发挥应有的作用。大数据时代的到来为解决财政绩效管理中的信息不对称问题提供了新的思路和方法，大大提升了财政绩效评价的应用价值。

本报告首先总结了大数据的主要特征，详细分析了大数据容量大、类型多、存取速度快、价值密度低等四大特征的具体表现，并从概念产生发展、大数据处理探索、大数据与互联网和大数据在中国几个维度梳理了大数据的发展历程。在此基础上回顾了大数据已有的几个应用场景，如公共卫生、商业和政府管理等，总结出大数据在这些领域带来的惊人变革。其次回顾了浙江省在数字财政领域的探索，以"政采云"为例，分析了当前浙江省数字财政领域的发展水平，并总结出当前浙江省数字财政建设中存在的四大问题：跨部门数据采集难、数据实时更新维护难、新技术落地应用难和缺乏复合型数据人才。

基于上述分析，本报告尝试探索将大数据技术应用至财政绩效管理中。将大数据引入财政绩效管理，一是可以统一预决算资金流和信息流；二是可以提升绩效评价的深度和广度；三是有助于发挥预算绩效评价体系的监督问责作用；四是可以提升预算绩效水平，完善财政绩效管理制度。将大数据应用于优化财政绩效管理，一是要强化预算绩效评价理念；二是要建设财政绩效数据平台；三是要完善绩效领域指标设置；四是要增设预算绩效管理技术模块；五是要以此推进政府治理。将大数据引入财政绩效管理工作中，对我国预算管理改革和政府管理改革均具有十分重要的意义。

B.7
公共财政中的转移支付绩效

李金珊 吴 超*

摘　要：　本报告以民生财政中的个人转移支付绩效为主线开展专题研究。首先，基于转移支付理论提出"个人转移支付"的概念与当前趋势，并从该视角对浙江省"乡镇公共财政服务平台"中的"家庭账户"、相关政策、项目等进行分类梳理。其次，结合浙江省城乡居民最低生活保障补助的个人转移支付项目开展的政策绩效评价显示，效率维度体现为国库集中支付且应保尽保，公平维度上进行了差异化补贴标准设定与最低生活保障城乡一体化，效果维度上满足了最低生活资金需求且透明度较高，可持续性维度上拥有健全的动态资金保障机制与互补性选择。最后，乡镇公共财政平台对个人转移支付的现实意义在于其有利于实现技术治理嵌入、政府职能变革、"微腐败"预防、精准财政扶贫和传导机制完善等。

关键词：　个人转移支付　政策绩效评价　乡镇公共财政服务平台

一　有关转移支付的理论分析

作为财政支出的重要领域之一，转移支付制度及其运作绩效引起了理论

* 李金珊，浙江大学公共管理学院教授，博士生导师，浙江大学财税大数据与政策研究中心主任，浙江省公共政策研究院副院长，主要研究方向为公共财政，公共预算管理；吴超，浙江大学公共管理学院行政管理专业博士研究生，主要研究方向为公共财政政策。

界的密集关切。随着时间的推移，其主要的解释理论、类别划分、聚焦点、分析技术等都不断演变着。

（一）理论：财政分权、公共物品与新公共治理

财政分权理论对从中央与地方关系出发研究转移支付存在的合理性及其如何发挥作用提供了分析框架；公共物品理论则聚焦于如何以更好的方式利用转移支付或补助进行公共物品或服务的供给；新公共服务理论则从一个更新的视角，即强调在使用转移支付或财政资金时要更注重政府与受益者的互动，提倡共同协作提供本地化的公共产品和满足符合当地需求的服务。

1. 财政分权理论：转移支付对政府间关系的调节

财政分权理论关注各级政府间的财政关系、集权与分权的程度等重要议题，它的基本立论是地方政府应具有一定程度的财政自主权。就财政转移支付领域而言，涉及它与政府职能之间如何匹配、地方政府应在多大程度上依赖中央或上一级政府的转移支付或补助、如何在地方政府之间进行分配、具体转移支付项目对受益者的支出水平和行为有什么影响等。

中央与地方政府间应如何进行分权？首先，财政运作机制一般由各级政府以及辖区内的多级单位执行。马斯格雷夫（Musgrave）认为一个国家存在三种主要的财政职能，即配置、分配和稳定。[①] 其次，分权能促进地方政府间的财政竞争。蒂布特（Tiebout，1956）提出的"用脚投票"概念性方案论证了财政分权可以通过促进地方政府之间的竞争，降低公共产品或服务供给的成本。[②] 最后，具体事务的财政决策权应下放地方。斯蒂格勒（Stigler，1957）研究发现，与中央政府相比，地方政府更接近自己的居民，也比中央更了解它所管辖的居民的效用与需求。[③] 同时，在一个国家内，不同的人

---

① 〔美〕理查德·A. 马斯格雷夫、〔美〕佩吉·B. 马斯格雷夫：《财政理论与实践》，邓子基、邓力平译，中国财政经济出版社，2003，第482~283页。

② Charles M. Tiebout, 1956, "A Pure Theory of Local Expenditures", *Journal of Economy*, 64, pp. 416 – 426.

③ G. J. Stigler, 1957, "The Tenable Range of Functions of Local Government", Washington, Joint Economic Committee, pp. 16 – 213.

有权对不同种类和不同数量的公共服务进行投票表决。为实现资源配置的有效性和财富分配的公平性，决策应该在最低行政层次的政府部门进行。奥茨（Oates，1972）也在其"分权理论"著作《财政联邦主义》中提出应由地方政府提供本辖区内的公共物品和服务。[①] 地方政府在公共品的提供上具有信息优势，能够更好地满足本辖区居民差异化的需求，在成本相同的情况下，地方能够提供更好的服务，能够实现地方居民的帕累托最优水平。

因此，应该明确各级政府的职能与关系，再依据各级政府正常行使其职能的财力需要，相应地划分财政管理权限。

2. 公共物品理论：保障公共物品或服务的有效供给

通过财政分权理论分析并明确了由哪一级政府为公共事务或者公共物品承担事权责任之后，继而应该研究具体公共物品的供给方式，以及如何能更好地发挥转移支付制度的作用以保证公共物品的有效提供。公共物品理论为研究转移支付制度提供的理论指导主要有以下几个方面。

公共物品的基本属性是非排他性和非竞争性。美国经济学家萨缪尔森（Samuelson，1954）在《公共支出的纯理论》一文中首次提出公共产品的概念。他将纯粹的公共产品定义为"是指这样的物品，即每个个人消费这种物品不会导致别人对该物品消费的减少"。[②] 他从产品在消费中的非竞争性角度定义了公共产品，并进一步揭示了非竞争性和非排他性是判断公共产品的主要标准。1965 年，布坎南（Buchanan）在《俱乐部的经济理论》中首次对非纯公共物品或准公共物品进行了讨论，公共物品的概念得以拓展。其主要观点是，只要集体或社会团体决定，为了某种原因通过集体组织提供的物品或服务就是公共物品。

公共物品供给机制。林达尔均衡（Lindahl equilibrium）模型表明，如果每一个社会成员都按照其所获得的公共物品或服务的边际效用大小，来支付自己分担的公共物品或服务的资金费用，则公共物品或服务的供给就可达到

① Wallace E. Oates. , 1972, *Fiscal Federalism*, New York, Harcourt Brace Jovanovich.
② Samuelson P. A. , The Pure Theory of Public Expenditure ［J］. *Review of Economics and Statistics*, 1954，36：pp. 387 – 389.

最佳或最高效率配置。该模型是一个局部均衡模型，解决的是如何确定公共物品供应水平和如何运用价格系统为公共物品筹资的问题，很好地结合了支付能力和受益原则。萨缪尔森进一步拓展了林达尔均衡，针对公共物品中存在的"搭便车"行为，提出了一般均衡模型，该状态下的公共物品的有效供给模型满足帕累托效率的公共物品和私人产品供给数量的条件是，所有消费者的公共物品对私人物品的边际替代率之和等于公共物品对私人物品的边际转换率。

准公共物品供给中的可持续发展原则。埃莉诺·奥斯特罗姆（Elinor Ostrom）探讨了涉及瑞士和日本的山地牧场及森林的公共池塘资源，以及西班牙和菲律宾群岛的灌溉系统的组织状况等正反面诸多实践案例。她定义这些为准公共品，集中研究承诺和相互监督问题，并专门讨论了自主治理公共池塘资源制度的供给等问题。在此基础上，她提出了八项可持续发展"设计原则"：①清晰界定边界。公共池塘资源本身的边界必须予以明确规定，有权从公共池塘资源中提取一定资源单位的个人或家庭也必须予以明确规定。②占用和供应规则与当地条件保持一致。规定占用的时间、地点、技术或资源单位数量的占用规则，要与当地条件及所需劳动、物资和/或资金的供应规则相一致。③集体选择的安排。绝大多数受操作规则影响的个人应该能够参与对操作规则的修改。④监督。积极检查公共池塘资源状况和占用者行为的监督者，或是对占用者负有责任的人，或是占用者本人。⑤分级制裁。违反操作规则的占用者很可能要受到其他占用者、有关官员或他们两者的分级的制裁，制裁的程度取决于违规的内容和严重性。⑥冲突解决机制。占用者和他们的官员应能够迅速通过低成本的地方公共论坛，来解决占用者之间或占用者和官员之间的冲突。⑦对组织权的最低限度的认可。占用者设计自己制度的权利不应受外部政府威权的挑战。⑧分权制企业。应在一个多层次的分权制企业中，对占用、供应、监督、强制执行、冲突解决和治理活动加以组织。

财政支出应该与实际各层次政府执行的具体事权相匹配，而转移支付制度便是满足这一目标的重要的匹配机制之一。在公共物品的供给中，特别是民生领域，大致存在政府直接生产和供应、委托外部第三方代为供给、政府与市场联合生产并供给等三种形式。不同的形式会涉及不同类别的财政转移支付，第一种方式往往是政府间的转移支付，包括上下级之间和同级部门之间；第二种方式则是非政府间的转移支付，如政府对企业的转移支付或极少数情况下对个人的转移支付；第三种方式可能会涉及多种转移支付方式。

3. 新公共治理理论：实现令人满意的公共服务供给

近年来，公共管理领域涌现出了新公共管理（new public management，NPM）、新公共服务（new public service，NPS）、新公共治理（new public governance，NPG）等一些理论，这些对于提升公共服务水平、财政资金支出绩效等具有较强的理论借鉴意义。

新公共管理理论以现代经济学和企业管理理论为基础，对传统行政层级控制和官僚行为模式进行反思与发展，是一种新的公共行政理论和管理模式。它强调市场理念，主张在公共部门广泛采用私营部门成功的管理方法和竞争机制来提高行政管理效率、公共物品供给质量，要求在解决公共问题、满足公众需求等方面增加有效性和回应性。

在审视了西方国家进行的新公共管理运动导致过度关注效率而忽视服务的逻辑之后，登哈特（Robert B. Denhardt）等学者提出了新公共服务理论，认为政府应该为全体公众提供基本公共服务，而不是试图加强控制或掌舵。该掌舵的行为倾向容易使制度设计方向迷失，运行机制扭曲，进而导致公平发展机会和基本权利保障的公共责任被扭曲。政府除了服务、协调的作用，还要承担起道义上的责任，确保在公共活动中产生的解决方案与公平、工作等价值标准一致。

新公共治理理论则从一个更新的视角，即政府与受益者互动的视角，提倡协作提供本地化的公共产品和满足符合当地需求的服务。在奥斯本（Stephen p. Osborne）看来，首先要理解"公共服务主导逻辑"（public service-dominant logic，PSDL），这一逻辑由公共服务的本质是"服务"而非"制造品"推演而来。在全球范围内，公共管理学者都在逐渐认同新公共治理理论和"公共服务主导逻辑"，认为这是理解公共服务提供的关键所在。

目前，奥斯本和他的同事们正着力研究新公共治理模式下公共服务提供的本质问题，这些构成了新公共治理研究议程的基础，具体包括：①公共服务是系统，而不仅仅是组织或组织间网络。公共服务的治理也因此需要将各种因素通盘考虑。②每一个公共服务组织在短期内都必须是可持续的，但这仅仅是组织以及整个公共服务系统的长期可持续性的必要而非充分条件。③内部效率对于单个公共服务组织是必要的，但这没办法打造一个可持续的公共服务系统。公共服务组织需要更加关注针对服务使用者的外部有效性，为社区创造一个能持续不断提供服务并输送公共价值的服务体系。④"知识"是实现公共服务组织有效性的关键资源与路径，这种知识既包含专业人士的知识，也包含服务使用者的知识。把知识转化为成功的公共服务提供的关键工具是"关系性"的，而非"离散化的"和"交易性的"。社会媒体和电子技术所能提供的信息生成、共享和使用，支持和强化了这种转化。⑤可持续的公共服务组织的产生有赖于在各个服务系统之间建立起长期的合作关系，而不是单纯地寻求短期的、离散化的、交易性的价值。⑥"共同生产"是公共服务提供中不可分割的一个环节，也是其核心内容。同时，它还是公共服务能够获得绩效并有所创新的源泉。⑦此外，公共服务系统还必须同环境的可持续发展要求相匹配，这一点是公共服务系统在21世纪下半叶达成真正可持续发展的必然要求。

（二）分类：国内外实践界的财政转移支付体系

在财政转移支付体系建设上，较发达的国际组织和经济体目前已经积累了较多实践经验。以1994年的分税制为界，我国开始逐步建立起转移支付制度，经过20多年的过渡期，2014年《预算法》的出台标志着我国的转移支付制度日趋成熟。

1. 国际货币基金组织的分类

根据国际货币基金组织《2001年政府财政统计手册》① 中的支出分析

---

① Government Finance Statistics Manual 2001 – In Chinese. https：//www. imf. org/external/pubs/ft/gfs/manual/chi/index. htm.

框架，政府转移支付有两个层次，一是国际间的转移支付，包括对外捐赠、对外提供商品和劳务、向跨国组织交纳会费；二是国内的转移支付，既有政府对个人或家庭的转移支付，如养老金、住房补贴等，又有政府对国有企业提供的补贴，还有政府间财政资金的转移。具体用图1来表示。

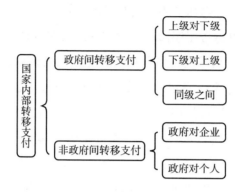

图1 国际货币基金组织的国家内部转移支付框架

2. 美国联邦与州政府的转移支付或财政补助分类

美国的联邦政府和州政府都设计了协调各级次政府间财政差异的补助项目。在其财政补助的转移机制中，补助方和受让方之间总会存在矛盾，而且这种矛盾从未得到彻底解决。补助方政府筹集到了财政收入，也承担着可能与财政收入功能相关的政治责任。受让方政府则会得到与公共服务供给相关的政治收益。[1]

在联邦政府的财政补助体制中，有以下三种财政补助形式。

无条件的财政补助（categorical grants），即向一些范围比较狭窄的特别项目提供补助，这些补助对象通常限于某些活动的支出，可能包括污水处理厂的修建或者向从事特别教育的教师支付工资等。它设立的目的是促使受让方政府按照与原来不同的方式来运行；鼓励受让方将财政支出转向某些政府职能的履行上；或者是保证某些受让方所提供的服务能够按照符合

---

① 〔美〕约翰·L. 米克塞尔：《公共财政管理：分析与应用》，白彦锋、马蔡琛译，中国人民大学出版社，2005，第561～574页。

国家利益的方式进行。无条件财政补助的形式可以是：①公式形式（formula）。这种公式根据法律因素或者行政因素来确定，向符合条件的政府发放，可能考虑的因素包括人口、人均收入以及其他指标。②项目形式（project）。这些补助是发放给负责一些特定项目的管理人员的，以支持由州政府、地方政府或其他主体所提出的提案，通常只有通过竞争才能得到。③项目和公式的混合形式（project/formula）。这种类型的补助也会将财政补助发放给一些项目的管理人员，但是会通过公式来对各州所得到的财政补助的数额进行限制。这些补助形式可能会需要相应的法律条款和维持性条款的支持。

固定拨款（block grants），通常提供给一般目的性政府。固定拨款要依据一个法定的公式，来向一个比较广阔的功能领域中的活动提供财政资助。关于如何使用由这笔固定拨款所形成的资金，受让方政府拥有很大的自由裁量权。联邦固定拨款所要资助的项目包括：健康、打击犯罪、社区发展、社会服务、工作培训、公共运输、给予穷困人口的财政补助、教育等。

一般目的性的财政补助（general-purpose fiscal assistance）或财政收入分享（revenue sharing），根据公式对财政补助进行分配，对于资金的使用几乎不做任何限制。联邦政府财政收入的分享计划开始于1972年，使用一个公式来向州政府和一般目的性的地方政府分配多年期的拨款。这种划拨资金的方式是一种拨款形式，而不是对某些税收的分享。公式根据人口、城市人口的比重、税收努力、所得税税收努力和人均收入等因素来确定合适的份额。

美国州政府层面的财政补助体制要在地方政府管理、州政府责任之间进行平衡。以教育为例，美国的基础教育和中等教育的提供都属于地方政府的职责。地方政府的教育提供方式有两种，或者是开办独立学区，或者在较大的城市中由市政府来举办。在州政府给予学校财政补助的分配过程中，形成了三种基本的形式。

一般无条件的统一财政补助（flat grants, general and categorical）。在美国的几个州中，每个学区的每个学生从州政府中所得到的资金数额都是相同的，这在富裕学区和贫困学区之间没有差别。有些会根据学生的类型进行分配，有些财政补助则会为一些种类的支出提供资金，如学生乘坐的学校巴士。

基本补助（foundation grants）。在美国，大约有3/4的州都使用这种基本补助。这种补助与学生人数成正比，与每个学生所拥有的地方财产税的税基成反比。每个学区中的每个学生所得到的基本补助数额等于，每个学区按照全州目标税率对本学区税基所课征的税收收入分摊到每个学生身上的份额。

有保证的税基（guaranteed tax base）。根据公式向学区所提供的财政补助，会用于弥补学区税率乘以学区税基所形成的税收收入和用学区税率乘以有保证的税基之间的差额。

根据上述内容，美国联邦与州的转移支付体系可由图2表示。

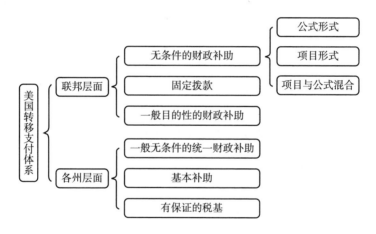

图2　美国联邦和州的转移支付体系

3. 我国日益完善的转移支付制度

无论国内还是国际，所有的转移支付都可以分为政府间转移支付和非政府间转移支付两大类。其中，非政府间转移支付指政府部门对微观经济主体（企业或居民）的无偿性支出，如各种补贴、补助等。

以1994年的分税制改革为界，我国的政府间转移支付逐步建立起来。在这之前中央财政转移支付主要是传统体制下形成的定额补助和专项补助，许多学者也把此期间形成的税收返还纳入转移支付的范畴。1995年的《过渡期转移支付办法》规定了客观因素转移支付补助与政策因素转移支付补助。其中，客观因素转移支付主要参照各地标准财政收入和标准财政支出差额以及客观因素转移支付系数计算确定。政策性转移支付主要根据民族地区标准财政收支差额以及民族地区政策性转移支付系数计算确定。《过渡期转移支付办法》对以往的转移支付方式进行了改进、补充和完善，成为运用"因素法"确定转移支付补助额的范例。

2014年，我国新修订的《预算法》对转移支付的明确，表明我国的整体转移支付体系正式制度化。中央和地方一般公共预算都包括了转移支付，《预算法》在第十六条中将其做了制度化规定："国家实行财政转移支付制度。财政转移支付应当规范、公平、公开，以推进地区间基本公共服务均等化为主要目标。财政转移支付包括中央对地方的转移支付和地方上级政府对下级政府的转移支付，以为均衡地区间基本财力、由下级政府统筹安排使用的一般性转移支付为主体。按照法律、行政法规和国务院的规定可以设立专项转移支付，用于办理特定事项。建立健全专项转移支付定期评估和退出机制。市场竞争机制能够有效调节的事项不得设立专项转移支付。上级政府在安排专项转移支付时，不得要求下级政府承担配套资金。但是，按照国务院的规定应当由上下级政府共同承担的事项除外。"

2014年，《国务院关于改革和完善中央对地方转移支付制度的意见》进一步明确，要合理划分中央和地方的事权与支出责任，逐步推进转移支付制度改革，形成以均衡地区间基本财力、由地方政府统筹安排使用的一般性转移支付为主体，一般性转移支付和专项转移支付相结合的转移支付制度。属于中央事权的，由中央全额承担支出责任，原则上应通过中央本级支出安排，由中央直接实施；随着中央委托事权和支出责任的上收，应提高中央直接履行事权安排支出的比重，相应减少委托地方实施的专项转移支付。属于中央地方共同事权的，由中央和地方共同分担支出责任，中央分担部分通过专项转移支付委托地方实施。属于地方事权的，由地方承担支出责任，中央主要通过一般性转移支付给予支持，少量的引导类、救济类、应急类事务通过专项转移支付予以支持，以实现特定政策目标。

由此，我国政府间财政转移支付体系基本形成了一般转移支付和专项转移支付的二分。对于一般转移支付，尽管《财政部关于2002年一般性转移支付办法》规定了具体的原则和标准，但2009年以前更多称呼其为财力性转移支付。从财政部公布的2017年中央财政决算报告来看，中央对地方的税收返还和转移支付体系可见图3。

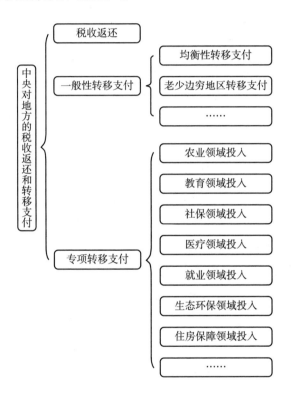

图3　2017年我国中央对地方的税收返还和转移支付

（三）焦点：财力平衡、地区差异与社会民生

处于不同发展阶段，对财政转移支付绩效的关注点也不一样。从我国

---

① 《关于2017年中央决算的报告》，http：//www. mof. gov. cn/zhengwuxinxi/caizhengshuju/201806/t20180621_ 2935796. htm。

的实践来看，财政转移支付作为特殊的财政支出项目，在分税制之前，是调整中央和地方财力平衡的重要工具和手段；分税制之后的过渡时期，它主要侧重于平衡区域之间财政能力的差异；确立转移支付体系之后，它更多关注较为具体的基本公共服务供给或者与民生密切相关的公共事务。

1. 转移支付与财力平衡

转移支付制度应致力于实现财政的横向与纵向的综合平衡。曾军平（2000）研究了过渡时期我国纵向和横向的转移支付之后发现，真正的财政平衡是纵向与横向的综合平衡。① 分税制改革后的一段时期对财政纵向平衡有所偏重，但并不是绝对的。过渡时期的无条件的体制补助和税收返还，主要用于调节财政纵向平衡；而有条件的专项转移支付则逐步兼顾横向平衡。过渡期以后，专项转移支付的比重会逐渐增大，并可望发挥越来越大的作用。

政府间财政转移支付在平衡政府间和地区间财政差异方面发挥了一定的作用，但总体的政策绩效水平没有达到政策设定的初始目标，甚至还出现了相反的政策效应。尹恒等（2007）运用中国 2000 多个县级地区 1993～2003 年的财政数据，借鉴收入分配文献中发展出来的收入来源不平等分解法，对转移支付的财力均等化效应进行了分析。② 他们认为，上级财政转移支付不但没有起到均等县级财力的作用，反而拉大了财力差异。特别是在分税制改革后，转移支付造成了近一半的县级财力差异，专项补助和税收返还是非均等性最强的转移支付；而明确定位在缩小财力差异的各项因素法转移支付并没有达到预定的效果，虽然从财政供养人口平均财力的不均等角度看，它们具有一定的均等化效应，然而从总人口平均的角度分析，它们是非均等的。

2. 转移支付与地区差异

分税制改革之后，国内学者开始关注转移支付制度对地方经济发展绩效

---

① 曾军平：《政府间转移支付制度的财政平衡效应研究》，《经济研究》2000 年第 6 期。

② 尹恒、康琳琳、王丽娟：《政府间转移支付的财力均等化效应——基于中国县级数据的研究》，《管理世界》2007 年第 1 期。

产生的影响。马拴友等（2003）指出，转移支付是政府调节区域经济的重要政策手段。他们分析了1994年新财税体制改革以后转移支付与地区经济收敛的关系，发现转移支付总体上没有达到缩小地区差距的效果，对转移支付决定的因素分析则解释了现行转移支付不能缩小地区差距的原因，即除了资金的使用效率较低之外，主要原因可能在于转移支付的资金分配不科学和不公平。①

与此同时，转移支付也对地方的财政收支决策、财政效率、财政努力等产生了显著影响。付文林等（2012）通过一个均等化转移支付条件下的地方财政支出决策模型，对地方财政支出选择中的各种基本因素做了分析，并利用分税制改革以来的省级面板数据，检验了地方财政资金再分配地位与地方公共支出结构的关系特征。② 实证分析发现，我国目前的转移支付制度不仅会带来地方财政支出的粘蝇纸效应，而且地方政府的财力改善后，还可能通过调整现有的财政支出结构，偏离转移支付的基本公共服务均等化目标，即存在地方财政支出的可替换效应；分区域的分析还表明，越是经济欠发达的财政资金净流入地区，地方政府对基本建设、行政管理支出项目的诉求越强烈。在地区间财政分配制度改革过程中，不仅要规范转移支付资金的分配程序，更重要的是应强化地方财政决策的监督机制。吴永求等（2016）研究发现，分税制改革以来，税收返还占转移支付的比重逐渐下降，而一般性转移支付和专项转移支付的比重不断上升。③ 用 SE-DEA 方法计算的结果表明，1995 年以来我国财政效率总体上呈下降趋势。从地方政府收入来源的视角研究转移支付结构对地方财政效率的影响，理论和实证研究表明，税收返还的财政资金效率要高于一般性转移支付和专项转移支付，一般性转移支付的资金效率不低于专项转移支付，最具"公平"特征。未来应减少专项转移支付的比重，提高一般性转移支付或税收返还的比重。乔宝云等（2006）认为政府间的转移支付对平抑地区财政收支能力差异通常起着重要

---

① 马拴友、于红霞：《转移支付与地区经济收敛》，《经济研究》2003 年第 3 期。
② 付文林、沈坤荣：《均等化转移支付与地方财政支出结构》，《经济研究》2012 年第 5 期。
③ 吴永求、赵静：《转移支付结构与地方财政效率——基于面板数据的分位数回归分析》，《财贸经济》2016 年第 37（2）期。

作用，而地方财政努力是地区财政收入差异的一个重要原因。① 他们在财政
分权的框架内建立了一个政府间转移支付与地方财政努力的简单模型，分析
发现，自分税制以来，以税收返还和总量转移支付为主要内容的现行转移支
付制度对刺激地方财政努力总体上来说并不成功，它抑制了地方财政的努力
程度。同时，富裕地区与贫穷地区的地方政府财政努力行为是有差异的，富
裕地区的财政努力程度低于贫穷地区，这导致了地区人均财政收入差距的进
一步扩大，而财政转移支付的效果被弱化。

在财政分权体制下，转移支付能否成为治理地方政府竞争行为的重要机
制？李永友（2015）基于中国县级截面数据，利用空间系统估计方法，对
转移支付融资和分配机制与相邻县之间的财政竞争关系进行的实证研究表
明，中国转移支付整体上并不具有协调地方政府间财政竞争的作用。因为
在控制了区位、经济水平等因素影响后，无论是对财政竞争工具的直接效
应，还是通过影响反应函数斜率对财政竞争工具的间接效应，中国转移支
付机制都在整体上强化了地方政府间的税收竞争。尽管作为中国转移支付
重要组成部分的一般性转移支付，对地方政府间的税收竞争有显著的弱化
效果，但所占比重较低，无法从整体上矫正地方政府的竞争行为。作为大
国分权治理的重要机制，中国需要创新转移支付机制，以重构政府间竞争
的激励结构。

3. 转移支付与社会民生

在《预算法》基本确立了我国的转移支付制度框架之后，特别是党的
十八大以来，越来越多的转移支付资金被用于社会民生领域，以实现基本公
共服务均衡化，涉及义务教育、医疗、生态环保等具体方面。

曾红颖（2012）从基本公共服务均等化供给维度研究认为，各地客观
上存在收入能力差异和支出成本差异，以均等化标准为基础的转移支付能确
保各地有财力提供大体相同水平的基本公共服务。在因素法基础上，她建立

---

① 乔宝云、范剑勇、彭骥鸣：《政府间转移支付与地方财政努力》，《管理世界》2006 年第 3
期。

了一整套基于全国平均标准的基本公共服务均等化支出与收入标准体系和转移支付测算模型。[1] 将基本公共服务范围划分为 9 类 24 项，按照政策中性原则，选择影响各地每项服务数量和服务提供成本的政府不可控的因素，包括人口结构、人口密度、少数民族、城镇化率、劳动力价格、行政管理、气温、取暖、海拔高度和交流成本等 17 项，定量分析了诸多因素对当地支出成本和收入能力的影响。根据全国平均标准和各地收入能力和支出成本的差异，估算了标准支出和标准收入，最后以 2008 年财政年度为样本，测算和评价了中央对全国 31 个省的均等化转移支付。结果表明，与实际转移支付相比，按该标准体系实施均等化转移支付后，各省提供全国标准水平的基本公共服务的能力大体相同，若按该法对东部、中部、西部和东北地区进行转移支付，可提高均等化水平 9% ~ 15%。

在义务教育领域，财权与事权不匹配的矛盾是义务教育投入保障中的最大难点，以地方投入为主的财政制度很难为义务教育发展提供可持续性的支持。张丽华等（2008）针对学界期望通过创新或完善中央转移支付制度解决农村义务教育投入的观点，提出了不同看法，即单纯依靠转移支付制度的改进来解决农村义务教育的地区差异和保障农村义务教育的公共投入是不可能的，只有在事权体制上做大的调整，将农村义务教育事权上划中央政府和财政，才是解决该问题的最佳选择。[2] 同时，通过建立计量模型的实证分析，他们从保障农村义务教育投入中的制度缺陷的视角构建框架，发现造成转移支付低效的原因有：一是现行财政体制下央地复杂博弈的利益约束型制度存在缺陷；二是取自西方的"地方政府为主，多级政府承担"的制度安排存在缺陷；三是中央对地方农村义务教育的转移支付方式存在"漏损"、效率低下甚至无效率的情况。尹振东等（2016）以 2006 年全面展开的农村义务教育经费保障机制改革为背景，利用 2007 年中部五省 423 县的数据，运用

---

① 曾红颖：《我国基本公共服务均等化标准体系及转移支付效果评价》，《经济研究》2012 年第 6 期。

② 张丽华、汪冲：《解决农村义务教育投入保障中的制度缺陷——对中央转移支付作用及事权体制调整的思考》，《经济研究》2008 年第 10 期。

非递归结构方程方法进行了实证检验。结果表明，义务教育专项补助制度设计较好地嵌入了"奖优"机制，实现了激励地方政府将资源向基础教育倾斜的目标。[1] 这一发现对当前构建兼顾公平和效率的专项转移支付制度具有参考价值。

在医疗领域，湖南省财政科学研究所课题组（2013）采用湖南省2008年的相关数据，使用因素回归法对湖南省各县（区）的新型农村合作医疗均等化财政转移支付规模进行了测度和分析，[2] 研究发现，湖南省东、中部各县（区）所需新型农村合作医疗均等化转移支付规模相对较小，西部各县（区）较大，要保证湖南省各县（区）新型农村合作医疗的可持续发展，应加大对湖南西部各县（区）的均等化转移支付力度。

在生态环保领域，从国家范围内解决生态环境外部性问题、建立合理的生态补偿机制，与转移支付制度的完善密不可分。杨晓萌（2013）从我国生态补偿与财政转移支付的现状看，我国重要生态功能区划与地方政府财力差异度之间存在矛盾，同时，我国各种生态补偿的实践中已经显现了横向转移支付的雏形。因此，我国可以尝试构建以生态补偿为导向的横向转移支付制度，作为现有纵向转移支付制度的有益补充。[3] 李国平等（2013）通过对政府规制下和基于最小安全标准约束的国家重点生态功能区的益本分析，得到了国家重点生态功能区生态补偿的理论标准。[4] 他们还运用这一理论标准考察了国家重点生态功能区转移支付政策的分配依据、计算公式、资金使用、考核与激励约束的规定，发现国家重点生态功能区的生态补偿效果不显著与国家重点生态功能区的转移支付政策密切相关。

近些年，随着我国行政体制改革的不断推进以及反腐败力度的不断加

① 尹振东、汤玉刚：《专项转移支付与地方财政支出行为——以农村义务教育补助为例》，《经济研究》2016年第4期。
② 湖南省财政科学研究所课题组、曾伟、陈敏等：《新型农村合作医疗的均等化财政转移支付规模测算——以湖南省数据为例》，《财政研究》2013年第5期。
③ 杨晓萌：《中国生态补偿与横向转移支付制度的建立》，《财政研究》2013年第2期。
④ 李国平、李潇、汪海洲：《国家重点生态功能区转移支付的生态补偿效果分析》，《当代经济科学》2013年第35（5）期。

大，学界也开展了对转移支付与腐败之间关系的研究。范子英（2013）利用中国分省 1995～2004 年的数据分析发现，中央针对各省的转移支付会诱发地方政府腐败，转移支付每增加 1%，会使地方的腐败立案数增加 0.45%。[①] 转移支付通过两个渠道对腐败产生影响：其一，基础设施一直是腐败的高发领域之一，转移支付会直接增加地方用于基础设施的投资，从而在绝对水平上增加地方官员的腐败机会；其二，转移支付由于更加"廉价"，会降低地方政府对资金的监管力度，使在相同基础设施投资的情况下获得更多中央转移支付的地区，实际发生腐败的情况更多。此外，对外开放和效率工资能够缓解腐败，而民营化程度越高的地区腐败也越多。

（四）技术：传统计量统计向"大数据"分析发展

学界研究转移支付制度及其绩效的技术与方法仍以传统的计量与统计模型分析为主，但是一直面临着理论模型与现实事件的严重脱节以及解释力不够等问题。随着大数据时代的到来以及实践应用方法的成熟，财政治理或许可以借助更为科学的大数据分析方法实现精准治理与现代化治理。

1. 技术革命之"大数据"思维

人类社会已经全面进入信息化社会，大数据、云计算、物联网和移动互联等技术性变革使每个个体及其所处身的环境以前所未有的方式紧密联结，会带来难以估量的历史性机遇和挑战。这场大变革，既对经济社会发展的运行轨迹产生深远影响，也将深刻重塑各级政府的行为习惯和治理模式。就财政而言，新形势下财政信息化建设也必将在财政改革全局中发挥不可替代的重要作用。

自 20 世纪 80 年代起，我国财政信息化建设起步实施并不断完善。特别是进入 21 世纪以来，金财工程全面启动实施，业务标准统一、操作功能完善、网络安全可靠、覆盖所有财政性资金、辐射各级财政部门和预算单位的政府财政管理信息系统基本建立起来，财政业务处理数字化、财政通信网络

---

① 范子英：《转移支付、基础设施投资与腐败》，《经济社会体制比较》2013 年第 2 期。

化、财政办公自动化、财政决策智能化的水平有了很大的提高。而从财政信息化的核心作用来看，其主要就是提高财政数据处理的时效性、准确性和连通性，进而提高财政管理的水平和质量。财政作为政府的综合职能部门，不仅在收支过程中汇聚巨量的资金，通过资金流的分配和管理发挥自身的职能作用，同时也从政府与市场、经济与社会、上级与下级等不同层面汇聚了巨量的信息，通过数据流的应用与整合发挥财政的职能作用。特别是随着大数据和云时代的到来，这种由数据充分挖掘整合所带来的美好前景也越来越具有了现实的意义。

大数据的发展和数据挖掘技术的应用，将极大改变政府财政的管理模式。通过不断消除信息孤岛和实现数据共享，将大大提高协同办公效率，提升财政治理能力和公共服务能力。基于云计算和大数据技术，财政部门可以根据需要掌握各个部门的数据，通过与国税、地税、人行、国库、商业银行、海关、工商、交通、教育、环保等相关部门联网，将企业、个人、部门的基础信息进行共享和比对，对数据进行分析和挖掘，可以更好地发现纳税人偏好，提高纳税遵从度以及精准服务水平；通过全方位挖掘分析各类资源的分布及其运行规律，可以避免重复建设，降低运营成本，增加可用财力；同时，借助数据挖掘推动财政治理创新，也必将使财政决策更加科学、准确，财政工作更有效率，更加开放和透明。

在历次深化经济体制改革当中，财政往往因其牵一发而动全身的特殊地位充当了改革的先行官，并深刻地改变着相关群体的利益格局。近年来，伴随利益格局的不断固化，单纯依靠财政的制度性变革来平衡各利益群体间关系、推进经济社会发展的难度越来越大。这也在客观上需要有新的技术性力量的介入，以技术性变革协同制度性变革来共同突破过去难以跨越的藩篱。与此同时，数据本身就是资产的观念已成为一种共识，如何盘活这些数据资产，已成为国家治理的重要议题。作为国家治理的一个核心内容，财政治理能力的提升，迫切需要树立财政大数据思维，使新时期、新技术为我们展现的机遇和愿景能够真正得以实现，使财政再次成为推进改革全面深化的新动力、新引擎。

2. 财政"大数据"之数据挖掘

当前，推动运用"制度 + 大数据"实现财政治理现代化①是比较恰当的选择，本部分主要简单介绍一下与数据挖掘有关的内容。

常用的结构化的数据挖掘方法有分类挖掘法、关联挖掘法、聚类挖掘法、异类挖掘法四类；其他非结构化的数据挖掘方法有文本挖掘法和视频挖掘法。数据挖掘工具的分类，按适用范围分可分为通用挖掘工具和专用挖掘工具；按主要功能分可分为存储层、报表层、分析层和展现层。

主要数据挖掘工具有 R 语言、SPSS 或 PASW、SAS Enterprise Miner、WEKA、MATLAB 等。而涉及的主要建模工具有 IBM 的 Rational Rose、微软的 VISIO、Power Designer 等。

大数据时代财政数据挖掘的主要任务：一是要为财政数据挖掘做好充分准备，即要转变理念、培养人才、储备技术以及建立制度；二是要整合财政数据资源，即统一财政数据标准、整合管理信息系统、采集财政相关数据；三是要构建新型财政数据环境，即建立财政数据集市、建立财政数据仓库、建立财政数据质量体系；四是要运用数据驱动财政管理与决策，即要建立决策支持知识库、构造财政决策的业务模型；五是要推动财政数据共享与公开，即制定共享与公开的规则、建立有效公开渠道、建立公众参与机制。

数据挖掘在财政管理中应用的具体步骤为：业务理解—数据理解—数据准备、建模、评估、发布。在财政管理中实施数据挖掘的应用重点是：数据再利用、数据重组整合、数据可扩展、重视数据"噪声"。数据挖掘实施中的几个难点是：全量而非样本、混杂而非精确、相关而非因果。

数据挖掘可探索的具体财政管理领域有：（一）财政收入分析：数据预处理、建立税收占比决策树、财政收入分析总结与展望。（二）预算执行进度分析：数据预处理、对预算执行进度进行预警、对预算执行进度进行预测、预算执行进度分析总结与展望。（三）财政直接支付规律分析：数据预处理、寻找财政直接支付规律、财政直接支付分析总结与展望。（四）国债

---

① 马洪范：《大数据时代的财政治理》，《地方财政研究》2017 年第 12 期。

提前兑取分析：数据预处理、寻找提前兑取规律、国债提前兑取分析总结与国债分析展望。

二 由"政府间转移支付"转向"个人转移支付"

从我国转移支付制度的理论重心变化、分类体系逐步完善、绩效关注点下移、大数据分析应用等几个方面来看，当前我国的转移支付制度呈现出较为明显的特征，即越来越关注公众参与以及集中于社会民生领域。过去，转移支付制度大多扮演着政府间财力协调与平衡工具的角色，而当下它涉及更多直接针对个人或居民家庭的转移支付以及专项补助，这也是本报告后一部分的研究核心——"个人转移支付"。

1. 我国转移支付制度变迁的三个主要阶段

根据上述分析，我们大致可以将我国转移支付制度的演变及发展做简要总结（见表1）。在分税制改革及其之前的一段时期中，转移支付制度尚未成形，主要作为中央与地方之间财政关系与格局调整的重要手段；在分税制改革及之后的过渡期，央地财力较为明确，转移支付更多地承担着平衡地区间财力差距的重任，用以弥补地方政府之间的财政缺口，特别是东西部地区之间；在2014年《预算法》修订之后转移支付的基本框架更明确了，在经历了20多年的探索与积累后，目前它更多地被用于解决经济社会发展中的不平衡不充分问题，特别关注重要民生领域的公共物品或服务的供给问题。

表1 我国转移支付制度变迁的三个主要阶段

主要阶段	政府层级	类型	核心要点
央地财政格局调整	中央与地方	政府间转移支付	中央和地方之间财权；弥补纵向财政缺口
公共服务均等化（过渡期）	地方之间	政府间转移支付	地方政府之间财力差距；弥补横向财政缺口
发展不平衡不充分	地方政府（基层政府）	非政府间转移支付（个人转移支付）	矫正地区间公共物品或服务受益的外溢；关注特定群体或个体，如贫困户、老年人等

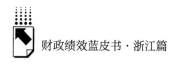

2. "个人转移支付"之浙江的"家庭账户"

个人转移支付的定义，按照分类来看，属于非政府间转移支付的范畴，指的是直接或间接针对个人或家庭进行财政资金转移支付的形式。实践中，它既包括中央层面的转移支付资金，也有地方各级政府的转移支付资金，关键看财政资金发放的最终末端是否指向个人或居民家庭。

浙江省金财工程自启动以来，于 2007 年开发并投入使用了"乡镇公共财政服务平台省级监管系统"（以下简称"乡镇公共财政平台"），围绕个人转移支付形成了独具特色的以"家庭账户"为单位的监管平台，可对转移支付资金与具体财政补助分地区、按人群、按特征等进行归集，最终结果可在"家庭账户"中进行查询。

处在解决发展不平衡不充分的第三个阶段，理论与实践的财政视角也应该有所转向，民生政策的转移支付资金的绩效应该得到更多的关注。本报告后一部分主要介绍浙江省在民生财政领域的个人转移支付的这一创新做法，并考察其实际做法以及具体项目的政策绩效。

三　以个人或家庭为单位的财政支付——浙江省 "乡镇公共财政服务平台"

截至 2017 年底，全省被纳入乡镇财政管理统计范围的 75 个市、县（市、区），已全部运行乡镇公共财政服务平台管理信息系统；已有 56 个县（市、区）对财政补助性资金发放实现了"一卡通"整合合并，占市县总数的 64%；54 个县（市、区）的平台与浙江政务服务网进行了对接，"一个门进、一个平台办事、一卡通使用"的"一站式"乡镇公共财政服务模式已初步形成。

截至 2018 年 6 月底，全省 75 个市、县（市、区）乡镇公共财政服务平台的数据都已被采集到省厅统库，纳入省级管理系统。已有 61 个县（市、区）对财政补助性资金发放实现了"一卡通"整合归并，占市县总数的 81%，64 个县（市、区）的平台与浙江政务服务网进行了对接，进一步助力了"最多跑一次"。

浙江省下辖杭州、宁波、温州、绍兴、湖州、嘉兴、金华、衢州、舟山、台州、丽水 11 个城市，其中杭州、宁波（计划单列市）为副省级城市；下分 90 个县级行政区，包括 36 个市辖区、20 个县级市、34 个县（含 1 个自治县）。除了作为计划单列市的宁波，浙江省内其他 10 个地级市都已逐步将乡镇公共财政政策项目纳入系统。

（一）乡镇公共财政平台中的民生财政转移支付

随着政府民生政策不断出台，财政安排用于个人或家庭的各类补助资金也越来越多，于是浙江省"乡镇公共财政平台"应运而生。它大致经历了两个发展阶段：一是研发与试点阶段。2012 年，相关单位接受省财政厅委托开始软件开发并试点上线。二是实施推广阶段。2013～2017 年，全省推广实施，包含乡镇的 75 个市、县（市、区）已完成上线。2014 年 12 月，浙江政务服务网推出"城乡居民财政补助"查询服务，先期开通的包括开化、常山、淳安、海盐、嵊州 5 个试点县市。到 2018 年，已有 64 个县（市、区）的补助发放数据对接省政务服务网，纳入城乡居民最低生活保障补助、残疾人两项补贴、规模种粮补贴、计划生育家庭奖特扶补贴等个人或家庭补助资金项目，纳入的资金项目各地有所不同。

乡镇公共财政服务平台集成了纳入平台管理项目、通过平台发放项目和纳入清单管理项目三大类项目。第一类包括了浙江省财政厅管理的绝大多数项目，既有通过平台发放的补助资金项目，也包括现场办理发放的财政资金项目；第二类是指通过财政厅平台系统进行发放的补助资金项目；第三类指省财政厅关注和集中管理的部分项目。到目前为止有 29 个补助项目被纳入清单管理。

乡镇公共财政服务平台管理模式如图 4 所示，该平台根据相关部门的政策文件将补助项目导入系统，经由业务部门的信息校验审核、流程审批等过程，继而将补助项目总金额、代发账户信息发送到国库集中支付系统。部门财务人员根据该信息在国库集中支付系统中发起支付申请，经一系列审批流程，通过国库单一账户（财政零余额或单位零余额账户）将款项拨付到代发账户。同时发放清单经乡镇公共财政服务平台被发送到代发银行，银行方将补助资金按发放清单发放至补助人账户。

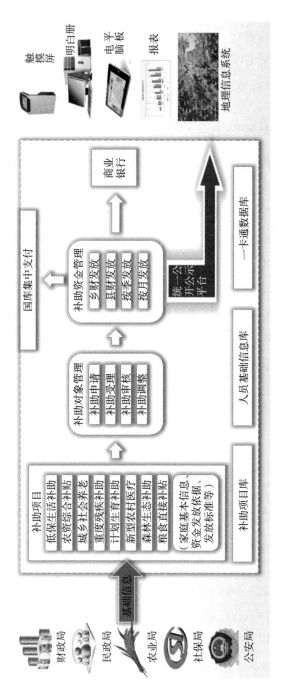

图 4 浙江省乡镇公共财政服务平台管理模式

1. 民生财政支出与转移支付的比重

（1）民生财政支出增速明显快于浙江 GDP 增速

当民生财政作为一个研究范畴时，它应该有较为明确的界定。实践与学界都没有就此给出清晰的界限，为了分析的一惯性与数据的可得性，我们在研究过程中采用浙江省政府的官方用法，[①] 即将一般公共服务、公共安全、教育、科技、社保就业、卫生计生、节能环保、城乡社区等 8 项作为民生财政支出。由于 2018 年的统计数据仍未公布，因而我们主要分析浙江 2016 年与 2017 年的民生财政支出情况。

统计数据显示，2016 年浙江省一般公共预算支出为 6976 亿元，其中，一般公共服务、公共安全、教育、科技、社保就业、卫生计生、节能环保、城乡社区等 8 项民生支出约 4872 亿元，比上年增长 14.4%。2017 年，财政支出中的民生八项支出合计约 5533 亿元（见表 2），比上年增长 13.6%，占 73.5%，比重比上年提高 3.7 个百分点。其中，社保就业、节能环保、城乡社区等支出分别增长 27.0%、17.8% 和 15.4%。简单计算可知，2015～2017 年的三年间，浙江省的年均民生财政支出增速为 13.97%，明显高于同期的 GDP 增速。

表 2　2015～2017 年浙江省八项民生财政支出情况

单位：亿元

项目	2015 年	2016 年	2017 年
一般公共服务	584.45	660.26	765.03
公共安全	423.55	518.58	548.44
教育	1264.93	1300.03	1430.15
科技	250.79	269.04	303.50
社保就业	541.70	631.19	801.78
卫生计生	485.50	542.44	584.17
节能环保	167.89	161.40	190.15
城乡社区	541.21	788.93	910.17
民生财政（合计）	4260.02	4871.87	5533.39

资料来源：《浙江省统计年鉴》。

[①] 浙江省历年的经济运行情况和《浙江日报》上的有关报道都以此八项支出作为民生财政支出的范畴。

（2）政府间转移支付呈下降趋势，而民生财政支出却"逆势而上"

一般而言，民生领域财政补助主要来自各级政府间的转移支付。根据近些年浙江省的预决算报告，① 2015～2017年浙江省的转移性收入与转移性支出的总额和占比均呈现下降趋势。具体来看，转移性收入由2015年的4344.23亿元减少到2017年的3192.02亿元；而同期的转移性支出由2508.19亿元减少到1466.08亿元（见表3）。可以发现，在各层级政府间的转移支付不断下降的趋势下，民生财政支出却"逆势"向上，这足见浙江省内各本级政府对民生领域公共事务的重视程度。

表3　2015～2017年浙江省转移性收入和转移性支出情况

单位：亿元

项目	2015年	2016年	2017年
全省一般公共预算收入	4809.94	5301.98	5804.38
转移性收入	4344.23	4105.17	3192.02
收入合计	9154.17	9407.15	8996.40
转移性收入占比(%)	47.46	43.64	35.48
全省一般公共预算支出	6645.98	6974.25	7530.32
转移性支出	2508.19	2432.90	1466.08
支出合计	9154.17	9407.15	8996.40
转移性支出占比(%)	27.40	25.86	16.30

资料来源：《关于浙江省2015年财政总决算和省级财政决算草案的报告》、《关于浙江省2016年财政总决算和省级财政决算草案的报告》和《关于浙江省2017年财政总决算和省级财政决算草案的报告》。

2. 省市县通过平台发放的补助支出

（1）省级：平台集中发放的资金数量有绝对性增长

从2016～2018年的统计数据来看，2016年通过平台发放资金累计超35亿元，而2018年相应的数据多于80亿元。不仅如此，自2012年乡镇公共财政平台投入使用以来，通过平台发放的资金规模一直呈现出极快的增长速度（见表4）。

---

① 本处之所以用浙江省财政决算数据而不用《浙江统计年鉴》上的数据，理由是《浙江统计年鉴》并没有项目支出或者转移支付的数据资料，因而只能利用此数据进行阐述。

表4 2016～2018 年全省通过平台发放资金情况

项目	2016 年	2017 年	2018 年
通过平台发放资金累计(亿元)	35.50	58.49	80.59
年度同比增长(%)	79.04	64.76	37.78

资料来源：浙江省"乡镇公共财政服务平台省级监管系统"。

（2）地级市：各地对通过平台发放补助的采纳率参差不齐

从 10 个地级市纳入平台发放的平均项目数来看，10 个地级市平均纳入系统的项目数逐年递增，2016～2018 年分别为 19 个、21 个和 25 个，这充分说明浙江的地级市层面对通过乡镇公共平台发放补助资金的平均采纳率不断提高。具体来看，2016 年仅有温州、湖州、舟山和丽水 4 个地级市纳入平台发放的项目数低于平均水平，而绍兴市内各地纳入平台发放的项目数达到 33 个，远高于 10 个地级市的平均水平。2017 年与 2018 年各地级市都有不同程度的变化，其中温州、嘉兴、湖州、舟山、台州和丽水 6 个地级市通过平台发放的项目数量增加了，而杭州、绍兴和衢州三市平均纳入平台发放的项目数在 2017 年和 2018 年出现了减少的情况，金华市出现了从 2016 年的 23 个项目到 2018 年的 15 个项目的较大幅度减少（见表5）。

从补助人数来看，在 10 个地级市中，2016～2018 年收到通过平台发放补助的总人数分别为 584.8 万人、907.5 万人和1080.0 万人，可以看出纳入乡镇公共财政平台发放补助的居民数量的高速增长。分地市来看，2016 年补助人数超过 100 万人的地级市有杭州和衢州；2017 年增加了温州和台州，2018 年又增加了丽水。截至目前，湖州和舟山通过乡镇公共平台进行补助的人数仍较少，与其他几个地级市的差距比较明显。

从累计补助资金来看，近三年浙江省 10 个地级市累计通过平台发放资金分别达 36 亿元、58 亿元和 69 亿元。相对来看，湖州和舟山两市通过平台发放资金金额较少，杭州、温州、台州和丽水累计发放补助资金较多，并且温州和丽水纳入平台发放的补助项目和资金的增速都较快，明显高于其他地级市。

表5 2016～2018年浙江10个地级市通过平台发放补助资金情况

地区	2016 年			2017 年			2018 年		
	平均项目数（个）	补助人数（人次）	资金累计（万元）	平均项目数（个）	补助人数（人次）	资金累计（万元）	平均项目数（个）	补助人数（人次）	资金累计（万元）
杭州市	19	1356642	71233.51	18	2094847	100846.85	20	2167669	101621.68
温州市	16	480486	39624.67	24	1072911	94142.59	33	1748979	157678.08
嘉兴市	23	346179	23633.33	25	446289	32683.40	30	594183	42994.96
湖州市	9	108224	4803.72	10	196252	10264.04	10	227785	14584.71
绍兴市	33	373505	36017.06	28	732081	64446.64	32	704768	57597.88
金华市	23	535047	40344.29	23	723983	60244.47	15	724478	59623.43
衢州市	21	1193046	41705.57	17	1308466	48899.14	20	1445313	54684.15
舟山市	17	151821	10694.40	17	267790	12561.13	19	282710	13480.55
台州市	20	987893	58556.60	22	1541681	93462.44	25	1700505	97879.09
丽水市	15	314658	28389.99	23	690263	67392.65	34	1203222	92263.57
平均（合计）	19	5847501	355003.14	21	9074563	584943.35	25	10799612	692408.10

资料来源：浙江省"乡镇公共财政服务平台省级监管系统"。

（3）县（市、区）

杭州市：仍有5个区尚未采纳

全市下辖10个区、2个县，代管1个县级市。乡镇公共财政平台数据显示，目前只有8个县（市、区）通过平台发放财政补助项目资金，其中下辖的上城区、下城区、拱墅区、江干区和滨江区等5个区尚未采用该平台，同时这5个区也没有将补助资金纳入平台监管。而纳入平台管理的8个县（市、区）的项目数也普遍存在通过平台发放的项目数少于纳入平台管理的项目数的情况。以萧山区为例，平台数据显示，其纳入平台管理的项目是21个，但是没有任何一个项目通过平台进行发放，而2017年该区还有1个项目通过平台发放，可见在纳入平台管理与通过系统发放之间仍有很大的差距（见表6）。

表6　2016～2018 年杭州市通过平台发放补助资金情况

| 县
(市、区) | 2016 年 | | | 2017 年 | | | 2018 年 | | |
	项目数 (个)	补助 人数 (人次)	补助 资金 (万元)	项目 数(个)	补助 人数 (人次)	补助 资金 (万元)	项目 数(个)	补助 人数 (人次)	补助 资金 (万元)
西湖区	22	145491	8030.18	29	455087	11612.98	32	473903	14477.82
萧山区	0	0	0	1	40890	2093.60	0	0	0
余杭区	16	185048	15704.17	19	300205	26327.90	19	196970	20903.87
桐庐县	23	245722	11718.59	26	362221	15471.85	27	332382	15864.47
淳安县	32	222570	13707.31	31	362394	14123.85	25	331898	11701.11
建德市	5	2708	290.85	5	3082	299.60	5	1768	326.20
富阳区	21	212512	13228.77	22	305826	15231.23	21	476486	21388.16
临安区	11	342591	8553.64	11	265142	15685.84	10	354262	16960.07
平均(合计)	19	1356642	71233.51	20	2094847	100846.85	20	2167669	101621.70

资料来源：浙江省"乡镇公共财政服务平台省级监管系统"。

从通过平台发放的项目数来看，西湖区、桐庐县、淳安县和富阳区的项目数均超过20 个，其中淳安县纳入通过平台发放的项目数在2016 年和2017 年超过了30 个，西湖区在2018 年达到了32 个。比较来看，萧山区、建德市和临安区在2016～2018 年对乡镇公共平台发放补助资金的采纳率并没有提高。从补助人数来看，除了萧山区和建德市以外，其余6 个县（市、区）都超过了10 万人次，西湖区更是在2018 年超过了47 万人次。从补助资金来看，杭州市域的县（市、区）补助资金普遍比省内其他地级市的金额多。具体地，萧山区和建德市是通过平台发放项目补助的县（市、区）中较少的，而临安区虽然通过平台发放的项目只有10 个，但是累计发放的资金数量不少。

温州市：仅龙湾区尚未采纳

全市辖4 个市辖区、5 个县，代管2 个县级市。乡镇公共平台的数据显示，目前仅龙湾区的补助项目尚未被纳入平台管理，资金也未通过平台进行发放。具体来看，纳入平台管理的10 个县（市、区）中，2016 年全部实现了纳入平台管理的项目全部通过平台进行资金拨付；2017 年仅永嘉县有2

个项目没有通过平台发放，其余 9 个县（市、区）全部实现了管理与发放的同步；2018 年，文成县和泰顺县纳入平台管理的项目则分别有 2 个和 3 个项目未通过平台进行资金拨付发放（见表 7）。

表7 2016～2018 年温州市通过平台发放补助资金情况

县（市、区）	2016 年			2017 年			2018 年		
	项目数（个）	补助人数（人次）	补助资金（万元）	项目数（个）	补助人数（人次）	补助资金（万元）	项目数（个）	补助人数（人次）	补助资金（万元）
鹿城区	16	10485	622.05	24	23606	1555.56	32	49079	3738.88
瓯海区	10	11553	1151.67	16	49910	4400.84	20	85200	7756.14
洞头区	29	27742	4727.50	31	35402	12895.67	32	59085	16850.01
永嘉县	21	24550	2802.98	27	232272	8882.71	40	328435	20016.56
平阳县	15	202332	13246.51	30	263339	21906.00	62	406813	33484.03
苍南县	9	17363	1765.26	9	21077	1943.25	25	118720	10130.06
文成县	27	128518	8908.52	25	119723	10228.04	27	156170	13124.45
泰顺县	13	39918	4209.72	21	71555	6730.17	24	185800	14572.95
瑞安市	16	10394	436.49	33	174388	16216.72	39	184820	18566.62
乐清市	6	7631	1753.98	21	81639	9383.63	31	174857	19438.38
平均(合计)	16	480486	39624.68	24	1072911	94142.59	33	1748979	157678.08

资料来源：浙江省"乡镇公共财政服务平台省级监管系统"。

从通过平台发放的项目数来看，温州市的平均项目数增长较快，2016～2018 年分别为 16 个、24 个和 33 个，相比于省内其他地级市来说增速是最快的。平阳县通过平台发放的项目数从 2016 年的 15 个增加到了 2018 年的 62 个，是省内通过平台发放项目数最多的县（市、区）。而苍南县和乐清市都实现了项目数数量上的较快增长，即实现了项目数量从个位数到近 30 个的转变。从补助人数来看，2016 年通过平台进行补助的人数超过 10 万人次的两个县是平阳县和文成县；2017 年达到了 4 个，分别是永嘉县、平阳县、文成县和瑞安市；2018 年则有 7 个县（市、区），即永嘉县、平阳县、苍南县、文成县、泰顺县、瑞安市和乐清市，其中永嘉县和平阳县的补助人数分别突破了 30 万人次和 40 万人次。从补助资金来看，2016 年只有平阳县通过平台发放的资金数量达到 1 亿元；2017 年，洞头区、平阳县、文成县和瑞安市通过平台发放的资金数量超过 1 亿元，其中平阳县超过了 2 亿元；2018 年，除了鹿城区和瓯海区之外，其余几个县（市、区）通过平台发放的资金都超过 1 亿元，而永嘉县和平阳县则分别达到 2 亿元和 3 亿元。

嘉兴市：秀洲区还未采纳

全市下辖 2 个市辖区、3 个县级市、2 个县。2016～2018 年，南湖区、海盐县、海宁市、平湖市和桐乡市都在稳步提高从纳入平台管理项目到通过平台发放补助的水平，2016 年和 2017 年仅桐乡市纳入平台管理的项目全部通过平台进行补助资金的发放，2018 年则有海宁市、平湖市和桐乡市 3 个市达到了百分之百的水平。此外，近三年秀洲区累计纳入平台管理的项目数分别是 19 个、34 个和 24 个，但没有任何一个项目通过平台进行补助资金发放；嘉善县近三年分别有 10 个、16 个和 49 个项目纳入平台管理，但是仅在 2018 年实现了 44 个补助项目通过平台发放（见表 8）。

表 8　2016～2018 年嘉兴市通过平台发放补助资金情况

县（市、区）	2016 年			2017 年			2018 年		
	项目数（个）	补助人数（人次）	补助资金（万元）	项目数（个）	补助人数（人次）	补助资金（万元）	项目数（个）	补助人数（人次）	补助资金（万元）
南湖区	11	1932	1113.33	15	14802	2002.13	16	23546	1836.33
秀洲区	0	0	0	0	0	0	0	0	0
嘉善县	0	0	0	0	0	0	44	100094	7216.73
海盐县	25	61353	5735.52	19	118443	7278.01	15	120410	7746.75
海宁市	18	151878	6164.60	35	69866	7366.34	35	140403	10407.81
平湖市	10	37215	3262.69	10	48210	3046.94	10	5929	252.11
桐乡市	53	93801	7357.19	46	194968	12989.97	60	203801	15535.23
平均(合计)	23	346179	23633.33	25	446289	32683.39	30	594183	42994.96

资料来源：浙江省"乡镇公共财政服务平台省级监管系统"。

从通过平台发放的项目数来看，市域内各县（市、区）之间差别较大，既有秀洲区尚未有项目通过平台发放，也有嘉善县、海宁市和桐乡市等实现了超过 30 个项目通过平台进行发放，而桐乡市不仅实现了纳入平台管理项目全部通过平台发放,其项目数也是嘉兴市下辖县(市、区)中最多的。从补助人数看,2016 年仅海宁市通过平台发放补助的人数超过 10 万人次,2017 年是海盐县和桐乡市,2018 年嘉善县、海盐县、海宁市和桐乡市实现了这一目标,当年桐乡市通过平台发放补助的人数更是达到 20 万人次。由于各县(市、区)每年的项目不同,因此通过平台发放补助人数的变化较大。以海宁市为例,尽管 2017 年其通过平台发放项目由 2016 年的 18 个增加到 35 个,但是补助人数却减少了 8 万人次还多。从补助资金来看,嘉兴市各县(市、区)通过平台发放的补助资金体量普遍不大,2017 年桐乡市的补助资金累计超过 1 亿元,2018 年则是海宁市和桐乡市超过了这一数额。

湖州市:总体通过平台发放比例不高

全市下辖 3 个县、2 个区。2016 年湖州下辖县(区)纳入平台管理的平均项目数分别为 10 个、15 个和 20 个,但通过平台发放的比例并不高,吴兴区是湖州市域范围内通过平台发放的项目数最多也同时在 2018 年实现了百分之百通过平台发放补助资金的县(区)。近三年,南浔区和长兴县尽管纳入平台管理的项目数量有了明显增长,分别为 17 个和 13 个,但只有零星的几个项目通过平台发放。此外,安吉县 2017 年和 2018 年纳入平台管理的项目数分别为 14 个和 30 个,但通过平台发放财政补助项目很少,仅 2018 年有 1 个。

表9 2016～2018 年湖州市通过平台发放补助资金情况

县(区)	2016 年			2017 年			2018 年		
	项目数(个)	补助人数(人次)	补助资金(万元)	项目数(个)	补助人数(人次)	补助资金(万元)	项目数(个)	补助人数(人次)	补助资金(万元)
吴兴区	28	61052	3582.05	31	132138	7292.59	30	79979	5881.31
南浔区	7	36874	856.85	3	30228	929.39	4	1684	101.57
德清县	1	4750	71.25	1	272	91.40	0	0	0
长兴县	1	5548	293.56	3	33614	1950.66	6	132790	7918.62
安吉县	0	0	0	0	0	0	1	13332	683.20
平均(合计)	9	108224	4803.71	10	196252	10264.04	10	227785	14584.70

资料来源:浙江省"乡镇公共财政服务平台省级监管系统"。

从通过平台发放的项目数来看，除了吴兴区较为稳定并且数量较多之外，其他县（区）都只有个别或者零星的几个项目通过平台发放。从补助人数来看，2017年吴兴区通过平台发放补助的人数达到13万人次，2018年长兴县通过平台发放补助的人数超过13万人次，而2016~2018年没有其他县（区）通过平台发放的补助人数超过10万人次。从补助资金来看，湖州市各县（区）通过平台发放补助资金的累计数比其他地级市的数量少很多，近三年达到千万级金额的也不多。2018年，吴兴区通过平台发放补助的项目有30个，补助资金却只有不到6000万元，而长兴县虽然只有6个项目但补助资金达到了近8000万元。

绍兴市：总体纳入平台项目支出比例高

全市下辖3个市辖区、2个县级市和1个县。2016~2018年，绍兴市各县（市、区）纳入平台管理的项目数分别达到32个、36个和37个，属于省内较高的地级市之一。具体来看，柯桥区、新昌县、诸暨市和嵊州市不仅纳入平台管理的项目较多，而且实际通过平台发放的补助项目也多，特别是新昌县，这三年纳入平台管理的所有项目最终均通过平台进行拨付发放。而上虞区纳入平台管理以及通过平台发放的项目都较少。越城区又更为不同，其2016~2018年纳入平台管理的项目数分别是17个、26个和22个，但实际通过平台发放的补助项目仅2017年、2018年各有1个（见表10）。

表10 2016~2018年绍兴市通过平台发放补助资金情况

县（市、区）	2016年			2017年			2018年		
	项目数（个）	补助人数（人次）	补助资金（万元）	项目数（个）	补助人数（人次）	补助资金（万元）	项目数（个）	补助人数（人次）	补助资金（万元）
越城区	0	0	0	1	604	1916.53	1	687	432.09
柯桥区	30	54244	3855.64	40	145788	9951.3	45	149461	9911.84
新昌县	58	142487	9580.98	55	199379	15883.55	61	165701	13750.86
诸暨市	43	86154	10178.29	38	233675	17975.55	50	283486	19842.81
上虞区	6	14148	2986.12	7	78495	9507.24	7	33447	4316.63
嵊州市	27	76473	9416.03	24	74140	9212.46	25	71986	9343.66
平均（合计）	33	373506	36017.06	28	732081	64446.63	32	704768	57597.89

资料来源：浙江省"乡镇公共财政服务平台省级监管系统"。

从通过平台发放的项目数来看，近三年通过平台发放的平均项目数在30个左右，在浙江省内各地级市中是最多的。但就通过平台发放的补助项目方面，市域范围内各县（市、区）的情况存在不小的差异，越城区和上虞区目前还比较少，远少于其他4个县（市、区）。从补助人数来看，2016年只有新昌县的补助人数超过10万人次，后两年柯桥区和诸暨市也都超越了这一数字，诸暨市更是在2018年达到了近30万人次。从补助资金来看，除了越城区以外，其他5个县（市、区）的表现都很稳定，并且到2018年补助资金金额达到或者接近1亿元的有4个县（市、区），分别是柯桥区、新昌县、诸暨市和嵊州市。

金华市：各县（市、区）表现不一

全市下辖2个区、4个县级市和3个县。总体而言，义乌市、东阳市和永康市在纳入平台管理以及通过平台发放资金方面表现较好，而其他县（市、区）则表现不一。2016年，武义县没有纳入平台管理的项目，同时金东区、武义县和浦江县没有通过平台发放补助。2017年，金华市全部9个县（市、区）都有项目纳入平台管理，但是婺城区、金东区和浦江县没有通过平台发放补助。及至2018年，金华市所有9个县（市、区）全部有项目纳入平台管理并且通过平台发放补助资金（见表11）。

表11 2016～2018年金华市通过平台发放补助资金情况

县（市、区）	2016年			2017年			2018年		
	项目数（个）	补助人数（人次）	补助资金（万元）	项目数（个）	补助人数（人次）	补助资金（万元）	项目数（个）	补助人数（人次）	补助资金（万元）
婺城区	1	95	51.58	0	0	0	1	9358	821.82
金东区	0	0	0	0	0	0	1	20	1.60
武义县	0	0	0	2	196	90.68	12	5814	3236.43
浦江县	0	0	0	0	0	0	5	9038	2279.56
磐安县	4	1768	999.96	4	1315	991.63	4	694	447.50
兰溪市	3	19044	3345.03	3	14519	2880.78	3	11524	2807.73
义乌市	81	158340	17043.27	91	300941	33597.62	80	262253	28957.87
东阳市	44	316029	14327.84	32	382766	18169.12	26	402965	17289.53
永康市	7	39771	4576.61	7	24246	4514.65	6	22812	3790.40
平均（合计）	23	535047	40344.29	23	723983	60244.48	15	724478	59623.44

资料来源：浙江省"乡镇公共财政服务平台省级监管系统"。

从通过平台发放的项目数来看，义乌市的数量远高于其他 8 个县（市、区），近三年均超过 80 个项目通过平台发放补助资金，磐安县、兰溪市、东阳市和永康市在通过平台发放项目数量方面较为稳定。而婺城区、金东区、武义县和浦江县的表现比较起伏，有些年份通过平台发放少量补助，而有些年份则全部不通过平台发放，如婺城区、武义县。从补助人数来看，义乌市和东阳市通过平台发放补助的人数与其他县（市、区）分属不同级别，这两地在 2016 年到 2018 年，补助人数均较多，最低为 2016 年义乌市的 15 万人次，最高为 2018 年东阳市的 40 万人次。从补助资金来看，义乌市和东阳市也远高于其他几个县（市、区）的总和，近三年的资金金额都超过 1.4 亿元，义乌市更是在 2017 年达到了 3.3 亿元。

衢州市：柯城区和龙游县表现差强人意

全市下辖 2 个区、1 个县级市和 3 个县。2016 ~ 2018 年，全市下辖 6 个县（市、区）都实现了部分项目纳入平台管理或通过平台发放补助。其中，常山县、开化县和江山市纳入平台管理的项目较多，同时通过平台发放补助的比例也较高，常山县和江山市在 2017 年和 2018 年所有纳入平台管理项目全部通过平台进行发放；而柯城区和龙游县在其纳入平台管理的项目中仅有少数几个项目通过平台发放，柯城区在 2017 年纳入平台管理的项目有 34 个但通过平台发放的仅 1 个，龙游县在 2018 年 15 个纳入平台管理的项目中也仅有 1 个项目通过平台发放（见表 12）。

表 12　2016 ~ 2018 年衢州市通过平台发放补助资金情况

县（市、区）	2016 年			2017 年			2018 年		
	项目数（个）	补助人数（人次）	补助资金（万元）	项目数（个）	补助人数（人次）	补助资金（万元）	项目数（个）	补助人数（人次）	补助资金（万元）
柯城区	6	5764	962.91	1	10	1	6	738	943.75
衢江区	5	2291	1205.45	3	3648	1966.11	13	30074	5126.04
常山县	55	850595	25681.00	52	898487	27949.28	57	913018	26814.59
开化县	31	306347	9168.24	20	356051	12311.64	20	303821	9938.38
龙游县	2	781	1553.40	2	8	15.36	1	1137	1632.34
江山市	24	27268	3134.57	23	50262	6655.74	23	196525	10229.04
平均（合计）	21	1193046	41705.57	17	1308466	48899.13	20	1445313	54684.14

资料来源：浙江省"乡镇公共财政服务平台省级监管系统"。

从通过平台发放的项目数来看，常山县、开化县和江山市通过平台发放的项目数量较多，都高于当年度平均项目数。而柯城区、衢江区和龙游县虽然纳入平台管理项目可能也不少，但是却极少通过平台进行补助发放。从补助人数来看，常山县近三年通过平台发放补助的人数均超过 85 万人次，是省内最多的；开化县每年度的补助人数也高于 30 万人次；其余县（市、区）的补助人数较少，同时存在较大差别，如江山市 2018 年补助人数近 20 万人次，龙游县在 2017 年的补助人数仅为 8 人次。从补助资金来看，与前两个指标一致，常山县和开化县通过平台发放补助资金的金额较大，其他县（市、区）则差距较大。以 2017 年为例，常山县通过平台发放补助资金近 2.8 亿元，而柯城区仅为 1 万元，其他 4 个县（市、区）也参差不齐。

舟山市：总体表现良好

现辖定海、普陀两区和岱山、嵊泗两县。舟山全市 4 个县（区）纳入平台管理的项目明显多于通过平台发放的项目。总体来看，2016～2018 年定海区纳入平台管理的项目数在 40 个上下，而通过平台发放的项目数约为 25 个；普陀区纳入平台管理的项目数平均为 26 个，通过平台发放的项目数大概为 15 个；岱山县纳入平台管理的项目数平均为 26 个，通过平台发放的项目数在 20 个左右；嵊泗县纳入平台管理的项目数平均为 14 个，通过平台发放的项目在 9 个左右（见表 13）。

表 13   2016～2018 年舟山市通过平台发放补助资金情况

县（区）	2016 年			2017 年			2018 年		
	项目数（个）	补助人数（人次）	补助资金（万元）	项目数（个）	补助人数（人次）	补助资金（万元）	项目数（个）	补助人数（人次）	补助资金（万元）
定海区	24	47489	3647.73	25	86323	4468.28	27	94631	4736.85
普陀区	14	47580	3022.51	16	96025	3613.54	17	96569	4035.62
岱山县	19	54021	3942.62	19	83227	4385.89	21	89391	4623.39
嵊泗县	10	2731	81.55	8	2215	75.42	10	2119	84.69
平均（合计）	17	151821	10694.41	17	267790	12561.13	19	282710	13480.55

资料来源：浙江省"乡镇公共财政服务平台省级监管系统"。

从通过平台发放的项目数来看，定海区、普陀区和岱山县的项目数在20个左右，而嵊泗县则较少，近三年平均数不到10个，低于舟山市的平均水平。从补助人数来看，4个县（区）大致可以分为两档，定海区、普陀区和岱山县的补助人数都在保持增长，并且该3个县（区）都处于同等水平，2016年约为5万人次，2017年约为9万人次，2018年大都超过9万人次。而嵊泗县通过平台发放补助的人数则少了很多，2016～2018年都不到3000人次。从补助资金来看，总体上通过平台发放资金的金额保持着增长，2016年定海区、普陀区和岱山县都大于3000万元，2017年定海区和岱山县超过了4000万元，而普陀区为3600万元，2018年定海区、普陀区和岱山县都超过了4000万元。与上述3个县（区）呈现鲜明对比的嵊泗县，近三年通过平台发放的补助资金都不到100万元。

台州市：纳入平台的项目越来越多

全市下辖椒江、黄岩、路桥3个区，代管临海、温岭、玉环3个县级市和天台、仙居、三门3个县。台州下辖9个县（市、区）纳入平台管理的项目与通过平台发放项目的水平均较高，2016～2018年每年有6个县（市、区）纳入平台管理的项目全部通过平台进行发放，其中，椒江区、天台县和仙居县连续三年全部纳入平台管理项目都通过平台发放补助。在个别年份，路桥区、玉环市和温岭市纳入平台管理项目仅有少部分通过平台发放（见表14）。

表14　2016～2018年台州市通过平台发放补助资金情况

县（市、区）	2016年			2017年			2018年		
	项目数（个）	补助人数（人次）	补助资金（万元）	项目数（个）	补助人数（人次）	补助资金（万元）	项目数（个）	补助人数（人次）	补助资金（万元）
椒江区	19	10593	874.83	22	27993	2363.69	22	35432	2401.07
黄岩区	14	136342	6693.25	20	235655	11794.87	23	253081	11522.38
路桥区	6	1305	199.12	9	4759	591.58	8	16628	1664.94
玉环市	9	8095	2885.04	8	9164	4504.30	15	9879	4142.38
三门县	25	124608	6924.22	29	183122	12586.73	23	182714	10846.16

续表

县 （市、区）	2016 年			2017 年			2018 年		
	项目 数(个)	补助 人数 （人次）	补助 资金 （万元）	项目 数(个)	补助 人数 （人次）	补助 资金 （万元）	项目 数(个)	补助 人数 （人次）	补助 资金 （万元）
天台县	29	218477	9093.30	28	292980	12129.86	40	282498	16661.67
仙居县	51	309188	15154.51	45	428324	20769.63	44	394259	19394.28
温岭市	9	5522	942.82	10	126242	6925.90	13	158492	6748.42
临海市	20	173763	15789.51	31	233442	21795.89	34	367522	24497.78
平均(合计)	20	987893	58556.60	22	1541681	93462.45	25	1700505	97879.08

资料来源：浙江省"乡镇公共财政服务平台省级监管系统"。

从通过平台发放的项目数来看，椒江区、黄岩区、三门县、天台县、仙居县和临海市通过平台发放的项目数量较多，过去三年增长也较为稳定。相比而言，路桥区、玉环市和温岭市通过平台发放的项目则较少。从补助人数来看，2016 年除了椒江区、路桥区、玉环市和温岭市 4 个地方的补助人数低于或者近乎 1 万人次以外，其他 5 个县（市、区）通过平台发放的补助人数都是 10 万人次级别；2017 年温岭市补助人数高速增长，突破了 10 万人次；2018 年只有玉环市通过平台发放补助的人数少于 1 万人次。

丽水市：莲都区和缙云县纳入平台项目少

全市设莲都区 1 个市辖区，辖青田、缙云、遂昌、松阳、云和、庆元、景宁 7 县，代管辖龙泉 1 市。在其 9 个县（市、区）中，2016～2018 年只有松阳县和龙泉市 2 个地方纳入平台管理的项目全部实现了通过平台发放补助；青田县、遂昌县和景宁县在其中的一两个年份实现了全部纳入平台管理的项目通过平台发放，但是 2018 年却出现了部分纳入平台管理的项目为通过平台发放；而云和县和庆元县则在 2017 年和 2018 年实现了百分之百通过平台进行补助资金的拨付；此外，莲都区和缙云县目前仍有较多项目未通过平台进行发放（见表15）。

表 15　2016～2018 年丽水市通过平台发放补助资金情况

县 (市、区)	2016 年			2017 年			2018 年		
	项目数(个)	补助人数(人次)	补助资金(万元)	项目数(个)	补助人数(人次)	补助资金(万元)	项目数(个)	补助人数(人次)	补助资金(万元)
莲都区	1	649	87.42	4	2365	2130.91	33	206825	14295.14
青田县	14	11709	3684.05	19	4432	806.80	15	83954	7926.70
缙云县	0	0	0	7	31798	1503.19	39	138448	9908.66
遂昌县	23	102360	8415.42	27	182249	14194.31	49	140850	12044.98
松阳县	29	56456	4708.67	40	88928	11261.81	48	198382	19143.05
云和县	4	923	1022.77	14	13440	2437.15	17	60536	2398.20
庆元县	4	1886	1719.88	34	81038	7322.82	43	81615	9089.51
景宁县	29	45831	3443.33	41	124638	9482.15	38	102207	9905.33
龙泉市	14	94844	5308.45	19	161375	18253.51	23	190405	7551.99
平均(合计)	15	314658	28389.99	23	690263	67392.65	34	1203222	92263.56

资料来源：浙江省"乡镇公共财政服务平台省级监管系统"。

　　从通过平台发放的项目数来看，丽水市 9 个县（市、区）在这三年中通过平台发放的项目数保持较快增长，几乎所有县（市、区）都出现了补助项目的增加。2016 年和 2017 年莲都区和缙云县 2 个地方通过平台发放项目数少于 10 个或者没有项目通过平台发放，到了 2018 年下辖全部县（市、区）通过平台发放的项目数都超过了 15 个。从补助人数来看，2016 年仅有遂昌县 1 个地方通过平台发放补助人数超过 10 万人次；2017 年则有遂昌县、景宁县和龙泉市 3 个地方；2018 年则出现了莲都区、缙云县、遂昌县、松阳县、景宁县和龙泉市 6 个地方达到 10 万人次。从补助资金来看，近三年通过平台发放补助资金的数额在市域内各县（市、区）之间差别比较大，2016 年尚未出现补助资金超过 1 亿元的县（市、区）；2017 年和 2018 年尽管都有 3 个地方达到了这一数额，但是只有遂昌县和松阳县在这两个年份中均超过了这一数字。

　　3. 县级层面的乡镇（街道）覆盖面

　　（1）全省覆盖面超过八成

　　从全省看，2016～2018 年浙江省纳入乡镇公共财政平台管理的乡镇或

街道①数量分别为884个、928个和1034个，其占乡镇与街道总数的比例为
73.25%、76.63%和85.38%，呈现出不断增长的态势。与此同时，浙江下
辖10个地级市中纳入平台的乡镇和街道数量都在不断增多（见表16）。从
乡镇公共财政平台已覆盖的乡镇数量占比看，省内10个地级市下辖的乡镇或
街道纳入平台管理或通过平台发放财政资金的比例最低已超过60%，其中舟
山市下辖的所有乡镇或街道已全部纳入平台管理，衢州市下辖的所有乡镇或
街道在2016年也全部纳入了平台；杭州市近三年覆盖的乡镇或街道数量几乎
没有变化，湖州市和金华市的乡镇覆盖面也有较大的提升空间（见图5）。

表16　2016~2018年浙江各地级市纳入乡镇公共财政平台的乡镇（街道）数量

单位：个

地级市	2016年	2017年	2018年	乡镇(街道)总数
杭州市	120	118	122	189
温州市	116	154	160	181
嘉兴市	46	46	56	70
湖州市	27	36	55	70
绍兴市	99	103	103	117
金华市	87	81	128	147
衢州市	100	81	98	100
舟山市	35	35	35	35
台州市	119	114	116	129
丽水市	135	160	161	173
合计(除宁波外)	884	928	1034	1211

资料来源：浙江省"乡镇公共财政服务平台省级监管系统"。

（2）杭州市：两极分化

近三年，杭州市的西湖区、余杭区、富阳区、临安区、桐庐县、淳安县
6个县（区）下辖的所有乡镇均已纳入乡镇公共财政平台进行管理或者通过

---

① 本部分只统计纳入平台管理的整建制的乡镇和街道，而办事处、经济开发区、新区、新城、
风景旅游区、商务区等功能区等都不在统计范围，或者委托经济开发区或新区管理的乡镇
或街道不算在内。

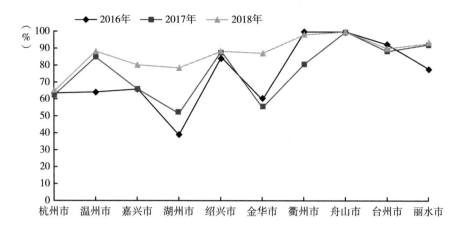

图5　2016~2018年浙江各地级市纳入乡镇公共财政平台的乡镇数量占比

平台发放补助资金；而建德市仍有少部分乡镇尚未纳入平台，萧山区则仅
2017年有3个乡镇（街道）纳入平台；此外，上城区、下城区、江干区、
拱墅区、滨江区5个区下辖的全部街道都没有纳入平台管理，这一情况在浙
江省域范围内较为突兀（见表17）。

表17　2016~2018年杭州市纳入乡镇公共财政平台的乡镇（街道）数量

单位：个

县（市、区）	2016 年	2017 年	2018 年	乡镇（街道）总数
上城区	0	0	0	6
下城区	0	0	0	8
江干区	0	0	0	10
拱墅区	0	0	0	10
西湖区	11	11	11	11
滨江区	0	0	0	3
萧山区	0	3	0	26
余杭区	20	20	20	20
富阳区	24	24	24	24
临安区	18	18	18	18
桐庐县	14	14	14	14
淳安县	23	23	23	23
建德市	10	5	12	16
小计	120	118	122	189

资料来源：浙江省"乡镇公共财政服务平台省级监管系统"。

（3）温州市：主城两区表现欠佳

2016～2018 年，温州各县（市、区）下辖乡镇纳入平台的数量均有所增加。到 2018 年，瑞安市、乐清市、永嘉县、苍南县、文成县、泰顺县 6 个县下辖的所有乡镇或街道均纳入平台管理或者通过平台发放财政补助资金。而位于主城区的鹿城区和龙湾区，近三年纳入平台的乡镇（街道）数量很少，后者截至目前甚至没有任何一个街道纳入平台（见表 18）。

（4）嘉兴市：稳中有进

近三年，嘉兴下辖 7 个县（市、区）的乡镇（街道）纳入乡镇公共财政平台的数量总体变化不大。平湖市、海盐县、海宁市、桐乡市 4 个县市所辖的全部乡镇（街道）在 2016 年就已全部纳入平台；嘉善县 2016 年和 2017 年没有任何乡镇（街道）纳入平台管理，而 2018 年全部 9 个乡镇（街道）则全部纳入管理或者通过平台发放补助资金；南湖区下辖的 11 个乡镇（街道）中仅有 5 个纳入平台；到了 2018 年，秀洲区下辖的 9 个乡镇（街道）也只有 1 个纳入平台管理（见表 19）。

表 18　2016～2018 年温州市纳入乡镇公共财政平台的乡镇（街道）数量

单位：个

县（市、区）	2016 年	2017 年	2018 年	乡镇（街道）总数
鹿城区	1	2	2	14
龙湾区	0	0	0	6
瓯海区	9	12	12	13
洞头区	6	6	6	7
瑞安市	22	23	23	23
乐清市	19	24	25	25
永嘉县	16	22	22	22
平阳县	13	15	15	16
苍南县	10	14	19	19
文成县	10	17	17	17
泰顺县	10	19	19	19
小计	116	154	160	181

资料来源：浙江省"乡镇公共财政服务平台省级监管系统"。

表19　2016～2018年嘉兴市纳入乡镇公共财政平台的乡镇（街道）数量

单位：个

县（市、区）	2016 年	2017 年	2018 年	乡镇（街道）总数
南湖区	5	5	5	11
秀洲区	0	0	1	9
嘉善县	0	0	9	9
平湖市	9	9	9	9
海盐县	9	9	9	9
海宁市	12	12	12	12
桐乡市	11	11	11	11
小　计	46	46	56	70

资料来源：浙江省"乡镇公共财政服务平台省级监管系统"。

（5）湖州市：德清覆盖乡镇少

2018 年，南浔区、长兴县、安吉县 3 个县区下辖的全部乡镇（街道）已全部纳入平台管理，而此前的 2016 年和 2017 年，安吉县下辖的 15 个乡镇（街道）竟无一个纳入平台管理。目前，吴兴区的 19 个乡镇（街道）已有 13 个纳入平台管理；德清县下辖的 12 个乡镇（街道）仅有 3 个于 2018 年纳入平台，其余大部分仍未通过平台发放补助资金或者纳入平台管理（见表20）。

表20　2016～2018年湖州市纳入乡镇公共财政平台的乡镇（街道）数量

单位：个

县（区）	2016 年	2017 年	2018 年	乡镇（街道）总数
吴兴区	12	12	13	19
南浔区	9	9	9	9
德清县	0	0	3	12
长兴县	6	15	15	15
安吉县	0	0	15	15
小　计	27	36	55	70

资料来源：浙江省"乡镇公共财政服务平台省级监管系统"。

（6）绍兴市：越城落后较多

除了越城区外，绍兴各县（市、区）的所有乡镇（街道）几乎已经全部纳入平台管理。柯桥区、新昌县、诸暨市、嵊州市4个县（市、区）已覆盖至全部的乡镇或街道，而越城区截至目前也仅有3个乡镇或街道纳入平台管理，还有13个乡镇（街道）游离在外（见表21）。

表21　2016~2018年绍兴市纳入乡镇公共财政平台的乡镇（街道）数量

单位：个

县(市、区)	2016年	2017年	2018年	乡镇(街道)总数
越城区	0	3	3	16
柯桥区	15	16	16	16
新昌县	16	16	16	16
诸暨市	27	27	27	27
上虞区	20	20	20	21
嵊州市	21	21	21	21
小　计	99	103	103	117

资料来源：浙江省"乡镇公共财政服务平台省级监管系统"。

（7）金华市：磐安覆盖乡镇减少

过去三年，兰溪市、义乌市、东阳市、永康市4市下辖的所有乡镇均已纳入平台管理或者通过平台发放补助资金。浦江县、武义县于2018年实现全部15个乡镇（街道）全覆盖；婺城区、金东区2区虽然纳入平台管理的项目在增加，但是离全部纳入平台管理仍有差距。磐安县算是例外，2016年其14个乡镇（街道）全部纳入平台管理，而2017年和2018年则分别下降至11个和10个（见表22）。

表22　2016~2018年金华市纳入乡镇公共财政平台的乡镇（街道）数量

单位：个

县(市、区)	2016年	2017年	2018年	乡镇(街道)总数
婺城区	11	0	15	27
金东区	0	0	8	11
武义县	0	8	18	18

续表

县（市、区）	2016 年	2017 年	2018 年	乡镇（街道）总数
浦江县	0	0	15	15
磐安县	14	11	10	14
兰溪市	16	16	16	16
义乌市	14	14	14	14
东阳市	18	18	18	18
永康市	14	14	14	14
小　计	87	81	128	147

资料来源：浙江省"乡镇公共财政服务平台省级监管系统"。

（8）衢州市：各年份间有波动

2016 年，衢州下辖 6 个县（市、区）的全部乡镇（街道）纳入乡镇公共财政平台管理；2017 年，柯城区、龙游县出现了波动，已覆盖的乡镇（街道）数量都减少至 7 个，减少的乡镇（街道）数量比重过半；2018 年，除了龙游县，其余 5 个县（市、区）仍旧实现了百分之百覆盖（见表 23）。

表 23　2016～2018 年衢州市纳入乡镇公共财政平台的乡镇（街道）数量

单位：个

县（市、区）	2016 年	2017 年	2018 年	乡镇（街道）总数
柯城区	18	7	18	18
衢江区	20	20	20	20
常山县	14	14	14	14
开化县	14	14	14	14
龙游县	15	7	13	15
江山市	19	19	19	19
小　计	100	81	98	100

资料来源：浙江省"乡镇公共财政服务平台省级监管系统"。

（9）舟山市：已全部覆盖

2016～2018 年，舟山下辖 4 个县区的全部 35 个乡镇（街道）都保持着全部纳入乡镇公共财政平台管理或者通过平台发放补助资金，是省内乡镇（街道）覆盖程度和持续性表现最好的地级市（见表24）。

表24　2016～2018年舟山市纳入乡镇公共财政平台的乡镇（街道）数量

单位：个

县（区）	2016年	2017年	2018年	乡镇(街道)总数
定海区	12	12	12	12
普陀区	9	9	9	9
岱山县	7	7	7	7
嵊泗县	7	7	7	7
小　计	35	35	35	35

资料来源：浙江省"乡镇公共财政服务平台省级监管系统"。

（10）台州市：仅温岭表现挣扎

在台州下辖的9个县（市、区）中，只有温岭市仅个别乡镇（街道）纳入乡镇公共财政平台管理或者通过平台发放补助资金，自2016年起，其余8个县（市、区）下辖全部乡镇（街道）都纳入平台进行管理，并且在各年度之间具有较好的持续性（见表25）。

表25　2016～2018年台州市纳入乡镇公共财政平台的乡镇（街道）数量

单位：个

县(市、区)	2016年	2017年	2018年	乡镇(街道)总数
椒江区	9	9	9	9
黄岩区	19	19	19	19
路桥区	10	10	10	10
玉环市	11	11	11	11
三门县	10	10	10	10
天台县	15	15	15	15
仙居县	20	20	20	20
温岭市	6	1	3	16
临海市	19	19	19	19
小　计	119	114	116	129

资料来源：浙江省"乡镇公共财政服务平台省级监管系统"。

（11）丽水市：青田仍有较多乡镇未覆盖

乡镇公共财政平台在遂昌县、松阳县、庆元县、景宁县、龙泉市5个县市的乡镇覆盖率达到100%，并且在近三年保持持续稳定。缙云县及云和县2个县的乡镇（街道）在2017年全部纳入平台管理，而青田县近三年都有20个乡镇（街道）纳入平台管理，仍有12个乡镇（街道）并未覆盖到（见表26）。

表26 2016～2018年丽水市纳入乡镇公共财政平台的乡镇（街道）数量

单位：个

县（市、区）	2016年	2017年	2018年	乡镇（街道）总数
莲都区	13	14	15	15
青田县	20	20	20	32
缙云县	0	18	18	18
遂昌县	20	20	20	20
松阳县	19	19	19	19
云和县	4	10	10	10
庆元县	19	19	19	19
景宁县	21	21	21	21
龙泉市	19	19	19	19
小　计	135	160	161	173

资料来源：浙江省"乡镇公共财政服务平台省级监管系统"。

4. 受益人的历年情况及分布

（1）纳入平台的总受益人数显著增加

根据按乡镇口径统计的补助发放清单，发放至乡镇的个人转移支付资金数据显示，2016～2018年，通过平台发放的总人次分别为578.23万人次、869.86万人次和1154.32万人次；发放总金额分别为34.74亿元、56.65亿元和72.89亿元；补助发放总人数则分别为203.23万人、267.68万人和358.22万人（见图6）。从趋势看，通过平台发放的总人次增加最为显著，这也是乡镇公共财政平台在基层财政管理中持续被采纳的直接体现。

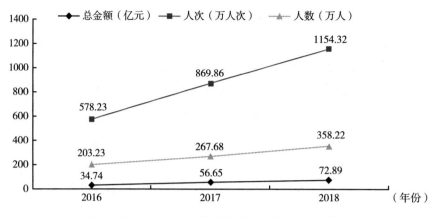

图6　2016~2018年乡镇公共财政平台的受益人情况

（2）受益人数分布：县级层面覆盖面逐步扩大但各年浮动明显

2016~2018年，除了宁波市没有纳入平台监管以外，纳入平台项目的受益人在县（市、区）级别的覆盖面不断扩大，2016年有安吉县、江干区、萧山区、武义县等一些地区未纳入平台，2017年和2018年则仅剩下江干区、萧山区等少数地区。

浙江省内每年受益人数最多的县（市、区）并不固定。2016年，东阳市、浦江县、龙游县等在受益人数的数量上领跑全省；2017年则是东阳市和海盐县纳入平台监管的项目受益人数量多于其他县（市、区）；2018年，浦江县、建德市和文成县的受益人数最多。

（二）项目式支出分类

1. 按主管部门划分

2018年，浙江省各县（市、区）层面纳入乡镇公共财政平台管理的补助项目共有4004个，初步根据"项目名称"和"项目编码"依次删除完全一致的重复项，剩余1509个。

2018年，浙江省各县（市、区）层面纳入乡镇公共财政平台管理的补助项目按照党委、政府和事业单位及其他三类主管部门进行划分。从浙江的县（市、区）层面看，纳入平台管理补助项目归属于党委口径的主要有组织部、农办、扶贫办、纪委与监察、卫计委、发改局、统战部、人武部、团委、政法委等 10 个部门；归属于政府口径的则有民政局、卫生局/计生局、财政局、住建局/规划局、人力和社保局、农业局、水利局、交通局、教育局、国土局、林业局、环保局、文化局、粮食局、畜牧局、海洋渔业局、统计局、市场监督管理局等 18 个部门；归属于事业单位及其他口径的主要有残联、妇联、乡镇/社区、行政服务中心、农合联、邮政局和慈善总会等 7 大类。

具体分项目来看，纳入平台管理的党委部门的项目有 82 个；政府部门的有 1177 个；事业单位及其他的项目则有 250 个（见表 27）。其中，政府部门的支出项目数量占比为 78%，事业单位及其他的项目数量占比为 17%，党委部门占比最少，仅 5%（见图 7）。

表 27　浙江省纳入乡镇公共平台管理项目按主管部门类别划分

归属	项目数（个）
党委	82
政府	1177
事业单位及其他	250

资料来源：浙江省"乡镇公共财政服务平台省级监管系统"。

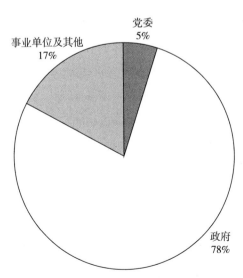

图 7　2018 年浙江省按主管部门类别划分的项目数量占比

（1）党委——以组织部、农办和纪委的项目为主

从图8可以看出，在党委部门中，组织部纳入乡镇公共财政平台的项目最多，达到41个，占党委部门总项目数量的一半；接下来就是农办，包括扶贫办的项目共26个，占比也较高；居第三位的是纪委与监察的补助项目，数量有6个；其余党委部门的数量都不多。

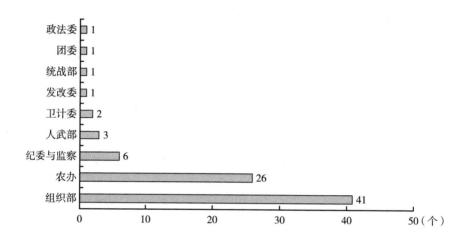

图8　2018年浙江省基层党委部门纳入乡镇公共平台管理的项目数量

从党委部门补助项目最多的三个部门来看，组织部纳入平台管理的项目主要是对于基层村干部以及退休村干部的补助，主要有村干部报酬补助资金、离任村主要干部养老补助、村居主要干部离任补助、离任村干部报酬这几类；而农办（扶贫办）的项目则主要有来料加工以奖代补项目、农资综合补贴、大中型水库移民精准扶持补助、4600元以下低收入农户补助、雨露计划补助等几类；纪委与监察的补助项目是对村监会的补助，大概有村监会主任基本报酬、村监会主任工资、村务监督委员会主任基本报酬等一些类别。

（2）政府：民政部门的项目数过半，农业部门的项目很多

从乡镇公共财政平台管理的项目来看，政府部门的补助项目最多，总计达到1177个。通过对项目的政策依据和归口管理情况进行梳理，我们发现

政府部门的补助项目主要来自 18 个部门，[①] 具体项目分布为民政局 624 个、农业局 212 个、卫生局/计生局 99 个、人力和社保局 89 个、财政局 55 个、林业局 50 个，其余政府部门的项目数量则较少（见图 9）。

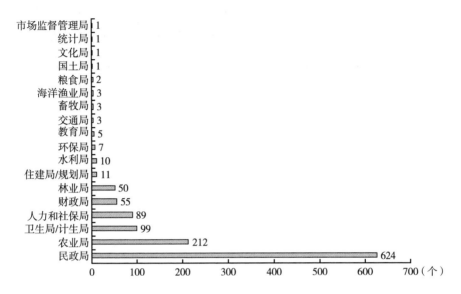

图 9　2018 年浙江省基层政府部门纳入乡镇公共平台管理的项目数量

从发放补助项目最多的一些政府部门看，民政局纳入平台管理的项目主要有城乡居民最低生活保障补助、抚恤（优抚）补助、残疾人基本生活保障补贴、临时救助金、大中型水库移民后期扶持直接补助、困难群众基本生活物价补贴、城乡困难群众医疗救助、农村困难家庭危房改造补助、农村特困人员供养补助等；农业局的项目主要是对农业生产、农资农具购置的补贴，可分为耕地地力保护补贴、旱粮种植补贴、高耗能农业机械报废补偿、规模种粮补贴、农机购置补贴、森林生态效益补偿、异地搬迁补助、高耗能农业机械报废补助、后备母牛补贴等；卫生局/计生局的补助项目重点是计

---

① 其中民政局、移开办、移民办、移民局、其他（临时用工工资）全部归为民政局；卫生局、计生局、卫计局、卫生和计划生育局等归为卫生局/计生局；规建局、规划局、建设局、房改办、城建办等则归为住建局/规划局；农业局、农林局、农经局、其他（其他涉农补贴项目）等归为农业局。

划生育家庭特别扶助和农村部分计划生育家庭奖励扶助；人力和社保局的补助大概有被征地农民基本生活、城乡居民基本医疗保险财政补助、城乡困难群众参加基本医疗保险专项补助等；财政局主要是一些工资补助或者临时用工补助，如村邮员经费补助、水库巡查员工资、土地协管员工资、村邮员基本报酬、勤杂工工资、新居民协管员补贴等；林业局的补助主要是森林生态效益补偿、珍贵树种造林项目、林业特色产业发展项目补助资金、森林抚育项目等。

（3）事业单位及其他：残联和乡镇街道的补助项目较多

本部分有乡镇/社区、残联、妇联、行政服务中心、农合联、邮政局、慈善总会等，其中项目数量最多的是残联，其次是乡镇/社区，第三是农合联，剩下的项目数量都比较少（见图10）。

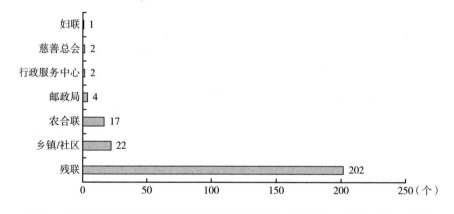

图10 2018年浙江省基层事业单位及其他部门纳入乡镇公共平台管理的项目数量

乡镇公共财政平台显示，残联的补助项目主要有残疾人普惠性养老保障补助、困难残疾人生活补贴、重度残疾人护理补助、残疾人津补贴、残疾人机动椅车补助等几类；乡镇街道或社区的补助主要有文化礼堂管理员及宣讲员工资、稻麦种植大户镇配套补助资金、镇街日常工作劳务费、社区矫正志愿者补贴、乡镇工作经费及村居代办员工作补贴、公益性岗位补贴（乡镇）、村安全生产管理员补助、村会计报酬等；农合联的补助主要是商品有机肥推广项目补助、粮食生产沃土工程补助、标准农田质量提升项目补助、菜篮子工程补助资金、科技示范户补贴、粮食生产功能区种粮补贴、新型植保机械购置补贴、榨糖灶烟气治理设施改造奖励资金、农业检测室农产品检测服务补助、低收入家庭土地流转补助等。

2. 按受益者类别划分

2018 年，浙江省各县（市、区）层面纳入乡镇公共财政平台管理的补助项目共有 4004 个，初步根据"项目名称"和"项目编码"依次删除完全一致的重复项，剩余 1509 个。

根据各级财政职能部门和平台确定的受益人编码①进行筛选，浙江省乡镇公共财政平台将纳入系统管理的补助项目按受益人类别分为以下 13 类（见表 28），即计划生育家庭、村干部、异地搬迁户、优抚对象、库区移民、困难群众、残疾人、孤儿及困境儿童、高龄老人、种植户、养殖户、征地农户和其他。

这些项目大致分为三个层次，其中，项目数量在 0 ~ 100 个的受益人有 8 类，他们从少到多分别是异地搬迁户、征地农户、库区移民、高龄老人、养殖户、孤儿及困境儿童、村干部和计划生育家庭；而项目数量在 150 ~ 250 个的受益人有 4 类，他们由少到多分别是种植户、优抚对象、困难群众和残疾人；最后，项目数量超过 400 个的受益人类别是其他类（见图 11）。

表 28　浙江省纳入乡镇公共平台管理项目按受益人划分

受益人编码	受益人名称	补助项目数量（个）
2	计划生育家庭	70
3	村干部	45
5	异地搬迁户	7
7	优抚对象	186

---

① 此处的编码与财政支出科目并无联系，仅作为财政部门与平台区分与识别之用。

续表

受益人编码	受益人名称	补助项目数量(个)
8	库区移民	18
11	困难群众	223
12	残疾人	239
13	孤儿及困境儿童	37
14	高龄老人	24
15	种植户	163
16	养殖户	32
17	征地农户	10
99	其他	455
合计		1509

资料来源:浙江省"乡镇公共财政服务平台省级监管系统"。

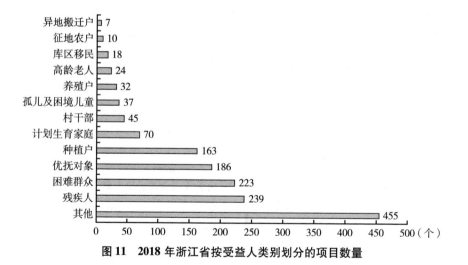

图11 2018年浙江省按受益人类别划分的项目数量

(1) 计划生育家庭

浙江省各县(市、区)的"计划生育家庭"项目的主管党委和政府部门非常统一,即这些财政资金补助项目主要由卫生和计划生育委员会或卫生和计划生育局负责。

2018 年，浙江各县（市、区）与此相关的项目大约有 70 个。[①] 从细分来看，有以下几类：奖励补助，如城镇部分计划生育家庭奖励扶助、农村部分计划生育家庭奖励扶助、计生二女孩奖扶补助、农村计生户奖励扶助资金、农渔村部分计划生育家庭奖励扶助、农村独生子女家庭奖励费、农村计划生育养老储备金、计划生育家庭参加职工养老保险补助金等；生育节育补助，如计划生育节育手术并发症对象医疗费补助资金、计划生育节育手术并发症对象生活困难补助资金、计划生育特别扶助、计划生育手术并发症人员扶助、自愿放弃二胎和二女户绝育慰问金、计划生育公益金等；独生子女补贴，如农村独生子女父母保险补贴、双农独女养老保险补贴、城镇失业职工独生子女奖励费、独生子女父母奖励、个体工商户独生子女父母奖励、独生子女费等；对失独家庭的补助，如失独家庭依法收养（辅助再生育）补助等（见附表 1）。

（2）村干部

浙江省各县（市、区）对村干部的补助资金由组织部、民政部、纪委、财政局、农办等具体主管党政部门下发，作为主管部门，组织部是这一类资金的主要来源部门。此外，平台数据显示，有财力的乡镇街道也会对村干部进行补助。

乡镇公共财政平台显示，2018 年此类补助项目有 45 个。从具体的补助项目来看，大致可以分为以下几类：在职人员基本报酬与补助，如村书记主任工资、村监会主任基本报酬、"两委"主职干部报酬、村干部报酬（财政补助部分）、村干部连续工龄补助、村级财务监督委员报酬、村会计报酬、计生服务员报酬、村邮员经费补助、村网格员补助、村党支部书记村委会主任考核奖金等；离任或退休补助，如村居主要干部离任补助、农村卸任主职干部补助、离任村主要干部生活补助、离任干部报酬、渔农村基层老干部生活补助、退休村主职干部补助、街道部门退休干部工资等；其他补助，如村

[①] 可能相同的补助项目在浙江各地的统计名称可能有所不同，这 70 个补助项目还可进一步进行归类。其他类别的补助项目存在相同情况。

干部投保补助等（见附表2）。

（3）异地搬迁户

浙江各地对异地搬迁户的补助资金主要来自其主管部门——农办和农业局，乡镇公共财政平台显示浙江的其他部门没有对该类人员进行补助或者配套。

2018年此类补助项目共有7个，可以划分为两类：异地搬迁补助，如下山搬迁补助、异地搬迁补助、异地搬迁补助资金、异地搬迁项目省补资金、农民异地搬迁资金等；促进搬迁户增收的，有低收入农户增收补助（见附表3）。

（4）优抚对象

从浙江县（市、区）层面看，对优抚对象的补助项目资金主要来自民政局、人社局和人武部三个部门，其中绝大部分资金出自民政局。

2018年浙江各地对优抚对象的补助项目有186个，主要有以下三类：一是对现役军人的补助，如参战参试人员补助、义务兵家属优待金、立功受奖现役军人奖励、义务兵优待金、农村义务兵优待金、自谋职业补偿金（退役士兵安置补助资金）、退役士兵地方经济补助、冬季退役士兵经济补助金、涉军人员"八一"春节慰问及困难补助、在职伤残抚恤、入伍新兵视力激光手术补助、现役士兵年度优待金、优秀士兵奖励、三等功士兵奖励、军龄补贴等；二是对烈士、退伍、残军及其家属的补助，如烈士子女补助、在乡退伍军人补助、农村籍退役士兵老年生活补助、"三属"生活补助、"两参"生活补助、"在乡残军"生活补助、"烈士子女"生活补助、"在职残军"生活补助、"复退军人"生活补助、60周岁以上退役士兵补助、带病回乡退伍军人、不带病回乡退伍军人、因公牺牲家属、困难退伍军人慰问金、烈士墓修缮费、失业伤残军人临时生活困难补助、退役士兵汽驾培训补助、退役士兵参加培训生活补助等；三是其他补助，如优抚对象医疗补助、优抚对象定期补助、定补优抚、优抚安置对象资金、物价补贴—优抚、优抚对象10%门诊包干、重点优抚对象门诊医疗补助、在乡伤残人员10%门诊医疗补助金、在职残疾军人10%门诊医疗补助、"三属"人员10%门诊医疗补助金、失业革命伤残军人改领伤残10%门诊医疗补助、复员退伍人员

10%门诊医疗补助金、春节期间优抚对象走访慰问等（见附表4）。

（5）库区移民

浙江各地的库区移民补助资金主要来自民政局，也有部分项目资金出自移开办、移民办、移民局等不同名称①但是行使相同职能的部门。

2018年库区移民类项目总共有18个，大致可以分为两类，一类是对库区移民的直接资金补助，如水库移民生活补助、库区移民扶持资金、移民补发、大中型水库移民后期扶持直接补助、大中型水库移民后期扶持直接补助（省补）、大中型水库移民后期扶持直接补助（市补）等；另一类是对于库区移民的特定补助，如大中型水库非农移民生活困难补助、水库后靠移民返销粮补贴等（见附表5）。

（6）困难群众

梳理浙江涉及困难群众的财政补助项目发现，仅从乡镇公共财政平台就可以看到与此有关的党政部门众多，直接进行财政资金拨付的党政部门有近20个，分别是民政局、扶贫办、组织部、规建局（规划局）、财政局、计生局（卫生局）、农办、农业局、住建局（建设局）、社保局、统战部、教育局、人武部、残联、乡镇街道、慈善总会等。

浙江乡镇公共财政平台显示，各地对困难群众的补助项目达223个，大致可以分为两大类：一是对困难或低收入家庭的直接资金补助，如城市最低生活保障、农村最低生活保障、4600元以下低收入农户补助、五保（三无）人员供养资金、患大病家庭生活补助、农村"三老"人员生活困难补助、低保春节慰问、困难群众夏季送清凉慰问金、街道慈善救助金、慰问基层党委困难党员、特困人员救助、低保边缘重残补助、支出型贫困救助、雨露计划助学补助、精减退职人员生活困难补助费、社会散居孤儿生活补助、贫困大学生考入大学补助、历史遗留困难人员（补助）、低收入农户来料加工补助、黄埔同学会会员宽释人员生活困难补助、原国民党抗战老兵生活困难救

---

① 各级政府称谓有所不同，但是职能比较类似，主要有3种名称，如浙江省移民办、建德市移民局、云和县移开办等。以云和县移开办为例，其下设综合科、计划财务科、动迁安置科、基础设施建设科、扶持经济发展科和乡镇移民管理服务站。

助金、入伍大学生奖励、学前教育困难家庭资助、集体企业三十年以上工龄职工生活困难补助、公益金救助、临时救助资金等;二是对困难群众的公共服务补助,如农村生活困难党员安居工程补助、自然灾害生活补助、农村困难群众住房救助、困难群众基本生活价格补贴、困难群众医疗救助、社救对象定期补助、农村危旧房改造补助、道路交通事故一次性困难补助、计生家庭困难补助、入院五保户医疗包干生活费、低保物价补贴、低保边缘家庭基本生活价格补贴、物价补贴—城市低保、物价补贴—困境儿童、物价补贴—农村低保、城乡低保家庭水和污水处理经费补助、低保对象参加合作医疗补助、失业人员特困补助、重大疾病救助金、非低保对象基本生活价格补贴、国家扶贫贴息、城乡低保调标补差、农村残疾人危房改造、困难群众普通门(急)诊救助、低保和低收入参加城乡居民社会养老保险补助、社会散居孤儿、城乡居民丧葬费、城乡居民老城乡补贴、城乡居民知青生活补贴、城乡居民一次性支付个人账户、五保三无人员低保价格补贴、4050 困难人员社会保险补助、困难群众临时救助(8000 以下)等(见附表6)。

(7)残疾人

浙江与残疾人有关的补助项目绝大部分来自残联、民政局、农办、卫计委、财政局、计生局等党政部门,其中出自残联的项目占绝大多数。

该类补助项目共 239 个,一类是对残疾人的直接补助,如重度残疾人基本生活保障金、无固定收入残疾人生活补贴、困难残疾人生活补贴、残疾人基本生活保障补贴、困难残疾人生活补贴、重度残疾人生活补助金、重度残疾人护理补助、无偿扶助款、救济款、集中托养补贴、残疾人三项补贴、残疾人家庭子女(残疾学生)幼儿园学生助学、残疾人家庭子女(残疾学生)高中学生助学、残疾人家庭子女(残疾学生)大学学生助学、重残边缘户、残联其他项目等;另一类是与残疾人有关的公共服务补助,如残疾人康复扶贫中央财政贴息资金补助、残疾人普惠性养老保障补助、残疾人津补贴(精神病人医疗救助)、残疾人个体户养老保险补助、残疾学生和贫困残疾人家庭子女就学补助、重残居家安养补发、重度残疾人机构托(安)养服务补贴、精神残疾人医疗康复补助、残疾人机动轮椅车燃油补贴发放、残疾人大学生学费和住宿费减免项目补助资金、重残护理补贴（机构）、精神障碍患者"以奖代补"监护奖金补助、辅助用具配置补助、精残药品补助、残疾人专项调查、重症精神病患者以奖代补、儿麻等矫治手术补助、人工耳蜗植入手术补助、孤独症儿童康复补助、育智教育补助、脑瘫康复训练补助、智力康复训练补助、白内障复明手术补助、聋儿语训补助、残疾人髋或膝关节置换补贴、扶贫贷款贴息、扶贫基地扶持款、职业培训费、春节慰问残疾人补贴、残疾人参加省市县文体艺术比赛活动补贴、残疾人个体工商户养老保险补贴、残疾人就业创业贷款贴息、残疾人就业创业扶持、重度残疾人物价补贴、残疾人美丽庭院创建补助、残疾儿童基本康复服务补贴、残疾人小额贷款贴息补助、计生失独残疾抚慰金、个体经营及灵活就业残疾人养老保险补贴、残疾人协会副主席（专职委员）补贴、盲人按摩基地经济补助、残疾人共享小康工程补助、残疾人取得相应资格证书与毕业证书补助、学前儿童彩票公益金助学等（见附表7）。

（8）孤儿及困境儿童

浙江省各地与孤儿及困境儿童有关的补助项目，除了个别项目出自计生局以外，其余补助项目均来源于民政局。

此类财政补助项目共37个，一是基本生活补助类，如孤儿基本生活费、困境儿童基本生活费、社会散居孤儿基本生活费、低保困境儿童、重病困境儿童、重残困境儿童、机构养育孤儿、其他困境儿童等；二是其他相关补贴类项目，如物价补贴—散居孤儿、困境儿童物价补贴、困境儿童春节慰问金、困境儿童六一慰问金、困境儿童医疗门诊补助等（见附表8）。

（9）高龄老人

对高龄老人的财政补助，浙江各地主要集中在民政部门，社保部门也涉及个别项目，如城乡居民高龄养老金项目。

浙江与高龄老人有关的财政补助项目共24个，一类是直接针对高龄老人的补助，如百岁老人长寿保健补助费、高龄老人长寿补贴、90岁以上老人高龄津贴、90周岁及百岁高龄人员补贴、90至99岁老人生活补助、老年人高龄津贴、城乡居民高龄养老金、高龄津贴补助项目、代发各单位高龄补贴等；第二类是与高龄老人有关的慰问与公共服务项目，如失能失智老人补助、高龄特困老人慰问金、退休人员老年节慰问、重阳节慰问、百岁老人慰问费、重阳节老年人慰问、生育关怀情暖夕阳补助金、百岁老人保健金、高龄人员补贴、农村五保和城镇三无对象供养资金等（见附表9）。

（10）种植户

浙江各地与种植户有关的补助项目涉及农业局、财政局、农林局、农经局、农办、粮食局、国土局、农合联、乡镇街道（镇街）等近10个部门单位，以农业局为主。

此类共计有163个项目，其中一类是农业生产类补助，如耕地地力保护补贴、旱粮种植补贴、高耗能农业机械报废补偿、规模种粮补贴、高耗能农业机械报废补助资金、水稻统防统治、良种补贴、水稻机插油菜机收补助、油菜种植大户补贴、早稻种植散户补贴、粮食大户补贴、水稻集中育秧补贴、中央油菜良种补贴、农资综合直补、冬种紫云英补助、义乌市农机购置补贴（30%配套部分）、中央和省级农机购置资金、新型植保机械购置补贴、稻麦种植大户补助资金、稻麦种植大户镇配套补助资金、小麦一喷三防补助、农资信息化设备购置补贴、食用菌种植补助、山地蔬菜种植补助、吊瓜种植补贴、旱粮三园套种补贴、旱粮基地种植补贴、万元亩产补贴、山核桃脱蒲机购机补贴、其他涉农补贴项目等；另一类是农业服务类补助，如粮食生产贷款个人部分贴息、种粮大户贷款贴息、规模种粮农户贷款贴息补助、水稻订单奖励、农业机械化作业环节补贴、商品有机肥推广项目补助、粮食生产沃土工程补助、标准农田质量提升项目补助、粮食生产功能区种粮补贴、商品有机肥应用补助、农作物秸秆综合利用补助、农业高产创建补助资金、耕地培肥、油茶改造项目、农药废弃包装物回收补助资金、特色小水果产业发展资金、现代农业生产发展木本油料提升项目、休闲观光果园新建（提升）补助、粮食高产竞赛示范户奖励、失地农民社保补贴、秸秆还田补助资金、农村信息化以奖代补资金、种质资源原生境保护项目等（见附表10）。

（11）养殖户

与此类补助有关的党政部门有农业局、财政局、畜牧局、水利局、民政局、农经局、交通局①等，其中农业局、畜牧局和水利局是主要的资金来源部门。

针对养殖户的补助项目共 32 个，一类是对养殖过程的补贴，如能繁母猪补贴、动物免疫经费、动物防疫人员补助、后备母牛财政补贴资金、清水鱼养殖补助等；另一类是相关公共服务类补助，如病死猪无害化处理、重大动物疫病预防性扑杀和动物强制免疫应激死亡补助、猪场病死猪无害化处理补助、油价补贴（渔业）、畜禽排泄物治理资金、星级猪场创建补助、H7N9 禽流感扶持家禽业补助资金、渔业生产救灾资金、基层动物防疫补助资金、违章猪舍拆除补助、重大动物疫病防控补助等（见附表 11）。

（12）征地农户

对征地农户的补助资金基本上是从社保局和民政局两个主管部门拨付，并以社保局为主。

2018 年浙江各地对征地农户的补助项目一共有 10 个，包括被征地农民基本生活保障、被征地农民基本养老保险、被征地农民养老保障、失土农民基本生活保障、失地农民养老保险、城乡居民征地补贴等（见附表 12）。

（13）其他

按受益人类别划分，浙江省各县（市、区）的"其他"项目涉及非常多的党委和政府部门，可用包罗万象一词来形容。2018 年浙江乡镇公共财政平台的数据显示，与"其他"受益人类别相关的项目涉及的主管部门有30 多个，包括组织部、宣传部、农办、政法委、发改委、教育局、财政局、人社局、交通局、文化局、水利局、水务局、海洋渔业局、林业局、环保局、卫生局、计生局、统计局、监督管理局、邮政局、团委、扶贫办、妇联、社区建设办、行政审批中心、便民服务中心、企业科等。

就具体项目而言，2018 年浙江市县层面发放补助项目的名目更加繁杂多样，超过 400 项。从细分类别看，有以奖代补类，如来料加工以奖代补项目等；劳务报酬支出类，如村级计生服务员报酬、村级便民服务中心代办员

---

① 该部门针对养殖户的补助项目是东阳市的清退政府控股金项目，不属于纳入省级政府清单的管理项目，暂无明细可查。

服务费、水库巡查费、365 代办员工资、食品药品安全网格化管理员工作补助经费、护林员工资、村级统计员报酬、村邮员基本服务补贴等；个人转移支付类，如购买住房财政补贴、学生两免一补、非物质文化遗产代表性传承人补贴经费、农资综合补贴、渔业生产成本补助资金、海洋捕捞渔船减产转业补助、长效避孕节育奖励等；此外还有一些针对森林生态监测、土地换保障养老保险等一些类别不太清晰的项目（见附表 13）。

（三）政策与项目简况

浙江乡镇公共财政平台纳入省级清单管理的共 29 项（见图 12），主要分布在农业、民政、人社、残联、计生、财政、建设等主管部门，其中民政和农业部门的项目居多（见附表 14）。

1. 项目依据与政策图谱

根据权威性与效力，项目依据与相关政策大概有以下两类。

第一类：地方政府规章。在纳入清单管理的项目中，有两类项目的政策主要源自浙江省人民政府令，它们是城乡居民最低生活保障补助和被征地农民基本生活保障。针对前者，2009 年浙江省政府出台了《浙江省最低生活保障办法》（省政府令第 131 号），对城乡居民的最低生活保障补助做了较为全面的规定；2017 年浙江省政府根据经济社会发展的新情况进行了调整，修订了《浙江省最低生活保障办法》（省政府令第 358 号），将城乡居民的最低生活保障一体化，建立了动态调整机制。对于被征地农民的基本生活保障，2009 年浙江出台了《浙江省征地补偿和被征地农民基本生活保障办法》（省政府令第 264 号），为维护和保障被征地农民的合法权益提供了充分的政策依据。据此，浙江省财政部门设置了城乡居民最低生活保障、被征地农民基本生活等补助支出项目，确保相关政策得到落实。

第二类：实施意见与规划计划类。这一类政策项目主要是根据特定群体的具体情况拟定设置的，或者根据未来中远期的规划计划进行安排。如考虑到对残疾人基本生活的保障，浙江省人民政府出台了《关于全面建立困难残疾人生活补贴和重度残疾人护理补贴制度的实施意见》（浙政发〔2016〕3

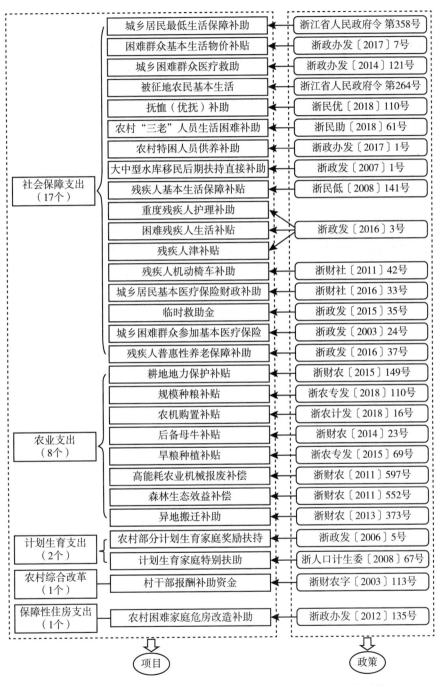

图 12　浙江省乡镇公共财政服务平台纳入清单管理的项目与政策

号），同时浙江省民政厅、浙江省财政厅、浙江省残疾人联合会制定了《浙江省重度残疾人护理补贴实施办法》，使财政资金的拨付有据可依。又如，2016年《浙江省残疾人事业发展"十三五"规划的通知》提出要"落实普惠加特惠政策，保障残疾人基本民生"，省民政与省财政部门据此设立了残疾人普惠性养老保障补助项目。

2. 政策项目的治理逻辑

业务部门根据相关政策文件，初步确定当次需要发放的补助人员名单，在乡镇公共财政服务平台中导入并进行流程审批，过程中会对补助人的相关信息（姓名、身份证号、人员状态）进行校验。审批完成后，将总金额、代发账户信息发送到国库集中支付系统。部门财务人员根据该信息在国库集中支付系统中发起支付申请，经一系列审批流程，通过国库单一账户（财政零余额或单位零余额账户）将款项拨付到代发账户。同时发放清单经乡镇公共财政服务平台发送到代发银行，银行方将补助资金按发放清单发放至补助人账户。代发银行会将补助资金发放结果以回单形式反馈到平台。对于发放失败的资金，一种是修改信息后进行补发（卡号填写错误等），另一种是经核实该补助人已死亡或银行卡已被注销等，代发户的相应资金会通过国库集中支付系统退回国库（见图13）。

任何财政资金的拨付过程均会涉及"政策—项目—资金"这三个主要的环节，从相关主体来看，与各环节有关的仍然是业务部门、财务部门（处室）或财政部门、个人或家庭；从信息流来看，先是部门依据政策文件拟定补助项目，确定具体的补助人员或范围，然后是符合条件的申请者向部门申请，通过审批的即可获得资金，不通过的则放弃申请或者补充申请资料再次申请；从资金流来看，财政资金还是通过部门预算或者财政预算流向个体或者特定组织。

（1）"政务网+"平台简化支出流程。自从乡镇公共财政平台投入运营，纳入平台的财政资金拨付流程大大精简，特别是浙江政务服务网嫁接了平台上的许多项目，这使从项目申请到资金到账查询等一系列流程更为简化和透明，就像一本"明白账"。如城乡居民最低生活保障补助项目，原来需要乡镇街道将纸质资料汇总归集，然后一层一层地往上报到省级民政部门，

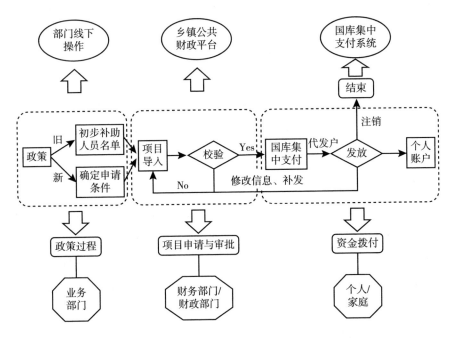

图13 经乡镇公共财政服务平台的补助政策项目运作示意

审批后批准的资金又自上往下一级一级地下达。目前，这些操作流程大部分都被纳入了乡镇公共财政平台，特别是项目申请与审批、资金拨付这两个阶段。

（2）平台集成了浙江乡镇公共财政"大数据"。只要经由平台申请和发放的财政补助项目，必然"雁过留痕"，项目政策依据、申请人的资料、个人账户信息、补助资金发放情况、以家庭为单位的财政补助资金查询等所有这些都形成了浙江乡镇公共财政"大数据"。从自下而上申请到由上而下拨付资金的整个过程都被纳入了平台，这既保证了财政支出的公平性与透明度，又为未来运用这些"大数据"进行科学决策准备了条件。

（3）资金直接由国库拨付至个人账户。与过去的财政政策项目资金管理方式不同，通过平台发放的资金不会经过办事人员之手。从资金角度看，在政策项目下达后，申请人直接现场办理或者登录"浙江政务服务网"进行网上申请，待业务部门或财政部门审批后，资金直接打入成功申请的受益者的个人或者家庭账户。以往,国库资金先按照项目分配到部门,由具体负责的人员按照申请条件和流程进行审核审批,这一大串的"线下"环节,极容易滋生腐败行为。

四 个人转移支付项目政策绩效评价——以浙江省城乡居民最低生活保障补助为例

党的十九大报告指出,要对弱势群体予以特别关注,要让改革发展成果更公平惠及全体人民,完善最低生活保障制度,对贫困群众实施政策性保障兜底。在对补助项目与政策进行充分梳理之后,我们选取浙江省城乡居民最低生活保障补助项目,按照改进的"4E"政策绩效评价框架进行分析,即根据效率、公平、效果与可持续性四个维度评价政策项目支出的实际绩效,对其开展政策绩效评价能够更加清晰地了解该民生领域转移支付资金的实际效果如何,以及乡镇公共平台在其中起到了怎样的作用。

(一)项目概况

近年来,为了破解低保标准城乡二元机制带来的"救助不平衡、不充分"难题,浙江省不断完善着相关的最低生活保障制度。早在 2005 年,《浙江省人民政府关于进一步完善新型社会救助体系的通知》就提出,要加快构建以最低生活保障为基础,以养老、医疗、教育、住房等专项救助为辅助,以其他救助、救济和社会帮扶为补充,城乡一体化、组织网络化、管理社会化、保障法制化并与经济社会发展水平相适应的覆盖城乡的新型社会救助体系;2009 年,浙江省出台了《浙江省最低生活保障办法》;2014 年,出台了全国第一部社会救助法规——《浙江省社会救助条例》,规范城乡低保标准,此后也陆续出台相关文件健全城乡低保认定、动态管理机制。2017年,重新修订了《浙江省最低生活保障办法〈修订〉》(省政府令 358 号),统一了城市和农村低保对象的申请和认定条件、待遇和监督管理等内容,进一步推进了低保城乡统筹发展。2018 年,浙江省率先在全国全面实现县

（市、区）域范围内低保标准城乡一体化。根据省民政厅 2018 年 7 月的统计数据，全省人均月低保标准达到 744 元，全省在册城乡低保对象 74.4 万人，占户籍人口的 1.54%。

具体地，申请该补助项目的申请者可以通过"浙江政务服务网"查询城乡居民最低生活保障的申请条件与要求（见表 29），明确了法定依据、申请条件与限制、申请材料、权利和义务、补贴金额。而详细的办理流程分现场办理与网上办理两种，大致的环节有：申请—受理—核查—初审—公示—审批—公布（见表 29 和图 14、图 15）。

表 29　浙江省城乡居民最低生活保障补助申请条件与要求

法定依据	《浙江省最低生活保障办法》(浙江省人民政府令第 358 号)
申请条件与限制	最低生活保障对象为共同生活的家庭成员人均月收入低于当地最低生活保障标准，且符合当地最低生活保障家庭财产状况规定的本地户籍家庭。此外，无数量限制，也无禁止性要求。
申请材料	1.《浙江省社会救助申请表》(含授权承诺书)；2. 申请家庭共同生活成员身份证原件及其他法定赡养、抚养、扶养义务人身份证原件或复印件。
权利和义务	1. 符合法律、法规规定的公民，有权享受社会救助；2. 申请人应当如实提交有关材料和反馈情况，并对其申请材料实质内容的真实性负责。
补贴金额	最低生活保障金的数额按照最低生活保障对象家庭人均月收入低于当地最低生活保障标准的差额定，从做出认定之日的次月起按月发放。

（二）指标体系设计原则

专项资金政策绩效评价包含项目、资金、绩效评估等诸多复杂的领域与层面，要求我们要有明确的理念、清晰的原则与合理的标准。不同的设计思路与侧重点，有时会出现不同的甚至大相径庭的考核结果，所以指标体系设计得科学合理实用十分重要。专项资金的政策绩效评价应遵循如下几项原则。

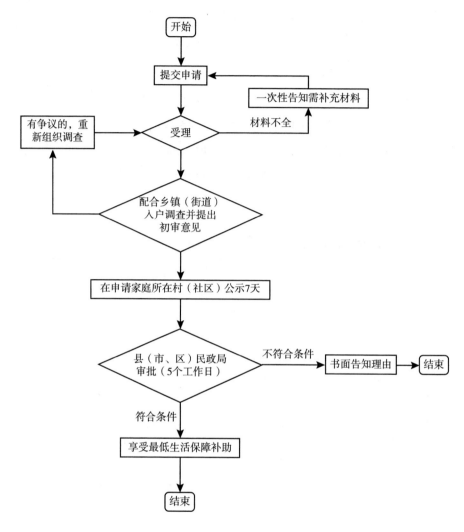

图14　城乡居民最低生活保障补助现场办理流程

第一，注重政策性与社会性的考量。以现有的财政评价体系为基础，回归公共政策注重公平与效率的使命。注重"结果导向"和"公众满意导向"，侧重资金投入对社会实际情况所产生的效果，以及资金投入是否对政策目标地区与政策目标群体提供了预期水平的服务等。

第二，注重指标的通用性。专项资金的用途多种多样，但其目的不外乎提供公共产品或公共服务，因此，纷繁复杂的专项资金有着内在的一致性。

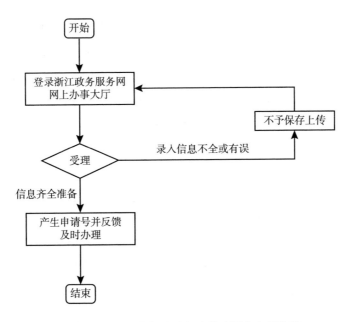

图15　城乡居民最低生活保障补助网上办理流程

希望可以从专项资金根本的共同属性出发，设计具有通用性的一级指标和二级指标。而三级指标充分体现不同专项的特点，从而可以开展有针对性的政策绩效评价工作。

第三，立足于政策目标群体的角度和局外观察者的立场。政策绩效评价工作需要清晰而客观的立场，才能保证评价过程中不会出现价值判断上的冲突与混乱。由前所述，政策目标群体是专项资金最为直接的受益者，因此从政策目标群体的角度进行评价符合专项资金的政策性本质。

第四，评价方案简单易行。根据机制设计理论，一个好的机制应该尽量降低其所需要的信息维度，复杂的评价指标往往面临着信息无法获取和权重分配意义不彰的情况。因此我们的专项资金政策绩效评价方案将尽量简化问卷与指标，用尽量少的信息反映尽量多的问题。

（三）指标体系形成与解释

确定原则之后，借鉴国内外通行的预算绩效考评的"3E"或"4E"标准，通过不断的研讨和实践，我们设计了如表 30 所示的政策绩效评价框架。在我们以往的不同专项的政策绩效评价中，采用的也是这个指标体系。但是，表 30 所示的政策绩效评价指标框架适用于政策目标为人群的普惠性项目，而城乡居民最低生活保障补助项目尽管具有普惠性质，但政策目标对象是个体居民，因此不能直接采用其中的二级指标，需要做出一定的调整与修改。

表 30　专项资金政策绩效评价一/二级指标

一级指标	二级指标
效率（Efficiency）	政策目标完成
	受益面
公平性（Equity）	差异化公平
	公共责任
效果（Effectiveness）	回应性
	满意度
可持续性（Sustainability）	资金
	使用意愿
	可替代性

根据城乡居民最低生活保障补助项目的内容及本指标体系设计的理念与原则，我们将指标分为效率、公平性、效果和可持续性四方面。在具体指标构建过程中，首先从理论与实践分析角度出发，形成指标体系 1.0；进而从可靠性和有效性的角度出发，通过预调研，根据实际情况筛选出在现实条件中可以获取信息的指标，形成指标体系 2.0；可用指标体系中可能存在冗余的信息，出于对项目支出政策绩效评价简洁性的考虑，需要通过一定的方法（如专家咨询法）去除不必要的指标，形成在具体操作中具有实用价值的指标体系 3.0（见图 16）。经过这样三道程序得到的指标体系其科学性与有效性可以得到保障，而且与前文提到的原则相符。

在进行了大量规范性分析与实地预调研的基础上，我们将根据已有学术成果得到的指标体系在研究团队的研讨会议上进行了反复讨论，并将讨论结

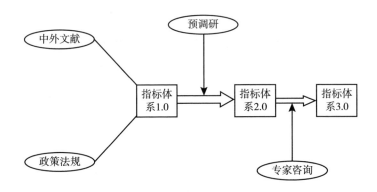

图16　城乡居民最低生活保障补助资金政策绩效评价指标形成过程

果分别交付给 3 位公共管理领域的高校教授和 3 位有关的政府工作人员，每一位专家均根据自己的经验做出独立判断；我们将反馈意见汇总后再次交付给上述 6 名专家，每位专家在收到反馈意见后给出新一轮对指标判断的意见；如此反复四轮后我们最终得到了较为统一的方案。

经过以上过程，针对城乡居民最低生活保障补助项目的政策绩效评价三级指标体系得以形成（见表31）。

表31　城乡居民最低生活保障补助项目的政策绩效评价三级指标体系

一级指标	二级指标	三级指标
效率	政策目标完成	配置效率(数量)：补贴金额及时到位情况
		配置效率(质量)：申报流程与资金分配机制
	受益面	政策效率：总体覆盖面与受益人数
公平性	差异化公平	不同地级市的实际补贴标准
	公共责任	对城镇与农村居民群体的考虑
效果	回应性	对目标群体需求的有效回应
	满意度	受益者对补贴资金的满意度
可持续性	资金	未来的资金与政策保障机制
	可替代性	是否存在更好的替代性选择

该补助项目的效率指标可分为配置效率与政策效率。其中，配置效率具体考量政策目标完成的数量与质量，政策效率则通过政策初始受益人数目

标、资金发放金额与实施结果的比对来考察。

公平性指标考察不同地级市的实际补助标准因地制宜的差异化公平程度，并考虑城镇和农村居民群体直接发展不平衡的公共责任。

效果指标分为回应性和满意度，回应性指标考察政策项目在客观效果方面是否充分了解群众需求，能否得到有效回应，满意度指标则通过满意度调查来考察目标受益人群对项目质量与服务的主观感受。

可持续性指项目能否长期、持续运行，这一指标包含资金的可持续性，即未来是否能够获得足够的资金或有效的融资渠道保障后续的日常运转，可替代性是指此项目可被市场产品或其他途径替代的水平，与可持续性呈负相关关系。

（四）项目政策绩效评价

1. 效率：国库集中统一支付且应保尽保

乡镇公共财政平台的集中统一支付保证了政策数量和质量目标较好地实现。就数量指标而言，城乡居民最低生活补助资金支出应考虑是否足额发放和是否及时发放到位。具体来看，在乡镇公共财政平台已经建成的前提下，只要申报该补助项目的申请文件与资料得到各级政府部门的审核与批准，相关信息将经由国库集中支付系统集中转发到各地的代发户银行，而后直接将补助资金拨付到申报人的银行账户或者社保一卡通里面。在集中统一支付之后，代发银行会将补助资金发放的实际结果情况以回单形式反馈到平台。对于发放失败的资金，一种是修改信息后进行补发，如卡号填写错误等情况；另一种是经核实该补助人已死亡或银行卡已被注销等特殊情况，相应资金将通过国库集中支付系统退回国库。就质量指标来看，该项补助政策施行多年，虽然不同阶段的存在形式不一，但是在被纳入乡镇公共财政平台以后，其申报流程更为程序化，资金分配机制更加客观理性。此种情形下，资金不经过办事人员或行政官员的手，而且可从浙江政务服务网查询到具体的办事指南、详细流程、所需资料等，既保证了该资金申报与分配过程的透明度与程序化，也避免了财政资金漏损与腐败滋生。

由此来看，国库集中统一支付确保了该补助政策从申报以后至资金发放到居民个人整个过程的配置效率，也就是说只要前置的审核与批准不存在问题，资金就能在规定的时间和程序内到达受益者，极少会受到系统外因素的干扰。在浙江实施金财工程以前，财政补助政策从项目立项到资金到位，要经过多级政府层层审批，项目逐级上报，资金逐级下拨。较长的审批与拨付流程必然影响扶贫项目的进展效率，且容易造成专项资金的漏损、行政系统的"微腐败"等问题，影响资金的支出效益。自乡镇公共财政服务平台投入运营以来，越来越多的项目逐步被纳入该系统，大多数财政补助项目的申报、审批、资金发放等全流程都被纳入乡镇公共平台操作，这使财政部门能够有效率地开展转移支付资金支付业务。

"应保尽保、应退尽退"的实施要求确保了浙江省最低生活保障补助政策得到落实。从受益面角度看，乡镇公共财政平台近三年的数据显示，浙江城乡居民最低生活保障补助通过平台发放的总人数一直快速增加。与此同时，2016～2018年浙江省每年发放城乡最低生活保障补助的总金额也在不断提高（见表4）。这足以说明通过审核批准的受益者数量的变化。

表32 2016～2018年浙江城乡居民最低生活保障补助情况

年份	2016	2017	2018
总金额（元）	479399878	823497271	1239000182
总人次	925267	1380255	2042130
总人数	129338	161346	273424

资料来源：浙江省"乡镇公共财政服务平台省级监管系统"。

浙江省已于2015年全面消除了家庭人均年收入4600元以下的贫困户，率先完成脱贫任务，这得益于城乡居民最低生活保障补助项目的"应保尽保"。调研得知，只要申报人满足该政策规定的条件与资质，就能按照程序得到该笔补助资金。

2.公平性：差异化补贴标准设定与最低生活保障城乡一体化

从政策执行层面看，各个地级市因地制宜地制定了补贴标准，这体现了差异化公平。《浙江省最低生活保障办法》明确指出县（市、区）可以根据实际情况确定差异化的标准，同时《浙江省社会救助条例》第十条也明确要求"参照最低工资标准确定的，城镇最低生活保障标准在当地月最低工资标准的百分之四十至百分之五十之间确定"。

浙江各地级市根据上述办法确定了当地标准。杭州市财政局与民政局联合发文统一城乡最低生活保障补助，从 2018 年 1 月 1 日起，根据最新的最低工资标准，再次调整全市城乡居民最低生活保障标准，城乡居民最低生活保障标准按当地最低工资标准的 40% 确定，自此全市的最低生活保障标准实现了城乡统一。[①] 6 月份，杭州市又按不低于上年杭州市城镇居民人均消费支出的 30% 的标准，测算了城乡居民最低生活保障补助标准，这是杭州市自年初低保标准与企业最低工资标准脱钩后，首次实现与全市上年城镇常住居民人均消费支出挂钩。从 2019 年起，每年调整最低生活保障标准的时间统一为 7 月 1 日。此外，2018 年 11 月湖州市参照本市区最低工资标准的 45%，将城乡低保标准提高至每月 810 元，也首次实现了城乡同标、区域同标。[②]

不同区县（市）补助标准提高的数额不同。2018 年 9 月，义乌市民政局、义乌市财政局发布了《关于提高城乡居民最低生活保障标准的通知》，按照 2018 年底争取实现"消除人均收入万元以下贫困家庭"及《2018 年义乌市政府工作报告》"低保标准提高到人均 1 万元/年"的工作目标，将城乡居民最低生活保障标准从原先的每人每月 775 元提高至 855 元，实行差额补助。目前，杭州市域内的不同区、县（市），在最低生活保障标准的提高数额上也有所不同，上城区、下城区、江干区、拱墅区、西湖区、滨江区、萧山区、余杭区、富阳区以及杭州经济技术开发区、杭州西湖风景名胜区、杭州大江东产业集聚区的低保标准，由每人每月 917 元调整为每人每月 955

---

① 在这之前，杭州市的城市居民最低生活保障标准为每人每月 664 元，而农村居民最低生活保障标准为每人每月 598 元。

② 调研湖州市民政局了解到，自 2018 年 11 月 1 日起，湖州全市行政区域城乡居民最低生活保障标准进行调整，湖州市区（吴兴区、南浔区、开发区、度假区）行政区域内最低生活保障标准由每人每月 738 元调整到 810 元，德清、长兴、安吉行政区域内最低生活保障标准从每人每月 681 元调整到 810 元。

元；临安区的低保标准调整最多，由每人每月 780 元调整为每人每月 860 元；桐庐县、淳安县、建德市低保标准，由每人每月 734 元调整为每人每月 764 元。

从政府公共责任履行角度看，调整最低生活保障补助充分考虑了城镇居民和农村居民之间的发展不平衡以及一体化的实现。浙江各地在 2017 年以前，最低生活保障补助主要针对城镇居民中的低收入或者生活困难群体，但是自党的十九大以来，浙江省域内已全部统一为城乡居民最低生活保障补助，并且不断提高其补助标准。不仅如此，浙江还明确了"最低生活保障边缘家庭认定和专项社会救助"的申请条件，[1] 这也是良好履行居民最低生活保障公共责任的体现之一。

3. 效果：满足了最低生活水平的资金需求且透明度较高

在客观效果方面，该政策项目较好地满足了低收入或者困难家庭的资金需求。首先，该政策补助项目的初衷便是成为落实保障群众基本生活的举措之一，财政资金就是为城乡居民提供最低生活保障，这是对政策目标群体最基本生存需求的回应。此外，申报通过的受益人经过核实、公示、审批、公布等程序后，区（县、市）财政将通过金融机构，每月直接将补助资金发放到城乡低保家庭的个人账户——"一卡通"。

在主观效果方面，从申报办理的低投诉率以及资金分配的透明化可以推定该政策的满意度较高。浙江政务服务网在该项目的网上办理结束之后设置了"办事评价"栏目，以评估申报人对该项目办理过程及结果的满意程度。该栏目采用五点量表评分的形式，分为很满意、满意、基本满意、不满意、很不满意五个选项，且综合评分为 5 分。实践中，我们从省级民政部门了解到，受益群体由于基本属于低收入群体，受教育程度普遍不高，基本上由乡镇（街道）归集后统一进行办理，通过网上自主办理的极少。即使网上自主办理的受益者，对于该补助项目办结之后进行办事评价

---

① 详见《杭州市人民政府关于改革最低生活保障标准调整机制的通知》（杭政函〔2017〕192 号），即杭州市主城区户籍的公民，未纳入最低生活保障范围，家庭成员人均月收入在最低生活保障标准 2 倍（含）以下，且家庭财产状况符合县级以上人民政府规定的困难家庭。

的也很少，因此该项目的满意度调查数据较为缺乏。同时，各地民政部门也没有开展过绩效评价与满意度调查，因此有关的数据较难获得。但是，从该项目办理的投诉情况来看，当事人采取投诉行为一般可以认为其在申请该补助项目过程中存在不满意因素，这或许能部分反映受益群体对该补助的满意度情况。据市县一级民政部门反映，该项目基本没有收到对办理过程或者结果不满的投诉，至少我们可以认为省内的众多受益群体对于该政策补助的获取与结果没有很不满意。

成功申请该项政策补助的城乡居民，通过浙江政务服务网"城乡居民财政补助"进行查询，就能清楚地知晓财政补助的情况，如本人或家庭成员能够享受哪些财政补助？每一笔补助有没有按时发？发了多少？

4. 可持续性：健全的动态资金保障机制且拥有互补性选择

省级政府构建了动态资金保障机制使该政策项目资金可持续。根据2017年重新修订的《浙江省最低生活保障办法》中第四条内容，"县级以上人民政府应当将最低生活保障资金和工作经费纳入财政预算"。此外，第二十四条规定"建立物价指数和最低生活保障待遇联动机制。物价水平涨幅达到规定条件的，按照国家、省有关规定给予最低生活保障对象临时价格补贴"。同时，从各地每年度更新调整最低生活保障补助的执行行为来看，在动态补贴机制已经建立的前提下，各地能持续性地进行调整也是其机制健全性和资金可持续性的充分体现。

该政策补助不具有排他性，受益人在申请了该补助资金之后也可以申请其他互补性选择，也就是说最低生活保障补助与其他可申请项目之间不具有替代性。根据规定，最低生活保障工作应当遵循国家保障与社会帮扶、劳动自救相结合的原则；符合条件的最低生活保障对象可以依法申请其他相关社会救助。也就是说，除了该项补助资金外，他们还可以申请其他社会救助。该项目属于国家的基本底线保障，与其他的社会帮扶、社会救助等属于整体社会保障体系的一部分，并不是非此即彼或者只能选其一的替代性选择。目前，杭州市已实现困难群众凭身份证完成社会救助申请的一证办理，且与最低生活保障补助申请不是互斥的。

5. 评价结果汇总

按照"高、中、低"三级评判等级对上述评价指标进行整理可得，该项目的总体政策绩效评价结果很好。效率指标中的政策目标完成与受益面的评价等级均为高，国库统一集中支付确保了补贴金额的及时到位，而资金申报与分配过程的程序化机制对资金配置效率的质量方面起了积极作用；公平性指标中的差异化公平与公共责任的评价等级均为高，省级政府政策法规给予了该补助标准灵活空间且各地均因地制宜地制定了补助标准，这体现了各地之间的差异化公平，同时也充分履行了关注城镇与农村居民群体之间发展不平衡的公共责任；效果指标中的回应性较高，而满意度为中等，该政策补助项目实现了对目标群体基本生活需求的有效回应，但是申报者对于满意度评价的参与程度不够；可持续性指标中的资金可持续性高，但可替代性低，省级政府层面明确规定的动态资金保障机制保证了未来该项目的可持续性，尽管存在其他类似补助项目，但都属于互补性选择，不具有替代性关系（见表33）。

表33 城乡居民最低生活保障补助项目政策绩效评价结果

一级指标	二级指标	三级指标	评价结果	评价等级
效率	政策目标完成	补贴金额及时到位情况	国库统一集中支付	高
		申报流程与资金分配机制	资金申报与分配过程的透明化与程序化	高
	受益面	总体覆盖面与受益人数	应保尽保	高
公平性	差异化公平	不同地级市的实际补贴标准	省级政府政策给予补助标准灵活空间；各地均因地制宜制定了补助标准	高
	公共责任	对城镇与农村居民群体之间发展不平衡的考虑	城乡居民均被纳入补贴范畴，但根据各地内部差异有所差别	高
效果	回应性	对目标群体需求的有效回应	满足了基本生活资金需求	高
	满意度	受益者对补贴资金的满意度	设置了满意度评价栏目但数据缺乏，在较高透明度的情况下投诉率很低	中
可持续性	资金	未来的资金与政策保障机制	健全的动态资金保障	高
	可替代性	是否存在更好的替代性选择	其他类似项目不具有替代性，反而是互补性选择	低

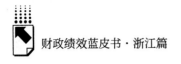

五 乡镇公共财政平台与个人转移支付

自实施金财工程以来，浙江省财政部门已经构建了较为完善的业务系统和监管平台系统。一体化集中支付业务系统集成了多项业务，包括预算指标管理、用款计划、集中支付、会计核算、基础数据资料、政府采购等，全程在线审核、审批与操作。而监管系统则有乡镇公共财政服务平台省级管理系统、财政专项资金、掌上"数字财政"等三项主要业务。于民生财政而言，政府越来越多的转移支付资金以个人转移支付的形式下达和拨付，浙江乡镇公共财政平台的建设实践对保障财政政策项目资金的切实落地意义重大。

（一）技术治理嵌入：推动公共服务供给方式的变革

作为政府整体架构一部分的财政体系，包括纵向多个层级、横向多个部门，资金流经多重环节，同时也涉及众多行为主体，是一个复杂的系统。在当前信息技术革命浪潮中，互联网＋、大数据等应用技术逐渐成熟，现代财政制度应该以先进的治理技术为依托，不断适应动态财政治理的需要。

浙江省的乡镇公共财政平台就是此类财政治理技术的具体应用，它嵌入财政转移支付体系的意义在于，很大程度上变革了公共服务供给方式。如政府购买公共服务，原先需要办事员一趟趟往会计核算中心跑、拟定招投标文件、确定招投标流程、选择服务供应商等，如今这一整套流程全部可以线上操作，主管业务部门的审核与审批也全都被整合在同一个业务系统中。不仅如此，在相同的审批流程和条件下，乡镇公共财政平台的投入使用既提高了财政资金购买公共服务的效率，又为公共服务供给方式的创新提供了可能性。比如过去以由上而下直接供给的模式为主，现在通过嫁接"浙江政务服务网"，可以直接实现上下联合供给或者生产更为满意的公共服务或产品。

（二）政府职能革新：促进政府"条块"职能的分工与协同

当前我们面临着非常复杂的制度环境和治理问题。在多级政府管理体制下，要实现有效的财政治理，关键在于技术与制度的协同及共同演化。

乡镇公共财政平台的建立引发了政府公共服务供给方式的变革，这使上下级之间、部门之间的"条块"关系更为清晰，即业务部门管政策项目立项与审批，财政负责政策项目资金保障与拨付。几乎所有的公共服务供给或者财政补贴的发放均通过平台统一操作，过去只管自己一亩三分地的理念和逻辑开始瓦解，开始转向如何能更好地执行公共政策，将所需的公共服务供给到位以及供给更令人满意的公共服务和产品等方面。一个政策项目从立项、申报到审核、审批等所有过程都是按照技术逻辑设置的，任何一步出现"越位"都不可能进入下一个环节，因此，纵向的上下级政府之间和横向的职能部门之间都必须更为积极地履行好自身部门的职责，同时也必须在"条块"之间进行充分协调，否则极容易在某个流程环节卡壳。

（三）"微腐败"预防：杜绝"蚊蝇温床"同时消解了腐败可能性

党的十八大以来，党和政府对腐败问题采取了坚决的高压打击态度。围绕着公共财政支出过程所滋生出的腐败现象层出不穷，既有对公共财政的给付有所影响的公职人员的腐败，也包括公共财政无效支出所带来的腐败，还包括在公共财政支出项目执行过程中公务人员的玩忽职守与不作为。从个人转移支付角度看，"蚊蝇"等形式的微腐败甚为恶劣，在日常财政资金转移支付过程中，损害群众利益的"蝇贪""蚁贪"等"微腐败"犯罪必须从源头上予以杜绝。

浙江乡镇公共财政平台嵌入了政策项目立项、项目申请审批、资金拨付等主要流程，所有的财政预算资金都实现了从国库账户到个人账户的一步到位拨付，这将"微腐败"可能滋生的环节和过程完全程序化与透明化了，使"蚊蝇温床"无处藏匿。过去，财政预算资金一级一级地由上而下进行拨付，不少环节资金漏损现象极为严重，各类微腐败屡现不止。而如今，技术逻辑引致的政府"条块"关系的协同运作，更进一步消解了基层财政转移支付领域花样繁多的腐败可能性。

（四）财政扶贫精准：保证精准服务和精准扶贫的实现

财政扶贫是推进民生领域改善的重要一环。虽然政府不断加大对特殊群体和困难群众的资金投入力度，但是扶贫资金在分配、传递、使用过程中无法最大限度地用到真正需要的政策目标群体身上，因此财政扶贫资金的精准性是需要强调的核心要义。大数据技术的应用，可以提高财政治理能力、推动财政制度现代化，还能为保证财政扶贫的精准性提供坚实的信息及技术基础。

浙江乡镇公共财政平台集成了转移支付资金的全流程"大数据"，将从自下而上申请到由上而下拨付资金的整个过程都纳入了平台，这为未来运用这些"大数据"进行财政扶贫决策准备了条件，有利于推动将有限的财政资源用于更需要的领域和环节。凡是经由平台发放的补助项目受益人，全部被纳入了财政资金受益人数据库。这些海量的一手受益人详细信息，可以被广泛应用于反不当支付、民生地图和阳光政务查询等创新应用，真正将财政扶贫资金精准拨付给需要的地域和群体。

（五）传导机制完善：解决了预决算信息流传导中的不对称

预算拨付时的信息流是自上而下的，相对较为准确，而自下而上的决算信息则常常靠数据调整和填报获取，准确性远不及预算信息。而在财政大数据平台建成的前提下，预决算信息的传导机制迎来了完善升级的时机。

乡镇公共财政平台有效运用了"制度＋大数据"，通过完善财政信息采集、使财政数据透明与公开、强化财政监督、构建财政大数据中心等，将原先预决算信息流传导中信息不对称的传导机制加以完善。具体来看，由于大数据平台的建立，技术逻辑的嵌入促进了政府纵向和横向职能部门之间的分工与协同，优化了政策项目运作的制度环境；同时，在政策项目的管理中，大数据平台汇集了从预算资金拨付到决算资金使用的所有一手数据，这比之前自主填报的数据更为真实。由此，乡镇公共财政平台解决了预决算信息传导机制中的不对称，使该传导机制双向畅通。

附　录

Appendixes

B.8

2018年浙江省"乡镇公共财政平台" 相关补助项目

附表1　2018年浙江省县（市、区）层面"计划生育家庭"补助项目

项目名称	主管部门
计划生育家庭特别扶助	卫生局本级
农村部分计划生育家庭奖励扶助	卫生局本级
计生联络员补助	计生局本级
计生特扶补助	计生局本级
计生二女孩奖扶补助	计生局本级
独生子女家庭意外伤害险	计生局本级
计生一孩奖扶补助	计生局本级
失去独生子女家庭帮扶资金	
农村计生户奖励扶助资金	卫计委
计生"两免"补助资金	计生局本级
计划生育特扶	卫计局本级
计划生育家庭奖励	卫计局本级
计生奖扶	卫计局本级

项目名称	主管部门
计划生育手术并发症人员扶助	卫计局本级
计生特扶	卫计局本级
计划生育公益金	计生局
计划生育特别扶助对象	计生局
计划生育手术并发症享受特扶	卫计局
计划生育奖扶	卫计局
计生奖扶补助	
(旧)计生奖扶补助	计生局本级
农村独生子女家庭奖励费	计生局本级
计生特抚资金	
计划生育家庭奖励扶助金	计生局本级
农村部分计划生育家庭特别扶助金	计生局本级
计划生育节育手术并发症对象医疗费补助资金	
计划生育节育手术并发症对象生活困难补助资金	
城镇部分计划生育家庭奖励扶助	卫生局
农渔村部分计划生育家庭奖励扶助	卫生局
计划生育家庭特别扶助资金	卫生局
计划生育家庭特别扶助金	计生局本级
失业下岗职工独生子女父母奖励费	计生局本级
农村独生子女父母保险补贴	计生局本级
双农独女养老保险补贴	计生局
农村部分计划生育家庭奖励扶持	
计划生育家庭扶助资金	计生局本级
计划生育家庭社会养老保险补助	计生局
计划生育奖励扶助	计生局本级
双农独女养老保险补助	计生局本级
并发症病人补助	计生局本级
计生家庭特别扶助	卫计局
农村计划生育失独家庭养老保险金	卫计局本级
计划生育女儿户基金会补助金	卫计局本级
计划生育家庭奖励扶助和特别扶助	卫计局本级
农村计划生育养老储备金	卫计局本级
农村计划生育家庭养老保险补助	卫计局本级
自愿放弃二胎和二女户绝育慰问金	卫计局本级
农村独生子女家庭奖励扶持	计生局
城镇失业职工独生子女奖励费等	计生局
独生子女伤残死亡家庭困难扶助	计生局
计划生育家庭参加职工养老保险补助金	

项目名称	主管部门
计划生育家庭参加城乡居民养老保险补助金	
计划生育家庭收养子女一次性补助金	
农村计划生育奖励扶助金（县本级）	县计生局本级
独生子女父母奖励	县计生局本级
个体工商户独生子女父母奖励	县计生局本级
农村居民独生子女父母奖励	县计生局本级
失独家庭依法收养（辅助再生育）补助	县计生局本级
城镇失业人员独生子女父母奖励	县计生局本级
农村计划生育家庭奖励扶助金	县计生局本级
独生子女费	计生局
城镇失业居民独生子女父母奖励	计生局
计划生育家庭特别扶助经费	计生局
农村部分计划生育家庭奖扶专项	计生局
计划生育公益金补助	计生局本级
农村部分计划生育家庭奖励扶助资金	计生局本级
双农独女户养老保险补助	计生局本级
计划生育奖扶补助	
农村计划生育家庭奖励补助	计生局
农村部分计划生育奖励扶助制度专项资金	计生局

附表2　2018年浙江省县（市、区）层面"村干部"补助项目

项目名称	主管部门
村监会主任基本报酬	纪委
行政村主要村干部基本报酬	组织部
村干部报酬补助资金	
村监会主任工资	纪委本级
村居主要干部离任补助	组织部本级
村书记主任工资	组织部本级
村干部报酬	
村监会主要负责人基本报酬	
村社区便民服务中心	
农村卸任主职干部补助	组织部
离任村主要干部生活补助	组织部本级
离任干部报酬	组织部
村邮员报酬	组织部
村干部主职报酬	组织部
村主职干部报酬	

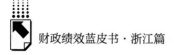

续表

项目名称	主管部门
（旧）村干部报酬补助资金（财政补助）	民政局本级
村干部报酬（财政补助部分）	
离任村干部报酬补助资金	
村监会工资报酬	
"两委"主职干部	
村干部连续工龄补助	
村干部报酬资金	
村级财务监督委员报酬	纪委
村党组织书记和村委会主任基本报酬	组织部
渔农村基层老干部生活补助	
村邮员经费补助	
村邮员基本报酬	财政局本级
村组干部固定报酬	组织部本级
离任村主职干部生活补助	组织部本级
村务监督委员会报酬	纪委本级
村监委主任报酬	农办本级
退休村主职干部补助	民政局本级
村会计报酬	乡镇街道
街道部门退休干部工资	民政局
计生服务员报酬	
村报账员基本报酬	组织部
村党支部书记村委会主任基本报酬	组织部
村党支部书记村委会主任考核奖金	组织部
村务监督委员会主任考核奖金	组织部
离职村干部定期生活补助	民政局
村干部投保补助	组织部
历届离任村干部报酬	组织部本级
村党组织书记和村委会主任考核奖	组织部本级
村网格员补助	
离任退职村干部补助	

附表3　2018年浙江省县（市、区）层面"异地搬迁户"补助项目

项目名称	主管部门
下山搬迁补助	农业局本级
异地搬迁补助	
低收入农户增收（下山移民）	农业局本级
异地搬迁补助资金	农办本级
异地搬迁	农业局
异地搬迁项目省补资金	农业局本级
农民异地搬迁资金	县农办

附表4　2018年浙江省县（市、区）层面"优抚对象"补助项目

项目名称	主管部门
参战参试人员补助	民政局本级
在乡退伍军人补助	民政局本级
义务兵家属优待金	民政局本级
烈士子女补助	民政局本级
农村籍退役士兵老年生活补助	民政局本级
立功受奖现役军人奖励	民政局本级
在乡残疾军人补助	民政局本级
在乡三属补助	民政局本级
带病回乡退伍军人补助	民政局本级
在乡复员军人补助	民政局本级
在职残疾军人补助	民政局本级
退役士兵安置	
义务兵优待金	
烈士子女	
优抚对象医疗补助	
优抚对象定期补助	
农村义务兵优待金	民政局本级
退役士兵地方经济补助	民政局
定补优抚	民政局
自费参加职工养老保险并享受养老金定补优抚对象补助金	民政局
优抚对象补助	民政局
优抚安置对象资金	民政局
"三属"生活补助	民政局本级

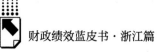

续表

项目名称	主管部门
"两参"生活补助	民政局本级
"在乡残军"生活补助	民政局本级
"烈士子女"生活补助	民政局本级
"在职残军"生活补助	民政局本级
"复退军人"生活补助	民政局本级
重点优抚对象	民政局本级
退役士兵一次性经济补助	民政局本级
优抚补助	民政局本级
伤残军人抚恤金	民政局本级
抚恤(优抚)补助	
农村退伍兵安置	民政局
抚恤(优抚)补助—烈士子女补助	民政局
抚恤(优抚)补助—优抚对象补助(半年度)	民政局
抚恤(优抚)补助—优抚对象补助(季度)	民政局
义务兵优待金2	民政局
60周岁以上退役士兵补助	民政局
抚恤(优抚)补助—60周岁以上退役士兵补助	民政局
优抚	民政局
物价补贴—优抚	民政局
抚恤(优抚)补助—参战参试人员补助	民政局
自谋职业补偿金(退役士兵安置补助资金)	民政局本级
60周岁以上农村籍退役士兵老年生活补助费	
(旧)优抚对象抚恤(优抚)补助	民政局本级
在乡老复员军人	民政局本级
部分烈士子女补助费	民政局本级
带病回乡退伍军人	民政局本级
不带病回乡退伍军人	民政局本级
三属人员	民政局本级
参战退役人员	民政局本级
在乡残疾军人	民政局本级
重点优抚对象医疗费	民政局
义务兵立功受奖资金	民政局
义务兵安置金	民政局
病故军人家属	民政局

续表

项目名称	主管部门
因公牺牲家属	民政局
复员军人	民政局
烈属	民政局
参战参试人员	民政局
遗属	人社局
抗战老兵救助资金	民政局本级
60周岁以上农村籍退役士兵老年生活补助	民政局本级
优抚对象优抚金	民政局本级
残疾军人抚恤金	民政局本级
退伍参战参试人员生活补助	民政局本级
冬季退役士兵经济补助金	民政局本级
义务兵立功受奖奖励金	民政局本级
60周岁以上农村籍退伍兵生活补助费	民政局
农村籍退役士兵安置补助费	民政局
城镇籍退役士兵安置补助费	民政局
优抚对象临时困难补助款	民政局
涉军人员"八一"春节慰问及困难补助	民政局
在职伤残抚恤	民政局
优抚对象医疗补助款	民政局
烈士子女生活补助款	民政局
在乡伤残抚恤	民政局
复退军人	民政局
伤残抚恤	民政局
三属补助	民政局
困难退伍军人慰问金	
城镇退伍军人自谋职业安置金	民政局本级
优抚对象10%门诊包干	民政局本级
抚恤金和生活补助	民政局本级
重点优抚对象"三难"补助	民政局本级
60周岁以上部分农村籍退伍军人生活补助	民政局本级
烈士墓修缮费	民政局本级
失业伤残军人临时生活困难补助	民政局本级
退役士兵汽驾培训补助	民政局本级
退役士兵参加培训生活补助	民政局本级

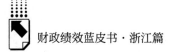

续表

项目名称	主管部门
农村退役士兵一次性经济补助金	民政局本级
残疾军人护理费	民政局本级
60 周岁以上有保障退伍军人补助	民政局本级
60 周岁以上无保障退伍军人补助	民政局本级
农村退役义务兵一次性经济补助金	民政局本级
入伍新兵视力激光手术补助	
现役士兵年度优待金	人武部本级
优秀士兵奖励	人武部本级
三等功士兵奖励	
重点优抚对象物价补贴	
退伍士兵培训费	
复员军人定期补助	
参战参试人员定期补助	
带病回乡退伍军人定期补助	
在乡残疾军人抚恤金	
在乡困难退伍军人定期补助	
三属抚恤	
重点优抚对象门诊医疗补助	民政局本级
义务兵优待	民政局本级
在职残疾军人抚恤费	民政局本级
优抚对象临时救助	民政局
自主求业退役士兵一次性经济补助	民政局
现役义务兵立功受奖奖励	民政局
两参人员慰问金	民政局
现役义务兵慰问金	民政局
在乡伤残人员 10% 门诊医疗补助金	民政局
在职残疾军人 10% 门诊医疗补助	民政局
"三属"人员 10% 门诊医疗补助金	民政局
失业革命伤残军人改领伤残 10% 门诊医疗补助	民政局
复员退伍人员 10% 门诊医疗补助金	民政局
重点优抚对象困难临救	民政局
在乡复员军人遗孀慰问金	民政局
下岗失业志愿兵和自谋职业转业士官慰问金	民政局
遗属补助人员补助金	民政局

续表

项目名称	主管部门
义务兵优待(含立功受奖)	
入伍满三十年及以上退役军人慰问	民政局
60周岁以上在乡退伍军人生活补助	民政局
复员退伍军人定期定量补助费	
退役士兵一次性补助(士官)	
退役士兵一次性补助(义务兵)	
农村退伍军人安置	民政局
春节期间优抚对象走访慰问	
优抚对象医疗救助经费	
参战退伍军人生活补助	民政局本级
复员人员定补	民政局本级
退伍补助	民政局本级
军龄补贴	民政局本级
带病回乡补助	民政局本级
冬季退役士兵安置经费	民政局本级
60周岁以上退伍军人生活补助	民政局本级
参战涉核人员生活补助	民政局本级
重点优抚对象医疗救助	民政局本级
带病回乡军人生活补贴	民政局本级
在乡退伍军人优抚金	民政局本级
复员军人生活补助	民政局本级
农村重点优抚对象补助	民政局本级
(乡镇)重点优抚对象及农村"三老"人员价格补贴	民政局
(局本级)重点优抚对象及农村"三老"人员价格补贴	民政局
退役士兵老年生活补助	社保局本级
抗战老兵补贴	民政局本级
参战优抚对象优待金	社保局本级
退伍军人安置费	社保局本级
重点优抚对象临时补助	
在乡复员退伍军人定期补助	
重点优抚对象春节补贴	
三属定补	
农村60周岁以上退役士兵定期生活补助	民政局本级
优抚对象定期生活补助	民政局本级

续表

项目名称	主管部门
重点优抚对象定期定量补助	民政局
农村籍退役士兵城乡居民养老保险、合作医疗保险补助	民政局
军队移交政府退休人员经费	民政局
参战参试补助	民政局
无工作在乡伤残军人抚恤金	民政局
在职伤残人员抚恤金	民政局
60周岁以上生活困难退伍军人临时性生活补助	民政局
在职在乡伤残军人护理费	民政局
60周岁以上农村籍退伍军人	民政局
部队无军籍离退休职工离退休费	民政局
优抚对象慰问经费	民政局本级
优抚对象临时困难(含一次性)补助	民政局本级
复退军人定期定量补助	民政局本级
优抚对象补差(复员精职)经费	民政局本级
在乡伤残金(含改领伤残)	民政局本级
伤残人员护理费	民政局本级
参战退役人员(两参人员)生活补助	民政局本级
三属定期定量抚恤金	民政局本级
军队退休人员经费	民政局本级
退役士兵一次性经济补偿金	
优抚对象临时救助(乡镇)	
农村兵补贴	民政局本级
烈属人员补贴	民政局本级
两参(参战、55年退伍兵)补贴	民政局本级
无军籍职工工资	民政局本级
复员军人补贴	民政局本级
带病退伍人员补贴	民政局本级

附表5 2018年浙江省县(市、区)层面"库区移民"补助项目

项目名称	主管部门
水库移民生活补助	民政局本级
库区移民扶持资金	民政局本级
移民生活补助	
大中型水库移民后期扶持资金	民政局

续表

项目名称	主管部门
库区移民补助	移开办本级
大中型水库移民后期扶持直接补助	
大中型水库移民后期扶持补助	
水库移民	民政局本级
(旧)大中型水库移民后期扶持	民政局本级
大中型水库移民后期扶持直补资金	民政局
移民补助	民政局
大中型水库移民后期扶持直接补助(省补)	
大中型水库移民后期扶持直接补助(市补)	
移民补发	民政局本级
大中型水库非农移民生活困难补助	民政局
水库后靠移民返销粮补贴	财政局本级
库区移民后期扶持人口直补	移民办本级
大中型水库农村移民后期扶持直补	移民局

附表6　2018年浙江省县(市、区)层面"困难群众"补助项目

项目名称	主管部门
城市最低生活保障	民政局本级
农村最低生活保障	民政局本级
4600元以下低收入农户补助	扶贫办本级
五保(三无)人员供养资金	民政局本级
农村生活困难党员安居工程补助	组织部
自然灾害生活补助	民政局本级
农村困难群众住房救助	规建局本级
困难群众基本生活价格补贴	民政局本级
最低生活保障金	
困难群众医疗救助	
患大病家庭生活补助	
社救对象定期补助	
农村危旧房改造补助	民政局本级
五保集中供养资金补助	民政局本级
城乡困难群众医疗救助资金	民政局本级
物价补贴项目	民政局本级
最低生活保障(农村、城镇)	民政局本级

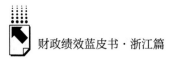
续表

项目名称	主管部门
低保春节慰问	民政局本级
医疗补助	民政局本级
灾民生活补助资金	民政局本级
农村困难家庭危房改造救助	民政局本级
道路交通事故一次性困难补助	财政局本级
计生家庭困难补助	计生局本级
临时救助资金	
医疗救助对象补助	民政局
物价补贴	民政局
农村"三老"人员生活困难补助	民政局
入院五保户医疗包干生活费	民政局
临时救助	民政局
街道慈善救助金	民政局
慰问基层党委困难党员	组织部
困难群众危房改造救助	规划局
慈善救助	
住房困难户租金补助	
最低生活保障补助	民政局
春节慰问金	民政局
困难群众物价补贴	民政局
社会救助补助	民政局
低保救助	民政局
特困人员救助	民政局
低保边缘重残补助	民政局
医疗救助	民政局
支出型贫困救助	民政局
大病医疗参保及住院补助	残联
困难群众临时救助	民政局本级
城乡困难群众医疗救助	
困难群众基本生活物价补贴	
雨露计划助学补助	农办本级
低保物价补贴	民政局本级
低保边缘家庭基本生活价格补贴	

续表

项目名称	主管部门
医疗救助补助	民政局本级
春节慰问补贴（废止）	民政局本级
五保物价补贴	民政局本级
农村危房改造补助	住建局本级
慈善总会慰问及特困家庭补助	财政局本级
农村困难家庭危房改造补助	财政局本级
临时救助金	
物价补贴—城市低保	民政局本级
物价补贴—困境儿童	民政局本级
物价补贴—农村低保	民政局本级
最低生活保障金—城市低保	民政局本级
最低生活保障金—农村低保	民政局本级
物价补贴—农村老党员	民政局本级
低保边缘户	民政局
物价补贴—重残边缘户	民政局
城乡低保家庭水、污水处理经费补助	
（旧）农村低保家庭补贴	民政局本级
（旧）灾民生活补助资金	民政局本级
（旧）临时救助	民政局本级
（旧）困难群众基本生活价格补贴	民政局本级
城镇居民最低生活保障（含五保户）	民政局本级
低保对象参加合作医疗补助	
精减退职人员生活困难补助费	民政局本级
农村居民最低生活保障（含五保户）	民政局本级
（旧）城乡困难群众医疗救助	民政局本级
（旧）农村困难群众危旧房改造补助	民政局本级
城乡困难群众参加基本医疗保险专项补助	
农村困难残疾人家庭危旧房改造救助	
低保对象物价补贴	
城镇低保基本生活价格补贴	
低保边缘户基本生活价格补贴	
农村低保基本生活价格补贴	
社会散居孤儿生活补助	民政局

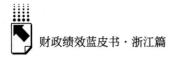

续表

项目名称	主管部门
贫困大学生考入大学补助	民政局
历史遗留困难人员	民政局
低收入农户来料加工补助	财政局本级
困难群众夏季送清凉慰问金	民政局本级
元旦春节期间一次性补贴	民政局本级
困难群众春节慰问金	民政局本级
困难群众水电气燃料定额补贴	民政局本级
失业人员特困补助	社保局本级
农村贫困家庭危房改造补助	住建局本级
自然灾害生活补助金	民政局本级
特困职工家庭价格补贴	民政局本级
冬春救助	民政局本级
重大疾病救助金	社保局
非低保对象基本生活价格补贴	民政局
农村医疗救助	民政局
城市医疗救助	民政局
农村困难群众住房补助资金	建设局
黄埔同学会会员宽释人员生活困难补助	统战部
国家扶贫贴息	农办本级
城乡低保调标补差	民政局本级
临时生活困难补助	民政局本级
农村残疾人危房改造	残联本级
困难群众大病救助	民政局本级
城市居民最低生活保障金	民政局本级
农村居民最低生活保障救助金	民政局本级
特困人员供养经费	民政局
物价补贴(优抚)	
原国民党抗战老兵生活困难救助金	
物价补贴项目—城镇低保	民政局本级
城镇重残春节慰问金	民政局本级
物价补贴项目—五保	民政局本级
开化县农村低保提标补发资金	民政局本级
开化县城镇低保提标补发资金	民政局本级

项目名称	主管部门
农村低保补发	民政局本级
城镇低保补发	民政局本级
2013年困难家庭特扶资金发放	民政局本级
基本医疗补助	卫生局本级
大病救助	卫生局本级
农村重残单列低保	民政局本级
城镇重残补发	民政局本级
城镇重残单列低保	民政局本级
农村低保春节慰问金	民政局本级
城镇重残1~4月提标补发	民政局本级
城镇低保春节慰问金	民政局本级
民政应急救灾资金补助	民政局本级
春荒、冬令救灾资金	民政局本级
城乡困难群众医疗救助—社保	
低保边缘	民政局本级
春节慰问	民政局本级
贫困家庭救助	慈善总会
入伍大学生奖励	人武部本级
城乡最低生活保障对象价格补贴	民政局本级
城乡困难家庭医疗救助	民政局本级
低保边缘基本生活价格补贴	民政局本级
农民困难群众住房救助(个人部分)	乡镇街道
困难党员补助	乡镇街道
生活救助(台风)	乡镇街道
大病救助(乡镇)	乡镇街道
集体企业三十年以上工龄职工生活困难补助	社保局本级
贫困家庭大学生助学资金	民政局本级
特困人员供养资金	民政局
其他临救慰问	民政局
公益金救助	计生局
农村低保户	民政局
困难群众普通门(急)诊救助	民政局
农村五保低保户	民政局
农村困难群众危旧房改造	民政局

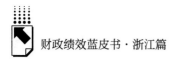

续表

项目名称	主管部门
城乡居民临时救助	民政局
优抚对象生活困难临时补助	民政局
农村五保	民政局
学前教育困难家庭资助	教育局
低保、低收入参加城乡居民社会养老保险补助	民政局
其他家庭困境儿童	民政局
重大疾病困难家庭生活救助款	民政局
低收入家庭儿童	民政局
城镇低保户	民政局
社会散居孤儿	民政局
农村低收入户	民政局
城镇低收入户	民政局
城镇低收入家庭补助	民政局
精减退职职工生活困难补助	民政局
低保、低收入参加农村养老保险补助	民政局
城乡困难居民医疗救助	民政局本级
城乡居民最低生活保障金	民政局本级
农村特困人员供养保障金	民政局
精减职工生活困难补助	民政局本级
困难救济或救助	民政局本级
临时救助助学补助	残联本级
春节前城乡困难群众发放一次性生活补贴	民政局本级
农村低保家庭门诊补助	民政局本级
农村困难家庭医疗救助	民政局本级
农村五保、城镇"三无"救助	民政局本级
城镇"三无"和农村五保对象医疗补助	民政局
城乡低收入户价格补贴	民政局
城乡低保边缘户价格补贴	民政局
城镇"三无"人员及农村五保对象价格补贴	民政局
危房改造救助资金	县建设局本级
低收入农户子女就学资助经费	农业局本级
低保户医疗门诊补助	社保局本级
低保家庭儿童补助	民政局本级
社救定补	社保局本级

续表

项目名称	主管部门
五保供养救助金	民政局
城镇低保春节一次性生活补贴	民政局
城镇居民物价补贴	民政局
低保边缘户物价补贴	
城乡居民丧葬费	绍兴市社保局本级
城乡居民高龄补贴	绍兴市社保局本级
城乡居民知青生活补贴	绍兴市社保局本级
城乡居民一次性支付个人账户	绍兴市社保局本级
农村特困家庭危房改造补助	
城乡最低生活保障煤气补贴和两节补助	
城镇支出型低保	
农村支出型低保	
社会特殊救助对象补助	民政局
市临时救助	民政局
区临时救助	民政局
区级临时性补助	民政局
农村居民最低生活保障对象(含一次性)临时补助	民政局本级
农村低保边缘户(困难户)补助	民政局本级
城市居民最低生活保障对象(含一次性)临时补助	民政局本级
城市低保边缘户(困难户)补助	民政局本级
农村居民低保金	民政局本级
城市居民低保金	民政局本级
医疗补助(门诊)	社保局本级
医疗补助(住院及特病)	社保局本级
其他农村生活救助临时补助	民政局本级
困难人员大病医疗补助费	民政局本级
五保"三无"人员低保价格补贴	民政局本级
"4050"困难人员社会保险补贴	社保局本级
低收入农户生产生活补贴	
农村双困户住房救助	
城乡最低生活保障资金	
特困人员救助供养支出	
医疗救助资金	
农村"三老"人员生活困难补助(社救对象定补金)	

续表

项目名称	主管部门
困难群众临时救助（8000 元以下）	
社会医疗救助补助	民政局本级
城乡最低生活保障资金补发	
精减人员生活困难补助（民政）	民政局
集中供养人员补助	民政局本级

附表7　2018 年浙江省县（市、区）层面"残疾人"补助项目

项目名称	主管部门
重度残疾人基本生活保障金	民政局本级
残疾人康复扶贫中央财政贴息资金补助	农办本级
无固定收入残疾人生活补贴	残联本级
残疾人普惠性养老保障补助	残联本级
困难残疾人生活补贴	残联本级
重度残疾人护理补助	残联本级
残疾人基本生活保障补贴	
困难残疾人生活补贴	
残疾人津补贴（精神病人医疗救助）	
重度残疾人生活补助金	民政局本级
残疾人个体户养老保险补助	残联本级
残疾学生、贫困残疾人家庭子女就学补助	残联本级
重残居家安养补发	残联本级
重度残疾人机构托（安）养服务补贴	残联本级
精神残疾人医疗康复补助	残联本级
重度残疾人托（安）养服务补助	残联本级
残疾人机动轮椅车燃油补贴发放	残联本级
重残机构托安养补发	残联本级
重残护理补贴	残联本级
残疾人大学生学费、住宿费减免项目补助资金	残联本级
重残护理补贴（机构）	残联本级
困难残疾人生活补助	残联本级
重残补助	民政局
困难残疾人生活补贴经费	
重度残疾人护理补贴经费	
精神障碍患者"以奖代补"监护奖金补助	民政局

续表

项目名称	主管部门
辅助用具配置补助	残联
精残药品补助	残联
残疾人专项调查	残联
重症精神病患者以奖代补	卫计委
儿麻等矫治手术补助	残联
三项补贴	残联
人工耳蜗植入手术补助	残联
孤独症儿童康复补助	残联
育智教育补助	残联
脑瘫康复训练补助	残联
智力康复训练补助	残联
白内障复明手术补助	残联
聋儿语训补助	残联
残疾人机动车燃油补贴	残联
扶贫贷款贴息	残联
扶贫基地扶持款	残联
职业培训费	残联
养老医疗保险补助	残联
无偿扶助款	残联
救济款	残联
集中托养补贴	残联
残疾人三项补贴	残联
教育补助	残联
残疾人托(安)养工程(废止)	残联本级
残疾人参加城乡居民养老保险补贴	残联本级
春节慰问残疾人补贴	残联本级
残疾人本人及子女助学补贴	残联本级
残疾人各类培训补贴	残联本级
0~6周岁残疾儿童辅助器具补贴	残联本级
残疾人髋或膝关节置换补贴	残联本级
残疾人参加省、市、县文体艺术比赛活动补贴	残联本级
残疾人个体工商户养老保险补贴	残联本级
残疾人就业创业贷款贴息	残联本级
残疾人就业创业扶持	残联本级

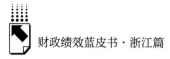

续表

项目名称	主管部门
重度残疾人物价补贴	民政局本级
重度残疾人护理补贴	残联本级
残疾人机动车补助	
重度残疾人基本生活保障	区残联本级
无固定收入残疾人补助	民政局
低保残疾人补助	民政局
重残基本生活保障金	民政局
重残边缘户	民政局
残疾人补助—低保	民政局
残疾人补助—低保边缘户	民政局
残疾人补助—无固定收入	民政局
重度低保边缘残疾人生活救助	
残疾人无障碍设施(辅具)进家庭补助	
特困残疾人生活补助	残联本级
(旧)重度残疾人生活保障补助	民政局本级
残疾人美丽庭院创建补助	
残疾儿童居家康复补助	残联本级
低收入残疾人就业创业补助	
残疾人辅助器具适配补贴	残联本级
残疾儿童基本康复服务补贴	残联本级
残疾人小额贷款贴息补助	残联本级
残疾人康复补助	残联本级
重度残疾人托(安)养对象补助资金	残联本级
重度残疾人基本生活保障补助	
(旧)自谋职业残疾人养老保险补助	残联本级
(旧)重度低保边缘残疾人生活救助	残联本级
残疾人临时救助	残联本级
(旧)残疾人低收入创业补助	财政局本级
精神病免费服药	残联本级
低保边缘重度残疾	残联本级
计生失独残疾抚慰金发放对象	计生局本级
残疾人职工基本养老保险补助	
残疾儿童基本康复训练和辅具适配补助	
低收入重残救助金	

续表

项目名称	主管部门
残疾人机动轮椅车补助	
重度残疾人托(安)养补贴	残联
特困残疾人补贴	残联
残疾人机动轮椅车退出再就业补助	残联
重度残疾人护理津贴	残联
就业年龄段无固定收入残疾人生活补助	残联本级
残疾学生和困难残疾人家庭子女教育补助	残联本级
残疾人贷款贴息	
残疾人机动轮椅车燃油补助	残联本级
残疾学生及贫困残疾人子女助学补助	
个体经营及灵活就业残疾人养老保险补贴	
小康工程—居家安养	残联
特困残疾人补助	残联
重残春节慰问金	民政局本级
精神病患者服药、住院补贴	残联本级
残疾人协会副主席(专职委员)补贴	残联本级
村级残疾联络员专职补贴	残联本级
严重精神障碍患者监护经费	卫生和计划生育局
重度残疾人调标补差	民政局本级
残疾人低保边缘户三、四级补助	残联本级
三、四级无固定收入精神残疾人生活津贴	残联本级
残疾独生子女生活津贴补助	民政局本级
残疾人贴息补助	残联本级
残疾独生子女生活津贴	残联本级
残疾人城乡居民社会养老保险补助	残联本级
残疾人城乡居民合作医疗补助	残联本级
一、二级无固定收入重度残疾人生活津贴	残联本级
一、二级重度低保边缘户残疾人补贴	残联本级
残疾人生活津贴	民政局本级
残疾人城乡居民养老保险补助	民政局本级
残疾人低保边缘户重残补助	残联本级
残疾人个体工商户补助	民政局本级
残疾人助学补助	民政局本级
残疾人就业创业项目补助资金	

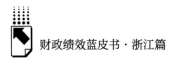
续表

项目名称	主管部门
残疾人年度动态更新工作经费	
残疾人专职委员岗位补贴	
残疾人贷款贴息补助	残联
基础教育阶段困难残疾学生生活补助	残联
残疾大学生和贫困残疾人家庭子女就读大学生活补助	残联
残疾人燃油补贴	残联
残疾人专职委员补贴	残联
物价补贴—农村重残	民政局本级
物价补贴—城镇重残	民政局本级
农村重残春节慰问金	民政局本级
农村重残1~4月提标补发	民政局本级
农村重残补发	民政局本级
安托养工程	残联本级
残疾人燃油补助	残联本级
残疾人就业补助	残联本级
残疾人定期补助	残联本级
低收入残疾人就业创业	残联本级
残疾人生活补贴	残联本级
残疾人养老保险补助	残联本级
残疾人专职委员工作补贴	残联本级
残疾人大学生学费和住宿费补助	残联本级
残疾人康复服务补贴	残联
残疾人就业创业补助	残联
残疾人及子女助学	残联
残疾人从事公益性岗位补助	民政局
残疾人灵活就业人员社会保险补贴	残联
残疾人家庭子女(残疾学生)幼儿园学生助学	残联
残疾人家庭子女(残疾学生)高中学生助学	残联
残疾人家庭子女(残疾学生)大学学生助学	残联
残疾人(家庭)、扶贫基地小额贷款贴息补助款	残联
残疾人参加职工养老保险补贴	残联
残疾人临时补助	残联
残疾人事业补助	残联
残疾人宜居家庭(家居环境改造、无障碍进家庭)补助	残联

项目名称	主管部门
农村困难残疾人家庭危旧房改造	残联
持证残疾人医疗保险	残联
残疾儿童康复补助	残联
重残农村低收入家庭补助	民政局
疑难白内障康复和髋(膝)关节置换康复	残联
养老保险及意外险补助	残联
精神病人服药补贴	民政局本级
残疾人工作补贴	
残疾人家庭教育助学补助	
精神残疾病人药费补助	
残疾人临时困难补助	
残疾人专职委员考核津贴	残联本级
残疾人康复医疗救助	
残疾人就业创业/贷款贴息	
重度残疾人托(安)养工程	残联
残疾人安居工程	残联本级
无固定收入	残联本级
托安养工程	残联本级
就业创业	残联本级
残疾车燃油补助	残联本级
白内障手术补助	残联本级
粮油水电补助	残联本级
残疾人18~60周岁基本生活补助	残联本级
残联其他项目2	残联本级
残疾人参加城乡居民社会养老保险个人缴费补贴	残联本级
精神病患者门诊服药	残联本级
残疾人自谋职业社会保险补贴	残联
精神门诊医疗费用补助	残联
测试项目一	残联
残疾人扶贫补助	残联
持证困难精神残疾人住院医疗补助	残联
残疾人专(兼)职委员工作专项补助	残联
一户多残困难家庭	残联
困难残疾人临时救济补助	残联

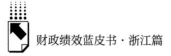

续表

项目名称	主管部门
城乡居民重残保障户价格补贴	民政局
城乡居民重残救助户价格补贴	民政局
残疾人危房改造资金	残联本级
重度残疾人最低生活保障	民政局本级
残疾人教育经费	社保局本级
残疾人就业经费	社保局本级
残疾人扶贫经费	社保局本级
无固定收入残疾人补贴	社保局本级
残疾人生活救助	残联
低保边缘户重度残疾人生活补助	民政局本级
残疾人康复站康复档案补助	残联本级
浙江省残疾人大学生学费和住宿费减免	残联本级
残疾人两项补贴	残联本级
盲人按摩基地经济补助	残联本级
精神病患者门诊费用补助	残联
残疾人津补贴项目	残联
农村残疾人低保	
残疾少儿及残疾人家庭子女医疗保险补助	残联
助学补助	残联
残疾人低保	
残疾人临时救助金	残联
城镇残疾人低保	
普惠型社会保险补助	残联
困难残疾人生活补贴项目	残联
重度残疾人护理补贴项目	残联
城市困难家庭重度残疾人补助	民政局本级
城市重度残疾人低保金补差	民政局本级
农村重度残疾人低保金补差	民政局本级
农村困难家庭重度残疾人补助	民政局本级
部分困难残疾人生活补贴	残联本级
残疾人困难生活补贴	
残疾人共享小康工程补助	
重度残疾人托安养	
残疾人创业帮扶补助款	残联本级

续表

项目名称	主管部门
残疾人自缴养老保险补助款	残联本级
残疾人(子女)大学生奖助学	
残疾人取得相应资格证书与毕业证书补助	
残疾人大学生免学费住宿费	
残疾人个体工商户灵活就业基本养老保险补助	
残疾人就业创业资金帮扶	
重度残疾人基本生活补助	残联本级
残疾人机动轮椅车燃油补贴及困难家庭补助	残联本级
学前儿童彩票公益金助学	残联

附表8　2018年浙江省县（市、区）层面"孤儿及困境儿童"补助项目

项目名称	主管部门
孤儿基本生活费	民政局本级
困境儿童基本生活费	民政局本级
孤儿基本生活保障补助	
困境儿童生活救助	
孤儿生活补助	民政局本级
困境儿童补助	民政局
孤儿补助	民政局
社会散居孤儿基本生活费	民政局
孤儿、困境儿童生活费补助	民政局本级
孤儿生活补贴	民政局本级
物价补贴—散居孤儿	民政局
(旧)孤儿基本生活费	民政局本级
(旧)困境儿童补助	农经局本级
低保困境儿童	民政局本级
困境儿童物价补贴	
重病困境儿童	民政局本级
重残困境儿童	民政局本级
机构养育孤儿	民政局本级
其他困境儿童	民政局本级
困境儿童基本生活补助	民政局本级
困境儿童生活费补助资金	民政局
孤困儿童基本生活价格补贴	

续表

项目名称	主管部门
孤儿（困境儿童）基本生活费	
困境儿童基本生活价格补贴	民政局本级
孤儿基本生活价格补贴	民政局本级
孤儿和困难儿童生活补助金	民政局
困境儿童春节慰问金	民政局
困境儿童六一慰问金	民政局
孤儿六一慰问金	民政局
散居孤儿（困境儿童）基本生活费	民政局
孤儿及困境儿童生活补助金	民政局本级
孤儿及困境儿童基本生活费补贴	民政局
散居孤儿基本生活费	民政局本级
困境儿童生活补助	社保局本级
困境儿童医疗门诊补助	社保局本级
困境儿童生活费补助	计生局
孤儿和困境儿童生活费补助资金	民政局本级

附表9 2018 年浙江省县（市、区）层面"高龄老人"补助项目

项目名称	主管部门
代发各单位高龄补贴	民政局本级
失能失智老人补助	民政局
百岁老人长寿保健补助费	
（旧）百岁老人长寿保健补助费	农经局本级
高龄老人长寿补贴	民政局
重阳节老年人慰问	
生育关怀情暖夕阳补助金	
90 周岁以上老人高龄津贴	
重阳节慰问	
百岁老人	民政局本级
高龄特困老人慰问金	民政局
退休人员老年节慰问	
百岁老人长寿保健补助	民政局
老年人高龄津贴	民政局
百岁老人长寿保健金补助经费	民政局本级
百岁老人定补	民政局

项目名称	主管部门
城乡居民高龄养老金	绍兴市社保局本级
高龄津贴补助项目	民政局
百岁老人慰问费	民政局本级
百岁老人保健金	民政局本级
90 周岁、百岁高龄人员补贴	民政局本级
高龄人员补贴	民政局本级
农村五保和城镇"三无"对象供养资金	民政局
90~99 岁老人生活补助	民政局本级

附表10 2018年浙江省县（市、区）层面"种植户"补助项目

项目名称	主管部门
耕地地力保护	农业局本级
旱粮种植补贴	农业局本级
高耗能农业机械报废补偿	农业局本级
规模种粮补贴	农业局本级
农机购置补贴	农业局本级
农业机械购置补贴	
规模中粮补贴	
耕地地力保护补贴	
粮食生产贷款个人部分贴息	
水稻统防统治	
良种补贴	
高耗能农业机械报废补贴	
水稻订单奖励	
水稻机插油菜机收补助	农业局本级
油菜种植大户补贴	农业局本级
农机具购置补贴	农业局本级
早稻种植散户补贴	农业局本级
粮食大户补贴	农业局本级
水稻订单良种补贴	农业局本级
水稻集中育秧补贴	农业局本级
旱粮种植直补	农业局本级
国家农作物良种补贴	农业局本级
中央油菜良种补贴	农业局本级

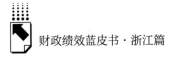

续表

项目名称	主管部门
农业机械化作业环节补贴	农业局本级
高耗能农业机械报废补偿资金	农业局本级
国家农作物良种补贴补发	农业局本级
耕地保护补贴（发放流程）	农业局本级
农资综合直补	财政局本级
耕地保护补贴	财政局本级
耕地保护补贴（3）	财政局本级
农资综合直补（2）	财政局本级
高新植保机械补贴	农业局本级
农业机械报废中央补偿资金	农业局本级
耕地地力保护补贴资金	农业局本级
商品有机肥推广项目补助	农合联
粮食生产沃土工程补助	农合联
义乌市农机购置补贴（省补贴部分）	农合联
义乌市农机购置补贴（中央补贴部分）	农合联
标准农田质量提升项目补助	农合联
冬种紫云英补助	农合联
义乌市农机购置补贴（县补贴部分）	农合联
高耗能农业机械报废补贴配套资金	农林局
义乌市农机购置补贴（30%配套部分）	农合联
2016年联合收割机补贴	农林局
2016年中央和省农机购置补贴	农林局
省补/中央和省级农机购置资金	农林局
稻麦种植大户镇配套补助资金	镇街
粮食生产功能区种粮补贴	农合联
新型植保机械购置补贴	农合联
中央农业支持保护补贴资金（耕地地力保护）	农林局
稻麦种植大户补助资金	农合联
农作物良种补贴（废止合并）	农业局本级
农资综合补贴资金（废止合并）	农业局本级
油菜良种补贴	农林局本级
南浔区农机报废补贴资金	农林局本级
订单水稻	农林局本级
南浔区种粮大户贷款贴息	

续表

项目名称	主管部门
订单水稻良种补贴	农业局
规模种粮农户贷款贴息补助	农业局
规模种植补贴	农林局
小麦一喷三防补助	农林局
订单水稻良种	农林局
农机购置补助	农林局
农机报废补偿	农林局
旱粮补贴	农林局
(旧)粮食生产贷款贴息	农经局本级
订单水稻良种奖励	农经局本级
(旧)农作物秸秆综合利用补助	
粮食生产贷款贴息	
(旧)耕地地力保护补贴	农经局本级
(旧)农机具购置补贴	农经局本级
农业机械报废补偿	
商品有机肥应用补助	
农作物秸秆综合利用补助	农经局本级
旱粮种植直接补贴	农业局
油菜种植大户直补及油菜良种补贴	农业局
中央农机购置补贴	农业局
粮食适度规模经营补贴	农业局
商品有机肥补贴	农业局
农业机械报废更新补助	农业局
国家农作物良种补贴2	农业局本级
规模种粮大户补贴	农业局本级
农机作业环节补贴	农业局本级
高耗能农机报废补贴	农业局本级
水稻集中育秧补贴资金	农业局本级
农机机械化作业环节补贴	农办本级
高耗能农机报废	农办本级
油菜大户直补	农业局
生产作业环节补贴	农业局
粮油生产机械化作业环节补贴	农业局本级
稻麦种植大户直接补贴	农业局本级

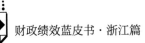

续表

项目名称	主管部门
省油菜种植大户直补	农业局本级
高能耗农业机械报废补偿金	农业局本级
早稻订单奖励资金	粮食局本级
农业高产创建补助资金	农业局本级
耕地培肥	农业局本级
商品有机肥推广应用	农业局本级
油茶改造项目	农业局本级
农资信息化设备购置补贴	农业局本级
农药废弃包装物回收补助资金	农业局本级
粮食生产贷款贴息（粮产贴息）	农办本级
农机报废补贴	农业局本级
特色小水果产业发展资金	财政局本级
省订单水稻良种补贴	农业局本级
水稻订单粮食奖励	农业局本级
耕地地力保护（工作经费）	
农机机械报废补贴资金	农办本级
水稻环节作业补贴	农办本级
水稻机插服务补贴资金	农办本级
水稻良种奖励	农业局本级
油菜种植大户	农业局本级
现代农业生产发展木本油料提升项目	农业局
农资综合补贴资金	财政局本级
食用菌种植补助	农业局本级
山地蔬菜种植补助	农业局本级
吊瓜种植补助	农业局本级
旱粮三园套种补贴	农业局本级
旱粮基地种植补贴	农业局本级
农民粮食直补	
粮油种植大户直接补贴	农业局本级
万元亩产补助	乡镇街道
休闲观光果园新建（提升）补助	农业局本级
农业机械化作业环节财政补助	农业局本级
高耗能农业机械报废补助	农业局本级
粮食高产竞赛示范户奖励	农业局本级

续表

项目名称	主管部门
订单水稻良种奖励资金	农业局本级
耕地地力补助	农业局
油菜大户补贴	农业局
粮食直补—晚稻订单奖励	农业局
失地农民社保补贴	
耕保补贴	国土局
秸秆还田补助资金	
农村信息化以奖代补资金	
耕地地力补贴	农业局
中央农业支持保护补贴	农业局
农作物良种补贴资金	农业局本级
油菜种植大户直接补贴资金	农业局本级
种植大户直接补贴资金	农业局本级
粮油作物机械化环节补贴	农业局本级
农机购置补贴资金	农业局本级
农机购机补贴	农业局本级
省油菜种植大户直接补贴	财政局本级
水稻玉米棉花良种补贴	农业局本级
山核桃脱蒲机购机补贴	县林业局本级
种质资源原生境保护项目	农业局本级
拖拉机报废更新补贴	农业局本级
规模种粮食补贴（稻麦）	
第一批加入联合社规模种植户补贴	
第一批早稻规模种植补贴（50亩以上）	
第二批加入联合社规模种植户补贴	
晚稻规模种植补贴	
第二批早稻规模种植补贴	
耕地地力保护补贴（2017年项目2017年发放）	
2017年早稻加入联合社规模种植补贴	农业局
2017年晚稻加入联合社规模种植补贴	农业局
其他涉农补贴项目	其他
省稻麦种植大户直接补贴	农业局
粮食贷款贴息	
旱粮十亩种植大户补贴	农业局本级

续表

项目名称	主管部门
省级订单良种奖励补贴	
早稻示范方补助	农业局本级
种粮农民农资综合直补	农业局
耕地地力保护	农业局

附表11 2018年浙江省县（市、区）层面"养殖户"补助项目

项目名称	主管部门
病死猪无害化处理	
能繁母猪补贴	农业局本级
动物免疫经费	农业局本级
清退政府控股金	交通本级局
病死猪无害化补贴	农业局本级
动物防疫人员补助	财政局本级
重大动物疫病预防性扑杀和动物强制免疫应激死亡补助	
能繁母猪补贴资金	农经局本级
猪场病死猪无害化处理补助	农业局本级
油价补贴（渔业）	经建科
病死猪无害化处理补助	农业局本级
畜禽排泄物治理资金	畜牧局本级
星级猪场创建补助	农业局本级
病死猪无公害化处理资金	农业局本级
H7N9禽流感扶持家禽业补助资金	农业局本级
渔业生产救灾资金	水利局本级
基层动物防疫补助资金	农业局本级
违章猪舍拆除补助	民政局本级
后备母牛财政补贴资金	农业局本级
清水鱼养殖补助	水利局本级
乡村动物防疫员重大动物疫病免疫工资	农业局本级
病死猪无害化处理补助（养殖环节）	农业局本级
重大动物疫病防控补助	农业局本级
应对禽流感扶助家禽业	农业局本级
排泄物治理	农业局本级
病死畜禽无害化处理补贴	
畜禽养殖补助	农业局本级

项目名称	主管部门
牲畜免疫应激死亡补助	农业局本级
重大动物疫病强制免疫劳务费	畜牧局
养殖环节病死动物无害化处理补助	畜牧局
渔业生产成本补贴	
后备奶牛补贴	农业局

附表 12 2018 年浙江省县（市、区）层面"征地农户"补助项目

项目名称	主管部门
被征地生活保障待遇发放	人社局本级
被征地农民基本养老保险	社保局本级
被征地农民基本生活保障	社保局本级
被征地农民基本生活保障金	
（旧）被征地农民基本生活保障资金	社保局本级
被征地农民养老保障	社保局
失土农民基本生活保障	社保局本级
被征地农民基本生活保障资金	社保局本级
失地农民养老保险	民政局
城乡居民征地补贴	绍兴市社保局本级

附表 13 2018 年浙江省县（市、区）层面"其他"补助项目

项目名称	主管部门
来料加工以奖代补项目	农办本级
离任村主要干部养老补助	组织部
村级计生服务员报酬	卫生局本级
购买住房财政补贴	财政局本级
村级民政联络员补助	民政局本级
村级便民服务中心代办员服务费	行政审批中心
支宁返乡人员固定生活补助	民政局本级
城乡医疗救助	民政局本级
精减退职生活补助	民政局本级
生态公益林补偿	农业局本级
农村保洁员报酬	农办本级

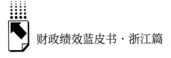

续表

项目名称	主管部门
渔业油价补贴	
残疾人普惠性养老保障补助	
森林生态效益补偿	
统防统治补贴	农业局本级
下山脱贫项目资金	农业局本级
报账员补贴	农业局本级
养老机构政策性保险和护理型床位补贴	民政局本级
村保洁员工资	农业局本级
来料加工经纪人补助	农业局本级
城乡居民社会养老保险	社保局本级
城乡居民医疗保险报销	社保局本级
非正常退费	社保局本级
村级便民服务专职代办员（网格员）	社保局本级
生态墓地规范化建设和管理补助	民政局本级
养老服务体系补助	民政局本级
儿童福利保障金	民政局本级
养老服务补贴	民政局本级
农村社区建设补助资金	民政局本级
农村孕产妇住院分娩补助	卫生局本级
农村基本公共卫生服务补助	卫生局本级
水库巡查费	水务局本级
中央油价补贴资金	交通本级局
学生"两免一补"	教育局本级
农村妇女"两癌"筛查补助	卫生局本级
森林抚育补贴	林业局本级
报账员经费补助	组织部本级
村级组织运转经费财政补助资金	组织部本级
农村"三老"人员生活困难补助	组织部本级
东阳市黄标车淘汰补助资金	环保局本级
报废车辆车船税退税	环保局本级
非物质文化遗产代表性传承人（民间老艺人）补贴经费	文化局本级
森林生态效益补偿资金	林业局本级
低收入农户生产财政贴息补贴	农办本级

续表

项目名称	主管部门
全市护林队年度考核工资	林业局本级
生态公益林护林员工资	林业局本级
生态公益补偿资金	林业局本级
普惠型儿童	民政局本级
农村放弃二胎生育社会养老保险补助	
食品安全基层责任网络工作补助	
原国民党抗战老兵生活补助金	
奖特扶	
村(社区)网格化管理补助	
村级计划生育服务员报酬	
社会保险协理员补贴	
公益林补偿资金	
殡葬存放堂补助	民政局
户院挂钩五保户生活费补助	民政局
重大疫情防控	
农资综合补贴	农办
户院挂钩人员价格补贴	民政局
农村土地承包经营权确权登记颁证村级确权指界误工费	
河道巡查员工资	
卫计服务员年终工资	
文化礼堂管理员及宣讲员工资	
公墓临时用工人员工资	
异地奔小康	社区建设办
365代办员工资	365便民服务中心
临时用工工资	其他
森林生态效益	农林局
人才住房保障政策兑现资金	
省补/2017年度第二批省级现代农业发展专项资金	农林局
小额担保贷款贴息	人力社保局
人才高地政策兑现补助	人力社保局
菜篮子工程补助资金	农合联
三十年以上村妇代会主任慰问金	义乌市妇联
农业科技示范基地奖补资金	农林局

续表

项目名称	主管部门
小型水库和重要山塘安全巡测检查补助经费	水务局
科技示范户补贴	农合联
榨糖灶烟气治理设施改造奖励资金	农合联
农业科技示范户补贴	农林局
镇街日常工作劳务费	镇街
农业补贴	农合联
镇街财政补助	镇街
农业检测室农产品检测服务补助	农合联
社区矫正志愿者补贴	
义乌市低收入家庭土地流转补助	农合联
企业用工检测补贴	企业科
起义、宽施人员补助	民政局
三八红旗手补助	民政局
其他人员定救	民政局
国民党抗战老兵定期补助	民政局
"三老"人员定期补助	民政局
盲艺人补助	民政局
生态葬补助	民政局
冬令春荒救济	民政局
企业退休人员及遗属补助	民政局
精简老职工定期定量补助	民政局
农民信箱联络站(点)补助经费	
城乡居民基本医疗保险财政补助	
60周岁生活补助	民政局本级
支宁人员每年临时生活救助金	民政局本级
生态效益护林员工资	林业局本级
森林生态效益林补贴	林业局本级
扶贫小额信贷贴息	农办本级
村邮员工资	邮政局本级
山塘水库巡查人员补助	财政局本级
食品药品杨梅屠宰监管员补助	财政局本级
乡村公路养护人员补助	财政局本级
公益性岗位补贴	财政局本级

续表

项目名称	主管部门
村便民服务中心人员补助	财政局本级
乡镇其他各类项目补助	财政局本级
远程教育及特困党员补助	财政局本级
造林补助	财政局本级
社保协理员报酬	财政局本级
护林员工资补助	财政局本级
带病回乡	民政局本级
农村"三老"人员生活困难补助	
农婚知青	民政局本级
农村老党员	民政局本级
精简人员补助	民政局本级
统防统治补助	农林局
公益林生态效益补偿金(个人)	农林局
精简对象补助	民政局
农民专家补贴	农林局
贷款贴息	农林局
支出型贫困	民政局
民政定期补助	民政局
本地劳动力培训补贴	社保局本级
"绿色家园"工程农村绿化造林和农村绿化养护管理财政补助(个人部分)	
非义务教育残疾学生学费补助	
机关事业单位工作人员死亡后遗属生活困难补助费	民政局本级
抗战老兵发放生活补助	民政局本级
民政代管的机关、事业单位退休人员退休费、福利补贴	民政局本级
特殊人员定补经费	民政局本级
团级以下军队退休干部工资	民政局本级
自谋职业残疾人参加职工基本养老保险补贴	残联本级
原在职(已下岗)残疾军人生活困难补助	民政局本级
重点优抚对象医疗补助	民政局本级
新型农村合作医疗补助	卫生局本级
城乡居民养老补助金	社保局本级
城乡养老	
居家养老服务补贴	

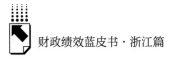

续表

项目名称	主管部门
护理费	民政局本级
机构养老服务补贴	
"三老"人员	民政局本级
计生父母死亡子女未满十八周岁对象	计生局本级
支宁返乡对象物价补贴	
村级防疫员	
护林员补贴	
小乡干部	民政局
计划生育手术并发症人员特别扶助	卫生局
国民党起义投诚人员(全区3人)	民政局
人社精减	人社局
民政精减	民政局
大学毕业从事现代农业补助	农办本级
中央农民专业合作组织示范社项目补助	农业局本级
土地流转补助资金	农业局本级
家庭农场补助资金(省、杭州市、富阳市)	农业局本级
省财政农民专业合作社项目补助资金	农业局本级
富阳市农民专业合作社星级单位和提升发展项目补助资金	农业局本级
杭州市农民专业合作社提升发展项目和规范化项目补助	农业局本级
普通高中助学金补助	教育局本级
森林生态效益补助	林业局本级
职业高中助学金补助	教育局本级
"两老"人员生活补助费	民政局本级
自谋职业社保补贴	社保局本级
农民合同工一次性生活补助	社保局本级
一次性创业扶持资金(人次)	社保局本级
灵活就业社保补贴	社保局本级
建国前入党老党员生活补助费	民政局本级
主通道沿线景观农业产业建设补助	农业局本级
职工基本医疗保险	社保局
失业保险	社保局
村级计生服务员补助	计生局
生育保险	社保局

续表

项目名称	主管部门
社保遗属补贴	社保局
社保精减职工	社保局
企业职工基本养老保险	社保局
特殊人员医疗保险	社保局
工伤保险	社保局
城乡居民医疗保险	社保局
退职主职干部生活补助金	组织部
村邮政员补助	邮政局
精减	民政局
40%精减	民政局
农工商农村户籍人员养老金	
低收入渔农户医疗补助	
助残日补助	
2017年春荒补助	
千慈助学金补助	
水库巡查员工资	财政局本级
计生联系员工资	卫生和计划生育局
土地协管员工资	财政局本级
转业士官待安置期间生活费	民政局本级
绿色防控补助资金	农业局本级
职业教育助学补助	农办本级
重点防护林建设项目	林业局本级
一次性生活补贴	民政局本级
村组织干部养老金	民政局本级
计生下岗人员独生子女费	卫生和计划生育局
防火林带工程建设补助资金	林业局本级
林区道路建设项目补助	林业局本级
常山县困难水库移民子女非义务教育资助	
荒山及火烧迹地造林补助资金	财政局本级
矽肺人员补助资金	财政局本级
食用菌补助	
林权抵押贷款财政贴息项目	林业局本级
竹林造林及低改增效工程	农业局本级

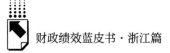

续表

项目名称	主管部门
村级保洁员公益性岗位补贴	社保局本级
小流域防御山洪灾害预警员报酬经费	水利局本级
贵树造林	林业局本级
森林抚育补贴试点项目补助资金	林业局本级
火烧和采伐迹地造林	
扶贫小额信贷贴息（扶贫贴息）	农办本级
林业生产救灾补助资金	林业局本级
山地造林灾后恢复重建补助资金	林业局本级
中央造林补贴资金	林业局本级
采伐迹地人工更新补助资金	林业局本级
木本油料产业提升	
彩色健康林项目	林业局本级
来料加工补助资金	财政局本级
精减退职工生活补助	民政局本级
珍贵树种造林项目	
国土绿化缺失片林造林资金	
中央造林项目	
林业特色产业发展项目补助资金	
森林抚育项目	
福彩公益金	
职业技能培训补贴	民政局本级
独生子女生活津贴	民政局本级
机动渔船油价补助	民政局本级
居家安养	民政局本级
巾帼赛小额贷款贴息	民政局本级
森林防火人员经费	林业局本级
离退休老干部活动经费	
行政服务中心岗位工资	
敬老院工作人员工资	
网格员奖励金	
编外人员工资	组织部本级
渔业生产成本补助资金	海洋渔业局本级
贷款贴息项目	

续表

项目名称	主管部门
全民参保登记录入经费	
劳模荣誉津贴	
残疾人助学金	
环卫工人工资	
勤杂工工资	
乡镇工作经费及村居代办员工作补贴	
河道保洁员经费	
社工补贴	
新居民协管员补贴	
公社不脱产干部补贴	
新居民协管员考核奖	
省财政林权抵押贷款贴息	
农林水产业发展项目	
来料加工以奖代补资金	
彩色健康森林项目	
中央财政林业贷款贴息补贴资金	
"三老"人员基本生活价格补贴	
中央和省级财政森林抚育	
"三老"人员补助金	民政局
爱心助学	团委
残疾人参保城镇职工养老保险补助费	
林农贷款贴息	林业局本级
森林生态公益林补贴	林业局本级
开化县民政局特扶资金提标发放款项	民政局本级
各乡镇政府购买服务动物免疫误工经费	农业局本级
定向社区医生培养补助	卫生局本级
小流域预警员工资	水利局本级
报汛费	水利局本级
黄标车奖励资金	环保局本级
燃油补贴资金	交通林业本级
雨露计划助学补助项目	
扶贫小额贴息	农办本级
农村"三老"春节一次性生活补贴	民政局本级

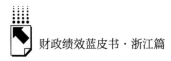
续表

项目名称	主管部门
森林生态效益项目	
森林生态效益补偿金	林业局
提标补发	民政局本级
边缘补发	民政局本级
重阳慰问	民政局本级
七一慰问	民政局本级
学生助学	慈善总会
农村"三老"人员基本生活价格补贴	民政局本级
护林人员劳务费绩效考核补助	林业局本级
护林人员劳务费基础工作考核补助	林业局本级
林业特色基地建设项目补助(个人部分)	林业局本级
造林补贴(个人部分)	林业局本级
村邮员补助	邮政局本级
就业重点援助对象灵活就业社会保险补贴	社保局本级
茶叶加工用电补助	农业局本级
山塘巡查员补助	水利局本级
土地规模化流转奖励	农业局本级
公益林农户损失性补偿	林业局本级
基层防汛防台责任人补助	水利局本级
优秀民间文艺人才	乡镇街道
精简退职	民政局本级
文化相关项目奖励	乡镇街道
居教	民政局本级
乡镇慰问金	乡镇街道
公益性岗位补贴(乡镇)	乡镇街道
村安全生产管理员补助	乡镇街道
乡镇其他资金	乡镇街道
集镇整治补助	乡镇街道
清洁家园补助	乡镇街道
森林生态补贴	乡镇街道
福彩暖万家	
村邮员补贴	邮政局本级
计划生育村级联系员补贴	卫计局本级

续表

项目名称	主管部门
定补对象	民政局
山区经济发展项目(农家乐星级经营户补助)	农办本级
个人银行卡导入测试项目	民政局本级
应征入伍大学生奖励	民政局
原绍兴商业大厦遗属补助	民政局
节地型生态葬法奖励资金	民政局
大学生村官补助	人社局
殡葬车驾驶员考核奖金	民政局
测试项目	民政局
农业社会化服务补贴	农业局本级
精简定补	民政局本级
劳动保障及救助服务平台联络员工作经费	
来料加工经纪人以奖代补资金	
奖金	
在职人员误餐	
公务交通补贴	
社区工资	
其他一次性发放补助	
农村住宅外墙整治补助	
村兽医服务经费	
机关养老供养	
公路养护人员工资	
工资薪金	
森林防火安保执勤工资	
专职网格员工作补贴	政法委本级
特殊对象	民政局本级
支宁人员生活补助	民政局本级
代管离退休人员及遗属补助	民政局本级
村主要干部基本养老保险补助	组织部
老党员	民政局本级
矽肺人员	民政局本级
老交通员	民政局本级
起义投诚人员	民政局本级

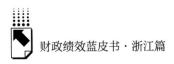
项目名称	主管部门
落实政策干部	民政局本级
老游击队员	民政局本级
抢救性康复项目补助资金/人工耳蜗	
组织部项目	
家庭农场发展	农业局
失业保险基金	民政局
地质灾害避让搬迁补助	
农村"三老"人员医疗补助	人社局
汽车摩托车下乡补贴资金	农业局本级
家电下乡补贴资金	农业局本级
"三老"人员、孤幼定、百岁老人生活补助	民政局本级
网格员报酬	
自聘精简人员补助金	民政局本级
世久居补助	民政局本级
测试项目2	民政局
长效避孕节育奖励	县计生局本级
护林员工资	县林业局本级
市补公益林补助资金	县林业局本级
计生公益金补助	县计生局本级
村级统计员报酬	县统计局本级
货船采砂船退出市场补助资金	财政局本级
市级下山集聚直补资金	农业局本级
村级计生服务员报酬补助	县计生局本级
扶贫小额信贷贴息资金	
支宁返乡固定生活补助	社保局本级
托安养经费	社保局本级
农村老党员补贴(慰问)	民政局
精减下放人员定补	民政局
村级计生员工作经费	计生局
村邮员基本服务补贴	发改局本局
其他补助补贴项目1	
网格员补助	
适度普惠性儿童基本生活费补贴	民政局本级

续表

项目名称	主管部门
"三老"等人员医疗补助	民政局本级
"三老"等人员生活困难补助	民政局本级
精简退职工生活补助	民政局本级
支宁人员定期生活补助	民政局本级
治调主任补助	农业局本级
夏秋季入伍全日制普通高等学校在校及应届大学生奖励	民政局
农村养老保险	绍兴市社保局本级
机关事业养老保险	绍兴市社保局本级
城乡居民知青养老金	绍兴市社保局本级
基本医疗保险	绍兴市社保局本级
职工基本养老保险	绍兴市社保局本级
城乡居民优待养老金	绍兴市社保局本级
城乡居民个人账户养老金	绍兴市社保局本级
城乡居民独生子女待遇补贴	绍兴市社保局本级
城乡居民缴费年限养老金	绍兴市社保局本级
城乡居民基础养老金	绍兴市社保局本级
粮食订单收购奖励	
茭白专用肥示范户补助	
儿童康复补助	
低收入农户产业扶贫	
髋膝关节置换手术	
农家乐民宿发展资金	县农办
国家农作物良种补贴(油菜)	农业局
个性化辅助器具进家庭项目	
低收入农户产业扶持资金	
福彩暖万家系列活动资金	
个体工商扶持	
支宁人员补助	
"三老"(组织部)	
"三老"(民政)	
来料加工以奖代补	

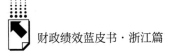

续表

项目名称	主管部门
行政事业单位离退休	民政局
市困水电煤、老人补贴	民政局
农村低保边缘家庭	
城镇低保边缘家庭	
行政事业单位离退休(遗属补助)	民政局
农村社会救济(五八城迁)	民政局
一次性补助	民政局
丧葬补助费	民政局本级
40%精减职工定期补助费	民政局本级
在职残疾抚恤金	
一般精减职工定期补助费	民政局本级
"三老"人员增资补发	民政局本级
代管退休人员退休费	民政局本级
贫病救济费	民政局本级
统战对象(其他人员)定量补助	民政局本级
代管退休人员慰问费	民政局本级
代管退休(遗属)人员生活补助	民政局本级
农村老党员、老党员遗属价格补贴	民政局本级
农村老党员、老党员遗属春节慰问	民政局本级
职业技能提升补贴	社保局本级
就业资金补助	社保局本级
生态公益林补助资金	
劳动保障协管员误工补贴	
病故	民政局本级
支宁返温人员补贴	民政局本级
"三老"、五保对象医疗补助金	民政局本级
错杀平反	民政局本级
新农合	人社局
农业灾情补助	农业局
购房补贴	财政局
生态公益林补贴资金	农业局
村计生联系员报酬	计生局
髋膝关节置换手术补助	

附表 14　浙江省乡镇公共财政平台纳入清单管理项目及政策

项目名称	归口	主管部门	项目分类	政策依据
耕地地力保护补贴	农业处	农业	农业支出	财政部、农业部《关于调整完善农业三项补贴政策的指导意见》(财农〔2015〕31 号);《浙江省财政厅　浙江省农业厅关于做好农业"三项补贴"改革有关事项的通知》(浙财农〔2016〕52 号);《浙江省农业三项补贴政策综合改革试点方案》(浙农〔2015〕149 号);《浙江省财政厅　浙江省农业厅关于提前下达 2018 年中央农业生产发展资金(耕地地力保护)的通知》(浙财农〔2017〕107 号);《浙江省农业厅、浙江省粮食局、浙江省财政厅关于抓好 2018 年粮食产销工作的意见》(浙农计发〔2018〕19 号)
规模种粮补贴	农业处	农业	农业支出	《浙江省农业厅关于 2018 年冬种生产的指导意见》(浙农专发〔2018〕110 号)
农机购置补贴	农业处	农办	农业支出	《农业部办公厅　财政部办公厅关于印发〈2018～2020 年农机购置补贴实施指导意见〉的通知》(农办财〔2018〕13 号);《浙江省农业厅　浙江省财政厅关于印发〈浙江省 2018～2020 年农机购置补贴实施意见〉的通知》(浙农计发〔2018〕16 号)
后备母牛补贴	农业处	农业	农业支出	《浙江省后备母牛补贴资金管理办法》(浙财农〔2011〕391 号);《关于修订浙江省后备母牛补贴资金管理办法的通知》(浙财农〔2014〕23 号)
森林生态效益补偿	农业处	林业	农业支出	《中华人民共和国森林法》《浙江省森林管理条例》《中央财政森林生态效益补偿基金管理办法》《浙江省公益林管理办法》;《浙江省森林生态效益补偿基金管理办法》(浙财农〔2011〕552 号)
旱粮种植补贴	农业处	农业	农业支出	《浙江省人民政府办公厅关于加快发展旱粮生产的意见》(浙政办发〔2013〕128 号);《浙江省农业厅　浙江省财政厅关于完善旱粮生产扶持政策的意见》(浙农专发〔2015〕69 号)
高能耗农业机械报废补偿	农业处	农办	农业支出	《浙江省高耗能农业机械报废补偿实施办法(试行)》(浙财农〔2011〕597 号);《关于下达 2017 年度第二批省级现代农业发展专项资金的通知》(浙财农〔2017〕22 号)

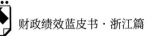
续表

项目名称	归口	主管部门	项目分类	政策依据
异地搬迁补助	农业处	建设	农业支出	《浙江省财政专项扶贫资金管理办法》(浙财农〔2012〕104号);浙江省财政厅 浙江省扶贫办公室 浙江省国土资源厅《浙江省农民异地搬迁项目和资金管理办法》(浙财农〔2013〕373号)
农村部分计划生育家庭奖励扶持	社保处	计生	计划生育支出	《浙江省人民政府关于农村部分计划生育家庭奖励扶助制度的实施意见》(浙政发〔2006〕5号);浙江省人口计生委、浙江省财政厅关于印发《浙江省农村部分计划生育家庭奖励扶助对象确认条件的政策性解释》的通知(浙人口计生委〔2006〕18号)
计划生育家庭特别扶助	社保处	计生	计划生育支出	《国家人口计生委 财政部关于印发全国独生子女伤残死亡家庭扶助制度试点方案的通知》(国人口发〔2007〕78号);《浙江省人民政府办公厅转发省人口计生委省 财政厅关于计划生育家庭特别扶助制度实施意见的通知》(浙政办发〔2008〕47号);《浙江省人民政府办公厅关于印发浙江省计划生育公益金管理办法的通知》(浙政办发〔2006〕142号);浙江省人口计生委、省财政厅关于印发《浙江省计划生育家庭特别扶助制度实施方案(试行)》的通知(浙人口计生委〔2008〕67号)
村干部报酬补助资金	基财处	财政	农村综合改革	中共浙江省委组织部、浙江省农业和农村工作办公室、浙江省扶贫办公室、浙江省财政厅、浙江省农业厅关于印发《浙江省集体经济薄弱村村干部误工报酬补助资金管理办法》的通知(浙财农字〔2003〕113号);《关于全面进行农村综合改革的通知》(浙政发〔2006〕21号)
城乡居民最低生活保障补助	社保处	人社	社会保障支出	《社会救助暂行办法》(国务院令第649号);《国务院办公厅关于加强困难群众基本生活保障有关工作的通知》(国办发〔2017〕15号);《浙江省最低生活保障办法》(浙江省人民政府第131号令);《浙江省社会救助条例》;《浙江省人民政府关于进一步完善新型社会救助体系的通知》(浙政发〔2005〕65号);《浙江省最低生活保障办法〈修订〉》(省政府令358号)

续表

项目名称	归口	主管部门	项目分类	政策依据
困难群众基本生活物价补贴	社保处	民政	社会保障支出	国家发展改革委等五部委《关于建立社会救助和保障标准与物价上涨挂钩的联动机制的通知》(发改价格〔2011〕431号);《浙江省人民政府关于进一步完善困难群众基本生活价格补贴机制的通知》(浙政发〔2011〕58号);国家发展改革委、民政部、财政部、人力资源社会保障部、统计局等五部委《关于进一步完善社会救助和保障标准与物价上涨挂钩联动机制的通知》(发改价格规〔2016〕1835号);《浙江省人民政府办公厅转发省物价局等部门关于完善困难群众基本生活价格补贴机制的通知》(浙政办发〔2017〕7号)
城乡困难群众医疗救助	社保处	人社	社会保障支出	《社会救助暂行办法》;《浙江省社会救助条例》;《中共浙江省委办公厅、浙江省人民政府办公厅关于2008年度改善民生促进社会和谐的实施意见》(浙委办〔2008〕44号);《浙江省民政厅 浙江省财政厅关于进一步加强和改进城乡医疗救助工作的意见》(浙民低〔2008〕153号);《浙江省人民政府办公厅关于进一步完善医疗救助制度有关问题的通知》(浙政办发〔2014〕121号);浙江省财政厅、浙江省民政厅关于印发《浙江省困难群众救助补助资金使用管理办法》的通知(浙财社〔2018〕103号);
被征地农民基本生活	社保处	人社	社会保障支出	《浙江省征地补偿和被征地农民基本生活保障办法》(省人民政府令第264号)
抚恤(优抚)补助	社保处	民政	社会保障支出	浙江省民政厅、浙江省财政厅《关于调整部分优抚对象等人员抚恤和生活补助标准的通知》(民发〔2017〕154号);退役军人事务部、财政部《关于调整部分优抚对象等人员抚恤和生活补助标准的通知》(退役军人部发〔2018〕21号);浙江省民政厅、财政厅《转发退役军人事务部 财政部关于调整部分优抚对象等人员抚恤和生活补助标准的通知》(浙民优〔2018〕110号)
农村"三老"人员生活困难补助	社保处	民政	社会保障支出	《浙江省民政厅、浙江省财政厅、浙江省人力资源和社会保障厅关于做好2018年2月份困难群众基本生活价格补贴发放工作的通知》(浙民助〔2018〕61号)

续表

项目名称	归口	主管部门	项目分类	政策依据
农村特困人员供养补助	社保处	民政	社会保障支出	《浙江省人民政府办公厅关于进一步健全特困人员救助供养制度的实施意见》(浙政办发〔2017〕1号)
大中型水库移民后期扶持直接补助	社保处	民政	社会保障支出	《国务院关于完善大中型水库移民后期扶持政策的意见》(国发〔2006〕17号);《浙江省人民政府关于完善大中型水库移民后期扶持政策的实施意见》(浙政发〔2007〕1号)
残疾人基本生活保障补贴	社保处	残联	社会保障支出	浙江省民政厅、浙江省财政厅、浙江省残疾人联合会关于印发《浙江省残疾人基本生活保障工程实施方案》的通知(浙民低〔2008〕141号);《浙江省人民政府关于实施残疾人共享小康工程的意见》(浙政发〔2008〕29号)
重度残疾人护理补助	社保处	残联	社会保障支出	《国务院关于全面建立困难残疾人生活补贴和重度残疾人护理补贴制度的意见》(国发〔2015〕52号);《浙江省人民政府关于全面建立困难残疾人生活补贴和重度残疾人护理补贴制度的实施意见》(浙政发〔2016〕3号);《浙江省重度残疾人护理补贴实施办法》
困难残疾人生活补贴	社保处	民政	社会保障支出	
残疾人津补贴	社保处	残联	社会保障支出	
残疾人机动椅车补助	社保处	残联	社会保障支出	浙江省财政厅、浙江省残疾人联合会《关于做好残疾人机动轮椅车燃油补贴发放工作的通知》(浙财社〔2011〕42号)
农村困难家庭危房改造补助	经建处	建设	保障性住房支出	浙江省人民政府办公厅《关于实施农房改造建设示范村工程的意见》(浙政办发〔2012〕135号);《关于下达2016年中央财政农村危房改造补助资金(第二批)的通知》(浙财建〔2016〕104号);《关于提前下达2017年中央农村危房改造补助资金的通知》(浙财建〔2016〕187号);《浙江省住房和城乡建设厅关于明确下达的2017年省级住房和城市建设专项资金(第二批)中安排给农村困难家庭危房改造资金的通知》(建村发〔2017〕179号)

项目名称	归口	主管部门	项目分类	政策依据
城乡居民基本医疗保险财政补助	社保处	人社	社会保障支出	《关于印发浙江省卫生体制改革2014年重点工作安排的通知》(浙政办发〔2014〕69号);《关于开展分级诊疗推进合理有序就医的试点意见》(浙政办发〔2014〕57号);《浙江省财政厅关于提高2016年城乡居民基本医疗保险财政补助标准的通知》(浙财社〔2016〕33);国家医疗保障局、财政部、人力资源社会保障部、国家卫生健康委《关于做好2018年城乡居民基本医疗保险工作的通知》
临时救助金	社保处	民政	社会保障支出	浙江省财政厅、浙江省民政厅关于印发《浙江省困难群众救助补助资金使用管理办法》的通知(浙财社〔2018〕103号);《浙江省临时救助办法》(浙政发〔2015〕35号)
城乡困难群众参加基本医疗保险专项补助	社保处	人社	社会保障支出	《浙江省人民政府关于建立新型农村合作医疗制度的实施意见(试行)》(浙政发〔2003〕24号);《浙江省人民政府关于推进城镇居民医疗保障制度建设试点工作的意见》(浙政发〔2006〕45号);《省政府办公厅关于印发浙江省医药卫生体制五项重点改革2011年度主要工作安排的通知》(浙医改办〔2011〕4号);浙江省民政厅、浙江省卫生厅、浙江省人力资源和社会保障厅、浙江省财政厅《关于进一步做好资助困难群众参加基本医疗保险有关工作的通知》(浙民助〔2011〕153号)
残疾人普惠性养老保障补助	社保处	残联	社会保障支出	浙江省人民政府关于印发《浙江省残疾人事业发展"十三五"规划的通知》(浙政发〔2016〕37号)

皮 书

智库报告的主要形式
同一主题智库报告的聚合

✦ 皮书定义 ✦

皮书是对中国与世界发展状况和热点问题进行年度监测，以专业的角度、专家的视野和实证研究方法，针对某一领域或区域现状与发展态势展开分析和预测，具备前沿性、原创性、实证性、连续性、时效性等特点的公开出版物，由一系列权威研究报告组成。

✦ 皮书作者 ✦

皮书系列报告作者以国内外一流研究机构、知名高校等重点智库的研究人员为主，多为相关领域一流专家学者，他们的观点代表了当下学界对中国与世界的现实和未来最高水平的解读与分析。截至2020年，皮书研创机构有近千家，报告作者累计超过7万人。

✦ 皮书荣誉 ✦

皮书系列已成为社会科学文献出版社的著名图书品牌和中国社会科学院的知名学术品牌。2016年皮书系列正式列入"十三五"国家重点出版规划项目；2013~2020年，重点皮书列入中国社会科学院承担的国家哲学社会科学创新工程项目。

中国皮书网

（网址：www.pishu.cn）

发布皮书研创资讯，传播皮书精彩内容
引领皮书出版潮流，打造皮书服务平台

栏目设置

◆**关于皮书**

何谓皮书、皮书分类、皮书大事记、

皮书荣誉、皮书出版第一人、皮书编辑部

◆**最新资讯**

通知公告、新闻动态、媒体聚焦、

网站专题、视频直播、下载专区

◆**皮书研创**

皮书规范、皮书选题、皮书出版、

皮书研究、研创团队

◆**皮书评奖评价**

指标体系、皮书评价、皮书评奖

◆**互动专区**

皮书说、社科数托邦、皮书微博、留言板

所获荣誉

◆ 2008 年、2011 年、2014 年，中国皮书
网均在全国新闻出版业网站荣誉评选中
获得"最具商业价值网站"称号；

◆ 2012 年，获得"出版业网站百强"称号。

网库合一

2014年，中国皮书网与皮书数据库端口
合一，实现资源共享。

权威报告·一手数据·特色资源

皮书数据库
ANNUAL REPORT(YEARBOOK)
DATABASE

分析解读当下中国发展变迁的高端智库平台

所获荣誉

- 2019年，入围国家新闻出版署数字出版精品遴选推荐计划项目
- 2016年，入选"'十三五'国家重点电子出版物出版规划骨干工程"
- 2015年，荣获"搜索中国正能量 点赞2015""创新中国科技创新奖"
- 2013年，荣获"中国出版政府奖·网络出版物奖"提名奖
- 连续多年荣获中国数字出版博览会"数字出版·优秀品牌"奖

成为会员

通过网址www.pishu.com.cn访问皮书数据库网站或下载皮书数据库APP，进行手机号码验证或邮箱验证即可成为皮书数据库会员。

会员福利

- 已注册用户购书后可免费获赠100元皮书数据库充值卡。刮开充值卡涂层获取充值密码，登录并进入"会员中心"—"在线充值"—"充值卡充值"，充值成功即可购买和查看数据库内容。
- 会员福利最终解释权归社会科学文献出版社所有。

社会科学文献出版社 皮书系列
SOCIAL SCIENCES ACADEMIC PRESS (CHINA)
卡号：443129897136
密码：

数据库服务热线：400-008-6695
数据库服务QQ：2475522410
数据库服务邮箱：database@ssap.cn
图书销售热线：010-59367070/7028
图书服务QQ：1265056568
图书服务邮箱：duzhe@ssap.cn

基本子库
SUB DATABASE

中国社会发展数据库（下设 12 个子库）

整合国内外中国社会发展研究成果，汇聚独家统计数据、深度分析报告，涉及社会、人口、政治、教育、法律等 12 个领域，为了解中国社会发展动态、跟踪社会核心热点、分析社会发展趋势提供一站式资源搜索和数据服务。

中国经济发展数据库（下设 12 个子库）

围绕国内外中国经济发展主题研究报告、学术资讯、基础数据等资料构建，内容涵盖宏观经济、农业经济、工业经济、产业经济等 12 个重点经济领域，为实时掌控经济运行态势、把握经济发展规律、洞察经济形势、进行经济决策提供参考和依据。

中国行业发展数据库（下设 17 个子库）

以中国国民经济行业分类为依据，覆盖金融业、旅游、医疗卫生、交通运输、能源矿产等 100 多个行业，跟踪分析国民经济相关行业市场运行状况和政策导向，汇集行业发展前沿资讯，为投资、从业及各种经济决策提供理论基础和实践指导。

中国区域发展数据库（下设 6 个子库）

对中国特定区域内的经济、社会、文化等领域现状与发展情况进行深度分析和预测，研究层级至县及县以下行政区，涉及地区、区域经济体、城市、农村等不同维度，为地方经济社会宏观态势研究、发展经验研究、案例分析提供数据服务。

中国文化传媒数据库（下设 18 个子库）

汇聚文化传媒领域专家观点、热点资讯，梳理国内外中国文化发展相关学术研究成果、一手统计数据，涵盖文化产业、新闻传播、电影娱乐、文学艺术、群众文化等 18 个重点研究领域。为文化传媒研究提供相关数据、研究报告和综合分析服务。

世界经济与国际关系数据库（下设 6 个子库）

立足"皮书系列"世界经济、国际关系相关学术资源，整合世界经济、国际政治、世界文化与科技、全球性问题、国际组织与国际法、区域研究 6 大领域研究成果，为世界经济与国际关系研究提供全方位数据分析，为决策和形势研判提供参考。

法律声明

　　“皮书系列”（含蓝皮书、绿皮书、黄皮书）之品牌由社会科学文献出版社最早使用并持续至今，现已被中国图书市场所熟知。“皮书系列”的相关商标已在中华人民共和国国家工商行政管理总局商标局注册，如LOGO（ ）、皮书、Pishu、经济蓝皮书、社会蓝皮书等。“皮书系列”图书的注册商标专用权及封面设计、版式设计的著作权均为社会科学文献出版社所有。未经社会科学文献出版社书面授权许可，任何使用与“皮书系列”图书注册商标、封面设计、版式设计相同或者近似的文字、图形或其组合的行为均系侵权行为。

　　经作者授权，本书的专有出版权及信息网络传播权等为社会科学文献出版社享有。未经社会科学文献出版社书面授权许可，任何就本书内容的复制、发行或以数字形式进行网络传播的行为均系侵权行为。

　　社会科学文献出版社将通过法律途径追究上述侵权行为的法律责任，维护自身合法权益。

　　欢迎社会各界人士对侵犯社会科学文献出版社上述权利的侵权行为进行举报。电话：010-59367121，电子邮箱：fawubu@ssap.cn。

社会科学文献出版社